"十三五"江苏省高等学校重点教材(2019-2-107)

会计实战综合实训

主编:曾 岚

东南大学出版社
SOUTHEAST UNIVERSITY PRESS
·南京·

图书在版编目(CIP)数据

会计实战综合实训 / 曾岚主编. —南京：东南大学出版社，2020.8
 ISBN 978-7-5641-9104-7

Ⅰ.①会… Ⅱ.①曾… Ⅲ.①会计学-高等职业教育-教材 Ⅳ.①F230

中国版本图书馆 CIP 数据核字(2020)第 163339 号

会计实战综合实训　Kuaiji Shizhan Zonghe Shixun

出版发行	东南大学出版社
地　　址	南京市四牌楼 2 号　邮编:210096
出 版 人	江建中
网　　址	http://www.seupress.com
经　　销	全国各地新华书店
印　　刷	江苏凤凰数码印务有限公司
开　　本	787 mm×1092 mm　1/16
印　　张	30.75
字　　数	736 千字
版　　次	2020 年 8 月第 1 版
印　　次	2020 年 8 月第 1 次印刷
书　　号	ISBN 978-7-5641-9104-7
定　　价	79.00 元

本社图书若有印装质量问题，请直接与营销部联系。电话(传真):025-83791830。

序 order

职业教育与普通教育是两种不同的教育类型,但具有同等重要的地位。在深化职业教育供给侧结构性改革中,提升教师、教材、教法"三教"质量,是当前职业院校提升办学质量和人才培养质量的重要切入点。教材建设是高等职业教育人才培养的重要载体,通过"教什么"可以决定学生"学什么",对于学生掌握职业知识、获取职业技能、提升职业素养、养成职业道德具有重要的价值和现实指导意义。作为类型教育,职业教育对实践教学的要求远高于普通教育,在此形势下,编用一本好教材的意义更为重大。

南京铁道职业技术学院是江苏省高水平高职院校建设单位、国家优质高等职业院校、中国特色高水平高职学校和专业建设计划建设单位。会计专业是学校历史最悠久的一个专业,专业历史可追溯到1918年黄炎培先生在上海创办的中华职业学校的商科专业。2006年该专业被学校确定为重点建设专业;2008年被江苏省教育厅立项为省特色专业建设点,2010年顺利通过特色专业验收;2015年被确立为江苏省高等学校品牌专业建设点(2015年全省共两个)。作为江苏省高等学校品牌专业,重点任务是建设一流专业,在国内高校同类专业中形成较强的示范性、引领性;造就一流人才,培养一大批拔尖创新型人才、卓越应用型人才和高端技能型人才;打造一流平台,促进培养与需求对接、科研与教学互动;产出一流成果,培育重大理论研究成果和标志性实践成果。该教材即为会计专业江苏高等学校品牌专业建设工程一期项目建设成果之一,为"十三五"江苏省高等学校重点教材。

该教材在原自编校本教材《会计综合实训》的基础上,通过结合历任教师的教学、学生的评价以及企业方的反馈,10余年来始终坚持产教融合、校企合作,及时对教材进行修订、补充和完善,编制反映专业实际情况的课程教学内容。同时还重视增强教材的实操性,突出职业特色,强化理论与实践的结合,学生对该教材的整体满意度较高。

总览全书,它具有以下几个特点:

1. **业务数据真实**。教材的业务数据取自一家典型生产型企业的真实账套,并添加了部分高职高专学生应知应会的会计业务,原始凭证高度仿真,贴合企业会计工作实际,注重典型工作任务。

2. **案例与时俱进**。教材内容除传统的出纳、财务会计等基本知识点外,增加了管理会计、财务管理的理论知识点与实务操作,操作指导反映了截至2019年底国家最新会计改革与税制改革的精神和要求。

3. **操作指导性强**。案例后附有操作指导,针对手工环境以及电算化环境下容易出错、不宜理解的会计业务,进行了理论讲解和实际操作指导。指导内容除会计核算外,更加注重会计的监督管理职能以及企业内部控制,注重培养学生的会计职业判断能力。本教材不仅便于老师教学和学生学习,而且可以作为广大会计工作者的工具书。

4. 可供分层教学。教材内容丰富,从了解企业与会计工作开始,到建立账簿、填制和审核原始凭证与记账凭证、登记账簿、成本核算、财产清查,以及报表编制、纳税申报、财务分析,再到手工账与会计电算化应用并行,涵盖会计基础、出纳业务操作、财务会计、成本会计、税费计算与申报、财务管理、财务报表分析、会计电算化、会计档案管理等。在实际教学中,老师可以根据学生不同的知识、能力水平和潜力倾向,确定不同层次的教学目标,有针对性地选择相应的教材内容布置实训任务,进行不同层次的教学和辅导。

5. 体现课程思政。在教学内容和实训案例中强化会计职业操守教育,教育、培养学生爱岗敬业、诚实守信、廉洁自律、客观公正、坚持准则。教材实训历时9周180课时,强化劳动教育,强调身心参与,注重手脑并用,激发创新创造。

该教材为高等职业学校学生提供了在当今社会需要了解和掌握的会计专业知识和实践操作指导。相信学生通过对该教材的学习,可以得到进一步的启发,对会计专业的理解和学习兴趣也会随之提升。《礼记·中庸》有云:"博学之,审问之,慎思之,明辨之,笃行之。"希望读者在使用该教材的时候,能够多问、多想、多用,能够通过对该教材的学习,在了解和掌握会计知识的基础上,将理论和方法更好地运用于工作实践。

南京铁道职业技术学院党委书记 钱吉奎
2020 年 8 月

本书是"十三五"江苏省高等学校重点教材,也是江苏高校品牌专业建设工程一期项目建设成果之一。

本书按照高等职业教育"以促进就业为导向""课程内容与职业标准对接、教学过程与生产过程对接"的要求编写,符合技术技能人才成长规律和学生认知特点,理论和实践相统一。

本书参编人员均是教学一线的老师,具有多年教学经验,熟悉企业会计业务。业务数据取自一家典型生产型企业的真实账套,贴合企业会计工作实际,注重典型工作任务,原始凭证高度仿真。内容新颖,时效性强,反映了最新会计改革与税制改革的精神和要求。

本书由曾岚老师任主编,并负责第一章至第六章的编写;陈康奎老师负责第七章的编写;蔡雯老师负责附录中高度仿真的原始凭证的设计和制作。全书由曾岚老师负责修改和定稿。

本书是在原校本教材《会计综合实训》的基础上编撰和完善而形成的,会计实战综合实训课程历任教师多年来对校本教材的形成、补充和修订付出了大量的心血,他们是李从峰(教授)、何华芬(教授)、陆阿妮(副教授)、管永权(教授)、王晓梅(副教授)等,在此表示诚挚的敬意和感谢!

本书在编写过程中参考了大量的文献资料,招商局金陵船舶(南京)有限公司总会计师邹志东(正高级会计师)对本书提出了一些具体的意见和建议,在此一并表示衷心的感谢!

由于编者水平有限,书中难免存在疏漏及不妥之处,敬请读者批评指正,我们将在修订版中予以更正。

编者

2020 年 4 月

第一章	会计实战综合实训的目的与要求	1
	一 会计实战综合实训的目的	1
	二 会计实战综合实训的方法	1
	三 会计实战综合实训的要求	2
第二章	了解企业和会计工作	5
	一 公司概况	5
	二 公司生产工艺流程	6
	三 公司财务岗位设置和账务处理流程	6
	四 公司执行的会计政策和内部控制制度	8
	五 公司税费	22
	六 公司人员及基本情况	23
	七 公司主要供应商	26
	八 公司主要客户	27
第三章	建账	29
	一 期初数据	29
	二 要求	45
	三 操作指导	46
第四章	日常经济业务处理	47
第五章	纳税申报	111
	一 增值税纳税申报	111
	二 城市维护建设税以及教育费附加、地方教育附加纳税申报	124
	三 印花税纳税申报	127

		四 城镇土地使用税、房产税纳税申报	132
		五 契税纳税申报	144
		六 企业所得税纳税申报	150
		七 个人所得税纳税申报	196

第六章 财务报表分析 … 215

    一 财务报表分析的目的 … 215

    二 财务报表分析的要求 … 216

    三 财务报表分析的操作指导 … 216

第七章 计算机账操作指导 … 222

第一节 ERP 系统建账 … 222

  任务一 建立企业应用平台账套及财务业务分工 … 222

    一 任务资料 … 222

    二 任务要领 … 223

    三 注意事项 … 223

  任务二 建立基础档案并设置使用权限 … 224

    一 任务资料 … 224

    二 操作要领 … 234

    三 注意事项 … 241

  任务三 各子系统初始化 … 242

    一 总账系统初始化 … 242

    二 固定资产系统初始化 … 255

    三 应收款管理系统初始化 … 262

    四 应付款管理系统初始化 … 265

    五 薪资管理系统初始化 … 267

    六 报表系统初始化 … 276

第二节 日常经济业务处理 … 280

附　表 … 298

第一章　会计实战综合实训的目的与要求

一　会计实战综合实训的目的

会计实战综合实训是培养学生综合职业能力的重要举措，有助于强化学生的实际动手能力，缩短理论学习与社会实践之间的距离。会计实战综合实训将会计专业知识和会计实务有机、紧密地结合在一起，通过实训，学生进一步熟悉会计岗位的规范要求与会计岗位的工作程序，使学生能够系统、全面地掌握企业会计核算的基本程序和具体方法，加强他们对会计基本理论的理解、会计基本方法的运用和会计基本技能的训练，使他们能够真正遵循会计分岗位工作循环、业务流程的要求进行会计原始凭证的描述、传递、审核与分析，正确掌握填写原始凭证的方法，各岗位会计处理的基本知识、技能和方法，编制会计凭证、账簿、报表。同时，使学生通过与岗位要求完全相同的实际操作，全面培养职业意识、提高职业素质、强化团队合作能力、增强职业判断能力，为学生即将从事会计工作打下坚实的基础，实现高素质技能性人才培养目标。

二　会计实战综合实训的方法

全部实训为 180 学时，采用手工账与计算机账并行的方式。

会计综合实训课程一般在会计专业理论课程和专项技能训练以后开设，为学生进行企业顶岗实习和从事实际会计工作奠定基础。因此要求每个学生独立完成全部实训项目，以便运用所学的知识系统、完整地认识和掌握会计核算的全过程，培养学生综合分析和解决问题的能力。

按照会计工作要求，5～6 名学生作为一个学习小组组成财务部门，按会计工作岗位进行分工，分别承担相应会计岗位的工作，协同处理会计业务。定期进行岗位轮换，使学生能经历完整的会计工作流程，掌握每个会计岗位的技能，增强对会计工作的认识和岗位适应性，提高处理会计综合业务的能力。

三 会计实战综合实训的要求

1. 会计实战综合实训准备阶段的要求

（1）指导教师在会计实战综合实训之前，要根据学生的实际情况，制订切实可行的会计综合实训计划。

（2）指导教师在会计实战综合实训之前，要为会计综合实训做好必要的准备，包括综合实训环节要求准备的各种业务类型的空白原始票证、印章等，手工环境下实训所需要的记账凭证、科目汇总表、各种类型的账页、会计报表、现金流量台账、凭证封皮等，这些可按所需数量事先印刷或购买。另外还需要准备电算化环境下实训所需的计算机、打印机、财务软件等。此外，还需要准备笔、算盘、计算器、装订机、账证装订绳、胶水、剪刀、裁纸刀、夹子等。

（3）指导教师在会计实战综合实训之前，要组织学生认真学习《中华人民共和国会计法》(2017修正)、《会计基础工作规范》(财政部令第98号)、《会计人员管理办法》(财会〔2018〕33号)、《会计档案管理办法》(财政部、国家档案局令第79号)等会计法律法规，要求学生遵纪守法，遵守会计人员职业道德，坚持客观公正、诚实守信、廉洁自律、不做假账；要求学生严格按照有关规定填制会计凭证，按规定的程序和方法进行记账、结账及更改错账。必须让学生在思想上做好吃苦的准备，以达到科学、合理安排进度，圆满完成会计综合实训任务的目的。

（4）会计实战综合实训原则上要求学生独立完成，以便使其对财务会计的核算岗位、核算程序、核算方法及核算内容的来龙去脉有一个完整的认识。但指导教师对于一些难点和重点问题应预先予以提示，在综合实训操作过程中应随时给予必要的指导，以确保综合实训的顺利进行。

（5）会计实战综合实训要求手工账与计算机账并行操作，形成两套账务资料，这样既能检验学生手工操作的正确性，又能锻炼学生的计算机应用能力。

2. 会计实战综合实训操作阶段的要求

每次综合实训都应在实训指导教师的具体指导下进行，学生应认真完成各项实训任务。会计实战综合实训操作一般包括以下几个步骤：

（1）建账。根据会计综合实训资料所提供的有关内容，设置相应的会计科目，在此基础上开设总分类账户、明细分类账户和现金日记账、银行存款日记账等，并将期初余额记入所设置的相关账户的余额栏内，摘要栏填写"期初余额"。

（2）审核或填制原始凭证。根据提供的资料逐笔审核原始凭证或原始凭证汇总表，如果需要填制原始凭证或原始凭证汇总表，必须根据资料提示获取并认真填制。

（3）编制记账凭证。根据审核无误的原始凭证或原始凭证汇总表，编制记账凭证。

（4）登记日记账、明细账。根据有关记账凭证及所附原始凭证逐日逐笔按规定序时登记现金日记账、银行存款日记账，逐日结出现金余额、银行存款余额，以示日清月结。根据有关记账凭证及所附原始凭证或原始凭证汇总表，顺序登记有关明细账。

（5）编制科目汇总表。

(6)登记总账。根据编制的科目汇总表,登记相关的总分类账。

(7)对账。凭证与账簿进行核对,总账与所属明细账进行核对,现金日记账与库存现金实存数进行核对,银行存款日记账余额与银行对账单进行核对。

(8)结账。按规定结出有关账户的发生额与余额。

(9)编制会计报表。编制资产负债表、利润表及利润分配表、现金流量表(为简化实训工作,仅以公司12月份的业务为依据,编制12月份的现金流量表)以及股东权益变动表。

(10)纳税申报。根据有关资料填制纳税申报表,并进行网上纳税申报。

(11)财务分析。根据财务报表及有关资料进行财务分析,并撰写财务分析报告。

(12)整理归档。对所编制的会计凭证、会计账簿(包括固定资产卡片及其他辅助性账簿)、会计报表以及其他会计资料(包括银行存款余额调节表、纳税申报表及其他具有保存价值的会计资料)加具封面,装订成册,整理归档。

3. 会计实战综合实训总结阶段的要求

学生操作完毕后,实训指导教师和学生应当及时进行总结。总结工作包括:

(1)学生撰写会计实战综合实训总结报告(主要写实训的收获及存在的问题)。

(2)实训指导教师对整个实训作总评。

(3)实训指导教师评定学生实训成绩。实训成绩采用"综合评分法",其中过程考核占80%,结果考核占20%。个人实训成绩=小组实训成绩×个人参与度(表1-1~表1-3)。

表1-1 个人实训成绩评分表

小组名称	小组成员	小组实训成绩	个人参与度	实训成绩
……	……	……	……	……

表1-2　小组实训成绩评分表

评估指标	评估内容	分项评分/分	得分/分
过程考核	实训准备	5	
	了解企业和会计工作	5	
	建账	5	
	日常经济业务处理(手工环境)	25	
	日常经济业务处理(计算机环境)	25	
	纳税申报	5	
	资产清查和财务报告	5	
	财务分析	5	
结果考核	小组汇报	5	
	会计档案	10	
	实训报告	5	
总成绩为100分			

表1-3　实训个人参与度评分标准

项目	优	良	中	差	
小组协作表现	提前或准时到	迟到时间≤3分钟	3分钟<迟到时间≤8分钟	迟到时间>8分钟	
	0.12	0.10	0.06	0	
	积极沟通协作	主动沟通协作	能够配合合作	拒绝合作	
	0.18	0.15	0.10	0	
承担工作量	承担实训任务并负责小组实训管理	承担实训任务并协助小组负责人	承担实训任务	拒绝任务	
	0.40	0.35	0.30	0	
完成任务态度	积极、主动、认真、努力	认真对待	不太重视、比较随意	拖沓应付	不行动
	0.30	0.27	0.20	0.10	0

第二章 了解企业和会计工作

一 公司概况

南京铁宁机械股份有限公司成立于2010年6月,是由法人、自然人共同投资组建的股份有限公司,公司位于江苏省南京市鼓楼区建宁路1880号,占地面积15亩,注册资本人民币1 000万元,现有职工62人,主要生产ABS系列汽车配件产品:ABSⅠ和ABSⅡ型产品。公司被主管税务机关核准为增值税一般纳税人,企业所得税汇算清缴执行《企业会计准则》。

1. 公司基本情况

公司名称:南京铁宁机械股份有限公司
地　　址:江苏省南京市鼓楼区建宁路1880号
邮　　编:210011
法定代表人:陈建刚
电　　话:025-87654321
开户银行:中国工商银行股份有限公司南京下关支行(基本存款账户)
账　　号:4301016529001131842
开户银行:中国银行股份有限公司南京下关支行(一般存款账户)
账　　号:59164208099111
统一社会信用代码:91320107777014292F
记账本位币:人民币
行　　业:工业企业
类　　型:股份有限公司
股　　东:江苏中铁投资有限公司　　　出资500万元　　　持股50%
　　　　　南京长宁股份有限公司　　　出资200万元　　　持股20%
　　　　　南京大华实业有限公司　　　出资150万元　　　持股15%
　　　　　南京铁建集团　　　　　　　出资100万元　　　持股10%
　　　　　陈建刚　　　　　　　　　　出资50万元　　　　持股5%

2. 内部组织结构

南京铁宁机械股份有限公司组织结构图如图2-1所示。

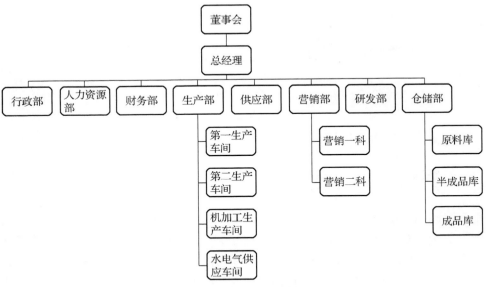

图2-1　公司组织结构图

说明：营销一科主要负责本地市场开发，营销二科主要负责外地市场开发。

二　公司生产工艺流程

南京铁宁机械股份有限公司汽车配件的生产工艺流程如图2-2所示。

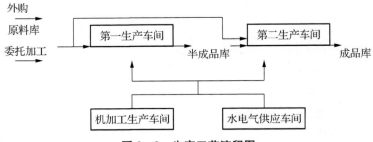

图2-2　生产工艺流程图

说明：生产ABS Ⅰ、ABS Ⅱ使用的钢板采用委托加工的方式。

三　公司财务岗位设置和账务处理流程

1. 财务岗位设置

南京铁宁机械股份有限公司财务岗位设置如图2-3所示。

图 2-3 财务岗位设置

财务部岗位分工如下：

(1) 财务经理岗位。全面负责公司各项会计工作和财务管理工作,保证公司财务工作有序进行。审查各项财务收支,包括经济合同的合法性、有效性及执行情况;参与固定资产采购、改扩建等重大投资项目的论证、计划与实施;稽核会计凭证和财务账表;编写财务报表附注;分析公司财务状况和经营成果,密切关注公司资产动态;保管有关印章;负责会计电算化初始化工作;负责一般会计岗位交接的监交工作。

(2) 成本会计岗位。负责固定资产、在建工程、无形资产的日常核算,定期对资产进行盘点、清查,按月计提固定资产折旧并分摊相关费用;审核发放工资、奖金及公积金、养老金等解缴工作,做好工资费用核算工作并编制记账凭证;定期或不定期对库存物资进行盘点、清查,计算生产成本,登记并结转成本、费用明细账账户;负责审核费用发生的审批手续是否符合规定;负责开具发票;负责个人所得税计算工作。

(3) 往来会计岗位。负责确认、计算收入;填制往来业务记账凭证;登记往来、收入明细账;负责材料采购的核算,与债权或债务人核对往来账目,保证双方账面数额一致,无弄虚作假情况;及时掌握债务人的资信情况,建立债务人资信档案;及时督催、清理欠款,计提坏账准备,确认坏账损失;负责对外投资以及投资收益的核算;负责借款的核算,随时掌握贷款时间、还款计划及付息情况;负责流转税的计算、申报和解缴工作。

(4) 总账会计岗位。负责分配利润的核算;编制除其他岗位已编制凭证外的记账凭证;每月编制银行存款余额调节表;负责期末损益结转、总账登记;做好会计报表编制前的各项准备工作,并编制会计报表;管理会计凭证和账表;负责企业所得税、印花税、房产税、车船使用税以及各项基金的计算与申报工作。

(5) 出纳岗位。办理现金收支、银行收支结算业务;登记现金日记账、银行存款日记账;保管库存现金、有价证券;保管有关印章、空白支票和空白发票、收据;保管支票、发票、收据等领用登记簿。

2. 账务处理流程

公司会计工作组织形式采用集中核算形式,账务处理流程如图 2-4 所示。

3. 会计人员要求

(1) 执行国家统一会计制度

依据《会计法》《企业会计准则》等法律、法规和规章制度制定的国家统一的会计制度,是生成会计信息的重要标准,是规范会计行为和会计秩序的重要依据。执行国家统一会计制度,依法设置会计账簿,根据真实的经济业务事项进行会计核算和会计监督,编制财务会计报告,规范会计秩序,保证会计信息真实完整。

加强公司内部控制建设是规范流程,防范风险,保证公司经营管理合法合规、资产安全、

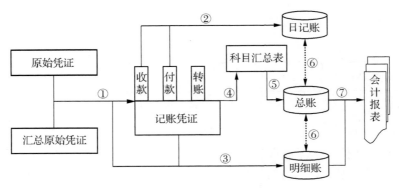

图 2-4 账务处理程序流程图

财务报告及相关信息真实完整的重要保障。控制措施包括不相容职务分离控制、授权审批控制、会计系统控制、财产保护控制、预算控制、运营分析控制和绩效考评控制等。

(2) 具备良好的职业道德

遵守职业道德,养成良好的职业品质、严谨的工作作风,严守工作纪律,坚持原则,廉洁奉公。坚持客观公正、诚实守信、廉洁自律、不做假账,不断提高职业操守。

保守公司的商业秘密。除法律规定和公司领导人同意外,不能私自向外界提供或者泄露公司的会计信息。

(3) 参加继续教育

具有会计专业技术资格的人员应当自取得会计专业技术资格的次年开始参加继续教育,并在规定时间内取得规定学分。不具有会计专业技术资格但从事会计工作的人员应当自从事会计工作的次年开始参加继续教育,并在规定时间内取得规定学分。

会计专业技术人员继续教育内容包括公需科目和专业科目。公需科目包括专业技术人员应当普遍掌握的法律法规、政策理论、职业道德、技术信息等基本知识,专业科目包括会计专业技术人员从事会计工作应当掌握的财务会计、管理会计、财务管理、内部控制与风险管理、会计信息化、会计职业道德、财税金融、会计法律法规等相关专业知识。每年参加继续教育取得的学分不少于90学分。其中,专业科目学分一般不少于总学分的三分之二。

(4) 具备从事会计工作所需要的专业能力

会计人员应具有会计类专业知识,基本掌握会计基础知识和业务技能,能够独立处理基本会计业务,具备从事会计工作所需要的专业能力。

会计人员应当热爱本职工作,努力钻研业务,使自己的知识和技能适应所从事工作的要求。应当熟悉公司的生产经营和业务管理情况,运用掌握的会计信息和会计方法,为改善公司内部管理、提高经济效益服务。

四 公司执行的会计政策和内部控制制度

1. 资金支付的审批流程和审批权限

根据公司资金支付的性质,将资金支付分为两大类:经营性支付和非经营性支付。资金支付的审批流程如图2-5所示。

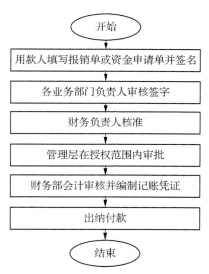

图2-5 资金支付审批流程图

经营性支付与非经营性支付的审批权限如表2-1所示。

表2-1 经营性支付与非经营性支付的审批权限说明表

支付种类		审批额度	审批人
经营性支付	小额经营性支付	3万元以内(含3万元;外币按记账汇率折算,下同)	财务负责人
		3万元以上	总经理
	大额经营性支付	对非关联方支付,50万元以内(含50万元;外币按记账汇率折算,下同)	总经理
		对非关联方支付,50万元以上	董事长
		对关联方支付,30万元以内(含30万元;外币按记账汇率折算,下同)	总经理
		对关联方支付,30万元以上	董事长
非经营性支付	无事由、无合同、对控股子公司借款除外	30万元以内(含30万元;外币按记账汇率折算,下同)	董事长
		30万元以上,300万元以内(含300万元)	董事会
		300万元以上	股东大会

公司各职能部门应按照规定的程序办理货币资金支付业务。

(1)支付申请。各职能部门或个人用款时,应提前向审批人提交货币资金支付申请,注明款项的用途、金额、预算、支付方式等内容,并应随附有效经济合同或相关证明。

(2)支付审批。审批人应当根据货币资金授权批准权限的规定,在授权范围内进行审批,不得超越审批权限。对不符合规定的货币资金支付申请,审批人应当拒绝批准。

(3)支付复核。财务部复核人应当对批准后的货币资金支付申请进行复核,复核货币资金支付申请的批准程序是否正确、手续及相关单证是否齐备、金额计算是否准确、支付方式是否妥当等。复核无误后,交由出纳人员办理支付手续。

(4) 办理支付。出纳人员应当根据复核无误的支付申请,按规定办理货币资金支付手续,及时登记现金和银行存款日记账册。

2. 现金收支

现金的收取范围包括:
(1) 个人购买公司物品或接受劳务。
(2) 个人还款、赔偿款、罚款及备用金退回款。
(3) 无法办理转账的销售收入。
(4) 不足转账起点的小额收入。
(5) 其他必须收取现金的事宜。

现金的开支范围包括:
(1) 员工薪酬,包括员工工资、津贴、奖金等。
(2) 根据国家规定颁发给个人的科学技术、文化艺术、体育等各种奖金。
(3) 各种劳保、福利费用及国家规定的对个人的其他支出。
(4) 支付给公司外部个人的劳务报酬。
(5) 出差人员必须随身携带的差旅费及应予以报销的出差补助费用。
(6) 结算起点以下的零星支出。
(7) 向股东支付红利。
(8) 根据规定允许使用现金的其他支出。

不属于现金收支范围的业务应当根据规定通过银行办理转账结算。

公司按规定建立现金库存限额管理制度,库存现金限额为5 000元,超过库存限额的现金应及时存入银行。

现金收支必须坚持收有凭、付有据,除财务部或受财务部委托的出纳员外,任何单位或个人都不得代表公司接受现金或与其他单位办理结算业务。现金收支要坚持做到日清月结,不得跨期、跨月处理现金账务。现金收讫无误后,出纳员要在收款凭证上加盖现金收讫章和出纳员个人章,并及时编制会计凭证。公司每天的现金收入应及时足额送存银行,不得坐支,不得用于直接支付本公司自身的支出。出纳员必须根据审核无误、审批手续齐全的付款凭证支付现金,支付现金后,出纳员要在付款凭证上加盖现金付讫章和出纳员个人章,并及时办理相关账务手续。

3. 应收款项及坏账准备

应收款项包括公司赊销业务所产生的应收账款和公司经营中发生的各类债权,如预付账款、其他应收款等。

往来会计应定期按照信用额度期限表核对应收账款的回款和结算情况,严格监督每笔账款的回收和结算。应收账款超过信用期限30日内仍未回款的,应及时上报财务经理,并及时通知营销部经理组织销售业务员联系客户清收。凡前次赊销未在约定时间结算的,除特殊情况下客户能提供可靠的资金担保外,一律不再发货和赊销。

往来会计应于每月 5 日前提供一份上月尚未收款的《应收账款账龄明细表》,提交给财务经理、营销部经理及总经理。

公司在资产负债表日对应收款项账面价值进行检查,对存在下列客观证据表明应收款项发生减值的,计提减值准备:

(1)债务人出现严重的财务困难。
(2)债务人违反合同条款(如偿付利息或本金发生违约或逾期等)。
(3)债务人很可能倒闭或进行其他财务重组。
(4)其他表明应收款项发生减值的客观依据。

公司对应收款项按账龄计提坏账准备,坏账准备计提比例如表 2-2 所示。

表 2-2 坏账准备计提比例

账龄	应收账款计提比例/%	其他应收账款计提比例/%
1 年以内(含 1 年)	5	5
>1～2 年	10	10
>2～3 年	30	30
>3～4 年	50	50
>4～5 年	80	80
5 年以上	100	100

4. 存货的采购与核算

存货是指公司在日常活动中持有以备出售的产成品或商品,处在生产过程中的在产品,在生产过程或提供劳务过程中耗用的材料、物料等。

(1)存货采购控制

存货采购的类型包括常规性采购、临时采购和紧急采购。常备原料和物料由仓储部门提出申请,非常备原料和紧急采购由使用部门提出申请。

仓储部根据现有存货的库存量计算出请购量后,填写请购单。仓储部在提出采购申请时,应综合考虑各种材料的采购间隔期和当日材料的库存量,分析确定应采购的日期和数量,或者通过存货管理系统重新预测材料需求量以及重新计算安全库存水平和经济采购批量,据此再进行采购,降低库存或实现零库存。仓储部在确定采购时点、采购批量时,应当考虑公司需求、市场状况、行业特征等因素。

非常备原料和紧急采购由使用部门填写《采购申请表》,详细注明需求设备或物品的品名、型号、技术标准、数量、预计价格、需求原因、要求到位时间等,并提交给财务部。财务部根据本期预算及总经理意见审核批准并盖章。使用部门将财务部批准盖章的《采购申请表》交给供应部。

供应部凭被批准执行的请购单或《采购申请表》办理订货手续时,必须向多家供应商发出询价单,获取报价单后比较供应货物的价格、质量标准、可享受折扣、付款条件、交货时间和供应商信誉等有关资料,初步确定合适的供应商并准备谈判。采购人员根据谈判结果签订订货合同及订货单,并将订货单及时传送给生产、销售、仓储和财务等有关部门,以备合理安排生产、销售、收货和付款。

供应部经理、财务经理和总经理根据各自的审批权限审批采购合同。

(2) 存货核算

财务部进行存货的总分类核算和二级明细分类核算,存货仓库进行存货的三级明细核算。财务部设置总账和明细分类账,各存货仓库设置数量、金额的存货明细账,并按照存货的品名、规格反映收入、发出和结存情况。

所有出入库物资,均须按品种登记入库单和出库单,并将收、发数量登记后结出余额,随时与实存数量进行核对,做到账实相符。财务部的成本会计定期对仓库存货收发存账目进行稽核划价,稽核划价后加盖本人印章。仓库工作人员每月向财务部和其他有关部门报送存货收发存明细表和存货耗用明细表。财务部的成本会计与仓库工作人员相互配合,确保仓库存货明细账与财务部存货明细分类账相符。

① 存货的分类

存货包括原材料、在产品、半成品、产成品、周转材料等。

② 存货取得和发出的计价方法

存货在取得时按实际成本计价,存货成本包括采购成本、加工成本和其他成本。原材料的日常收发采用计划成本法核算,材料成本差异按原材料种类分别核算,采用当月材料成本差异率,月末一次结转。周转材料采用实际成本核算,领用时按一次摊销法摊销。产成品、半成品采用实际成本核算,发出采用全月一次加权平均法计算。

③ 存货可变现净值的确认和跌价准备的计提方法

可变现净值是指在日常活动中,存货的估计售价减去至完工时估计将要发生的成本、估计的销售费用以及相关税费后的金额。在确定存货的可变现净值时,以取得的确凿证据为基础,同时还要考虑持有存货的目的以及资产负债表日后事项的影响。

在资产负债表日,存货按照成本与可变现净值孰低计量。当其可变现净值低于成本时,提取存货跌价准备。存货跌价准备按单个存货项目的成本高于其可变现净值的差额提取。计提存货跌价准备后,如果以前减记存货价值的影响因素已经消失,导致存货的可变现净值高于其账面价值的,在原已计提的存货跌价准备金额内予以转回,转回的金额计入当期损益。

④ 存货的盘存制度

存货的盘存制度为永续盘存制。

5. 固定资产的管理与核算

固定资产是指为生产商品、提供劳务、出租或经营管理而持有的,使用寿命超过一个会计年度的有形资产。

(1) 固定资产采购

使用部门填写固定资产采购申请单,供应部根据审批同意的采购申请单及公司采购相关规定进行采购,相关技术人员和质量管理人员应参与购货订单或购货合同在技术和质量方面的条款的制定。对技术质量要求较高、费用支出较大的设备的购货合同,应由不同专业技术人员如采购专家、工程师、生产人员、法律顾问、财务专家组成的小组做最后的审查。

(2) 固定资产的分类、计价方法及折旧方法

固定资产按成本并考虑预计弃置费用因素的影响进行初始计量。固定资产从达到预定可使用状态的次月起,在使用寿命内计提折旧。各类固定资产的使用寿命、预计净残值率和年折旧率、折旧方法如表2-3所示。

表2-3 固定资产的折旧方法、折旧年限、折旧率

固定资产类别	折旧年限	预计净残值率/%	年折旧率/%	折旧方法
房屋及建筑物	30	4.00	3.20	平均年限法
机器设备	10	4.00	9.60	平均年限法
机械动力设备	10	4.00	9.60	平均年限法
运输设备	8	4.00	12.00	平均年限法
仪器仪表	8	4.00	12.00	平均年限法
信息技术设备	5	2.00	19.60	平均年限法
工具及器具	5	4.00	19.20	平均年限法

预计净残值是指假定固定资产预计使用寿命已满并处于使用寿命终了时的预期状态,公司目前从该项资产处置中获得的扣除预计处置费用后的金额。公司至少于年度终了对固定资产的使用寿命、预计净残值和折旧方法进行复核,如发生改变则作为会计估计变更处理。

(3) 固定资产维修

使用部门负责固定资产的日常维修保养工作,对于定期的维修保养应提交维修申请。固定资产临时维修或维修费用在5万元以上的维修应报总经理审批后再进行安排。

与固定资产有关的后续支出,如果与该固定资产有关的经济利益很可能流入且其成本能可靠地计量,则计入固定资产成本,并终止确认被替换部分的账面价值。除此以外的其他后续支出,在发生时计入当期损益。

(4) 固定资产处置与转移

固定资产使用部门根据固定资产的实际使用情况,提出报废和出售申请,相关部门根据公司有关规定进行审批。固定资产发生破损或丢失时,固定资产使用部门提出报损或报失申请,相关部门根据公司有关规定进行审批。固定资产出售、转让、报废或毁损的处置收入扣除其账面价值和相关税费后的差额计入当期损益。

6. 无形资产的管理与核算

无形资产是指公司拥有或者控制的没有实物形态的可辨认的非货币性资产,包括专利权、非专利技术、商标权、著作权、特许权、土地使用权等。

(1) 无形资产的增加

无形资产的增加主要包括无形资产自创、购置、受赠、受让、调拨和划转等活动所引起的无形资产的数量和价值量的增加。

① 外购,应符合公司发展规划,并经过充分论证和严格审批,避免重复、盲目引进。请购部门提出采购申请,相关管理部门或人员在授权范围内审批。外购无形资产必须取得无形资产所有权的有效证明文件,审核有关合同、协议等法律文件,必要时应听取专业人员或法律顾问的意见。

② 自行开发或研制的项目,应依法及时申请并办理注册登记手续,明确产权关系。自行开发的无形资产,应由研发部、行政部、使用部门共同填制无形资产移交使用验收单,移交使用部门使用。

③ 投资者投入、接受捐赠、债务重组、政府补助、公司合并、非货币性资产交换、外企业无偿划拨转入以及其他方式取得的无形资产,均应办理相应的验收手续。

(2) 无形资产的初始计量

无形资产按照成本进行初始计量,成本按以下原则确定:

① 外购无形资产的成本,包括购买价款、相关税费以及直接归属于使该项资产达到预定用途所发生的其他支出。购买无形资产的价款超过正常信用条件延期支付,实质上具有融资性质的,无形资产的成本以购买价款的现值为基础确定。实际支付的价款与购买价款的现值之间的差额,除符合条件应予资本化的以外,在信用期间内计入当期损益。

② 公司内部研究开发项目开发阶段的支出,同时满足下列条件的,确认为无形资产:

a. 完成该无形资产以使其能够使用或出售在技术上具有可行性。

b. 具有完成该无形资产并使用或出售的意图。

c. 无形资产产生经济利益的方式,包括能够证明运用该无形资产生产的产品存在市场或无形资产自身存在市场,无形资产将在内部使用,能证明其有用性。

d. 有足够的技术、财务资源和其他资源支持,以完成该无形资产的开发,并有能力使用或出售该无形资产。

e. 归属于该无形资产开发阶段的支出能够可靠计量。

③ 投资者投入无形资产的成本,按照投资合同或协议约定的价值确定,但合同或协议约定价值不公允的除外。

(3) 无形资产使用寿命的确定

无形资产使用寿命的确定原则如下:

① 来源于合同性权利或者其他法定权利的无形资产,其使用寿命按不超过合同性权利或者其他法定权利的期限。

② 合同性权利或者其他法定权利到期时因续约等延续,且有证据表明延续不需要付出大额成本的,续约期一并记入使用寿命。

③ 合同或者法律没有使用寿命的,综合各方面情况判断,如与同行业情况进行比较、参考历史经验、聘请专家论证等,以无形资产能为公司带来经济利益的期限确定其使用寿命。

④ 按照上述方法仍无法确定无形资产为公司带来经济利益期限的,作为使用寿命不确定的无形资产。

(4) 无形资产的摊销

使用寿命有限的无形资产,在预计的使用寿命期限内按照直线法摊销,无形资产的摊销一般计入当期损益,但如果某项无形资产包含的经济利益通过所生产的产品或者其他资产实现的,其资产摊销金额计入相关资产价值。每年年度终了,公司对使用寿命有限的无形资产的使用寿命及摊销方法进行复核。如果无形资产的使用寿命及摊销方法与以前估计不同,则改变摊销期限和摊销方法。

使用寿命不确定的无形资产不摊销。公司在每个会计期间对使用寿命不确定的无形资产的使用寿命进行复核,如果有证据表明无形资产的使用寿命是有限的,则估计其使用寿命并采用恰当方法进行摊销。

报告期末,如果预计某项无形资产已不能为公司带来未来经济利益,则将该项无形资产全部转入当期损益。

无形资产存在可能发生减值迹象的,应当计算其可收回金额。可收回金额低于账面价值的,应当按照国家统一的会计准则、制度的规定计提减值准备,确认减值损失。

(5) 无形资产的处置

对使用期满、正常报废的无形资产,应由无形资产使用部门或业务主管部门填制无形资产报废单,经公司授权部门或人员批准后对该无形资产进行报废清理。

对使用期限未满、非正常报废的无形资产,应由无形资产使用部门提出报废申请,注明报废理由、估计清理费用和可回收残值、预计出售价值等。无形资产业务主管部门应组织有关部门进行技术鉴定并提出处理意见,按规定程序审批后进行处置。

对拟出售或投资转出的无形资产,应由有关部门或人员提出处置申请,列明该项无形资产的成本、累计摊销、预计使用年限、已使用年限、预计出售价格或转让价格等,报公司授权部门或人员批准后予以出售或转让。对于重大的无形资产处置,无形资产处置价格应当委托具有资质的中介机构进行资产评估。

公司出租、出借无形资产,应由无形资产业务主管部门会同财务部按规定报经批准后予以办理,并签订合同或协议,对无形资产出租、出借期间所发生的维护保全、税费、租金、归还期限等相关事项予以约定。

7. 长期股权投资的内部控制与核算

(1) 长期股权投资的内容

长期股权投资包括:

① 公司持有的能够对被投资单位实施控制的权益性投资,即对子公司投资。

② 公司持有的能够与其他合营方一同对被投资单位实施共同控制的权益性投资,即对合营企业投资。

③ 公司持有的能够对被投资单位施加重大影响的权益性投资,即对联营企业投资。

④ 公司持有的对被投资单位不具有控制、共同控制或重大影响,且在活跃市场中没有报价,公允价值不能可靠计量的权益性投资。

(2) 长期股权投资的审批

长期股权投资审批内容规定如下:

① 投资项目是否符合国家、地区的产业政策和公司的长期发展规划。

② 投资方案是否安全、可行,主要风险是否可控,是否采取了相应的风险防范措施。

③ 投资项目的预计经营目标、收益目标等是否能够实现,公司的投资利益能否确保,所投入的资金能否按时收回。

④ 投资方案是否与公司的投资能力和项目监管能力相适应。

对长期股权投资必须逐级审批,单项长期股权投资超过公司上年度年末净资产额30%的必须报董事会审议。

(3) 长期股权投资的计量

长期股权投资初始投资成本的确定原则:

① 同一控制下的企业合并形成的长期股权投资

同一控制下的企业合并,合并方以支付现金、转让非现金资产或承担债务方式作为合并对价的,在合并日按照取得被合并方所有者权益账面价值的份额作为长期股权投资的初始投资成本。

② 非同一控制下企业合并形成的长期股权投资

非同一控制下的企业合并,公司在购买日按照确定的合并成本作为长期股权投资的初始投资成本。

③ 除企业合并以外的其他方式取得的长期股权投资

以支付现金取得的长期股权投资,按照实际支付的购买价款作为初始投资成本。初始投资成本包括与取得长期股权投资直接相关的费用、税金及其他必要支出。

以发行权益性证券取得的长期股权投资,按照发行权益性证券的公允价值作为初始投资成本。

投资者投入的长期股权投资,按照投资合同或协议约定的价值作为初始投资成本,但合同或协议约定价值不公允的除外。

公司向子公司的少数股东购买其持有的少数股权,在编制合并财务报表时,因购买少数股权增加的长期股权投资成本,与按照新取得的股权比例计算确定应享有子公司在交易日可辨认净资产公允价值份额之间的差额,确认为商誉。与按照新取得的股权比例计算确定应享有子公司自购买日(或合并日)开始持续计算的可辨认净资产份额之间的差额,除确认为商誉的部分以外,依次调整资本公积及留存收益。

(4) 长期股权投资的核算方法

① 成本法

公司对持有的能够对被投资单位实施控制的长期股权投资,以及对被投资单位不具有共同控制或重大影响,并且在活跃市场中没有报价,公允价值不能可靠计量的长期股权投资,采用成本法核算。公司将能实施控制的被投资单位作为子公司,纳入合并财务报表的合并范围,在编制合并财务报表时按照权益法进行调整。

成本法核算下投资收益的确认:被投资单位宣告分派的现金股利或利润,确认为当期投资收益。公司确认投资收益,仅限于被投资单位接受投资后产生的累积净利润的分配额,所获得的利润或现金股利超过上述数额的部分作为初始投资成本的收回。

② 权益法

公司对被投资单位具有共同控制或重大影响的长期股权投资,采用权益法核算。对长期股权投资的初始投资成本大于投资时应享有被投资单位可辨认净资产公允价值份额的,不调整长期股权投资的初始投资成本;对长期股权投资的初始投资成本小于投资时应享有被投资单位可辨认净资产公允价值份额的,按照差额计入营业外收入,同时调整长期股权投资的成本。

权益法核算下投资收益的确认:公司在确认应享有被投资单位净损益的份额时,以取得投资时被投资单位各项可辨认资产等的公允价值为基础,对被投资单位的净利润进行调整后确认。被投资单位采用的会计政策及会计期间与公司不一致的,按照公司的会计政策及会计期间对被投资单位的财务报表进行调整,并据此确认投资损益。公司确认被投资单位发生的净亏损,以长期股权投资的账面价值以及其他实质上构成对被投资单位净投资的长期权益减记至零为限,但公司负有承担额外损失义务的除外。被投资单位以后实现净利润的,公司在其收益分享额弥补未确认的亏损分担额后,恢复确认收益分享额。

(5) 长期股权投资的跟踪管理

公司需指派专员对投资项目进行跟踪管理,指派人员需与公司指派的其他人员配合,定期分析投资质量,分析被投资企业的财务状况、经营状况、现金流量等重要指标,并撰写分析报告。

指派人员应将被投资企业发生的重大事项及时上报财务经理与总经理,以方便公司对长期股权投资进行处置,保证长期股权投资业务的安全与效益。

指派人员定期收集被投资企业的财务报表交予财务部,由财务部根据国家统一的会计准则、制度和公司的相关会计制度对长期股权投资的收益进行核算,编制会计报表。

财务部应定期或不定期与被投资企业核对相关的投资账目,保证投资的安全、可靠。

(6) 长期股权投资的处置

有下列情形之一者,公司对长期股权投资做出收回处理:

① 按照公司相关规定,对投资项目的经营期满。
② 投资项目经营不善导致无法到期偿还债务,依法实施破产。
③ 发生不可抗力,投资项目无法继续经营。
④ 投资合同中规定的投资中止的情况出现或发生。

有下列情形之一者,公司对长期股权投资做出转让处理:

① 投资项目已经明显违背公司经营方向。
② 投资项目出现连续亏损而且扭亏无望,没有市场前景。
③ 公司由于自身经营资金不足需要补充资金。
④ 公司认为没有必要继续投资的其他情形。

8. 筹资的内部控制与借款费用的核算

(1) 筹资的授权与批准内容

财务部经理经授权负责具体的筹资行为,包括编制筹资预算与筹资方案。财务负责人经授权负责筹资活动。

财务部经理编制好筹资预算与筹资方案后,财务负责人对筹资预算和筹资方案进行审核,总经理负责审批筹资预算与筹资方案。超过100万元的筹资需由董事会审批,超过300

万元的筹资需股东大会批准。

(2) 借款费用资本化的确认原则

为购建或者生产符合资本化条件的资产而借入专门借款的利息费用及辅助费用和占用公司一般借款的利息费用、折价或溢价的摊销,以及外币专门借款汇兑差额,在同时满足下述条件时,予以资本化,计入相关资产成本:

① 资产支出已经发生。
② 借款费用已经发生。
③ 为使资产达到预定可使用或者可销售状态所必要的购建,或者生产活动已经开始。

一般借款发生的辅助费用,在发生时根据其发生额确认为费用,计入当期损益。

(3) 借款费用资本化期间

公司为购建固定资产所借入的专门借款,其所发生的借款费用,在所购建或者生产符合资本化条件的资产达到预定可使用或者可销售状态之前发生的,在发生时予以资本化;以后发生的借款费用,在发生时根据其发生额确认为费用,计入当期损益。

如果固定资产购建过程发生中断,借款利息按以下情况进行处理:

① 如果固定资产的购建活动发生非正常中断,并且中断时间连续超过3个月,则暂停借款费用的资本化,将其确认为当期费用,直至资产的购建重新开始。
② 如果中断是使购建的固定资产达到预定可使用状态所必需的程序,则借款费用继续资本化。

(4) 借款费用资本化金额的计量

① 为购建或者生产符合资本化条件的资产而借入专门借款的,以专门借款当期实际发生的利息费用,减去将尚未动用的借款资金存入银行取得的利息收入或进行暂时性投资取得的投资收益后的金额确定。

② 在借款费用资本化期间内,为购建或者生产符合资本化条件的资产占用了一般借款的,一般借款应予以资本化的利息金额按照下列公式计算:

一般借款利息费用资本化金额＝累计资产支出超过专门借款部分的资产支出加权平均数×所占用一般借款的资本化率

所占用一般借款的资本化率＝所占用一般借款加权平均利率＝所占用一般借款当期实际发生的利息之和÷所占用一般借款本金加权平均数

所占用一般借款本金加权平均数＝∑(所占用每笔一般借款本金×每笔一般借款在当期所占用的天数/当期天数)

③ 借款存在折价或者溢价的,按照实际利率法确定每一会计期间应摊销的折价或者溢价金额,调整每期利息金额。

④ 在资本化期间内,每一会计期间的利息资本化金额,不超过当期相关借款实际发生的利息金额。

9. 应付职工薪酬

应付职工薪酬指公司为获得职工提供的服务或解除劳动关系而给予职工的各种形式的报酬或补偿。职工薪酬包括短期薪酬、离职后福利、辞退福利和其他长期职工福利。公司提供给职工配偶、子女、受赡养人、已故员工遗属及其他受益人等的福利,也属于职工薪酬。

短期薪酬具体包括职工工资、奖金、津贴和补贴,职工福利费,医疗保险费、工伤保险费和生育保险费等社会保险费,住房公积金,工会经费和职工教育经费,短期带薪缺勤,短期利润分享计划,非货币性福利以及其他短期薪酬。

公司在职工为其提供服务的会计期间,将实际发生的短期薪酬确认为负债,根据职工提供服务的受益对象,分下列情况处理:应由生产产品、提供劳务负担的职工薪酬,计入产品成本或劳务成本;应由在建工程、无形资产负担的职工薪酬,计入建造固定资产或无形资产成本;其他职工薪酬,计入当期损益。

公司为职工缴纳的医疗保险费、工伤保险费、生育保险费等社会保险费和住房公积金,在职工为其提供服务的会计期间,根据规定的计提基础和计提比例计算确定相应的职工薪酬金额。五险一金计提比例如表2-4所示。

表2-4 五险一金计提比例

项目	计提比例/%
基本养老保险	16
失业保险	0.5
医疗保险	9
生育保险	0.8
工伤保险	0.2
住房公积金	10

公司在职工为其提供服务的会计期间,将根据离职后福利设定提存计划计算的应缴存金额确认为负债,并计入当期损益或相关资产成本。

公司在下列两者孰早日确认辞退福利产生的职工薪酬负债,并计入当期损益:
① 公司不能单方面撤回因解除劳动关系计划或裁减建议所提供的辞退福利时。
② 公司确认与涉及支付辞退福利的重组相关的成本或费用时。

10. 收入

收入是指公司在日常活动中形成的、会导致所有者权益增加的、与所有者投入资本无关的经济利益的总流入。

(1) 收入的确认
① 收入确认的条件
公司与客户之间的合同同时满足下列条件时,在客户取得相关商品控制权时确认收入:
a. 合同各方已批准该合同并承诺将履行各自义务。
b. 该合同明确了合同各方与所转让商品或提供劳务相关的权利和义务。
c. 该合同有明确的与所转让商品或提供劳务相关的支付条款。
d. 该合同具有商业实质,即履行该合同将改变公司未来现金流量的风险、时间分布或金额。

e. 公司因向客户转让商品而有权取得的对价很可能收回。

　　对于不符合上述规定的合同,公司只有在不再负有向客户转让商品或提供劳务的剩余义务,且已向客户收取的对价无需退回时,才能将已收取的对价确认为收入;否则,应当将已收取的对价作为负债进行会计处理。

　　没有商业实质的非货币性资产交换,不确认收入。

② 收入确认的时间

　　对于在某一时段内履行的履约义务,公司在该段时间内按照履约进度确认收入:

　　a. 产出法是根据已转移给客户的商品对于客户的价值确定履约进度。

　　b. 投入法是根据公司为履行履约义务的投入确定履约进度。

　　c. 当履约进度不能合理确定时,公司已经发生的成本预计能够得到补偿的,按照已经发生的成本金额确认收入,直到履约进度能够合理确定为止。

　　对于在某一时点履行的履约义务,公司在客户取得相关商品控制权时点确认收入:

　　a. 公司就该商品享有现时收款权利,即客户就该商品负有现时付款义务。

　　b. 公司已将该商品的法定所有权转移给客户,即客户已拥有该商品的法定所有权。

　　c. 公司已将该商品实物转移给客户,即客户已占有该商品实物。

　　d. 公司已将该商品所有权上的主要风险和报酬转移给客户,即客户已取得该商品所有权上的主要风险和报酬。

　　e. 客户已接受该商品。

　　f. 其他表明客户已取得商品控制权的迹象。

(2) 收入的计量

　　公司按照分摊至各单项履约义务的交易价格计量收入。交易价格是指公司因向客户转让商品而预期有权收取的对价金额。公司代第三方收取的款项以及公司预期将退还给客户的款项,作为负债进行会计处理,不计入交易价格。

(3) 特定交易的收入

① 附有销售退回条款的销售。公司在客户取得相关商品控制权时,按照因向客户转让商品而预期有权收取的对价金额确认收入,按照预期因销售退回将退还的金额确认负债;同时,按照预期将退回商品转让时的账面价值,扣除收回该商品预计发生成本(包括退回商品的价值减损)后的余额,确认为一项资产,按照所转让商品转让时的账面价值,扣除上述资产成本的净额结转成本。

② 附有质量保证条款的销售。质量保证是在向客户保证所销售商品符合既定标准之外提供的一项单独的服务,如客户能够选择单独购买质量保证,则该质量保证构成单项履约义务,按收入进行处理。否则,质量保证责任按或有事项进行处理。

③ 代理销售。公司根据其在向客户转让商品前是否拥有对该商品的控制权,来判断其从事交易时的身份是主要责任人还是代理人。若公司在向客户转让商品前能够控制该商品,则该公司为主要责任人,按照已收或应收对价总额确认收入;否则,公司为代理人,按照预期有权收取的佣金或手续费的金额确认收入。

11. 成本费用

（1）成本项目

成本项目包括直接材料、直接人工、燃料和动力、制造费用。

直接材料是指构成产品实体的原材料以及有助于产品形成的主要材料和辅助材料。

直接人工是指直接从事产品生产的工人的职工薪酬。

燃料和动力是指直接用于产品生产的燃料和动力。

制造费用是指企业为生产产品和提供劳务而发生的各项间接费用，包括生产车间发生的水电费、固定资产折旧、无形资产摊销、管理人员的职工薪酬、劳动保护费等。

（2）成本的归集、分配

发生的成本费用，能确定由某一成本核算对象负担的，按照所对应的产品成本项目类别，直接计入产品成本核算对象的生产成本；由几个成本核算对象共同负担的，按以下分配标准分配计入。

① 直接材料

生产不同产品共同耗用同一种材料时，按定额耗用量的比例分配。

生产用料除领料单指定用途外，生产用料（半成品）定额耗用量分配比例为 ABSⅠ-B：ABSⅡ-B＝1：1，生产用料（产成品）定额耗用量分配比例为 ABSⅠ：ABSⅡ＝1：1。

特种钢为产品 ABSⅠ和 ABSⅡ共同耗用材料，ABSⅠ产品的特种钢消耗定额为 20 千克/套，ABSⅡ产品的特种钢消耗定额为 30 千克/套。

委托加工材料，如生产 ABSⅠ、ABSⅡ使用的钢板委托加工收回时发生的运杂费按收回的材料数量分摊。

② 直接人工

车间生产工人工资按产品生产工时比例在产品间进行分配，基本生产车间工时定额见表 2-5。

表 2-5 基本生产车间工时定额

项　　目	第一生产车间	第二生产车间
生产工时/小时	5 000	4 000

③ 制造费用

制造费用的分配按生产车间先进行归集，第一生产车间与第二生产车间单独设账核算制造费用，制造费用按照产品生产工时比例分配。第一生产车间工时比例为 ABSⅠ-B：ABSⅡ-B＝1：2；第二生产车间工时比例为 ABSⅠ：ABSⅡ＝2：3。

辅助生产车间不单独设账核算制造费用，直接列入"生产成本——辅助生产成本"。

④ 辅助生产成本

辅助生产成本根据车间提供的劳务数量，按各部门受益程度，采用直接分配法分配，辅助生产车间工时定额见表 2-6。

表 2-6 辅助生产车间工时定额

车间名称	单位	生产第一车间	生产第二车间	管理部门	营销部	合计
机加工生产车间	工时	2 000	4 200	230	920	7 350
水电气供应车间	工时	250	400	300	200	1 150

(3) 成本结转

产品成本计算采用分步法。月末在产品成本采用约当产量法计算,假定在产品完工程度均为50%,原材料一次性投入。

第一生产车间生产半成品,完工半成品和月末在产品成本按产量和约当产量比例计算,并将完工半成品的成本连同实物按综合结转分步法进行成本核算;第二生产车间生产产成品,月末完工产成品和月末在产品成本按产量和约当产量比例计算。

五 公司税费

(1) 增值税。公司为增值税一般纳税人,税率为13%,应税收入按13%的税率计算销项税,并按扣除当期允许抵扣的进项税额后的差额计缴增值税。

(2) 城市维护建设税。按实际缴纳的流转税的7%计缴。

(3) 教育费附加及地方教育附加。按实际缴纳的流转税的3%计缴教育费附加,按实际缴纳的流转税的2%计缴地方教育附加。

(4) 企业所得税。公司的企业所得税税率为25%,企业所得税按应纳税所得额的25%计缴。

(5) 个人所得税。居民个人的综合所得,以每一纳税年度的收入额减除费用60 000.00元以及专项扣除、专项附加扣除和依法确定的其他扣除后的余额,为应纳税所得额。居民个人取得综合所得,按年计算个人所得税。公司为扣缴义务人按月预扣预缴税款,次年3月1日至6月30日内办理汇算清缴。个人所得税(综合所得)税率见表2-7。

表 2-7 个人所得税(综合所得)税率表

级数	全年应纳税所得额	税率/%	速算扣除数
1	不超过36 000元的	3	0
2	超过36 000元至144 000元的部分	10	2 520
3	超过144 000元至300 000元的部分	20	16 920
4	超过300 000元至420 000元的部分	25	31 920
5	超过420 000元至660 000元的部分	30	52 920
6	超过660 000元至960 000元的部分	35	85 920
7	超过960 000元的部分	45	181 920

(6) 城镇土地使用税。公司为一类土地,年纳税额为10元/平方米。

(7) 印花税。按印花税税率表据实缴纳。

(8) 房产税。自用房屋从价计征,按房产原值×(1-30%)×1.2%计缴;出租房屋从租计征,按租金收入×12%计缴。

（9）车船使用税。按车船税税目税率表按实计缴。

（10）残疾人就业保障金。安排残疾人就业未达到公司上年末从业人员总数1.5%比例的，按照年度差额人数和上年度本市职工年平均工资的100%缴纳。

（11）防洪保安资金。按上年营业收入的1‰计缴。

六 公司人员及基本情况

公司人员及基本情况见表2-8。

表2-8 公司人员情况简表

部门	岗位	人员姓名	备注
董事会	董事长	李晓进	
	总经理	陈建刚	
	副总经理	严亮	财务负责人
行政部	经理	王浩	
	副经理	李明	
	副经理	张愈	
	员工	高亮	
	员工	沈国	
	员工	邱辰	
人力资源部	经理	张文	
	员工	吴军	
财务部	经理	柳军	
	副经理	王刚	总账会计
	员工	赵丽丽	出纳
	员工	吴言	往来会计
	员工	莫非	成本会计
供应部	经理	张海	
	员工	刘力	
研发部	经理	洪军	
	员工	汪同	
	员工	高军	
	员工	王玫	
	员工	刘笑	

续表

部门	岗位	人员姓名	备注
第一生产车间	主任	常昊	
	副主任	李军	
	副主任	王良	
	工人	刘竟	
	工人	刘苗	
	工人	古田	
	工人	张民	
第二生产车间	主任	肖天	生产部经理
	副主任	李满	
	副主任	伍良	
	工人	冯峡	
	工人	王苗	
	工人	王一	
	工人	张三	
	工人	何苗	
机加工生产车间	主任	何迪	
	工人	刘昆	
	工人	冯静	
	工人	卢红	
	工人	王二	
水电气供应车间	主任	李易	
	工人	汪良	
	工人	洪山	
	工人	王桥	
	工人	王菊	
营销一科	经理	李铁	
	员工	王立	
	员工	蒋军	
	员工	李焦	
	员工	魏凉	

续表

部门	岗位	人员姓名	备注
营销二科	经理	陈春	营销部经理
	员工	汪彪	
	员工	陈山	
	员工	王海	
	员工	王佳	
	员工	王兵	
仓储部	员工	于远	原料库
	员工	王开	半成品库
	员工	李金	成品库

七、公司主要供应商

表2-9 公司主要供应商一览表

单位名称	统一社会信用代码	地址	电话	开户银行	银行账号
南京雨花汽车材料商行	91320113211804 2044	江苏省南京市鼓楼区热河路335号	025-74122831	工商银行南京下关支行	4301011622124771549
芜湖市兴芜化工材料公司	91340202204780 1386	安徽省芜湖市弋江区王卫街犀刚路25号	0553-60100823	建设银行芜湖弋江支行	3425010102412476 2251
江苏扬子化工集团有限公司	91320102706279 8304	江苏省扬州市玄武区刘金街伊翔路56号	025-66517940	交通银行扬州分行营业部	3210110801000900 0808
芜湖羽翼劳保用品公司	91340202934641 9568	安徽省芜湖市镜湖区赵涛街贾丰路74号	0553-40732243	建设银行芜湖镜湖支行	3425012262212421 8522
成都锦江电器有限公司	91510104964799 3423	四川省成都市锦江区王京街孟少路08号	028-37638711	交通银行成都锦江支行	5101005011275889099
上海樱花钢铁贸易有限公司	91310101480680 2435	上海巨鹿路105号	021-87651300	交通银行上海巨鹿路支行	3101012101442101 0101
北京汽车配件材料厂	91110101658409 1807	北京市东城区王军街刘保路58号	010-24605964	交通银行北京东城支行	1101019020112441 09288
南京虹润实业有限公司	91320101113498 8679	江苏省南京市雨花区雨花路45号	025-87651000	工商银行南京雨花支行	4301146180910090 909
南京电磁阀制造总厂	91320106645662 1633	江苏省南京市鼓楼区梁惠街隹运路14号	025-79390303	工商银行南京鼓楼支行	4301060681802111 999
南京现代办公设备公司	91320102631057 2825	江苏省南京市鼓楼区中山北路45号	025-87651200	中国银行南京花园路支行	4871585 91642
南京九思办公用品公司	91320106416099 7984	江苏省南京市玄武区孙武街苏建路85号	025-47368527	工商银行南京红山路支行	4301021101412124 352
南京羊丰办公用品商店	91320106293663 7587	江苏省南京市玄武区岳强街赵雪路37号	025-66958524	工商银行南京红山路支行	4301021204172926 458

续表

单位名称	统一社会信用代码	地址	电话	开户银行	银行账号
南京东风贸易有限公司	91320102381903 0908	江苏省南京市玄武区张树街康振路37号	025-86177673	建设银行南京玄武支行	32050181622124168420
南京雨润建安公司	91320111741402926	江苏省南京市浦口区张弘街张英路09号	025-19444338	建设银行南京浦口支行	32050141622124654090
南京典凡广告有限责任公司	9132010257645 45752	江苏省南京市玄武区李海街扬王路49号	025-75096055	建设银行南京玄武支行	32050141622124399271
南京维润油脂有限公司	91320102506236 6203	江苏省南京市鼓楼区湖北路105号	025-66652412	交通银行南京湖北路支行	32010600101013444 5756
南京大同机电股份有限公司	91320106899837 8987	江苏省南京市玄武区中山北路109号	025-67653766	中国银行南京中山北路分理处	480210011213
南京长宁股份有限公司	91320102615026 1882	江苏省南京市鼓楼区宁路8号	025-84806297	工商银行南京玄武支行	43010261820020 6060
南京精诚装运公司	91320106841914 8577	江苏省南京市鼓楼区双楼门1113号	025-84896756	工商银行南京鼓楼支行	43010601434069 59341
南京洽华服务有限公司	91320102730825 3995	江苏省南京市玄武区毕顺杰94号	025-83221928	工商银行南京玄武支行	43010261622124 75464

八、公司主要客户

表2-10 公司客户开票信息一览表

单位名称	统一社会信用代码	地址	电话	开户银行	银行账号
宁波汽车制造厂	91330202055849 242503	浙江省宁波市江北区朋芜街郁森路54号	0574-43122667	中国银行宁波中州路支行	487412357164
昆明汽车修理厂	91530102928434 4556	云南省昆明市五华区王艺街吴梅路85号	0871-15816152	建设银行昆明五华支行	53050141622124 811604

续表

单位名称	统一社会信用代码	地址	电话	开户银行	银行账号
南京顺福汽车修理厂	91320106211214803	江苏省南京市鼓楼区李志街米卫路87号	025-29281833	工商银行南京白下支行	4301041762265629392
重庆大华汽车修理厂	91500101193700897l	重庆市涪陵区米敏街刘建路41号	023-40262423	交通银行重庆涪陵支行	5001021040122l2464581
山东飞龙贸易有限公司	91370102799970565 2	山东省济南市历下区刘华街李瑞路13号	0531-60686492	建设银行济南历下支行	3701004162212469071 9
南京旺美汽车修理厂	91320111620555896 6	江苏省南京市浦口区杨秋街李建路81号	025-80516523	工商银行南京白下支行	4301046680250050707
南京长安汽车制造公司	91320102908177426 2	江苏省南京市玄武区曹群街蒋荣路37号	025-75381496	工商银行南京江宁支行	4301150101210067909
南京金陵汽车修理厂	9132010270448201 84	江苏省南京市玄武区尹惠李京路41号	025-38307268	建设银行南京玄武支行	3205018162212405313 1
江苏桦阳汽车修理有限责任公司	91320116255107345 2	江苏省南京市六合区陈军街阿娜路96号	025-48756400	建设银行南京六合支行	3205018162212492635 1
南京浦口化工材料公司	91320111938090962 2	江苏省南京市浦口区高明街李纪路32号	025-63954413	建设银行南京浦口支行	3205018162212427692 1
上海钢材有限责任公司	91310101687034832 7	上海湖北路35号	021-71210147	交通银行上海黄浦支行	3101012101898881093 4
南京雨花汽车材料商行	91320113211804204 4	江苏省南京市鼓楼区热河路335号	025-74122831	工商银行南京下关支行	4301011622124771549

第三章 建账

一 期初数据

1. 公司 2019 年 1 月至 11 月的累计发生额及 11 月末科目余额表

表 3-1 2019 年 1 月至 11 月的累计发生额及 11 月末科目余额表

单位：元

科目全称	年初借方余额	年初贷方余额	本年借方发生额	本年贷方发生额	期末借方余额	期末贷方余额
现金	2 240.89		158 319.90	156 055.79	4 505.00	
银行存款	2 347 294.61		39 337 879.45	39 376 210.85	2 308 963.21	
银行存款——中行下关支行	848 107.60		9 453 306.53	8 951 414.13	1 350 000.00	
银行存款——工行下关支行	1 499 187.01		29 884 572.92	30 424 796.72	958 963.21	
其他货币资金			512 000.00	392 000.00	120 000.00	
其他货币资金——银行汇票			512 000.00	392 000.00	120 000.00	
交易性金融资产			110 000.00		110 000.00	
交易性金融资产——债券投资			110 000.00		110 000.00	
应收票据			35 000.00		35 000.00	
应收票据——山东飞龙贸易有限公司			35 000.00		35 000.00	
应收账款	3 835 089.57		23 557 654.38	24 028 364.81	3 364 379.14	
应收账款——南京金陵汽车修理厂	3 070 851.01		20 087 064.34	22 806 915.35	351 000.00	
应收账款——宁波汽车制造厂	764 238.56		2 042 210.90	1 221 449.46	1 585 000.00	
应收账款——南京顺福汽车修理厂			320 000.00		320 000.00	

续表

科目全称	年初借方余额	年初贷方余额	本年借方发生额	本年贷方发生额	期末借方余额	期末贷方余额
应收账款——江苏桦阳汽车修理有限责任公司			1 108 379.14		1 108 379.14	
预付账款	1 351 859.38		2 780 902.56	3 675 011.94	457 750.00	
预付账款——南京雨花汽车材料商行	38 226.01		1 412 747.50	1 243 223.51	207 750.00	
预付账款——上海樱花钢铁贸易有限公司	64 238.56		1 368 155.06	1 312 393.62	120 000.00	
预付账款——南京大同机电股份有限公司	1 249 394.81			1 119 394.81	130 000.00	
其他应收款	5 400.00		21 600.00	9 000.00	18 000.00	
其他应收款——高军	400.00		600.00		1 000.00	
其他应收款——洪军			1 000.00		1 000.00	
其他应收款——张海	5 000.00		2 000.00	4 000.00	3 000.00	
其他应收款——常昊			2 000.00		2 000.00	
其他应收款——蒋军			11 000.00	5 000.00	6 000.00	
其他应收款——王海			2 000.00		2 000.00	
其他应收款——王立			3 000.00		3 000.00	
坏账准备		191 754.00				191 754.00
材料采购			11 605 360.00	11 579 360.00	26 000.00	
材料采购——车速传感器			1 695 600.00	1 695 600.00		
材料采购——轮速传感器			3 594 000.00	3 594 000.00		
材料采购——电磁阀			2 959 280.00	2 933 280.00	26 000.00	
材料采购——特种钢			363 600.00	363 600.00		
材料采购——液压油			119 400.00	119 400.00		
材料采购——控制器			1 609 000.00	1 609 000.00		
材料采购——继电器			1 264 480.00	1 264 480.00		
原材料	582 500.00		11 670 260.00	11 650 000.00	602 760.00	
原材料——车速传感器	84 000.00		1 695 600.00	1 680 000.00	99 600.00	
原材料——轮速传感器	180 000.00		3 594 000.00	3 600 000.00	174 000.00	

续表

科目全称	年初借方余额	年初贷方余额	本年借方发生额	本年贷方发生额	期末借方余额	期末贷方余额
原材料——电磁阀	147 000.00		2 933 280.00	2 940 000.00	140 280.00	
原材料——特种钢	22 500.00		454 500.00	450 000.00	27 000.00	
原材料——液压油	6 000.00		119 400.00	120 000.00	5 400.00	
原材料——控制器	80 000.00		1 609 000.00	1 600 000.00	89 000.00	
原材料——继电器	63 000.00		1 264 480.00	1 260 000.00	67 480.00	
材料成本差异			216 955.00	202 955.00	14 000.00	
材料成本差异——车速传感器			31 700.00	29 500.00	2 200.00	
材料成本差异——轮速传感器			67 000.00	62 450.00	4 550.00	
材料成本差异——电磁阀			55 320.00	50 750.00	4 570.00	
材料成本差异——特种钢			6 500.00	7 300.00		800.00
材料成本差异——液压油			2 000.00	2 300.00		300.00
材料成本差异——控制器			30 755.00	28 855.00	1 900.00	
材料成本差异——继电器			23 680.00	21 800.00	1 880.00	
库存商品	320 860.00		21 057 092.00	20 596 192.00	781 760.00	
库存商品——ABSⅠ	130 000.00		10 790 000.00	10 562 500.00	357 500.00	
库存商品——ABSⅡ	190 860.00		10 267 092.00	10 033 692.00	424 260.00	
委托加工物资			515 700.00	454 500.00	61 200.00	
委托加工物资——上海钢材有限责任公司			515 700.00	454 500.00	61 200.00	
半成品	52 000.00		7 128 000.00	6 532 000.00	648 000.00	
半成品——ABSⅠ-B	31 000.00		2 046 000.00	1 891 000.00	186 000.00	
半成品——ABSⅡ-B	21 000.00		5 082 000.00	4 641 000.00	462 000.00	
周转材料			82 512.00		82 512.00	
周转材料——包装箱			59 000.00		59 000.00	
周转材料——劳保手套			5 912.00		5 912.00	
周转材料——生产专用工具			17 600.00		17 600.00	

续表

科目全称	年初借方余额	年初贷方余额	本年借方发生额	本年贷方发生额	期末借方余额	期末贷方余额
长期股权投资			1 450 000.00		1 450 000.00	
长期股权投资——南京金陵汽车修理厂			1 450 000.00		1 450 000.00	
固定资产	8 053 107.91		302 892.09		8 356 000.00	
固定资产——房屋及建筑物	5 750 000.00				5 750 000.00	
固定资产——机器设备	1 300 000.00		280 000.00		1 580 000.00	
固定资产——机械动力设备	550 000.00				550 000.00	
固定资产——运输设备	80 000.00				80 000.00	
固定资产——仪器仪表	157 107.91		22 892.09		180 000.00	
固定资产——信息技术设备	136 000.00				136 000.00	
固定资产——工具及器具	80 000.00				80 000.00	
累计折旧		1 893 892.32		398 357.68		2 292 250.00
累计折旧——房屋及建筑物		808 153.75		168 666.67		976 820.42
累计折旧——机器设备		597 747.20		124 533.33		722 280.53
累计折旧——机械动力设备		203 772.16		48 400.00		252 172.16
累计折旧——运输设备		49 600.00		8 800.00		58 400.00
累计折旧——仪器仪表		96 210.99		19 571.08		115 782.07
累计折旧——信息技术设备		70 490.14		23 177.00		93 667.14
累计折旧——工具及器具		67 918.08		5 209.60		73 127.68
在建工程	32 625.00		119 625.00		152 250.00	
在建工程——ABS生产线	32 625.00		119 625.00		152 250.00	
无形资产			380 000.00		380 000.00	
无形资产——专利权			180 000.00		180 000.00	
无形资产——商标权			200 000.00		200 000.00	

续表

科目全称	年初借方余额	年初贷方余额	本年借方发生额	本年贷方发生额	期末借方余额	期末贷方余额
累计摊销				40 000.00		40 000.00
累计摊销——专利权				30 000.00		30 000.00
累计摊销——商标权				10 000.00		10 000.00
长期待摊费用	100 300.00			89 100.00	11 200.00	
长期待摊费用——保险费	40 300.00			34 100.00	6 200.00	
长期待摊费用——租赁费	60 000.00			55 000.00	5 000.00	
递延所得税资产			1 036.79		1 036.79	
短期借款		800 000.00				800 000.00
短期借款——工行南京下关支行		800 000.00				800 000.00
应付票据		100 300.00	100 300.00	423 400.00		423 400.00
应付票据——南京科隆商贸有限公司		100 300.00	100 300.00			
应付票据——北京利丰贸易有限责任公司				423 400.00		423 400.00
应付账款		505 179.38	22 812 576.62	22 474 167.24		166 770.00
应付账款——南京宁越工贸有限公司		418 955.00	591 498.00	172 543.00		
应付账款——南京虹润实业有限公司		86 224.38	21 051 078.62	21 071 564.24		106 710.00
应付账款——暂估			1 170 000.00	1 230 060.00		60 060.00
预收账款			2 161 849.28	2 219 849.28		58 000.00
预收账款——重庆大华汽车修理厂			1 499 900.00	1 557 900.00		58 000.00
预收账款——泰州华武汽车修理厂			661 949.28	661 949.28		
应付职工薪酬		320 860.00	4 285 117.62	4 307 102.95		342 845.33
应付职工薪酬——工资		265 000.00	3 317 976.10	3 308 976.10		256 000.00
应付职工薪酬——公积金		26 500.00	295 124.00	296 030.00		27 406.00
应付职工薪酬——福利费			348 967.32	379 010.35		30 043.03
应付职工薪酬——养老保险		21 900.00	240 875.20	240 900.00		21 924.80

续表

科目全称	年初借方余额	年初贷方余额	本年借方发生额	本年贷方发生额	期末借方余额	期末贷方余额
应付职工薪酬——失业保险		1 360.00	15 063.00	15 073.30		1 370.30
应付职工薪酬——医疗保险		6 100.00	67 112.00	67 113.20		6 101.20
应交税费		101 269.81	5 165 461.24	5 166 671.34		102 479.91
应交税费——应交增值税		61 524.18	5 005 615.22	5 032 091.04		88 000.00
应交税费——应交增值税——进项税额			4 081 001.33		4 081 001.33	
应交税费——应交增值税——已交税金			924 613.89		924 613.89	
应交税费——应交增值税——销项税额		61 524.18		5 026 271.30		5 087 795.48
应交税费——应交增值税——进项税额转出				5 819.74		5 819.74
应交税费——应交所得税		20 728.52	46 059.65	25 331.13		
应交税费——应交城市维护建设税		9 395.81	63 652.09	60 416.28		6 160.00
应交税费——应交个人所得税		2 910.00	4 668.49	5 678.40		3 919.91
应交税费——应交教育费附加		6 711.30	45 465.79	43 154.49		4 400.00
应付利息			236 700.00	289 300.00		52 600.00
其他应付款		42 975.55	40 725.55	20 000.00		22 250.00
其他应付款——押金		42 975.55	40 725.55	20 000.00		22 250.00
长期借款		3 450 000.00				3 450 000.00
长期借款——建行新街口支行		2 000 000.00				2 000 000.00
长期借款——工行江苏省分行营业部		1 450 000.00				1 450 000.00
股本		10 000 000.00				10 000 000.00
股本——江苏中铁投资有限公司		5 000 000.00				5 000 000.00
股本——南京长宁股份有限公司		2 000 000.00				2 000 000.00
股本——南京大华实业有限公司		1 500 000.00				1 500 000.00

续表

科目全称	年初借方余额	年初贷方余额	本年借方发生额	本年贷方发生额	期末借方余额	期末贷方余额
股本——江苏铁建集团		1 000 000.00				1 000 000.00
股本——陈建刚		500 000.00				500 000.00
资本公积		241 000.00				241 000.00
资本公积——股本溢价		200 000.00				200 000.00
资本公积——其他资本公积		41 000.00				41 000.00
盈余公积		102 484.00				102 484.00
盈余公积——法定盈余公积		68 322.67				68 322.67
盈余公积——任意盈余公积		34 161.33				34 161.33
本年利润			29 376 479.41	29 781 978.91		405 499.50
利润分配		628 383.40				628 383.40
利润分配——未分配利润		628 383.40				628 383.40
生产成本	1 694 821.10		28 113 870.90	29 474 292.00	334 400.00	
生产成本——基本生产成本	1 694 821.10		26 824 670.90	28 185 092.00	334 400.00	
生产成本——基本生产成本——ABSⅠ-B			2 166 000.00	2 046 000.00	120 000.00	
生产成本——基本生产成本——ABSⅡ-B			5 164 000.00	5 082 000.00	82 000.00	
生产成本——基本生产成本——ABSⅠ	1 070 333.47		9 779 666.53	10 790 000.00	60 000.00	
生产成本——基本生产成本——ABSⅡ	624 487.63		9 715 004.37	10 267 092.00	72 400.00	
生产成本——辅助生产成本			1 289 200.00	1 289 200.00		
制造费用			1 007 849.46	1 007 849.46		
主营业务收入			29 063 065.20	29 063 065.20		
其他业务收入			503 236.56	503 236.56		
营业外收入			215 677.15	215 677.15		
主营业务成本			25 513 318.45	25 513 318.45		
其他业务成本			66 582.00	66 582.00		
主营业务税金及附加			136 187.91	136 187.91		

续表

科目全称	年初借方余额	年初贷方余额	本年借方发生额	本年贷方发生额	期末借方余额	期末贷方余额
销售费用			1 087 193.84	1 087 193.84		
销售费用——工资			531 823.92	531 823.92		
销售费用——福利费			116 322.44	116 322.44		
销售费用——劳动保险费			135 745.42	135 745.42		
销售费用——业务招待费			52 442.60	52 442.60		
销售费用——办公费			13 903.45	13 903.45		
销售费用——水电费			6 986.98	6 986.98		
销售费用——差旅费			77 656.93	77 656.93		
销售费用——电话费			12 469.82	12 469.82		
销售费用——折旧费			17 027.30	17 027.30		
销售费用——交通费			6 488.80	6 488.80		
销售费用——运输费			39 616.01	39 616.01		
销售费用——劳保用品			13 117.00	13 117.00		
销售费用——公积金			48 311.93	48 311.93		
销售费用——低值易耗品			15 281.24	15 281.24		
管理费用			2 217 012.10	2 217 012.10		
管理费用——工资			1 047 735.88	1 047 735.88		
管理费用——福利费			174 483.66	174 483.66		
管理费用——工会经费			56 969.80	56 969.80		
管理费用——劳动保险费			328 618.12	328 618.12		
管理费用——聘请中介机构费			40 000.00	40 000.00		
管理费用——业务招待费			122 475.40	122 475.40		
管理费用——办公费			32 441.39	32 441.39		
管理费用——水电费			16 302.95	16 302.95		
管理费用——修理费			4 805.62	4 805.62		
管理费用——差旅费			33 281.54	33 281.54		
管理费用——电话费			13 528.31	13 528.31		

续表

科目全称	年初借方余额	年初贷方余额	本年借方发生额	本年贷方发生额	期末借方余额	期末贷方余额
管理费用——职工教育经费			11 975.60	11 975.60		
管理费用——文印费			4 865.00	4 865.00		
管理费用——折旧费			149 730.38	149 730.38		
管理费用——交通费			9 733.20	9 733.20		
管理费用——劳保用品			19 675.49	19 675.49		
管理费用——公积金			127 467.89	127 467.89		
管理费用——低值易耗品			22 921.87	22 921.87		
财务费用			218 366.55	218 366.55		
财务费用——利息收入			−16 990.48	−16 990.48		
财务费用——利息支出			213 675.00	213 675.00		
财务费用——手续费			21 682.03	21 682.03		
营业外支出			2 652.06	2 652.06		
营业外支出——罚款支出			2 652.06	2 652.06		
所得税费用			135 166.50	135 166.50		

2. 公司 2019 年 11 月 30 日材料采购结存

表 3-2 2019 年 11 月 30 日材料采购结存明细表

序号	名称	计量单位	数量	单价/元	金额/元
1	电磁阀	件	130	200.00	26 000.00
	合计				26 000.00

3. 公司 2019 年 11 月 30 日原材料结存

表 3-3 2019 年 11 月 30 日原材料结存明细表

序号	名称	计量单位	数量	计划单价/元	金额/元
1	车速传感器	套	415	240.00	99 600.00
2	轮速传感器	套	580	300.00	174 000.00
3	电磁阀	件	668	210.00	140 280.00
4	特种钢	千克	6 000	4.50	27 000.00
5	液压油	千克	270	20.00	5 400.00

续表

序 号	名 称	计量单位	数 量	计划单价/元	金额/元
6	继电器	件	482	140.00	67 480.00
7	控制器	件	89	1 000.00	89 000.00
	合 计				602 760.00

4. 公司 2019 年 11 月 30 日库存商品结存

表 3-4 2019 年 11 月 30 日库存商品结存明细表

序 号	名 称	计量单位	数 量	单位成本/元	金额/元
1	ABS Ⅰ	套	55	6 500.00	357 500.00
2	ABS Ⅱ	套	50	8 485.20	424 260.00
	合 计				781 760.00

5. 公司 2019 年 11 月 30 日半成品结存

表 3-5 2019 年 11 月 30 日半成品结存明细表

序 号	名 称	计量单位	数 量	单位成本/元	金额/元
1	ABS Ⅰ-B	套	60	3 100.00	186 000.00
2	ABS Ⅱ-B	套	110	4 200.00	462 000.00
	合 计				648 000.00

6. 公司 2019 年 11 月 30 日周转材料结存

表 3-6 2019 年 11 月 30 日周转材料结存明细表

序 号	名 称	计量单位	数 量	单价/元	金额/元
1	包装箱	只	400	147.50	59 000.00
2	劳保手套	副	286	20.67	5 911.62
3	生产专用工具	套	115	153.04	17 599.60
	合 计				82 511.22

7. 公司 2019 年 11 月 30 日基本生产成本

表 3-7 2019 年 11 月 30 日基本生产成本结存明细表

| 序号 | 名称 | 计量单位 | 数量 | 成本项目 | | | | 合计/元 |
				直接材料/元	直接人工/元	燃料及动力/元	制造费用/元	
1	ABS Ⅰ-B	套	40	110 000	1 000		9 000	120 000
2	ABS Ⅱ-B	套	20	73 800	600		7 600	82 000
3	ABS Ⅰ	套	10	55 800	200		4 000	60 000

续表

序号	名称	计量单位	数量	直接材料/元	直接人工/元	燃料及动力/元	制造费用/元	合计/元
					成本项目			
4	ABS Ⅱ	套	9	71 000	400		1 000	72 400
	合 计			310 600	2 200		21 600	334 400

8. 公司2019年11月30日固定资产清单

表3-8　2019年11月30日固定资产清单

序号	使用部门	固定资产名称	启用时间	折旧年限/年	残值率/%	数量	固定资产原值/元	累计折旧/元	固定资产净值/元
1	第一生产车间	厕所	2014年3月	30	4	29.3平方米	23 433.91	4 249.35	19 184.56
2	第一生产车间	平房	2014年3月	30	4	200平方米	160 820.12	29 162.05	131 658.07
3	第一生产车间	厂房	2014年6月	30	4	925.8平方米	821 000.00	142 308.90	678 691.10
		小计				1 155.1平方米	1 005 254.03	175 720.29	829 533.74
4	第二生产车间	厂房	2016年3月	30	4	875平方米	801 800.00	94 077.87	707 722.13
5	第二生产车间	披房	2013年6月	30	4	198.24平方米	88 650.00	18 202.80	70 447.20
		小计				1 073.24平方米	890 450.00	112 280.67	778 169.33
6	水电气供应车间	工具间	2014年6月	30	4	14平方米	2 948.96	511.15	2 437.81
7	水电气供应车间	车间厂房	2013年11月	30	4	295平方米	232 560.37	44 651.59	187 908.78
		小计				309平方米	235 509.33	45 162.74	190 346.59
8	机加工车间	工具间	2014年11月	30	4	39.5平方米	17 439.63	2 790.34	14 649.29
9	机加工车间	车间厂房	2014年6月	30	4	595平方米	332 560.37	57 643.80	274 916.57
		小计				634.5平方米	350 000.00	60 434.14	289 565.86
10	原料库	仓库1	2013年7月	30	4	139.5平方米	64 490.67	13 070.11	51 420.56
11	半成品库	仓库2	2015年12月	30	4	65.5平方米	42 500.00	5 326.67	37 173.33
12	成品库	仓库3	2014年3月	30	4	117.99平方米	94 745.97	17 180.60	77 565.37
13	成品库	仓库4	2013年6月	30	4	150平方米	67 050.00	13 767.60	53 282.40
		小计				472.99平方米	268 786.64	49 344.98	219 441.66
14	管理部门	办公楼	2014年4月	30	4	2 900平方米	2 734 700.00	488 599.73	2 246 100.27
15	管理部门	披房	2014年7月	30	4	572.97平方米	265 300.00	45 277.87	220 022.13
		小计				3 472.97平方米	3 000 000.00	533 877.60	2 466 122.40
		房屋建筑物合计				7 117.8平方米	5 750 000.00	976 820.42	4 773 179.58
16	第一生产车间	数控机床	2014年3月	10	4	1台	131 452.00	71 509.89	59 942.11

续表

序号	使用部门	固定资产名称	启用时间	折旧年限/年	残值率/%	数量	固定资产原值/元	累计折旧/元	固定资产净值/元
17	第一生产车间	机床附件	2016年7月	10	4	1套	8 000.00	2 560.00	5 440.00
18	第一生产车间	ABS生产线	2014年3月	10	4	1条	560 548.00	304 938.11	255 609.89
		小计					700 000.00	379 008.00	320 992.00
19	第二生产车间	机床	2014年3月	10	4	1台	158 800.00	86 387.20	72 412.80
20	第二生产车间	机床附件	2014年6月	10	4	1套	8 000.00	4 160.00	3 840.00
21	第二生产车间	ABS生产线	2014年1月	10	4	1台	433 200.00	242 592.00	190 608.00
		小计					600 000.00	333 139.20	266 860.80
22	水电气供应车间	低压电容柜(MNS)	2019年3月	10	4	1台	160 000.00	3 413.33	156 586.67
		小计					160 000.00	3 413.33	156 586.67
23	机加工车间	数控切割机	2019年4月	10	4	1台	120 000.00	6 720.00	113 280.00
		小计					120 000.00	6 720.00	113 280.00
		机器设备合计					1 580 000.00	722 280.53	857 719.47
24	第一生产车间	输送设备	2017年3月	10	4	1台	100 000.00	25 600.00	74 400.00
		小计					100 000.00	25 600.00	74 400.00
25	第二生产车间	压力机	2016年12月	10	4	1台	50 000.00	14 000.00	36 000.00
		小计					50 000.00	14 000.00	36 000.00
26	水电气供应车间	变压器	2014年1月	10	4	1台	188 034.18	105 299.14	82 735.04
27	水电气供应车间	控制柜	2014年1月	10	4	2台	81 965.82	45 900.86	36 064.96
		小计					270 000.00	151 200.00	118 800.00
28	机加工车间	BX1-500型焊机	2014年1月	10	4	4台	10 960.00	6 137.60	4 822.40
29	机加工车间	2T行车	2015年1月	10	4	1部	94 626.33	43 906.62	50 719.71
30	机加工车间	切割机	2015年1月	10	4	1台	24 413.67	11 327.94	13 085.73
		小计					130 000.00	61 372.16	68 627.84
		机械动力设备合计					550 000.00	252 172.16	297 827.84
31	营销部	2.2L轻卡	2013年8月	8	4	1辆	48 000.00	36 000.00	12 000.00
32	管理部门	1.2L面包车	2014年1月	8	4	1辆	32 000.00	22 400.00	9 600.00
		运输设备合计					80 000.00	58 400.00	21 600.00
33	管理部门	空调	2019年1月	8	4	2台	13 136.05	1 313.61	11 822.44
34	管理部门	中央空调	2013年6月	8	4	1台	130 000.00	100 100.00	29 900.00
35	管理部门	中央空调压缩机	2018年3月	8	4	1台	5 688.96	1 137.79	4 551.17

续表

序号	使用部门	固定资产名称	启用时间	折旧年限/年	残值率/%	数量	固定资产原值/元	累计折旧/元	固定资产净值/元
36	管理部门	报警系统	2014年1月	8	4	1台	6 500.00	4 550.00	1 950.00
37	管理部门	监控系统	2019年1月	8	4	1台	9 756.04	975.60	8 780.44
38	管理部门	点钞机	2016年8月	8	4	1台	2 051.28	800.00	1 251.28
39	管理部门	考勤机	2016年7月	8	4	1台	4 077.67	1 631.07	2 446.60
40	管理部门	空调	2014年11月	8	4	1台	5 940.00	3 564.00	2 376.00
41	管理部门	数码相机	2014年11月	8	4	1台	2 850.00	1 710.00	1 140.00
		仪器仪表合计					**180 000.00**	**115 782.07**	**64 217.93**
42	管理部门	打印机	2016年9月	5	2	1台	2 094.02	1 299.69	794.33
43	管理部门	液晶电脑	2015年9月	5	2	2台	4 957.27	4 048.44	908.83
44	管理部门	电脑(王浩、李明)	2015年9月	5	2	2台	4 786.32	3 908.83	877.49
45	管理部门	电脑(张文、张海)	2016年7月	5	2	2台	4 786.32	3 127.06	1 659.26
46	管理部门	笔记本电脑	2017年5月	5	2	1台	3 300.00	1 617.00	1 683.00
47	管理部门	电脑	2017年5月	5	2	1台	2 991.45	1 465.81	1 525.64
48	管理部门	电脑	2017年5月	5	2	1台	2 991.45	1 465.81	1 525.64
49	管理部门	电脑	2017年5月	5	2	1台	2 393.16	1 172.65	1 220.51
50	管理部门	电脑	2016年7月	5	2	1台	2 649.57	1 731.05	918.52
51	管理部门	投影机	2016年7月	5	2	1台	4 700.85	3 071.22	1 629.63
52	管理部门	笔记本电脑	2016年7月	5	2	1台	4 371.79	2 856.24	1 515.55
53	管理部门	电脑	2016年7月	5	2	3台	7 179.49	4 690.60	2 488.89
54	管理部门	电脑	2018年1月	5	2	1台	17 069.72	6 133.72	10 936.00
55	管理部门	台式电脑(开票机)	2018年3月	5	2	1台	2 555.56	834.82	1 720.74
56	管理部门	电脑	2017年5月	5	2	2台	4 316.24	2 114.96	2 201.28
57	管理部门	复印机	2014年11月	5	2	1台	7 000.00	6 860.00	140.00
58	管理部门	打印机	2018年3月	5	2	1台	2 750.00	898.33	1 851.67
59	管理部门	笔记本电脑	2018年2月	5	2	1台	7 500.00	2 572.50	4 927.50
60	管理部门	液晶电脑	2015年5月	5	2	1台	2 478.63	2 186.15	292.48
61	管理部门	笔记本电脑	2015年8月	5	2	1台	4 102.56	3 417.43	685.13
62	管理部门	笔记本电脑	2015年2月	5	2	10台	41 025.60	38 194.83	2 830.77
		信息技术设备合计					**136 000.00**	**93 667.14**	**42 332.86**
63	营销部	办公桌椅	2014年11月	5	4	1套	26 600.00	25 536.00	1 064.00

续表

序号	使用部门	固定资产名称	启用时间	折旧年限/年	残值率/%	数量	固定资产原值/元	累计折旧/元	固定资产净值/元
64	营销部	货架	2014年11月	5	4	14只	23 800.00	22 848.00	952.00
65	营销部	推车	2015年9月	5	4	2辆	3 600.00	2 880.00	720.00
66	营销部	电脑桌	2015年9月	5	4	3张	6 400.00	5 120.00	1 280.00
67	营销部	保险箱	2015年9月	5	4	1台	2 980.00	2 384.00	596.00
68	营销部	沙发	2015年5月	5	4	1套	16 620.00	14 359.68	2 260.32
		工具及器具合计					80 000.00	73 127.68	6 872.32
		总计					8 356 000.00	2 292 250.01	6 063 749.99

9. 公司2019年11月30日资产负债表

表3-9　2019年11月30日资产负债表

会企01表

编制单位:南京铁宁机械股份有限公司　　　　　　　　　　　　　　　　　　　　单位:元

资产	行次	年初数	期末数	负债和所有者权益	行次	年初数	期末数
流动资产:	1			流动负债:	42		
货币资金	2	2 349 535.50	2 433 468.21	短期借款	43	800 000.00	800 000.00
交易性金融资产	3		110 000.00	交易性金融负债	44		
衍生金融资产	4			衍生金融负债	45		
应收票据	5		35 000.00	应付票据	46	100 300.00	423 400.00
应收账款	6	3 643 335.57	3 172 625.14	应付账款	47	505 179.38	166 770.00
应收款项融资	7			预收款项	48		58 000.00
预付账款	8	1 351 859.38	457 750.00	合同负债	49		
其他应收款	9	5 400.00	18 000.00	应付职工薪酬	50	320 860.00	342 845.33
存货	10	2 650 181.10	2 550 632.00	应交税费	51	101 269.81	102 479.91
合同资产	11			其他应付款	52	42 975.55	74 850.00
持有待售资产	12			持有待售负债	53		
一年内到期的非流动资产	13			一年内到期的非流动负债	54		
其他流动资产	14			其他流动负债	55		
流动资产合计	15	10 000 311.55	8 777 475.35	流动负债合计	56	1 870 584.74	1 968 345.24
非流动资产:	16			非流动负债:	57		

续表

资产	行次	年初数	期末数	负债和所有者权益	行次	年初数	期末数
债权投资	17			长期借款	58	3 450 000.00	3 450 000.00
其他债权投资	18			应付债券	59		
长期应收款	19			其中:优先股	60		
长期股权投资	20		1 450 000.00	永续债	61		
其他权益工具投资	21			租赁负债	62		
其他非流动金融资产	22			长期应付款	63		
投资性房地产	23			预计负债	64		
固定资产	24	6 159 215.59	6 063 750.00	递延收益	65		
在建工程	25	32 625.00	152 250.00	递延所得税负债	66		
生产性生物资产	26			其他非流动负债	67		
油气资产	27			非流动负债合计	68	3 450 000.00	3 450 000.00
使用权资产	28			负债合计	69	5 320 584.74	5 418 345.24
无形资产	29		340 000.00	股东权益:	70		
开发支出	30			股本	71	10 000 000.00	10 000 000.00
商誉	31			其他权益工具	72		
长期待摊费用	32	100 300.00	11 200.00	其中:优先股	73		
递延所得税资产	33		1 036.79	永续债	74		
其他非流动资产	34			资本公积	75	241 000.00	241 000.00
	35			减:库存股	76		
	36			其他综合收益	77		
	37			专项储备	78		
非流动资产合计	38	6 292 140.59	8 018 236.79	盈余公积	79	102 484.00	102 484.00
	39			未分配利润	80	628 383.40	1 033 882.90
	40			股东权益合计	81	10 971 867.40	11 377 366.90
资产总计	41	16 292 452.14	16 795 712.14	负债和股东权益总计	82	16 292 452.14	16 795 712.14

10. 公司 2019 年 11 月利润表

表 3-10 2019 年 11 月利润表

会企 02 表

编制单位:南京铁宁机械股份有限公司　　　　　　　　　　　　　　　　　　　　单位:元

项　目	行次	上年数	本年 1—11 月累计数
一、营业收入	1	31 200 893.43	29 566 301.76
减:营业成本	2	27 018 508.73	25 579 900.45
税金及附加	3	209 347.33	136 187.91
销售费用	4	1 289 892.93	1 087 193.84
管理费用	5	2 179 785.86	2 217 012.10
研发费用	6		
财务费用	7	359 111.51	218 366.55
其中:利息费用	8	351 396.09	213 675.00
利息收入	9	-27 941.44	-16 990.48
加:其他收益	10		
投资收益(损失以"-"号填列)	11		
其中:对联营企业和合营企业的投资收益	12		
以摊余成本计量的金融资产终止确认收益(损失以"-"号填列)	13		
净敞口套期收益(损失以"-"号填列)	14		
公允价值变动收益(损失以"-"号填列)	15		
信用减值损失(损失以"-"号填列)	16		
资产减值损失(损失以"-"号填列)	17		
资产处置收益(损失以"-"号填列)	18		
二、营业利润(亏损以"-"号填列)	19	144 247.07	327 640.91
加:营业外收入	20	183 207.52	215 677.15
减:营业外支出	21	1 404.06	2 652.06
三、利润总额(亏损总额以"-"号填列)	22	326 050.53	540 666.00
减:所得税费用	23	89 413.32	135 166.50
四、净利润(净亏损以"-"号填列)	24	236 637.21	405 499.50
(一)持续经营净利润(净亏损以"-"号填列)	25		
(二)终止经营净利润(净亏损以"-"号填列)	26		
五、其他综合收益的税后净额	27		

续表

项　　目	行次	上年数	本年1—11月累计数
（一）不能重分类进损益的其他综合收益	28		
1. 重新计量设定受益计划变动额	29		
2. 权益法下不能转损益的其他综合收益	30		
3. 其他权益工具投资公允价值变动	31		
4. 企业自身信用风险公允价值变动	32		
（二）将重分类进损益的其他综合收益	33		
1. 权益法下可转损益的其他综合收益	34		
2. 其他债权投资公允价值变动	35		
3. 金融资产重分类计入其他综合收益的金额	36		
4. 其他债权投资信用减值准备	37		
5. 现金流量套期储备	38		
6. 外币财务报表折算差额	39		
六、综合收益总额	40		
七、每股收益	41		
（一）基本每股收益	42		
（二）稀释每股收益	43		

二　要求

1. 根据期初数据建立手工账

（1）建立总账。

（2）建立现金日记账、银行存款日记账。

（3）建立三栏式明细账、多栏式明细账和数量金额式明细账。

（4）建立备查账簿。

2. 建立计算机账

（1）建立新账套。

（2）财务分工。

（3）系统初始设置。

（4）期初余额输入。

三 操作指导

1. 手工账

（1）准备账簿，包括总账、明细账、日记账和其他辅助性账簿。日记账须采用订本式，从第一页到最后一页顺序编定页数，不得跳页、缺号。明细账可以采用活页式，根据不同会计科目考虑选择三栏式、多栏式或数量金额式明细账账页，应当按账户顺序编号，装订成册后顺序编定页码，另加目录记明每个账户的名称和页次。

（2）启用账簿，应当在账簿封面上写明单位名称和账簿名称。

（3）在账簿扉页上应当附启用表，内容包括启用日期、账簿页数、记账人员和会计机构负责人、会计主管人员姓名，并加盖名章和单位公章。

（4）贴花，购置印花税票粘贴在扉页指定位置，并在每枚印花税票的骑缝处盖戳注销或者画销。根据财政部、税务总局发布的《关于对营业账簿减免印花税的通知》（财税〔2018〕50号），自2018年5月1日起，对按万分之五税率贴花的资金账簿减半征收印花税，对按件贴花五元的其他账簿免征印花税。

（5）设置会计科目，登记期初余额。

2. 计算机账

（1）建立新的会计账套，输入核算单位名称。

（2）财务分工，设置操作人员，授予操作权限。

（3）建立基本档案信息，包括核算单位内部组织机构信息，如部门档案、职员档案，以及外部往来单位信息，如供应商档案和客户档案。

（4）系统初始设置，设置会计科目、核算项目（辅助账），输入初始数据，核对期初余额并进行试算平衡。

（5）启用账套。

第四章
日常经济业务处理

公司 2019 年 12 月发生下列经济业务,请进行相应的账务处理。

12 月 2 日(周一):

1) 根据上月材料暂估入库清单,冲转暂估入库的电磁阀 60 060.00 元。

序号	原始凭证	附表
1	材料暂估入库清单	附表 1

操作指导: 月度终了,应将仓库转来的尚未收到发票账单的外购收料凭证,分别材料科目,抄列清单,并按计划成本暂估入账,借记"原材料""包装物""低值易耗品"等科目,贷记"应付账款——暂估应付账款"科目,下月初用红字做同样的记录,予以冲回。不需要将增值税的进项税额暂估入账。

2) 收到南京顺福汽车修理厂货款 320 000.00 元。

序号	原始凭证	附表
1	中国工商银行进账单(收账通知)	附表 2

操作指导: 公司收回应收账款时,借记"银行存款"等科目,贷记"应收账款"科目。

3) 财务部购买现金支票 1 本、转账支票 1 本、进账单 5 本。

序号	原始凭证	附表
1	中国工商银行业务收费凭据——第二联:客户回单	附表 3-1
2	江苏增值税专用发票——第二联:抵扣联	附表 3-2
3	江苏增值税专用发票——第三联:发票联	附表 3-3

操作指导: 一般纳税人购进货物、加工修理修配劳务、服务、无形资产或不动产,按应计入相关成本费用或资产的金额,借记"在途物资"或"原材料""库存商品""生产成本""无形资产""固定资产""管理费用""财务费用"等科目;按当月已认证的可抵扣增值税额,借记"应交税费——应交增值税(进项税额)"科目;按当月未认证的可抵扣增值税额,借记"应交税费——待认证进项税额"科目;按应付或实际支付的金额,贷记"应付账款""应付票据""银行

存款"等科目。

4) 提取现金 5 000.00 元备用。

序号	原始凭证	附表
1	中国工商银行现金支票存根 00026525	附表 4

操作指导：从银行提取现金，根据支票存根所记载的提取金额，借记"库存现金"科目，贷记"银行存款"科目；将现金存入银行，根据银行退回的进账单第一联，借记"银行存款"科目，贷记"库存现金"科目。

基本存款账户是公司的主办账户，公司日常经营活动的资金收付及其工资、奖金和现金的支取，应通过该账户办理；一般存款账户用于办理借款转存、借款归还和其他结算的资金收付，可以办理现金缴存，但不得办理现金支取。

出纳人员根据收付款凭证，按照业务发生顺序逐笔登记"现金日记账"。每日终了，应当计算当日的现金收入合计数、现金支出合计数和结余数，并将结余数与实际库存数核对，做到账款相符。超过库存现金限额的部分应当及时交存银行。

5) 水电气供应车间报销加班餐费 150.00 元。

序号	原始凭证	附表
1	江苏增值税普通发票——第二联：发票联	附表 5-1
2	报销申请单	附表 5-2

操作指导：结合公司执行的内部控制制度，按照财务岗位的分工，审核是否符合公司资金支付的审批流程以及审批权限、是否按照规定的程序办理货币资金支付业务以及是否符合现金开支范围。

付款业务按下列程序处理：

（1）支付申请。有关部门或个人用款时，应填制支付申请单，连同有关原始凭证、合同、文件、预算、决议等相关资料提交审批人审批。支付申请单中应注明款项的用途、收款人、金额等内容。

（2）支付审批。审批人根据其职责、权限和相应程序对支付申请进行审批。

（3）审核制证。制证人员对批准的支付申请及所附的有关凭证、资料进行审核，无误后编制付款凭证。通过银行转账支付的款项，付款凭证所附附件应包括付款票据的存根或银行结算凭证的回单。

（4）办理支付。出纳人员复核付款凭证，无误后办理支付手续。以现金付款的，收款人在现金付款凭证上签字后支付现金，并在现金付款凭证及所附的有关凭证、资料上加盖"付讫"戳记。

提醒学生，本题为小额支付，审批人应为公司财务负责人严亮。

6) 应付北京利丰贸易有限责任公司的 423 400.00 元银行承兑汇票到期，由银行支付。

序号	原始凭证	附表
1	中国工商银行托收凭证（付款通知）	附表6

操作指导：银行承兑汇票是商业汇票的一种，是由在承兑银行开立存款账户的存款人出票，向开户银行申请并经银行审查同意承兑的，保证在指定日期无条件支付确定的金额给收款人或持票人的票据。

收到银行支付到期票据的付款通知，借记"应付票据"科目，贷记"银行存款"科目。

7）第一生产车间报销上下班交通费350.00元。

序号	原始凭证	附表
1	南京市市民卡有限公司通用定额发票7张	附表7-1
2	报销申请单	附表7-2

8）行政部报销招待费1 850.00元。

序号	原始凭证	附表
1	江苏增值税普通发票——第二联：发票联	附表8-1
2	报销申请单	附表8-2

操作指导：根据《财政部、国家税务总局关于全面推开营业税改征增值税试点的通知》（财税〔2016〕36号），公司购进的贷款服务、餐饮服务、居民日常服务和娱乐服务等项目的进项税额不得从销项税额中抵扣。

9）供应部从南京雨花汽车材料商行采购轮速传感器200套，材料验收入库。

序号	原始凭证	附表
1	江苏增值税专用发票——第二联：抵扣联	附表9-1
2	江苏增值税专用发票——第三联：发票联	附表9-2
3	存货验收单5640	附表9-3

操作指导：

（1）提醒学生，期初有预付南京雨花汽车材料商行款。

收到所购物资时，根据发票账单等列明应计入购入物资成本的金额，借记"材料采购"或"原材料""库存商品"等科目；按专用发票上注明的增值税额借记"应交税费——应交增值税（进项税额）"科目；按应付金额贷记"预付账款"科目。

（2）购买原材料配件物资等须有内容完整、字迹清晰、由交料人和收料人等业务人员签名或盖章齐全的收料单。

应将采购合同、采购发票等与收料单进行核对，审核采购的真实性；审核采购是否符合公司预算，价格是否低于公司的计划成本或比价；收料单中所有项目内容是否填写完整、手续是否完备、编号是否连续、有关人员是否签名、附件是否齐全。

10) 供应部从芜湖市兴芜化工材料公司采购电磁阀 256 件,签发银行承兑汇票,承兑期限 3 个月。

序号	原始凭证	附表
1	安徽增值税专用发票——第二联:抵扣联	附表 10-1
2	安徽增值税专用发票——第三联:发票联	附表 10-2
3	存货验收单 5641	附表 10-3
4	中国工商银行承兑汇票——第三联(存根)	附表 10-4
5	中国工商银行业务收费凭据——第二联 客户回单	附表 10-5

操作指导：

(1) 银行承兑汇票一式三联。第一联为卡片,由承兑银行作为底卡进行保存;第二联由收款人开户行向承兑银行收取票款时作联行往来账付出传票;第三联为存根联,由签发单位编制有关凭证。

(2) 银行承兑汇票的出票人必须具备下列条件:

① 在承兑银行开立存款账户的法人以及其他组织。

② 与承兑银行具有真实的委托付款关系。

③ 资信状况良好,具有支付汇票金额的可靠资金来源。

(3) 银行承兑汇票的签发包括以下 3 个步骤:

① 签订交易合同。交易双方签订商品交易合同,并在合同中注明采用银行承兑汇票进行结算。

② 签发汇票。付款方按照双方所签订合同的规定,签发银行承兑汇票。填写银行承兑汇票申请书,加盖单位预留印鉴,交银行审核;填写银行承兑协议及银行承兑汇票清单,并在"承兑申请人"处盖单位公章;最后在银行承兑汇票出票人签章处加盖预留印鉴。

③ 支付手续费。由开户银行从付款方单位存款户中扣收,银行承兑手续费按银行承兑汇票的票面金额的万分之五计收,每笔手续费不足 10 元的,按 10 元计收。

(4) 银行承兑汇票的付款期限最长不得超过 6 个月,票据期限内持票人可以进行背书转让和向银行办理贴现。

11) 供应部从芜湖市兴芜化工材料公司采购液压油 130 千克,网银付款。验收入库,其中 2 千克为运输途中合理损耗。

序号	原始凭证	附表
1	安徽增值税专用发票——第二联:抵扣联	附表 11-1
2	安徽增值税专用发票——第三联:发票联	附表 11-2
3	存货验收单 5642	附表 11-3
4	付款申请书	附表 11-4
5	中国工商银行客户专用回单——第一联借方(回单)	附表 11-5

操作指导:原材料的采购成本,包括购买价款、相关税费、运输费、装卸费、保险费以及其他可归属于材料采购成本的费用。具体包括:

① 买价。

② 运杂费,包括运输费、装卸费、保险费、包装费、仓储费等。

③ 运输途中的合理损耗。

④ 入库前的挑选整理费用,包括挑选整理中发生的人工、费用支出和必要的损耗,并减去回收的下脚废料价值。

⑤ 购入原材料负担的税金(如关税等)和其他费用。

提醒学生,完善付款申请书审批手续。

12)填写现金缴款单,向银行送存现金3 000.00元。

序号	原始凭证	附表
1	中国工商银行现金存款凭条——第二联 客户核对联	附表12

操作指导:根据《现金管理暂行条例》,开户银行应当根据实际需要,核定开户单位3天至5天的日常零星开支所需的库存现金限额。公司库存现金限额为5000元。

公司的现金收入应当于当日送存开户银行。公司支付现金,可以从库存现金限额中支付或者从开户银行提取,不得从现金收入中直接支付(即坐支)。

公司现金账目应当逐笔记载现金支付,日清月结,账款相符。

12月3日(周二):

13)供应部采购江苏扬子化工集团有限公司控制器100件,以汇票结算。申请120 000.00元银行汇票。

序号	原始凭证	附表
1	江苏增值税专用发票——第二联:抵扣联	附表13-1
2	江苏增值税专用发票——第三联:发票联	附表13-2
3	存货验收单5643	附表13-3
4	中国工商银行银行汇(本)票申请书——第三联客户(回单)	附表13-4
5	中国工商银行银行汇票——第二联	附表13-5
6	中国工商银行银行汇票——第三联(解讫通知)	附表13-6
7	中国工商银行业务收费凭证——第二联 客户回单	附表13-7
8	江苏增值税专用发票——第二联:抵扣联	附表13-8
9	江苏增值税专用发票——第三联:发票联	附表13-9

操作指导:银行汇票是出票银行签发的,由其在见票时按照实际结算金额无条件支付给收款人或者持票人的票据。银行汇票的出票银行为银行汇票的付款人。单位和个人各种款项结算,均可使用银行汇票。银行汇票可以用于转账,填明"现金"字样的银行汇票也可以用

于支取现金。

银行汇票一式四联,第一联为卡片,为承兑行支付票款时作付出传票;第二联为银行汇票,与第三联解讫通知一并由汇款人自带,在兑付行兑付汇票后此联作银行往来账付出传票;第三联解讫通知,在兑付行兑付后随报单寄签发行,由签发行作余款收入传票;第四联是多余款通知,在签发行结清后交汇款人。

申请人使用银行汇票,应向出票银行填写"银行汇票申请书",填明收款人名称、汇票金额、申请人名称、申请日期等事项并签章,签章为其预留银行的签章。出票银行受理银行汇票申请书,收妥款项后签发银行汇票,并用压数机压印出票金额,将银行汇票和解讫通知一并交给申请人。申请人应将银行汇票和解讫通知一并交付给汇票上记明的收款人。

在填送"银行汇票申请书"并将款项交存银行,取得银行汇票后,根据银行盖章退回的申请书存根联,借记"其他货币资金"科目,贷记"银行存款"科目。使用银行汇票后,根据发票账单等有关凭证,借记"材料采购""应交税费——应交增值税(进项税额)"等科目,贷记"其他货币资金"科目。如有多余款或因汇票超过付款期等原因而退回款项,根据开户行转来的银行汇票第四联(多余款收账通知),借记"银行存款"科目,贷记"其他货币资金"科目。

银行汇票的提示付款期限为自出票日起1个月。收款人可以将银行汇票背书转让给被背书人,银行汇票的背书转让以不超过出票金额的实际结算金额为准。

14)供应部从南京雨花汽车材料商行采购车速传感器300套。要求学生填写转账支票,并以支票支付货款,以现金支付运费。

序号	原始凭证	附表
1	江苏增值税专用发票——第二联:抵扣联	附表14-1
2	江苏增值税专用发票——第三联:发票联	附表14-2
3	中国工商银行转账支票00001751	附表14-3
4	北京增值税专用发票——第二联:抵扣联	附表14-4
5	北京增值税专用发票——第三联:发票联	附表14-5
6	报销申请单	附表14-6
7	付款申请书	附表14-7

操作指导:支票是出票人签发的,委托办理支票存款业务的银行在见票时无条件支付确定的金额给收款人或者持票人的票据。单位和个人在同一票据交换区域的各种款项结算,均可以使用支票。

支票的提示付款期限为自出票日起10日。持票人可以委托开户银行收款或直接向付款人提示付款。持票人委托开户银行收款时,应做委托收款背书,在支票背面背书人签章栏签章、记载"委托收款"字样及背书日期,在被背书人栏记载开户银行名称,并将支票和填制的进账单送交开户银行。持票人持用于转账的支票向付款人提示付款时,应在支票背面背书人签章栏签章,并将支票和填制的进账单交送出票人开户银行。

以银行支票办理付款的,应填制银行支票,审核签章后交收款人,支票存根经收款人签字或盖章后,附于银行付款凭证之后,并在银行付款凭证及所附有关凭证、资料上加盖"付讫"戳记;或者送交银行办理转账,将银行盖"转讫"章的付款结算凭证回单附于银行付款凭证之后,并在银行付款凭证及所附有关凭证、资料上加盖"付讫"戳记。

15)机加工车间领用劳保手套50副。

序号	原始凭证	附表
1	领料单 8420	附表 15

操作指导: 当仓库发出材料时应填制领料单,领料单应顺序编号,填写领用部门、领用用途、材料编号、材料名称、材料规格、出库材料的请领和实发数量等,并由发出材料人员、领用材料人员、审核人员与业务主管人员在领料单上签字。

16)昆明汽车修理厂预付ABS Ⅰ产品50套货款310 000.00元。

序号	原始凭证	附表
1	中国工商银行客户专用回单——第二联贷方(回单)	附表 16

操作指导: 向购货单位预收款项时,借记"银行存款"科目,贷记"预收账款"科目;销售实现时,按实现的收入和应交的增值税销项税额,借记"预收账款"科目,按实现的营业收入,贷记"主营业务收入"科目,按专用发票上注明的增值税额,贷记"应交税费——应交增值税(销项税额)"等科目;购货单位补付的款项,借记"银行存款"科目,贷记"预收账款"科目;退回多付的款项,做相反会计分录。

17)财务部经理借款6 000.00元,为财务培训出差费用。

序号	原始凭证	附表
1	借款单——第一联付款联(付款人记账)	附表 17-1
2	中国工商银行现金支票 00026526	附表 17-2

操作指导: 因支付内部职工出差等原因所需的现金,按支出凭证所记载的金额,借记"其他应收款"等科目,贷记"现金"科目;收到出差人员交回的差旅费剩余款并结算时,按实际收回的现金,借记"现金"科目,按应报销的金额,借记"管理费用"等科目,按实际借出的现金,贷记"其他应收款"科目。

职工借款单必须附在记账凭证之后,收回借款或办理报销时应当另开收据,不得退还原借款单。

提醒学生,因公司库存现金不足,给财务经理1张6000元的现金支票,现金支票收款人可写公司名称,支票背面"被背书人"栏内加盖银行预留印鉴。现金支票用途有一定限制,一般填写"备用金""差旅费""工资""劳务费"等。

18)采用电汇方式将25 000.00元汇往工商银行成都玉林支行开立外埠存款户,并通过该账户向成都锦江电器有限公司支付23 730.00元,用于采购继电器150套。

序号	原始凭证	附表
1	中国工商银行客户专用回单——第一联借方(回单)	附表18-1
2	四川增值税专用发票——第二联:抵扣联	附表18-2
3	四川增值税专用发票——第三联:发票联	附表18-3
4	中国工商银行客户专用回单——第一联借方(回单)	附表18-4

操作指导： 外埠存款是指企业到外地进行临时或零星采购时汇往采购地银行开立采购专户的款项。公司将款项委托当地银行汇往采购地开立专户时，借记"其他货币资金"科目，贷记"银行存款"科目。收到发票账单等报销凭证时，借记"材料采购""应交税费——应交增值税(进项税额)"等科目，贷记"其他货币资金"科目。将多余的外埠存款转回当地银行时，根据银行的收账通知，借记"银行存款"科目，贷记"其他货币资金"科目。

19) 收到宁波汽车制造厂货款 1 580 000.00 元，该应收账款已计提坏账准备 4 000.00 元。

序号	原始凭证	附表
1	中国工商银行客户专用回单——第二联贷方(回单)	附表19

操作指导：

(1) 采用汇兑结算方式的，收款单位对于汇入的款项，应在收到银行的收账通知时，据以编制收款凭证。

(2) 已确认并转销的坏账损失，如果以后又收回，按实际收回的金额借记"应收账款""其他应收款"等科目，贷记"坏账准备"科目;同时，借记"银行存款"科目，贷记"应收账款""其他应收款"等科目。

20) 研发部刘笑借支 2 000.00 元购买办公用品。

序号	原始凭证	附表
1	借款单——第一联付款联	附表20

21) 从南京雨花汽车材料商行采购车速传感器 300 套验收入库。

序号	原始凭证	附表
1	存货验收单 5644	附表21

22) 第一生产车间常昊上月出差预借备用金 2 000.00 元，今日回公司，报销差旅费 1 746.00 元，余额以现金交回。

序号	原始凭证	附表
1	差旅费报销单	附表22-1
2	火车票	附表22-2
3	上海增值税专用发票——第二联:抵扣联	附表22-3

续表

序号	原始凭证	附表
4	上海增值税专用发票——第三联:发票联	附表22-4
5	借款单——第二联结算联	附表22-5
6	收款收据633953	附表22-6

操作指导:

(1) 票据金额与报销金额的差额为出差补助,每天50元。

(2) 根据财政部、税务总局《关于深化增值税改革有关政策的公告》,纳税人购进国内旅客运输服务,其进项税额允许从销项税额中抵扣。纳税人未取得增值税专用发票的,暂按照以下规定确定进项税额:

① 取得增值税电子普通发票的,为发票上注明的税额。

② 取得注明旅客身份信息的航空运输电子客票行程单的,按照下列公式计算进项税额:航空旅客运输进项税额=(票价+燃油附加费)÷(1+9%)×9%。

③ 取得注明旅客身份信息的铁路车票的,按照下列公式计算进项税额:铁路旅客运输进项税额=票面金额÷(1+9%)×9%。

④ 取得注明旅客身份信息的公路、水路等其他客票的,按照下列公式计算进项税额:公路、水路等其他旅客运输进项税额=票面金额÷(1+3%)×3%。

(3) 为明确账务处理完结,防止重复账务处理,会计凭证在相关处理完成后,应分别加盖"收讫""付讫""转讫"戳记。对收付款凭证及所附原始凭证,出纳人员办理完收付款手续后,应分别加盖"收讫""付讫"戳记。转账凭证在记账后,由记账人员在转账凭证及其所附原始凭证加盖"转讫"戳记。"收讫""付讫""转讫"戳记应盖在记账凭证的空白处和原始凭证的边缘处,防止涂盖会计凭证的重要内容。

12月4日(周三):

23) 销售给重庆大华汽车修理厂4套ABS Ⅱ产品,每套售价25 000.00元。

序号	原始凭证	附表
1	江苏增值税专用发票——第一联:记账联04837537	附表23-1
2	销售单XS014	附表23-2
3	成品出库单8561	附表23-3

操作指导:

(1) 企业应当在履行了合同中的履约义务,即在客户取得相关商品控制权时确认收入。取得相关商品控制权是指能够主导该商品的使用并从中获得几乎全部的经济利益。

对于在某一时点履行的履约义务,企业应当在客户取得相关商品控制权的时点确认收入。在判断客户是否已取得商品控制权时,企业应当考虑下列迹象:

① 企业就该商品享有现时收款权利,即客户就该商品负有现时付款义务。

②企业已将该商品的法定所有权转移给客户,即客户已拥有该商品的法定所有权。

③企业已将该商品实物转移给客户,即客户已实物占有该商品。

④企业已将该商品所有权上的主要风险和报酬转移给客户,即客户已取得该商品所有权上的主要风险和报酬。

⑤客户已接受该商品。

⑥其他表明客户已取得商品控制权的迹象。

(2)提醒学生,期初有重庆大华汽车修理厂预收账款。

销售实现时,按实现的收入和应交的增值税销项税额借记"预收账款"科目,按实现的营业收入贷记"主营业务收入"科目,按专用发票上注明的增值税额贷记"应交税费——应交增值税(销项税额)"等科目。

购货单位补付的款项,借记"银行存款"科目,贷记"预收账款"科目;退回给购货单位多付的款项,做相反会计分录。

(3)产成品按实际成本进行核算。产成品的收入、发出和销售,平时只记数量不记金额;月度终了,计算入库产成品的实际成本;对发出和销售的产成品,采用加权平均法确定其实际成本。

24)沈国报销交通违法罚款800.00元。

序号	原始凭证	附表
1	江苏省代收罚款收据	附表24-1
2	报销申请单	附表24-2

操作指导:"营业外支出"科目核算公司发生的与其生产经营无直接关系的各项支出,如固定资产盘亏、处置固定资产净损失、出售无形资产损失、债务重组损失、罚款支出、捐赠支出、非常损失等。发生的罚款支出,借记"营业外支出"科目,贷记"现金"等科目。

25)收到南京长宁股份有限公司以控制器作为资本投入的原材料,该批材料评估价2 553 000.00元,全体股东确认的价值为2 525 000.00元。增资后,公司注册资本1250万元,南京长宁股份有限公司持股36%。

序号	原始凭证	附表
1	江苏增值税专用发票——第二联:抵扣联	附表25-1
2	江苏增值税专用发票——第三联:发票联	附表25-2
3	存货验收单5645	附表25-3
4	投资协议	附表25-4

操作指导:

(1)股东大会是公司的权力机构,由全体股东组成,依照公司法行使职权,包括对公司增加或者减少注册资本作出决议、修改公司章程等。股东大会作出决议,必须经出席会议的股东所持表决权过半数通过。但是,股东大会作出修改公司章程、增加或者减少注册资本的决议,以及公司合并、分立、解散或者变更公司形式的决议,必须经出席会议的股东所持表决权的三分之二以上通过。

提醒学生,本题仅有公司盖章的投资协议权限还不够,须补股东大会决议及修改公司章程。

(2) 企业接受投资者以非现金资产投入的资本,应按投资各方确认的价值借记"原材料"等有关资产科目,按其在股本中所占份额贷记"股本"科目,按其差额贷记"资本公积——股本溢价"科目。

(3) 投资者投入的原材料,按计划成本借记"原材料"科目,按专用发票上注明的增值税额借记"应交税费——应交增值税(进项税额)"科目,按投资各方确认的价值贷记"股本"等科目,按计划成本与投资各方确认的价值之间的差额借记或贷记"材料成本差异"科目。

(4) 提醒学生,公司实收资本增加,需缴纳印花税。

26) 供应部从苏宁电器购入 3 台不需要安装的空调,每台售价 2 500.00 元(不含税价),现金支票付讫。空调已投入使用,其中 2 台为仓储部使用,1 台放置在行政部。

序号	原始凭证	附表
1	江苏增值税专用发票——第二联:抵扣联	附表 26-1
2	江苏增值税专用发票——第三联:发票联	附表 26-2
3	中国工商银行现金支票 00026527	附表 26-3
4	报销申请单	附表 26-4
5	固定资产验收单 0234~0236	附表 26-5

操作指导:

(1) 固定资产,是指同时具有下列特征的有形资产:
① 为生产商品、提供劳务、出租或经营管理而持有;
② 使用寿命超过一个会计年度。

(2) 公司制定的固定资产目录、分类方法、每类或每项固定资产的预计使用年限、预计净残值、折旧方法等应当编制成册,作为进行固定资产核算的依据,并按照管理权限,经股东大会批准,按照法律、行政法规的规定报送有关各方备案,同时备置于公司所在地,以供投资者等有关各方查阅。

(3) 固定资产应当按照成本进行初始计量。外购固定资产的成本包括购买价款,相关税费,使固定资产达到预定可使用状态前所发生的可归属于该项资产的运输费、装卸费、安装费和专业人员服务费等。

购入不需要安装的固定资产,借记"固定资产""应交税费——应交增值税(进项税额)"等科目,贷记"银行存款"等科目。

27) 供应部从芜湖羽翼劳保用品公司购入工作防护服 40 套,第一生产车间直接领用。

序号	原始凭证	附表
1	安徽增值税专用发票——第二联:抵扣联	附表27-1
2	安徽增值税专用发票——第三联:发票联	附表27-2
3	直接领料单9402	附表27-3
4	中国工商银行电汇凭证——第二联 客户回单	附表27-4
5	中国工商银行业务收费凭证——第二联 客户回单	附表27-5
6	江苏增值税专用发票——第二联:抵扣联	附表27-6
7	江苏增值税专用发票——第三联:发票联	附表27-7
8	付款申请书	附表27-8

操作指导: 电汇是汇兑结算方式的一种,由汇款人填写汇款申请书,并在申请书中注明采用电汇(T/T)方式。同时,将所汇款项及所需手续费交汇出行,取得电汇回执,根据汇款回单编制付款凭证。

28) 收到上年已作为坏账转销的山东飞龙贸易有限公司货款15 000.00元。

序号	原始凭证	附表
1	中国工商银行客户专用回单——第二联贷方(回单)	附表28

12月5日(周四)

29) 销售给南京旺美汽车修理厂ABS Ⅰ产品40套,价税合计542 400.00元,收到3张金额分别为50 000.00元、250 000.00元、242 400.00万元,兑付期为2个月的银行承兑汇票。

序号	原始凭证	附表
1	江苏增值税专用发票——第一联:记账联04837538	附表29-1
2	销售单XS015	附表29-2
3	成品出库单8562	附表29-3
4	银行承兑汇票71462238~71462240	附表29-4

操作指导: 商业汇票分为商业承兑汇票和银行承兑汇票。商业汇票的付款人为承兑人,商业承兑汇票由银行以外的付款人承兑,银行承兑汇票由银行承兑。

采用银行承兑汇票方式的,收款单位将要到期的银行承兑汇票连同填制的邮划或电划委托收款凭证,一并送交银行办理转账,根据银行的收账通知,据以编制收款凭证;付款单位在收到银行的付款通知时,据以编制付款凭证。

公司应当设置"应收票据备查簿",逐笔登记每一应收票据的种类、号数、出票日期、票面金额、票面利率,交易合同号,付款人、承兑人、背书人的姓名或单位名称,到期日、背书转让日,贴现日期,贴现率,贴现净额,未计提的利息,以及收款日期、收回金额、退票情况等资料,应收票据到期结清票款或退票后,应当在备查簿内逐笔注销。

30) 工会开展羽毛球比赛,发放奖品 2 560.00 元。

序号	原始凭证	附表
1	江苏增值税普通发票——第二联:发票联	附表 30-1
2	报销申请单	附表 30-2
3	中国工商银行转账支票存根 00001752	附表 30-3

31) 供应部刘力报销市内交通费 220.00 元。

序号	原始凭证	附表
1	南京市出租汽车专用发票 10 张	附表 31-1
2	报销申请单	附表 31-2

操作指导:提醒学生注意,库存现金不足,需提现。考虑到日常开支使用,建议提现 4 000.00 元。

32) 行政部报销打印纸和笔的购买费用 650.00 元。

序号	原始凭证	附表
1	江苏增值税专用发票——第二联:抵扣联	附表 32-1
2	江苏增值税专用发票——第三联:发票联	附表 32-2
3	报销申请单	附表 32-3
4	直接领料单 9403	附表 32-4

33) 收到开给江苏扬子化工集团有限公司的银行汇票多余款退回通知。

序号	原始凭证	附表
1	中国工商银行银行汇票——第四联(多余款收账通知)	附表 33

操作指导:提醒学生注意,银行汇票的出票人、银行均未签章。

34) 向南京金陵汽车修理厂销售 ABS Ⅱ 产品 40 套,单价 20 000 元/套,收到对方开具的转账支票。要求:(1) 开具专用发票;(2) 收到支票后向银行进账。

序号	原始凭证	附表
1	江苏增值税专用发票——第一联:记账联 04837539	附表 34-1
2	销售单 XS016	附表 34-2
3	成品出库单 8563	附表 34-3
4	中国建设银行转账支票	附表 34-4

操作指导:

(1) 专用发票应按下列要求开具:

① 项目齐全,与实际交易相符。

② 字迹清楚,不得压线、错格。

③ 发票联和抵扣联加盖财务专用章或者发票专用章。

④ 按照增值税纳税义务的发生时间开具。

对不符合上列要求的专用发票,购买方有权拒收。

(2) 收款单位取得转账支票后,应在支票背面被背书栏内加盖收款单位银行预留印鉴,填制进账单,连同该支票送交收款单位的开户银行委托银行收款,根据银行盖章退回的进账单第一联和有关的原始凭证编制收款凭证。

35) 期初采购的电磁阀 130 件验收入库。

序号	原始凭证	附表
1	存货验收单 5646	附表 35

操作指导: 购入并已验收入库的原材料,按计划成本借记"原材料"科目,贷记"材料采购"科目。同时,结转材料成本差异,实际成本大于计划成本的差异,借记"材料成本差异"科目,贷记"材料采购"科目;实际成本小于计划成本的差异,做相反的会计分录。

36) 收到上月暂估入库的电磁阀 286 件,发票金额 66 251.90 元,材料已入库,款未付。

序号	原始凭证	附表
1	江苏增值税专用发票——第二联:抵扣联	附表 36-1
2	江苏增值税专用发票——第三联:发票联	附表 36-2
3	存货验收单 5647	附表 36-3

操作指导: 对于发票账单已到,但尚未付款的收料凭证,应按实际成本借记"材料采购"科目,按专用发票上注明的增值税额借记"应交税费——应交增值税(进项税额)"科目,按应付金额贷记"应付账款"科目;按计划成本借记"原材料"等科目,贷记"材料采购"科目,并按规定结转材料成本差异。

37) 在成都锦江电器有限公司采购的继电器 150 件验收入库。

序号	原始凭证	附表
1	存货验收单 5648	附表 37

12月6日(周五)

38) 收到南京金陵汽车修理厂欠款 351 000.00 元。

序号	原始凭证	附表
1	中国工商银行进账单(收账通知)	附表38

39) 第一生产车间领用劳保手套7副,第二生产车间领用劳保手套8副,机加工车间领用劳保手套5副,水电气供应车间领用劳保手套5副,供应部领用劳保手套2副,仓库(原料库、半成品库、成品库)领用劳保手套3副。

序号	原始凭证	附表
1	领料单8421	附表39-1
2	领料单8422	附表39-2
3	领料单8423	附表39-3
4	领料单8424	附表39-4
5	领料单8425	附表39-5
6	领料单8426	附表39-6

操作指导:周转材料,余额较小的,可在领用时采用一次摊销法摊销,借记"生产成本""制造费用"等科目,贷记"周转材料"科目。为加强实物管理,应当在备查簿上进行登记。

40) 预付明年上半年订阅报刊费5 729.00元。

序号	原始凭证	附表
1	江苏增值税专用发票——第二联:抵扣联	附表40-1
2	江苏增值税专用发票——第三联:发票联	附表40-2
3	中国工商银行转账支票存根00001753	附表40-3
4	报销申请单	附表40-4

41) 研发部刘笑报销购买办公用品款2 165.00元。

序号	原始凭证	附表
1	江苏增值税专用发票——第二联:抵扣联	附表41-1
2	江苏增值税专用发票——第三联:发票联	附表41-2
3	报销申请单	附表41-3

操作指导:公司进行研究与开发无形资产过程中发生的各项支出,应当按照研究开发项目,分别按"费用化支出"与"资本化支出"进行明细核算。不满足资本化条件的,借记"研发支出——费用化支出"科目;满足资本化条件的,借记"研发支出——资本化支出"科目,贷记"原材料""银行存款""应付职工薪酬"等科目。

期末,公司应将"研发支出"科目归集的费用化支出金额转入"管理费用"科目,借记"管理费用"科目,贷记"研发支出——费用化支出"科目。

42）与南京典凡广告有限责任公司签订广告合同,支付广告费 12 000.00 元。

序号	原始凭证	附表
1	江苏增值税专用发票——第二联:抵扣联	附表 42-1
2	江苏增值税专用发票——第三联:发票联	附表 42-2
3	中国工商银行转账支票存根 00001754	附表 42-3
4	报销申请单	附表 42-4

操作指导:在销售商品过程中发生的运输费、装卸费、包装费、保险费、展览费和广告费等,借记"销售费用"科目,贷记"现金""银行存款"等科目。

43）申请办理银行本票 1 张,用于购买南京虹润实业有限公司的继电器,金额 25 425.00 元。

序号	原始凭证	附表
1	中国工商银行银行汇(本)票申请书——第三联客户(回单)	附表 43-1
2	中国工商银行本票	附表 43-2

操作指导:银行本票是银行签发的,承诺自己在见票时无条件支付确定的金额给收款人或者持票人的票据。单位和个人在同一票据交换区域需要支付的各种款项,均可以使用银行本票。银行本票可以用于转账,注明"现金"字样的银行本票可以用于支取现金。

申请人使用银行本票,应向银行填写"银行本票申请书",填明收款人名称、申请人名称、支付金额、申请日期等事项并签章。申请人或收款人为单位的,不得申请签发现金银行本票。

出票银行受理银行本票申请书,收妥款项签发银行本票。用于转账的,在银行本票上画去"现金"字样。出票银行在银行本票上签章后交给申请人。

申请人应将银行本票交付给本票上记明的收款人,收款人可以将银行本票背书转让给被背书人。银行本票的提示付款期限自出票日起最长不得超过 2 个月。

公司取得银行本票后,根据银行盖章退回的申请书存根联,借记"其他货币资金"科目,贷记"银行存款"科目。

44）收到南京虹润实业有限公司寄来的继电器 150 件的增值税专用发票,材料尚未验收入库。

序号	原始凭证	附表
1	江苏增值税专用发票——第二联:抵扣联	附表 44-1
2	江苏增值税专用发票——第三联:发票联	附表 44-2
3	付款申请书	附表 44-3

操作指导:企业应将银行本票交付给本票上记明的收款人。使用银行本票后,根据发票账单等有关凭证,借记"材料采购""应交税费——应交增值税(进项税额)"等科目,贷记"其他货币资金"科目。

提醒学生注意,发票专用章的纳税人识别号与发票信息不符。

45)支付张民困难补助1 000.00元。

序号	原始凭证	附表
1	职工困难补助申请支付表(代现金收据)	附表45

操作指导:支付的职工困难补助和其他福利费以及应付的医务、福利人员工资等,借记"应付职工薪酬"科目,贷记"现金""银行存款"等科目。

提醒学生,完善手续。

46)第一生产车间领用原材料。要求学生补全资料,登记明细账。

序号	原始凭证	附表
1	领料单8427	附表46

操作指导:公司原材料的日常收发采用计划成本法核算,日常领用、发出原材料均按计划成本记账,按计划成本借记"生产成本""制造费用""销售费用""管理费用"等科目,贷记"原材料"科目;月度终了,按照发出各种原材料的计划成本,计算应负担的成本差异,借记有关科目,贷记"材料成本差异"科目,若实际成本小于计划成本的差异,则用红字登记。

公司应按材料的保管地点(仓库)、材料的类别、品种和规格设置材料明细账(或材料卡片),材料明细账根据收料凭证和发料凭证逐笔登记。公司至少应有一套有数量和金额的材料明细账,这套明细账可以由财务会计部门登记,也可以由材料仓库的管理人员登记。在后一种情况下,财务会计部门对仓库登记的材料明细账,必须定期稽核,以保证记录正确无误。

47)财务轮岗交接。要求学生编制移交清册,按移交清册逐项移交。

序号	原始凭证	附表
1	会计资料移交清册	附表47

操作指导:

(1)会计人员工作调动或者因故离职,必须将本人所经管的会计工作全部移交给接替人员。没有办清交接手续的,不得调动或者离职。接替人员应当认真接管移交工作,并继续办理移交的未了事项。

(2)会计人员办理移交手续前,必须及时做好以下工作:

① 已经受理的经济业务尚未填制会计凭证的,应当填制完毕。

② 尚未登记的账目,应当登记完毕,并在最后一笔余额后加盖经办人员印章。

③ 整理应该移交的各项资料,对未了事项写出书面材料。

④ 编制移交清册,列明应当移交的会计凭证、会计账簿、会计报表、印章、现金、有价证券、支票簿、发票、文件、其他会计资料和物品等内容。

(3)会计人员办理交接手续,必须有监交人负责监交。一般会计人员交接,由单位会计机构负责人、会计主管人员负责监交;会计机构负责人、会计主管人员交接,由单位领导人负责监交,必要时可由上级主管部门派人会同监交。

（4）移交人员在办理移交时，要按移交清册逐项移交；接替人员要逐项核对点收。

① 现金、有价证券要根据会计账簿有关记录进行点交。库存现金、有价证券必须与会计账簿记录保持一致，不一致时，移交人员必须限期查清。

② 会计凭证、会计账簿、会计报表和其他会计资料必须完整无缺。如有短缺，必须查清原因，并在移交清册中注明，由移交人员负责。

③ 银行存款账户余额要与银行对账单核对，如不一致，应当编制银行存款余额调节表调节至平衡。各种财产物资和债权债务的明细账户余额要与总账有关账户余额核对相符。必要时，要抽查个别账户的余额，与实物核对相符，或者与往来单位、个人核对清楚。

④ 移交人员经管的票据、印章和其他实物等，必须交接清楚；移交人员从事会计电算化工作的，有关电子数据要在实际操作状态下进行交接。

⑤ 会计机构负责人、会计主管人员移交时，必须将全部财务会计工作、重大财务收支和会计人员的情况等，向接替人员详细介绍。对需要移交的遗留问题，应当写出书面材料。

（5）交接完毕后，交接双方和监交人员要在移交清册上签名或者盖章，并应在移交注册上注明单位名称、交接日期、交接双方和监交人员的职务、姓名，移交清册页数以及需要说明的问题和意见等。移交清册一般应当填制一式三份，交接双方各执一份，存档一份。

12月9日(周一)

48）第一生产车间领用原材料。要求学生补全资料，登记明细账。

序号	原始凭证	附表
1	领料单 8428	附表 48

49）第二生产车间领用半成品进行再加工。

序号	原始凭证	附表
1	半成品出库单 85624	附表 49

操作指导：从半成品库领用半成品继续加工时，应按实际成本借记"生产成本"科目，贷记"半成品"科目。应按半成品的类别或品种设置明细账。对于基本生产车间领用后需要按照成本项目分别计入产品成本的半成品，应按规定的成本项目设置专栏。

50）向南京金陵汽车修理厂销售控制器 40 件。

序号	原始凭证	附表
1	江苏增值税专用发票——第一联：记账联 04837540	附表 50-1
2	中国建设银行转账支票	附表 50-2
3	领料单 8429	附表 50-3
4	销售单 XS017	附表 50-4

操作指导：销售原材料，按售价和应收的增值税借记"银行存款""应收账款"等科目，按

实现的营业收入贷记"其他业务收入"科目,按专用发票上注明的增值税额贷记"应交税费——应交增值税(销项税额)"科目。月度终了按出售原材料的实际成本,借记"其他业务成本"科目,贷记"原材料"科目,同时分摊材料成本差异。

51)从南京长宁股份有限公司购入ABS生产线设备一套,价款为2 000 000.00元,增值税260 000.00元,已验收入库。

序号	原始凭证	附表
1	江苏增值税专用发票——第二联:抵扣联	附表51-1
2	江苏增值税专用发票——第三联:发票联	附表51-2
3	中国工商银行转账支票存根00001755	附表51-3
4	付款申请书	附表51-4
5	固定资产验收单0237	附表51-5

操作指导:提醒学生,结合公司执行的内部控制制度,审核固定资产的采购以及资金支付的审批流程、审批权限是否符合规定。本题需补董事会决议。

52)第一生产车间生产ABS I-B领用生产专用工具20套,第一生产车间生产ABS II-B领用生产专用工具10套,机加工生产车间领用生产专用工具30套。

序号	原始凭证	附表
1	领料单8430	附表52-1
2	领料单8431	附表52-2
3	领料单8432	附表52-3

53)从南京精诚装运公司租入包装箱1 000只,支付押金10 000.00元,支付租金60 000.00元,当天由第二生产车间全部领用。

序号	原始凭证	附表
1	南京精诚装运公司收款收据	附表53-1
2	江苏增值税专用发票——第二联:抵扣联	附表53-2
3	江苏增值税专用发票——第三联:发票联	附表53-3
4	付款申请书	附表53-4
5	中国工商银行客户专用回单——第一联借方(回单)	附表53-5
6	材料交库单7632	附表53-6
7	领料单8433	附表53-7

54)缴纳上月增值税、城市维护建设税、教育费附加、地方教育附加和个人所得税。

序号	原始凭证	附表
1	中国工商银行客户专用回单(增值税)	附表 54-1
2	中国工商银行客户专用回单(城市维护建设税、教育费附加、地方教育附加)	附表 54-2
3	中国工商银行客户专用回单(个人所得税)	附表 54-3

操作指导：缴纳的增值税，借记"应交税费——应交增值税——已交税金"科目，贷记"银行存款"科目。缴纳的城市维护建设税、教育费附加、地方教育附加，分别借记"应交税费——应交城市维护建设税""应交税费——应交教育费附加""应交税费——应交地方教育附加"科目，贷记"银行存款"科目。缴纳的个人所得税，借记"应交税费——应交个人所得税"科目，贷记"银行存款"等科目。

55）购买的南京虹润实业有限公司继电器 150 件入库。

序号	原始凭证	附表
1	存货验收单 5649	附表 55

56）用收到的南京旺美汽车修理厂银行承兑汇票 50 000.00 元背书，偿还所欠南京虹润实业有限公司购货款 50 000.00 元。

序号	原始凭证	附表
1	银行承兑汇票 71462238	附表 56-1
2	付款申请书	附表 56-2

操作指导：

（1）根据《中华人民共和国票据法》，持票人将汇票权利转让给他人时，应当背书并交付汇票。背书由背书人签章并记载背书日期，必须记载被背书人名称。以背书转让的汇票，背书应当连续，即在票据转让中，转让汇票的背书人与受让汇票的被背书人在汇票上的签章依次前后衔接。

以背书转让的汇票，后手应当对其直接前手背书的真实性负责。背书人以背书转让汇票后，即承担保证其后手所持汇票承兑和付款的责任。背书人在汇票得不到承兑或者付款时，应当向持票人清偿被拒绝付款的汇票金额和有关费用。

（2）企业将持有的应收票据背书转让，以偿付所欠负债，借记"应付账款"等科目，按应收票据的账面余额贷记"应收票据"科目。

12 月 10 日(周二)：

57）从南京雨花汽车材料商行购入生产专用工具 50 套，验收入库。

序号	原始凭证	附表
1	江苏增值税专用发票——第二联:抵扣联	附表57-1
2	江苏增值税专用发票——第三联:发票联	附表57-2
3	存货验收单5650	附表57-3

操作指导:

(1)周转材料指企业能够多次使用但不符合固定资产定义的材料,如为了包装本企业商品而储备的各种包装物、工具、管理用具、玻璃器皿、劳动保护用品,以及在经营过程中周转使用的容器等低值易耗品和建造承包商的钢模板、木模板、脚手架等其他周转材料。

(2)周转材料采用实际成本计价。外购周转材料的采购成本即周转材料从采购到入库前所发生的全部支出,包括购买价款、相关税费、运输费、装卸费、保险费以及其他可归属于周转材料采购成本的费用。

(3)提醒学生,有预付南京雨花汽车材料商行账款。

58)向南京现代办公设备公司购入办公椅50套,验收入库,款项尚未支付。

序号	原始凭证	附表
1	江苏增值税专用发票——第二联:抵扣联	附表58-1
2	江苏增值税专用发票——第三联:发票联	附表58-2
3	存货验收单5651	附表58-3

操作指导: 企业购入材料、商品等验收入库,但货款尚未支付,根据有关凭证(发票账单、随货同行发票上记载的实际价款或暂估价值),借记"周转材料"等科目;按专用发票上注明的增值税额,借记"应交税费——应交增值税(进项税额)"等科目;按应付的价款,贷记"应付账款"科目。

59)向上海樱花钢铁贸易有限公司购进加工钢材5 000千克,购入钢材直接由上海樱花钢铁贸易有限公司运往委托加工单位上海钢材有限责任公司加工成特种钢,其代垫的运费为2 350.00元、杂费为480.00元,货款及运杂费用预付款冲抵。要求学生拟定委托加工协议。

序号	原始凭证	附表
1	上海增值税专用发票——第二联:抵扣联(钢材)	附表59-1
2	上海增值税专用发票——第三联:发票联(钢材)	附表59-2
3	上海增值税专用发票——第二联:抵扣联(运费)	附表59-3
4	上海增值税专用发票——第三联:发票联(运费)	附表59-4
5	上海增值税专用发票——第二联:抵扣联(杂费)	附表59-5
6	上海增值税专用发票——第三联:发票联(杂费)	附表59-6

操作指导: 发给外单位加工的物资,按计划成本,借记"委托加工物资"科目,贷记"原材料""库存商品"等科目,同时结转成本差异。支付的加工费用、应负担的运杂费等,借记"委

托加工物资""应交税费——应交增值税(进项税额)"等科目,贷记"银行存款"等科目。

"委托加工物资"科目应按加工合同和受托加工单位设置明细科目,反映加工单位名称,加工合同号数,发出加工物资的名称、数量,发生的加工费用和运杂费,退回剩余物资的数量、实际成本,以及加工完成物资的实际成本等资料。

60) 接受合作企业南京大同机电股份有限公司捐赠产品检测仪器一台,8成新。公司发生运费 200.00 元,仪器已运回并投入使用。

序号	原始凭证	附表
1	江苏增值税专用发票——第二联:抵扣联(检测仪)	附表60-1
2	江苏增值税专用发票——第三联:发票联(检测仪)	附表60-2
3	固定资产验收单 0238	附表60-3
4	江苏增值税专用发票——第二联:抵扣联(运费)	附表60-4
5	江苏增值税专用发票——第三联:发票联(运费)	附表60-5
6	报销申请单	附表60-6
7	捐赠协议书	附表60-7

操作指导: 受捐赠的固定资产,应按以下规定确定其入账价值:

(1) 捐赠方提供了有关凭据的,按凭据上标明的金额加上应支付的相关税费,作为入账价值。

(2) 捐赠方没有提供有关凭据的,按如下顺序确定其入账价值:

① 同类或类似固定资产存在活跃市场的,按同类或类似固定资产的市场价格估计的金额,加上应支付的相关税费,作为入账价值。

② 同类或类似固定资产不存在活跃市场的,按该接受捐赠的固定资产的预计未来现金流量现值,作为入账价值。

(3) 如受赠的是旧的固定资产,按照上述方法确定的价值,减去按该项资产的新旧程度估计价值损耗后的余额,作为入账价值。

61) 财务部经理出差回来报销 6 860.00 元,补付 860.00 元。要求补全报销单。

序号	原始凭证	附表
1	火车票	附表61-1
2	上海增值税专用发票——第二联:抵扣联(住宿费)	附表61-2
3	上海增值税专用发票——第三联:发票联(住宿费)	附表61-3
4	差旅费报销单	附表61-4
5	上海增值税专用发票——第二联:抵扣联(培训费)	附表61-5
6	上海增值税专用发票——第三联:发票联(培训费)	附表61-6
7	借款单——第二联结算联	附表61-7

62) 以电汇方式支付上海钢材有限责任公司委托加工费 4 320.00 元,增值税 561.60元,合计 4 881.60 元。

序号	原始凭证	附表
1	上海增值税专用发票——第二联:抵扣联	附表 62-1
2	上海增值税专用发票——第三联:发票联	附表 62-2
3	付款申请书	附表 62-3
4	中国工商银行电汇凭证——第二联 客户回单	附表 62-4
5	中国工商银行业务收费凭证——第二联 客户回单	附表 62-5
6	江苏增值税专用发票——第二联:抵扣联	附表 62-6
7	江苏增值税专用发票——第三联:发票联	附表 62-7

操作指导:企业支付加工费用、应负担的运杂费等,借记"委托加工物资""应交税费——应交增值税(进项税额)"等科目,贷记"银行存款"等科目。

63) 上月汇票 120 000.00 元超期退回。

序号	原始凭证	附表
1	中国工商银行银行汇票——第四联(多余款收账通知)	附表 63

操作指导:银行汇票存款是指企业为取得银行汇票按规定存入银行的款项。因汇票超过付款期等原因而退回款项,根据开户行转来的银行汇票第四联(多余款收账通知),借记"银行存款"科目,贷记"其他货币资金"科目。

64) 研发部从南京中央商场购入摄像机一台,价格 8 000.00 元,摄像机已验收交付使用。

序号	原始凭证	附表
1	江苏增值税专用发票——第二联:抵扣联	附表 64-1
2	江苏增值税专用发票——第三联:发票联	附表 64-2
3	固定资产验收单 0239	附表 64-3
4	付款申请书	附表 64-4
5	中国工商银行转账支票存根 00001756	附表 64-5

操作指导:单位内部有关部门或个人用款时,应填制付款申请书,连同有关原始凭证、合同、文件、预算、决议等相关资料提交审批人审批。支付申请单中应注明款项的用途、收款人、金额等内容。

办理付款业务时审批手续必须完备。购买实物的原始凭证,除取得对方符合规定的收据、发票等,还必须有验收证明,有经办人、验收人、业务主管签名或盖章,并注明用途。

经过审核,对于内容填写不全、手续不完备和计算差错等技术性错误,应将原始凭证退还原经办的部门或人员,由其补办手续,或更正错误,或重新填制。对于违反国家政策、法规、制度的原始凭证,应拒绝付款,不予受理。

本题应提醒学生关注,付款申请书中收款单位与购货发票单位不一致。

65) 收到银行通知应付2019年度银行账户管理费300.00元,已从公司基本存款账户划出支付。

序号	原始凭证	附表
1	中国工商银行业务收费凭证——第二联 客户回单	附表65-1
2	江苏增值税专用发票——第二联:抵扣联	附表65-2
3	江苏增值税专用发票——第三联:发票联	附表65-3

66) 行政部报销汽车加油费1 175.00元。

序号	原始凭证	附表
1	江苏增值税普通发票	附表66-1
2	报销申请单	附表66-2

12月11日(周三)

67) 因扩大生产规模,公司需扩建ABS生产线,从南京东风贸易有限公司购入工程物资825 000.00元,验收入库,尚未付款。

序号	原始凭证	附表
1	江苏增值税专用发票——第二联:抵扣联	附表67-1
2	江苏增值税专用发票——第三联:发票联	附表67-2
3	工程物资验收单6004	附表67-3

操作指导: "工程物资"科目是核算公司为基建工程、更改工程和大修理工程准备的各种物资的实际成本,包括为工程准备的材料、尚未交付安装的需要安装设备的实际成本,以及预付大型设备款和基本建设期间根据项目概算购入为生产准备的工具及器具等的实际成本。

公司购入为工程准备的物资,按实际成本借记"工程物资"科目,按专用发票上注明的增值税额借记"应交税费——应交增值税(进项税额)"科目,贷记"银行存款""其他应付款"等科目。

68) 昨日购买的办公椅,财务部领用5套,行政部领用8套,第一生产车间领用15套,第二生产车间领用10套,研发部领用6套。

序号	原始凭证	附表
1	领料单8434	附表68-1
2	领料单8435	附表68-2

续表

序号	原始凭证	附表
3	领料单 8436	附表 68-3
4	领料单 8437	附表 68-4
5	领料单 8438	附表 68-5

69) 第二生产车间领用材料。

序号	原始凭证	附表
1	领料单 8439	附表 69

操作指导：生产经营领用、发出原材料，按计划成本借记"生产成本""制造费用""销售费用""管理费用"等科目，贷记"原材料"科目。月度终了，按照发出各种原材料的计划成本，计算应负担的成本差异，借记有关科目，贷记"材料成本差异"科目（实际成本小于计划成本的差异，用红字登记）。

70) 第一生产车间将半成品交至半成品库，ABS I-B、ABS II-B 数量分别为 45 套、60 套。

序号	原始凭证	附表
1	半成品入库单 6565	附表 70

操作指导：自制半成品是指经过一定生产过程并已检验合格交付半成品仓库，但尚未制造完工成为商品产品，仍需继续加工的中间产品。已经生产完成并已检验送交半成品库的自制半成品，按实际成本借记"半成品"科目，贷记"生产成本"科目。

对于从一个车间转给另一个车间继续加工的自制半成品的成本，在"生产成本"科目核算。

71) 第一生产车间领料。

序号	原始凭证	附表
1	领料单 8440	附表 71-1
2	领料单 8441	附表 71-2

72) 收回上月委托上海钢材有限责任公司加工的特种钢材料 15 000 千克。

序号	原始凭证	附表
1	存货验收单 5652	附表 72

操作指导：公司委托外单位加工完成并已验收入库的原材料，按计划成本借记"原材料"科目，按实际成本贷记"委托加工物资"科目，按计划成本与实际成本的差异借记或贷记"材料成本差异"科目。

73) 银行转来自来水公司委托收款结算凭证付款通知联，支付水费 5 113.44 元，全厂用水量 1 340 立方米,其中:第一生产车间 439 立方米,第二生产车间 431 立方米,机加工生产车间 73 立方米,水电气供应车间 65 立方米,营销部 67 立方米,管理部门 265 立方米。

序号	原始凭证	附表
1	江苏增值税专用发票——第二联:抵扣联	附表 73 - 1
2	江苏增值税专用发票——第三联:发票联	附表 73 - 2
3	中国工商银行托收凭证(付款通知)	附表 73 - 3
4	水费分配汇总表	附表 73 - 4

操作指导:

(1) 制造企业一般设置直接材料、燃料和动力、直接人工和制造费用等成本项目。

① 燃料和动力是指直接用于产品生产的燃料和动力。

② 制造费用是指企业为生产产品和提供劳务而发生的各项间接费用,包括企业生产部门(如生产车间)发生的水电费、固定资产折旧、无形资产摊销、管理人员的职工薪酬、劳动保护费、国家规定的有关环保费用、季节性和修理期间的停工损失等。

(2) 车间支付的水电费,借记"制造费用"科目,贷记"银行存款"等科目;销售部门支付的水电费,借记"销售费用"科目,贷记"银行存款"等科目;行政管理部门支付的水电费,借记"管理费用"科目,贷记"银行存款"等科目。

74) 申请并批准报废一台复印机,原价 7 000.00 元,已提折旧 6 860.00 元。

序号	原始凭证	附表
1	固定资产处置申请单	附表 74

操作指导: 报废等原因减少的固定资产,按减少的固定资产账面价值,借记"固定资产清理"科目;按已提折旧,借记"累计折旧"科目;按已计提的减值准备,借记"固定资产减值准备"科目;按固定资产原价,贷记"固定资产"科目。

固定资产清理后的净收益,计入损益,借记"固定资产清理"科目,贷记"营业外收入——处置非流动资产利得"科目;固定资产清理后的净损失,借记"营业外支出——处置非流动资产损失"科目,贷记"固定资产清理"科目。

75) 经多次协商,与南京虹润实业有限公司达成债务重组协议,免除 6 710.00 元应付账款并一次性付清所欠货款 50 000.00 元。

序号	原始凭证	附表
1	付款申请书	附表 75 - 1
2	中国工商银行转账支票存根 00001757	附表 75 - 2
3	债务重组协议	附表 75 - 3

操作指导:

(1) 债务重组是指在不改变交易对手方的情况下,经债权人和债务人协定或法院裁定,就清偿债务的时间、金额或方式等重新达成协议的交易,包括采用调整债务本金、改变债务利息、变更还款期限等方式修改债权和债务的其他条款,形成重组债权和重组债务。

(2)债务人将所清偿债务账面价值与支付的对价之间的差额计入当期损益。以低于应付债务账面价值的现金清偿债务的,企业应按应付债务的账面余额借记"应付账款"科目,按实际支付的价款贷记"银行存款"科目,按其差额贷记"营业外收入——债务重组利得"科目。

12月12日(周四):
76)对第一生产车间生产设备进行定期维修,支付南京冶华服务公司专业养护费5 150.00元。

序号	原始凭证	附表
1	江苏增值税普通发票——第二联:发票联	附表76-1
2	报销申请单	附表76-2
3	中国工商银行转账支票存根00001758	附表76-3

操作指导: 固定资产投入使用之后,由于固定资产磨损、各组成部分耐用程度不同,可能导致固定资产的局部损坏,为了维护固定资产的正常运转和使用,充分发挥其使用效能,企业会对固定资产进行必要的维护。使用部门负责固定资产的日常维修保养工作,对于定期的维修保养应提交维修申请。

固定资产使用过程中发生的更新改造支出、修理费用等,符合固定资产确认条件的,应当计入固定资产成本,同时将被替换部分的账面价值扣除;不符合固定资产确认条件的,应当计入当期损益。

公司生产车间和行政管理部门等发生的固定资产修理费用等后续支出计入"管理费用";专设销售机构的,其发生的与专设销售机构相关的固定资产修理费用等后续支出,计入"销售费用"。

77)第一生产车间出售给南京长安汽车制造公司一台数控机床,原价131 452.00元,已提折旧71 509.89元,售价74 880.00元,已存入银行。

序号	原始凭证	附表
1	设备转让协议书	附表77-1
2	固定资产处置申请单	附表77-2
3	江苏增值税专用发票——第一联:记账联04837541	附表77-3
4	中国工商银行进账单(收账通知)	附表77-4
5	固定资产处置结果表	附表77-5

操作指导:
(1)固定资产使用部门根据固定资产的实际使用情况,提出出售申请,公司按规定审批。

(2) 出售固定资产,按固定资产账面价值,借记"固定资产清理"科目;按已提折旧,借记"累计折旧"科目;按已计提的减值准备,借记"固定资产减值准备"科目;按固定资产原价,贷记"固定资产"科目。

固定资产清理过程中发生的费用以及应交的税金,借记"固定资产清理"科目,贷记"银行存款""应交税费——应交增值税"等科目;收回出售固定资产的价款等,借记"银行存款"等科目,贷记"固定资产清理"科目。

固定资产清理后的净收益,借记"固定资产清理"科目,贷记"营业外收入——处置非流动资产利得"科目。

(3) 公司一般按月提取折旧,当月增加的固定资产,当月不提折旧,从下月起计提折旧;当月减少的固定资产,当月计提折旧,从下月起不提折旧。

提醒学生出售固定资产,先计提当月折旧。固定资产处置结果表中出售净损益有错,未考虑当月折旧。

78) 向南京维润油脂有限公司购入润滑油 40 千克,银行存款支付价税合计 2 500.00 元。机加工车间直接领用润滑油 40 千克。

序号	原始凭证	附表
1	江苏增值税专用发票——第二联:抵扣联	附表78-1
2	江苏增值税专用发票——第三联:发票联	附表78-2
3	直接领料单 9404	附表78-3
4	付款申请书	附表78-4
5	中国工商银行转账支票存根 00001759	附表78-5

操作指导: 制造费用是指企业为生产产品和提供劳务而发生的各项间接费用,包括企业生产部门(如生产车间)发生的水电费、固定资产折旧、无形资产摊销、管理人员的职工薪酬、劳动保护费、国家规定的有关环保费用、季节性和修理期间的停工损失等。

车间发生的机物料消耗,借记"制造费用"科目,贷记"原材料"科目。

79) 根据发料凭证,向宁波汽车制造厂销售控制器 1 250 件,售价 1 300.00 元/件,开出专用发票。款未收。

序号	原始凭证	附表
1	江苏增值税专用发票——第一联:记账联 04837542	附表79-1
2	领料单 8442	附表79-2
3	销售单 XS018	附表79-3

80) 向南京长安汽车制造公司转让一项专利权,账面价值 180 000.00 元,累计摊销 30 000.00,售价 450 000.00 万元,收到银行本票,已入账。

第四章 日常经济业务处理

序号	原始凭证	附表
1	无形资产处置申请单	附表80-1
2	江苏增值税专用发票——第一联:记账联 04837543	附表80-2
3	中国工商银行本票	附表80-3
4	中国工商银行进账单(收账通知)	附表80-4

操作指导:

(1) 对拟出售或投资转出的无形资产,应由有关部门或人员提出处置申请,列明该项无形资产的成本、累计摊销、预计使用年限、已使用年限、预计出售价格或转让价格等,报公司授权部门或人员批准后予以出售或转让。对于重大的无形资产处置,无形资产处置价格应当委托具有资质的中介机构进行资产评估。

(2) 销售无形资产是指转让无形资产所有权或者使用权的业务活动,其增值税率为6%。销售无形资产,按实际取得的转让收入,借记"银行存款"等科目;按该项无形资产已计提的累计摊销,借记"累计摊销"科目,原已计提的减值准备,借记"无形资产减值准备"科目;按应支付的增值税,贷记"应交税费——应交增值税(销项税额)"等科目;按无形资产的账面余额,贷记"无形资产"科目;按其差额,贷记"营业外收入——处置非流动资产利得"科目。

81) 水电气供应车间汪良报销孩子看病费用 674.00 元。

序号	原始凭证	附表
1	江苏省医疗门诊收费票据	附表81-1
2	报销申请单	附表81-2

操作指导:

(1) 公司发生的各项生产费用,按成本核算对象和成本项目分别归集。属于辅助生产车间为生产产品提供的直接费用,在"生产成本——辅助生产成本"明细科目核算后,再转入"生产成本——基本生产成本"明细科目。

(2) 公司发生的各项直接生产费用,借记"生产成本"科目(基本生产成本、辅助生产成本),贷记"现金""银行存款""应付职工薪酬""原材料"等科目。

(3) 辅助生产车间为基本生产车间提供的劳务和产品,月度终了,按照一定的分配标准分配给各受益对象,借记"生产成本——基本生产成本科目",贷记"生产成本——辅助生产成本科目"。

82) 江苏桦阳汽车修理有限责任公司发生财务困难,无法按期归还欠款 1 108 379.14 元,经双方协商同意减免 108 379.14 元,公司当日收到江苏桦阳汽车修理有限责任公司归还的欠款 100 000.00 元。

序号	原始凭证	附表
1	中国建设银行转账支票	附表82-1
2	中国工商银行进账单(回单)	附表82-2

续表

序号	原始凭证	附表
3	债务重组协议	附表82-3

操作指导： 债权人应当将重组债权的账面余额与收到的货币资金之间的差额，确认为债务重组损失，计入营业外支出。债权人已对债权计提减值准备的，应当先冲减减值准备，冲减后尚有余额的，计入营业外支出，冲减后减值准备仍有余额的，应予转回并抵减当期资产减值损失。未对债权计提减值准备的，应直接将该差额确认为债务重组损失。

83）为扩建厂房向中国银行南京下关支行借款1 500 000.00元，期限2年，年利率6.15%。

序号	原始凭证	附表
1	中国银行借款借据（入账通知）	附表83

操作指导：

（1）公司筹资应加强内部控制，以降低因筹资决策不当引发资本结构不合理或无效融资而可能导致的筹资成本过高或负债危机等筹资风险。

提醒学生注意补充借款的公司内部审核手续。

（2）筹资方案的审核标准包括：

① 筹资方案需确定筹资总额、筹资结构、借款期限。

② 筹资方案需根据公司的具体情况，确定筹资方式和筹资渠道。

③ 筹资方案需分析、计算和比较各种筹资方式和筹资渠道的利弊。

④ 筹资方案需分析各种方案的可行性。

⑤ 筹资方案需具体说明筹资时机的选择、预计筹资成本、潜在的筹资风险和具体的应对措施以及偿债计划等。

（3）"长期借款"科目核算公司向银行或其他金融机构借入的期限在1年以上（不含1年）的各项借款。借入的长期借款，借记"银行存款""在建工程""固定资产"等科目，贷记"长期借款"科目。

考虑在借款费用符合资本化的确认原则时，予以资本化，计入相关资产成本；否则，借款费用均应于发生当期确认为费用，直接计入当期财务费用。

12月13日（周五）

84）银行转来电力公司委托收款结算凭证付款通知联，支付电费11 351.34元，全厂用电量11 000度，其中：第一生产车间3 000度，第二生产车间3 800度，机加工生产车间1 450度，水电气生产车间2 000度，营销部350度，管理部门400度。

序号	原始凭证	附表
1	江苏增值税专用发票——第二联：抵扣联	附表84-1
2	江苏增值税专用发票——第三联：发票联	附表84-2

续表

序号	原始凭证	附表
3	中国工商银行托收凭证(付款通知)	附表84-3
4	电费分配汇总表	附表84-4

85) 提现并发放上月工资,第一生产车间李军和研发部高军工资未领,缴回。

序号	原始凭证	附表
1	2019年11月工资汇总表	附表85-1
2	未领缴回工资明细表	附表85-2

操作指导： 职工在规定期限内未领取的工资,由发放的部门及时交回财务部,借记"现金"科目,贷记"其他应付款"科目。

86) 工商银行南京下关支行的短期借款800 000.00元,到期还款,其每月利息已于当月底归还。

序号	原始凭证	附表
1	中国工商银行贷款还款凭证	附表86-1
2	中国工商银行贷款还息凭证	附表86-2

操作指导：

(1) 公司归还短期借款时,借记"短期借款"科目,贷记"银行存款"科目。

(2) 提醒学生财务费用中已支付了11个月的贷款利息44 000.00元,还本时需归还欠付利息。发生的短期借款利息直接计入当期财务费用,借记"财务费用"科目,贷记"银行存款"等科目。

87) 支付南京东风贸易有限公司工程物资款825 000.00元。

序号	原始凭证	附表
1	付款申请书	附表87-1
2	中国工商银行转账支票存根00001760	附表87-2

操作指导： 企业支付应付未付款项时,借记"应付账款""其他应付款"等科目,贷记"银行存款"等科目。

部门用款时,应提前向审批人提交货币资金支付申请,注明款项的用途、金额、预算、支付方式等内容,并应随附有效经济合同或相关证明。审批人应当根据货币资金授权批准权限的规定,在授权范围内进行审批。财务部复核人应当对批准后的货币资金支付申请进行复核,复核货币资金支付申请的批准程序是否正确、手续及相关单证是否齐备、金额计算是否准确、支付方式是否妥当等。出纳人员应当根据复核无误的支付申请,按规定办理货币资金支付手续,及时登记现金和银行存款日记账册。

88) 向南京长安汽车制造公司出售半成品 ABS Ⅰ-B 10 套、ABS Ⅱ-B 20 套,价格分别为 5 200.00 元/套、8 300.00 元/套,款已收。

序号	原始凭证	附表
1	江苏增值税专用发票——第一联:记账联 04837544	附表 88-1
2	半成品出库单 85625	附表 88-2
3	销售单 XS019	附表 88-3
4	中国工商银行客户专用回单——第二联贷方(回单)	附表 88-4

操作指导:"半成品"明细科目,应按自制半成品的类别或品种设置明细账。

公司销售半成品,按实际收到或应收的价款,借记"银行存款""应收账款""应收票据"等科目;按实现的营业收入,贷记"主营业务收入"科目;按专用发票上注明的增值税额,贷记"应交税费——应交增值税(销项税额)"科目。"主营业务收入"科目应按主营业务的种类设置明细账来进行明细核算。

月度终了,根据本月销售各种半成品的实际成本,计算应结转的主营业务成本,借记"主营业务成本"科目,贷记"半成品"科目。

89) 经董事会同意,转让所持有的南京金陵汽车修理厂全部股权给南京长安汽车制造公司。对南京金陵汽车修理厂的投资采用成本法核算,初始投资成本 1 450 000.00 元,转让金额 2 000 000.00 元。

序号	原始凭证	附表
1	董事会关于同意转让投资的决议	附表 89-1
2	股权转让协议书	附表 89-2
3	中国工商银行进账单(收账通知)	附表 89-3

操作指导:

(1) 公司对持有的能够对被投资单位实施控制的长期股权投资,以及对被投资单位不具有共同控制或重大影响,并且在活跃市场中没有报价、公允价值不能可靠计量的长期股权投资,采用成本法核算。

(2) 企业持有长期股权投资的过程中,由于各方面的考虑,决定将所持有的对被投资单位的股权全部或部分对外出售时,应相应结转与所售股权相对应的长期股权投资的账面价值,出售所得价款与处置长期股权投资账面价值之间的差额,应确认为处置损益。

企业处置股权投资时,按实际取得的价款,借记"银行存款"等科目;按已计提的减值准备,借记"长期投资减值准备"科目;按股权投资的账面余额,贷记"长期股权投资"科目;按尚未领取的现金股利或利润,贷记"应收股利"科目;按"银行存款+长期投资减值准备"与"应收股利+长期股权投资"的差额,贷记或借记"投资收益"科目。

(3) 提醒学生,需补充南京金陵汽车修理厂的股东会决议和章程修正案。

90) 研发部临时工王小美报销医药费 1 225.00 元。

序号	原始凭证	附表
1	报销申请单	附表 90-1
2	江苏省医疗门诊收费票据	附表 90-2

操作指导： 职工是指与公司订立劳动合同的所有人员，含全职、兼职和临时职工。虽未与公司订立劳动合同或未由公司正式任命，但向公司所提供服务与职工所提供服务类似的人员，也属于职工的范畴，包括通过公司与劳务中介公司签订用工合同而向公司提供服务的人员。

公司发生的职工福利费，在实际发生时根据实际发生额计入当期损益或相关资产成本。

91) 财务经理柳军抽查现金，发现现金短缺 100 元，原因待查。

序号	原始凭证	附表
1	现金盘点表	附表 91

操作指导： 每日终了结算现金收支、财产清查等发现的有待查明原因的现金短缺或溢余，应通过"待处理财产损溢"科目核算。

属于现金短缺的，应按实际短缺的金额，借记"待处理财产损溢——待处理流动资产损溢"科目，贷记"现金"科目；属于现金溢余的，按实际溢余的金额，借记"现金"科目，贷记"待处理财产损溢——待处理流动资产损溢"科目。待查明原因后再进一步处理。

92) 原料库盘点，盘亏轮速传感器 2 套，原因待查。

序号	原始凭证	附表
1	原材料盘点表	附表 92

操作指导： 企业的各种原材料，应当定期清查盘点，发现盘盈、盘亏、毁损的原材料，按照实际成本（或估计价值）或计划成本，先记入"待处理财产损溢"科目，于期末前查明原因，并根据企业的管理权限，经股东大会、董事会、经理（厂长）会议或类似机构批准后，在期末结账前处理完毕。

盘亏、毁损的各种材料、库存商品等，借记"待处理财产损溢"科目，贷记"原材料""库存商品""应交税费——应交增值税（进项税额转出）"等科目。材料、库存商品采用计划成本核算的，还应同时结转成本差异。

提醒学生，当日库存现金结余超限额，考虑到日常现金开支，建议存现 5 000.00 元。

12 月 16 日（周一）

93) 计算并缴纳 12 月份社保。

序号	原始凭证	附表
1	中国工商银行客户专用回单	附表 93-1

续表

序号	原始凭证	附表
2	12月份社保费计提计算表	附表93-2

操作指导：

（1）社会保险包括基本养老保险、基本医疗保险、失业保险、工伤保险和生育保险。征缴范围包括国有和国有控股企业、股份有限公司、外商投资企业（包括外国企业的分支机构）及其职工，城镇集体企业、城镇私营企业和其他城镇企业及其职工，实行企业化管理的事业单位及其职工，国家机关、事业单位、社会团体及其编制外聘用人员，民办非企业单位及其职工，城镇个体工商户及其雇工。

征缴范围规定的单位和个人应当依法参加社会保险，并按照法律、法规和国务院、省人民政府规定的费基、费率，以法定货币形式按时足额缴纳社会保险费。缴费单位缴纳的社会保险费在税前列支，缴费个人缴纳的社会保险费不计征个人所得税。

缴费单位应当根据本单位职工工资总额、职工工资收入和费率按月向社会保险经办机构申报应当缴纳的社会保险费数额，经社会保险经办机构核定后，在规定的期限内按月缴纳社会保险费，并依法履行代扣代缴社会保险费的义务。

（2）2019年7月1日至2020年6月30日，南京市企业职工基本养老保险月缴费基数上限为16 842元，下限为3 368元。费率如下：

项目	单位/%	个人/%
基本养老保险	16	8
失业保险	0.5	0.5
基本医疗保险	9	2
生育保险	0.8	—
工伤保险	0.4	—

94）向南京雨花汽车材料商行销售ABSⅡ5套，共计141 250.00元，已收到网银转账。

序号	原始凭证	附表
1	成品出库单8564	附表94-1
2	销售单XS020	附表94-2
3	江苏增值税普通发票——第一联：记账联39539184	附表94-3
4	中国工商银行进账单（收账通知）	附表94-4

95）从南京市国土局取得2亩工业用地的土地使用权，准备扩建厂房，支付土地出让金3 000 000.00元。

序号	原始凭证	附表
1	付款申请书	附表95-1
2	江苏省非税收入一般缴款书——第四联（收据）	附表95-2
3	中国工商银行客户专用回单——第一联借方（回单）	附表95-3

操作指导：

（1）公司取得的土地使用权通常应确认为无形资产。土地使用权用于自行开发建造厂房等地上建筑物时，土地使用权的账面价值不与地上建筑物合并计算其成本，而仍作为无形资产进行核算，分别对土地使用权与地上建筑物进行摊销和提取折旧。

公司如果改变土地使用权的用途，将其用于出租或增值目的时，应将其转为投资性房地产。

（2）对于无形资产的初始计量，外购的无形资产，其成本包括购买价款、相关税费以及直接归属于使该项资产达到预定用途所发生的其他支出。

提醒学生，取得土地使用权应有土地出让合同，并需缴纳契税。

（3）根据公司经营性支付和非经营性支付审批权限，本题应有董事会决议，提醒学生补董事会决议。

董事会会议应有过半数的董事出席方可举行。董事会作出决议，必须经全体董事的过半数通过。董事会决议的表决，实行一人一票。董事会应当对会议所议事项的决定做成会议记录，出席会议的董事应当在会议记录上签名。

96）11月销售给南京雨花汽车材料商行的ABSⅠ，因质量问题退回2套，售价14 000元/套，所退产品已入库，开具红字增值税专用发票并退款。

序号	原始凭证	附表
1	产成品入库单3216	附表96-1
2	江苏增值税专用发票（红字）——第一联：记账联04837545	附表96-2
3	开具红字增值税专用发票通知单	附表96-3
4	付款申请书	附表96-4
5	中国工商银行客户专用回单——第一联借方（回单）	附表96-5

操作指导：

（1）增值税一般纳税人取得专用发票后，发生销货退回、开票有误等情形但不符合作废条件的，或者因销货部分退回及发生销售折让的，购买方应向主管税务机关填报《开具红字增值税专用发票申请单》（简称《申请单》）。

同时具有下列情形的，为所称作废条件：

① 收到退回的发票联、抵扣联时间未超过销售方开票当月。

② 销售方未抄税并且未记账。

③ 购买方未认证或者认证结果为"纳税人识别号认证不符""专用发票代码、号码认证

不符"。

(2) 主管税务机关对一般纳税人填报的《申请单》进行审核后,出具《开具红字增值税专用发票通知单》(简称《通知单》)。《通知单》应与《申请单》一一对应。

《通知单》一式三联;第一联由购买方主管税务机关留存;第二联由购买方送交销售方留存;第三联由购买方留存。《通知单》应加盖主管税务机关印章。

《通知单》应按月依次装订成册,并比照专用发票保管规定管理。

(3) 销售方凭购买方提供的《通知单》开具红字专用发票,在防伪税控系统中以销项负数开具。红字专用发票应与《通知单》一一对应。

(4) 企业已经确认收入的售出商品发生销售退回的,应当冲减退回当期的收入。

企业按应冲减的营业收入,借记"主营业务收入"科目;按专用发票上注明的应扣减的增值税销项税额,借记"应交税费——应交增值税(销项税额)"科目;按实际支付或应退还的价款,贷记"银行存款""应收账款"等科目;按退回商品的成本借记"库存商品"科目,贷记"主营业务成本"科目。如果该项销售已发生现金折扣,应在退回当月一并处理。

97) 合同纠纷应诉,聘请律师支付律师费 20 000.00 元。

序号	原始凭证	附表
1	委托合同	附表97-1
2	江苏增值税专用发票——第二联:抵扣联	附表97-2
3	江苏增值税专用发票——第三联:发票联	附表97-3
4	报销申请单	附表97-4
5	中国工商银行客户专用回单——第一联借方(回单)	附表97-5

操作指导:"管理费用"科目核算企业为组织和管理企业生产经营所发生的管理费用,包括企业的董事会和行政管理部门在企业的经营管理中发生的,或者应由企业统一负担的公司经费、聘请中介机构费、咨询费(含顾问费)、诉讼费等。

支付聘请中介机构费、咨询费、诉讼费等时,借记"管理费用"科目,贷记"银行存款"等科目。

98) 第二生产车间领用材料。

序号	原始凭证	附表
1	领料单 8443	附表98

99) 第一生产车间将半成品交至半成品库,ABS Ⅰ-B、ABS Ⅱ-B 数量分别为 20 套、15 套。

序号	原始凭证	附表
1	半成品入库单 6566	附表99

100) 经查明,短缺现金 100 元系出纳赵丽丽工作失误造成,赵丽丽交回现金 100 元作为赔偿。

序号	原始凭证	附表
1	收款收据633954	附表100

操作指导：对于每日终了结算现金收支、财产清查等发现的现金短缺或溢余，查明原因后作如下处理：

(1) 如为现金短缺：

① 属于应由责任人赔偿的部分，借记"其他应收款——应收现金短缺款(××个人)"或"现金"等科目，贷记"待处理财产损溢——待处理流动资产损溢"科目。

② 属于应由保险公司赔偿的部分，借记"其他应收款——应收保险赔款"科目，贷记"待处理财产损溢——待处理流动资产损溢"科目。

③ 属于无法查明的其他原因，根据管理权限，经批准后处理，借记"管理费用——现金短缺"科目，贷记"待处理财产损溢——待处理流动资产损溢"科目。

(2) 如为现金溢余：

① 属于应支付给有关人员或单位的，借记"待处理财产损溢——待处理流动资产损溢"科目，贷记"其他应付款——应付现金溢余(××个人或单位)"科目。

② 属于无法查明原因的现金溢余，经批准后，借记"待处理财产损溢——待处理流动资产损溢"科目，贷记"营业外收入——现金溢余"科目。

12月17日(周二)

101) 缴纳11月份住房公积金。

序号	原始凭证	附表
1	南京住房公积金汇(补)缴受理回执	附表101-1
2	11月份住房公积金汇缴汇总表	附表101-2

操作指导：

(1) 住房公积金是指国家机关、国有企业、城镇集体企业、外商投资企业、城镇私营企业及其他城镇企业、事业单位、民办非企业单位、社会团体(以下统称单位)及其在职职工缴存的长期住房储金。职工个人缴存的住房公积金和职工所在单位为职工缴存的住房公积金，属于职工个人所有。

(2) 职工个人缴存的住房公积金由所在单位每月从其工资中代扣代缴。单位应当于每月发放职工工资之日起5日内将单位缴存的和为职工代缴的住房公积金汇缴到住房公积金专户内，由受委托银行计入职工住房公积金账户。

102) 第二生产车间领用半成品。

序号	原始凭证	附表
1	半成品出库单85626	附表102

103) 由于第二生产车间工人张三违规操作，报废控制器2件，重新领用控制器2件。经

生产部经理肖天同意,该工人赔偿材料损失 1 000.00 元,该赔偿已收到。

序号	原始凭证	附表
1	材料报废审批单 86651	附表 103-1
2	收款收据 633955	附表 103-2
3	领料单 8444	附表 103-3

操作指导: 公司可以在"基本生产成本"明细科目下设置"废品损失"明细科目,以汇集和分配基本生产车间所发生的废品损失。在"废品损失"明细科目下再按基本生产车间分别按产品品种设置账页,分别按成本项目设置专栏,进行废品损失的明细核算。

废品损失包括在生产过程中发现的、入库后发现的各种废品的报废损失和修复费用。废品的报废损失是指不可修复的废品的实际成本减去回收材料和废料价值后的净损失。废品的修复费用是指可以修复的废品在返修过程中所发生的修理费用,应由造成废品的过失人负担的赔款,应从废品损失中减去。

104)第一生产车间李军领取工资,研发部高军领取工资。

序号	原始凭证	附表
1	李军、高军工资表	附表 104

105)按合同预收昆明汽车修理厂预定的 25 套 ABS Ⅱ 产品的货款 280 000.00 元。

序号	原始凭证	附表
1	中国工商银行客户专用回单——第二联贷方(回单)	附表 105

操作指导: "预收账款"科目核算公司按照合同规定向购货单位预收的款项。"预收账款"科目应按购货单位设置明细账来进行明细核算。

公司向购货单位预收款项时,借记"银行存款"科目,贷记"预收账款"科目;销售实现时,按实现的收入和应交的增值税销项税额,借记"预收账款"科目;按实现的营业收入,贷记"主营业务收入"科目;按专用发票上注明的增值税额,贷记"应交税费——应交增值税(销项税额)"等科目。购货单位补付的款项,借记"银行存款"科目,贷记"预收账款"科目;退回多付的款项,做相反会计分录。

106)公司账面资金紧张,持 2020 年 2 月 5 日到期的南京旺美汽车修理厂银行承兑汇票 242 400.00 元到银行贴现,贴现率为 6.25%。

序号	原始凭证	附表
1	中国工商银行贴现凭证——第四联收款通知	附表 106

操作指导:

(1)企业持未到期的应收票据向银行贴现,应根据银行盖章退回的贴现凭证第四联收账通知,按实际收到的金额(即减去贴现息后的净额),借记"银行存款"科目,按贴现息部分,借记"财务费用"科目,按应收票据的票面余额,贷记"应收票据"科目。

(2) 商业汇票的持票人向银行办理贴现必须具备下列条件:

① 在银行开立存款账户的企业法人以及其他组织。

② 与出票人或者直接前手之间具有真实的商品交易关系。

③ 提供与其直接前手之间的增值税发票和商品发运单据复印件。

(3) 公司应当设置"应收票据备查簿",逐笔登记每一应收票据的种类、号数和出票日期、票面金额、票面利率、交易合同号和付款人、承兑人、背书人的姓名或单位名称、到期日、背书转让日、贴现日期、贴现率和贴现净额、未计提的利息,以及收款日期和收回金额、退票情况等资料,应收票据到期结清票款或退票后,应当在备查簿内逐笔注销。

(4) 贴现的商业承兑汇票到期,因承兑人的银行账户不足支付,申请贴现的企业收到银行退回的应收票据、支款通知和拒绝付款理由书或付款人未付票款通知书时,按所付本息,借记"应收账款"科目,贷记"银行存款"科目;如果申请贴现企业的银行存款账户余额不足,银行做逾期贷款处理时,应按转作贷款的本息,借记"应收账款"科目,贷记"短期借款"科目。

107) 第二生产车间向北京汽车配件材料厂购买汽车内饰200套,1 300元/套,其中将持有的南京旺美汽车修理厂银行承兑汇票背书转让抵充250 000.00元,其余43 800.00元欠款未付。汽车内饰按实际成本入账,于当天入库并领用。

序号	原始凭证	附表
1	北京增值税专用发票——第二联:抵扣联	附表107-1
2	北京增值税专用发票——第三联:发票联	附表107-2
3	付款申请书	附表107-3
4	银行承兑汇票71462239	附表107-4
5	直接领料单9405	附表107-5

操作指导:"应付账款"科目核算企业因购买材料、商品和接受劳务供应等而应付给供应单位的款项。企业购入材料、商品等验收入库,但货款尚未支付,根据有关凭证(发票账单、随货同行发票上记载的实际价款或暂估价值)借记"物资采购"等科目,按专用发票上注明的增值税额借记"应交税费——应交增值税(进项税额)"等科目,按应付的价款贷记"应付账款"科目。

企业将持有的应收票据背书转让抵付应付账款,借记"应付账款"科目,贷记"应收票据"科目。

108) 山东飞龙贸易有限公司的商业承兑汇票35 000.00元到期提示付款,因山东飞龙贸易有限公司无力支付,银行退还商业承兑汇票。

序号	原始凭证	附表
1	商业承兑汇票	附表108-1
2	中国工商银行托收凭证(汇款依据或收账通知)	附表108-2

操作指导： 因付款人无力支付票款，收到银行退回的商业承兑汇票、委托收款凭证、未付票款通知书或拒绝付款证明等，按应收票据的账面余额借记"应收账款"科目，贷记"应收票据"科目。

109）产品完工入库，其中 ABS Ⅰ 45 套、ABS Ⅱ 50 套。

序号	原始凭证	附表
1	产成品入库单 3217	附表 109

操作指导： 产成品是指公司已经完成全部生产过程并已验收入库合乎标准规格和技术条件，可以按照合同规定的条件送交订货单位，或者可以作为商品对外销售的产品。

公司的产成品按实际成本进行核算，产成品的收入、发出和销售，平时只记数量不记金额；月度终了，计算入库产成品的实际成本；对发出和销售的产成品，采用月末一次加权平均法确定其实际成本。

110）第二生产车间对生产设备进行定期维修，支付南京冶华服务公司专业养护费 7 000.00 元。

序号	原始凭证	附表
1	江苏增值税普通发票——第二联：发票联	附表 110-1
2	报销申请单	附表 110-2
3	中国工商银行转账支票存根 00001761	附表 110-3

12 月 18 日（周三）

111）第二生产车间出售给南京长安汽车制造公司一台机床，原价 158 800.00 元，已提折旧 86 387.20 元，售价 68 000.00 元，已存入银行，并用现金支付 1 000.00 元设备拆卸费。

序号	原始凭证	附表
1	固定资产处置申请单	附表 111-1
2	设备转让协议书	附表 111-2
3	江苏增值税普通发票——第一联：记账联 39539185	附表 111-3
4	中国工商银行转账支票	附表 111-4
5	江苏增值税普通发票——第二联：发票联	附表 111-5
6	固定资产处置结果表	附表 111-6
7	报销申请单	附表 111-7

操作指导： 公司出售、转让、报废固定资产或发生固定资产毁损，应当将处置收入扣除账面价值和相关税费后的金额计入当期损益。固定资产处置通过"固定资产清理"科目进行核算，其会计处理一般经过以下几个步骤：

① 固定资产转入清理。固定资产转入清理时，按固定资产账面价值借记"固定资产清

理"科目,按已计提的累计折旧借记"累计折旧"科目,按已计提的减值准备借记"固定资产减值准备"科目,按固定资产账面余额贷记"固定资产"科目。

② 发生的清理费用。固定资产清理过程中发生的有关费用以及应支付的相关税费,借记"固定资产清理"科目,贷记"现金""应交税费"等科目。

③ 出售收入和残料等的处理。收回出售固定资产的价款、残料价值和变价收入等,应冲减清理支出。按实际收到的出售价款以及残料变价收入等,借记"银行存款""原材料"等科目,贷记"固定资产清理"科目。

④ 保险赔偿的处理。公司计算或收到的应由保险公司或过失人赔偿的损失,应冲减清理支出,借记"其他应收款""银行存款"等科目,贷记"固定资产清理"科目。

⑤ 清理净损益的处理。固定资产清理完成后的净损失,属于生产经营期间正常的损失,借记"营业外支出——处置非流动资产损失"科目,贷记"固定资产清理"科目;属于生产经营期间由于自然灾害等非正常原因造成的损失,借记"营业外支出——非常损失"科目,贷记"固定资产清理"科目;固定资产清理完成后的净收益,借记"固定资产清理"科目,贷记"营业外收入"科目。

112) 从南京雨花汽车材料商行购入维修用品一批,价款 2 600.00 元,款未付。水电气供应车间直接领用。

序号	原始凭证	附表
1	江苏增值税专用发票——第二联:抵扣联	附表 112-1
2	江苏增值税专用发票——第三联:发票联	附表 112-2
3	直接领料单 9406	附表 112-3

113) 第一生产车间将半成品交至半成品库,ABS I-B、ABS II-B 数量分别为 40 套、35 套。

序号	原始凭证	附表
1	半成品入库单 6567	附表 113

114) 行政部领用一批工程物资 700 000.00 元,用于扩建 ABS 生产线。

序号	原始凭证	附表
1	领料单 8445	附表 114

操作指导: 行政部领用工程物资,借记"在建工程"科目,贷记"工程物资"科目。工程完工后对领出的剩余工程物资应当办理退库手续,并做相反的会计分录。

115) 根据技术部门鉴定,报废因人为原因造成无法继续使用的电脑一台,已办妥报废手续。该电脑账面原价 2 393.16 元,已提折旧 1 172.65 元,责令责任人吴军赔偿 500.00 元。

序号	原始凭证	附表
1	固定资产处置申请单	附表 115

操作指导：

（1）因报废等原因减少的固定资产，按减少的固定资产账面价值借记"固定资产清理"科目，按已提折旧借记"累计折旧"科目，按已计提的减值准备借记"固定资产减值准备"科目，按固定资产原价贷记"固定资产"科目。

应当由保险公司或过失人赔偿的损失，借记"其他应收款"等科目，贷记"固定资产清理"科目。固定资产清理后的净损失，借记"营业外支出——处置非流动资产损失"科目，贷记"固定资产清理"科目。

（2）根据《中华人民共和国增值税暂行条例》，下列项目的进项税额不得从销项税额中抵扣：

① 用于简易计税方法计税的项目、免征增值税的项目、集体福利或者个人消费的购进货物、劳务、服务、无形资产和不动产。

② 非正常损失的购进货物，以及相关的劳务和交通运输服务。

③ 非正常损失的在产品、产成品所耗用的购进货物（不包括固定资产）、劳务和交通运输服务。

公司发生固定资产提前报废不属于上述需要做进项税转出的情形，报废电脑的进项税无需转出。

116）仓库4出租给南京精诚装运公司，租赁期3年，自2019年12月19日至2022年12月18日，年租金50 000.00元。收取押金5 000.00元以及半年租金25 000.00元。

序号	原始凭证	附表
1	江苏增值税专用发票——第一联：记账联04837546	附表116-1
2	收款收据633956	附表116-2
3	中国工商银行转账支票	附表116-3
4	仓库租赁协议	附表116-4

操作指导：

（1）投资性房地产是指为赚取租金或获得资本增值，或者两者兼有而持有的房地产。投资性房地产应当能够单独计量和出售。

企业将原本用于生产商品、提供劳务或者经营管理的房地产改用于出租，通常应于租赁期开始日，将相应的固定资产转换为投资性房地产。

企业将自用建筑物转换为以成本模式计量的投资性房地产时，应当按该项建筑物在转换日的原价、累计折旧、减值准备等，分别转入"投资性房地产""投资性房地产累计折旧""投资性房地产减值准备"科目。按其账面余额借记"投资性房地产"科目，贷记"固定资产"科目；按已计提的折旧借记"累计折旧"科目，贷记"投资性房地产累计折旧"科目；原已计提减值准备的借记"固定资产减值准备"科目，贷记"投资性房地产减值准备"科目。

（2）采用成本模式进行后续计量的投资性房地产，应当按照固定资产的有关规定，按月计提折旧，借记"其他业务成本"等科目，贷记"投资性房地产累计折旧"科目。

取得的租金收入，一般情况下应采用直线法将收到的租金在租赁期内确认为收益。根据应确认的收益借记"银行存款"等科目,贷记"其他业务收入"等科目。

投资性房地产存在减值迹象的,还应当适用资产减值的有关规定。经减值测试后确定发生减值的,应当计提减值准备,借记"资产减值损失"科目,贷记"投资性房地产减值准备"科目。如果已经计提减值准备的投资性房地产的价值又得以恢复,不得转回。

(3)根据《企业会计准则第 21 号——租赁》(财会〔2018〕35 号),在租赁期内各个期间,出租人应当采用直线法或其他系统合理的方法,将经营租赁的租赁收款额确认为租金收入。

(4)出租仓库 4 涉及的税金,包括增值税、房产税(依照租金收入计征,房产税税率 12%)、印花税(按应税凭证所载金额计征,印花税税率 1‰)。

根据国家税务总局公告 2016 年第 16 号《纳税人提供不动产经营租赁服务增值税征收管理暂行办法》,纳税人以经营租赁方式出租其取得的不动产,按照以下规定缴纳增值税:

① 一般纳税人出租其 2016 年 4 月 30 日前取得的不动产,可以选择适用简易计税方法,按照 5% 的征收率计算应纳税额。

② 一般纳税人出租其 2016 年 5 月 1 日后取得的不动产,适用一般计税方法计税,税率 9%。

117)销售给昆明汽车修理厂 ABS Ⅱ 25 套,22 000.00 元/套,价税合计 621 500.00 元,款未收。

序号	原始凭证	附表
1	成品出库单 8565	附表 117-1
2	销售单 XS021	附表 117-2
3	江苏增值税专用发票——第一联:记账联 04837547	附表 117-3

操作指导: 提醒学生,昆明汽车修理厂购买该批产品有预付款 180 000.00 元。

118)吴军交财务部赔偿款 500.00 元。

序号	原始凭证	附表
1	收款收据 633957	附表 118

119)公司将持有的债券出售,面值 110 000.00 元,取得价款 118 000.00 元。

序号	原始凭证	附表
1	中国工商银行客户专用回单——第二联贷方(回单)	附表 119

操作指导:

(1)金融资产的确认

根据《企业会计准则第 22 号——金融工具确认和计量》(财会〔2017〕7 号),企业成为金融工具合同的一方时,应当确认一项金融资产或金融负债。对于以常规方式购买或出售金融资产的,企业应当在交易日确认将收到的资产和为此将承担的负债,或者在交易日终止确认已出售的资产,同时确认处置利得或损失,以及应向买方收取的应收款项。

以常规方式购买或出售金融资产,是指企业按照合同规定购买或出售金融资产,并且该合同条款规定,企业应当根据通常由法规或市场惯例所确定的时间安排来交付金融资产。

(2) 交易性金融资产的分类

金融资产满足下列条件之一的,表明企业持有该金融资产的目的是交易性的:

① 取得相关金融资产的目的,主要是为了近期出售。

② 相关金融资产在初始确认时属于集中管理的可辨认金融工具组合的一部分,且有客观证据表明近期实际存在短期获利模式。

③ 相关金融资产属于衍生工具,但符合财务担保合同定义的衍生工具以及被指定为有效套期工具的衍生工具除外。

(3) 会计处理

① 企业初始确认金融资产,应当按照公允价值计量。对于以公允价值计量且其变动计入当期损益的金融资产,相关交易费用应当直接计入当期损益。

② 企业出售金融资产,应将以公允价值计量的金融资产的利得或损失计入当期损益。

12月19日(周四)

120) 第二生产车间领用包装箱95只,其中45只用于ABSⅠ产品,50只用于ABSⅡ产品。

序号	原始凭证	附表
1	领料单 8446	附表120

121) 行政部进行职工专业培训,发生培训费共计6 300.00元。

序号	原始凭证	附表
1	江苏增值税普通发票——第二联:发票联	附表121-1
2	报销申请单	附表121-2
3	中国工商银行客户专用回单——第一联借方(回单)	附表121-3

操作指导: 公司支付职工教育经费用于职工培训,借记"应付职工薪酬——职工教育经费"科目,贷记"现金"等科目。

公司应当根据职工提供服务的受益对象,对发生的"应付职工薪酬——职工教育经费"分情况进行处理,管理部门人员的职工教育经费,借记"管理费用——职工教育经费"科目,贷记"应付职工薪酬——职工教育经费"科目。

122) 因公司发展需要,董事会决议购买南京雨花汽车材料商行的股权。南京雨花汽车材料商行净资产评估值为2 000 000.00元,公司以600 000.00元取得南京雨花汽车材料商行30%的股权。

序号	原始凭证	附表
1	董事会关于同意购买南京雨花汽车材料商行股权的决议	附表122-1
2	南京雨花汽车材料商行关于同意股权转让的股东会决议	附表122-2
3	南京雨花汽车材料商行章程修正案	附表122-3
4	中国工商银行客户专用回单——第一联借方(回单)	附表122-4
5	股权转让协议书	附表122-5

操作指导：

(1) 长期股权投资是指投资方对被投资单位实施控制、具有重大影响的权益性投资，以及对其合营企业的权益性投资。

重大影响是指投资方对被投资单位的财务和经营政策有参与决策的权力，但并不能够控制或者与其他方一起共同控制这些政策的制定。实务中，较为常见的重大影响体现为在被投资单位的董事会或类似权力机构中派有代表，通过在被投资单位的生产经营决策制定过程中的发言权实施重大影响。投资企业直接或通过子公司间接拥有被投资单位20%以上50%以下的表决权股份时，一般认为对被投资单位具有重大影响。

(2) 以支付现金取得的长期股权投资，应当按照实际支付的购买价款作为初始投资成本。初始投资成本包括与取得长期股权投资直接相关的费用、税金及其他必要支出。

按实际支付的价款，借记"长期股权投资"科目，贷记"银行存款"科目。

123) 公司的长期借款均为按月计提利息，按季归还利息，到期还本。每季度末月的21日为还利息日。其中，建行新街口支行的2 000 000.00元为经营性贷款，贷款年利率为9.255%；工行江苏省分行营业部的1 450 000.00元为ABS生产线贷款，贷款年利率为9.00%。计提本月贷款利息，并支付本季度的贷款利息。

序号	原始凭证	附表
1	贷款利息计算表	附表123-1
2	中国建设银行股份有限公司贷款还息凭证	附表123-2
3	中国工商银行股份有限公司贷款还息凭证	附表123-3
4	中国银行股份有限公司贷款还息凭证	附表123-4

操作指导：

(1) 公司发生的借款费用，可直接归属于符合资本化条件的资产的购建或者生产的，应当予以资本化，计入相关资产成本；其他借款费用，应当在发生时根据其发生额确认为费用，计入当期损益。

(2) 为购建或生产满足资本化条件的资产发生的应予以资本化的借款费用，计提时借记"在建工程"等科目，贷记"应付利息"等科目。其他借款费用，计提时借记"财务费用"科目，贷记"应付利息"等科目。

(3) 借款费用同时满足下列条件的，才能开始资本化：

① 资产支出已经发生。资产支出包括为购建或者生产符合资本化条件的资产而以支付现金、转移非现金资产或者承担带息债务形式发生的支出。

② 借款费用已经发生。

③ 为使资产达到预定可使用或者可销售状态所必要的购建或者生产活动已经开始。

提醒学生,工行江苏省分行营业部 1 450 000.00 元 ABS 生产线贷款以及中国银行下关支行 1 500 000.00 元扩建厂房贷款的利息须资本化。

124) 盘亏笔记本电脑一台,账面原价 3 300.00 元,已提折旧 1 617.00 元,盘亏原因为管理不善,责成管理员邱辰赔偿 500.00 元。

序号	原始凭证	附表
1	固定资产盘亏核销报告表	附表 124

操作指导:对于管理规范的企业而言,盘盈、盘亏的固定资产较为少见。公司应当健全制度,加强管理,定期或者至少于每年年末对固定资产进行清查盘点,以保证固定资产核算的真实性和完整性。如果清查中发现有固定资产损溢,应及时查明原因,在期末结账前处理完毕。

公司在财产清查中盘亏的固定资产,通过"待处理财产损溢——待处理固定资产损溢"科目核算,盘亏造成的损失,通过"营业外支出——盘亏损失"科目核算,计入当期损益。

125) 采用赊销的方式向重庆大华汽车修理厂销售 ABS Ⅰ产品 3 套,14 000.00 元/套,付款条件为 3/10,1/20,n/30,采用总价法核算。请补充销售合同。

序号	原始凭证	附表
1	成品出库单 8566	附表 125-1
2	销售单 XS022	附表 125-2
3	江苏增值税专用发票——第一联:记账联 04837548	附表 125-3

操作指导:现金折扣是指债权人为鼓励债务人在规定的期限内付款而向债务人提供的债务扣除。企业销售商品涉及现金折扣的,应当按照扣除现金折扣前的金额确定销售商品收入金额。现金折扣在实际发生时计入财务费用。

12 月 20 日(周五)

126) 采用托收承付结算方式向宁波汽车制造厂销售 ABS Ⅱ产品 20 套,开具增值税专用发票,单价 22 000.00 元/套,用银行存款支付运费 777 元,已向银行办妥托收手续。请补充销售合同。

序号	原始凭证	附表
1	成品出库单 8567	附表 126-1
2	销售单 XS023	附表 126-2

续表

序号	原始凭证	附表
3	江苏增值税专用发票——第一联:记账联 04837549	附表 126-3
4	北京增值税专用发票——第二联:抵扣联	附表 126-4
5	北京增值税专用发票——第三联:发票联	附表 126-5
6	报销申请单	附表 126-6
7	中国工商银行托收凭证(受理回单)	附表 126-7
8	购销合同	附表 126-8
9	中国工商银行客户专用回单——第一联借方(回单)	附表 126-9

操作指导: 托收承付是根据购销合同由收款人发货后委托银行向异地付款人收取款项,由付款人向银行承认付款的结算方式。

使用托收承付结算方式的收款单位和付款单位,必须是国有企业、供销合作社以及经营管理较好,并经开户银行审查同意的城乡集体所有制工业企业。办理托收承付结算的款项,必须是商品交易,以及因商品交易而产生的劳务供应的款项。代销、寄销、赊销商品的款项,不得办理托收承付结算。

收、付双方使用托收承付结算必须签有符合《合同法》的购销合同,并在合同上订明使用托收承付结算方式。收款人办理托收,必须具有商品确已发运的证件(包括铁路、航空、公路等运输部门签发的运单、运单副本和邮局包裹回执)。托收承付结算每笔的金额起点为1万元。

托收承付结算款项的划回方法,分邮寄和电报两种,由收款人选用。邮寄结算凭证为一式五联。第一联回单,是收款人开户行给收款人的回单;第二联委托凭证,是收款人委托开户行办理托收款项后的收款凭证;第三联支票凭证,是付款人向开户行支付货款的支款凭证;第四联收款通知,是收款人开户行在款项收妥后给收款人的收款通知;第五联承付(支款)通知,是付款人开户行通知付款人按期承付货款的承付(支款)通知。电划托收承付结算凭证也是一式五联,第一联、第二联、第三联、第五联的作用与邮划托收承付结算凭证相同,第四联是付款单位开户银行拍发电报的依据。

收款人按照签订的购销合同发货后,委托银行办理托收。收款人应将托收凭证附上发运证件或其他符合托收承付结算的有关证明和交易单证送交银行。收款人如需取回发运证件,银行应在托收凭证上加盖"已验发运证件"戳记。

付款人开户银行收到托收凭证及附件后,应当及时通知付款人。承付货款分为验单付款和验货付款两种,由收、付双方商量选用,并在合同中明确规定。付款方若在验单或验货时发现货物的品种、规格、数量、质量、价格等与合同规定不符,可在承付期内提出全部或部分拒付的意见。拒付款项填写拒绝承付理由书送交其开户银行审查并办理拒付手续。

收款单位对于托收款项,根据银行的收账通知和有关原始凭证,据以编制收款凭证;付款单位对于承付的款项,应于承付时根据托收承付结算凭证的承付支款通知和有关发票账单等原始凭证,据以编制付款凭证。如拒绝付款,属于全部拒付的,不做账务处理;属于部分拒付的,付款部分按上述规定处理,拒付部分不做账务处理。

127) 采用商业汇票结算方式向南京长安汽车制造公司销售 ABSⅡ 3 套,单价 25 000.00 元/套,货已发出,并收到期限为 6 个月的商业承兑汇票一张。

序号	原始凭证	附表
1	成品出库单 8568	附表 127-1
2	销售单 XS024	附表 127-2
3	江苏增值税专用发票——第一联:记账联 04837550	附表 127-3
4	商业承兑汇票——第二联	附表 127-4

操作指导:

(1) 商业汇票是出票人签发的,委托付款人在指定日期无条件支付确定的金额给收款人或者持票人的票据。商业汇票分为商业承兑汇票和银行承兑汇票。商业承兑汇票由银行以外的付款人承兑。

(2) 商业承兑汇票的出票人,为在银行开立存款账户的法人以及其他组织,与付款人具有真实的委托付款关系,具有支付汇票金额的可靠资金来源。商业承兑汇票可以由付款人签发并承兑,也可以由收款人签发,交由付款人承兑。

(3) 签发商业汇票必须记载下列事项:

① 表明"商业承兑汇票"的字样。

② 无条件支付的委托。

③ 确定的金额。

④ 付款人名称。

⑤ 收款人名称。

⑥ 出票日期。

⑦ 出票人签章。

欠缺记载上列事项之一的,商业汇票无效。

(4) 商业承兑汇票的付款人开户银行收到通过委托收款寄来的商业承兑汇票,将商业承兑汇票留存,并及时通知付款人。付款人收到开户银行的付款通知,应在当日通知银行付款。付款人在接到通知日的次日起 3 日内未通知银行付款的,视同付款人承诺付款。

(5) 企业因销售商品、产品、提供劳务等而收到的商业汇票,按应收票据的面值借记"应收票据"科目,按实现的营业收入贷记"主营业务收入"等科目,按发票上注明的增值税额贷记"应交税费——应交增值税(销项税额)"科目。

128) 产品完工入库,ABSⅠ 60 套,ABSⅡ 70 套。

序号	原始凭证	附表
1	产成品入库单 3218	附表 128

操作指导: 企业的产成品一般应按实际成本进行核算。在这种情况下,产成品的收入、

发出和销售,平时只记数量不记金额;月度终了,计算入库产成品的实际成本。对发出和销售的产成品,可以采用先进先出法、加权平均法、移动平均法或者个别计价法等方法确定其实际成本。核算方法一经确定,不得随意变更。如需变更,应在会计报表附注中予以说明。

产成品种类比较多的企业,也可以按计划成本进行日常核算,其实际成本与计划成本的差异,可以单独设置"产品成本差异"科目进行核算。在这种情况下,产成品的收入、发出和销售,平时可以用计划成本进行核算,月度终了,计算入库产成品的实际成本,按产成品的计划成本记入"产成品"科目,并将实际成本与计划成本的差异记入"产品成本差异"科目,然后再将产品成本差异在发出、销售和结存的产成品之间进行分配。

生产完成验收入库的产成品,按实际成本借记"产成品"科目,贷记"生产成本"等科目。采用计划成本核算的企业,按计划成本借记"产成品"科目,按实际成本贷记"生产成本"等科目,按计划成本与实际成本的差异借记或贷记"产品成本差异"科目。

129) 公司与南京雨花汽车材料商行签订代销协议,委托其代销本公司 ABS Ⅱ 产品 8 套,协议价为 25 000.00 元/套,手续费为 5%,售后结算货款。请补充代销协议。

序号	原始凭证	附表
1	成品出库单 8569	附表 129－1
2	委托代销协议	附表 129－2

操作指导:企业应当在履行了合同中的履约义务,即在客户取得相关商品控制权时确认收入。取得相关商品控制权是指能够主导该商品的使用并从中获得几乎全部的经济利益。

支付手续费方式委托代销商品,是指委托方和受托方签订合同或协议,委托方根据代销商品数量向受托方支付手续费受托方按照合同或协议规定的价格销售代销商品的销售方式。在这种方式下,委托方发出商品时,商品所有权上的主要风险和报酬并未转移,委托方在发出商品时通常不应确认销售商品收入,仍然应当按照有关风险和报酬是否转移来判断何时确认收入,通常可在收到受托方开出的代销清单时确认销售商品收入。受托方应在商品销售后,按合同或协议约定的方法计算确定的手续费以确认收入。

公司应与受托代销单位订立代销合同,规定代销单位应于代销后及时、定期或至少按月报送已销商品清单(载明售出商品的名称、数量、销售单价和销售金额,应扣的代交税金和代销手续费等),并将货款净额及时汇交公司。

公司应按受托单位设置委托代销商品明细账来进行明细核算。

公司将委托代销的商品发交受托代销单位时,按实际成本借记"委托代销商品"科目,贷记"库存商品"科目。

130) 盘点发现第二生产车间未入账仪表设备一台,市场价 50 000.00 元,五成新。

序号	原始凭证	附表
1	固定资产盘盈盘亏报告表	附表 130

操作指导:固定资产是一种单位价值较高、使用期限较长的有形资产,因此,对于管理规范的企业而言,盘盈、盘亏的固定资产较为少见。企业应当健全制度,加强管理,定期或者至

少于每年年末对固定资产进行清查盘点,以保证固定资产核算的真实性和完整性。如果清查中发现有固定资产损溢,应及时查明原因,在期末结账前处理完毕。

　　企业在财产清查中盘盈的固定资产作为前期差错处理,通过"以前年度损益调整"科目核算。盘盈的固定资产,按同类或类似固定资产的市场价格,减去按该项资产的新旧程度估计价值损耗后的余额,作为入账价值。

131) 收到银行存款利息 4 100.00 元。

序号	原始凭证	附表
1	中国工商银行客户专用回单	附表 131

　　操作指导:"财务费用"科目核算企业为筹集生产经营所需资金等而发生的筹资费用,包括利息支出(减利息收入)、汇兑损益以及相关的手续费、企业发生的现金折扣或收到的现金折扣等。企业发生的利息收入应冲减财务费用,借记"银行存款"等科目,贷记"财务费用"科目。

132) 行政部报销购办的职工福利品 18 900.00 元。

序号	原始凭证	附表
1	江苏增值税普通发票——第二联:发票联	附表 132-1
2	报销申请单	附表 132-2

12 月 23 日(周一)

133) 第二生产车间报销购买技术书籍资料费用 275.00 元。

序号	原始凭证	附表
1	江苏增值税专用发票——第二联:抵扣联	附表 133-1
2	江苏增值税专用发票——第三联:发票联	附表 133-2
2	报销申请单	附表 133-3

　　操作指导:职工薪酬指企业为获得职工提供的服务而给予的各种形式的报酬以及其他相关支出,主要包括以下内容:

　　① 职工工资、奖金、津贴和补贴,指构成工资总额的计时工资、计件工资,支付给职工的超额劳动报酬和增收节支的劳动报酬,为了补偿职工特殊或额外的劳动消耗和因其他特殊原因支付给职工的津贴,以及为了保证职工工资水平不受物价影响而支付给职工的物价补贴等。

　　② 职工福利费,主要包括职工因公负伤赴外地就医的路费、职工生活困难补助、未实行医疗统筹企业的职工医疗费用,以及按规定发生的其他职工福利支出。

　　③ 医疗保险费、养老保险费等社会保险费,指企业按照国务院、各地方政府或企业年金计划规定的基准和比例计算,向社会保险经办机构缴纳的医疗保险费、养老保险费、失业保

险费、工伤保险费和生育保险费,以及以购买补充养老保险形式提供给职工的各种保险待遇的费用。

④ 住房公积金是指企业按照国家规定的基准和比例计算,向住房公积金管理机构缴存的住房公积金。

⑤ 工会经费和职工教育经费指企业为了改善职工文化生活,为职工学习先进技术、提高文化水平和业务素质,开展工会活动和职工教育及职业技能培训等发生的相关支出。

⑥ 非货币性福利指企业以自己的产品或外购商品发放给职工作为福利,企业将自己拥有的资产或租赁资产供职工无偿使用,比如提供住房给企业高级管理人员使用,免费为职工提供诸如医疗保健服务,向职工提供企业支付了一定补贴的商品或服务,以低于成本的价格向职工出售住房等。

⑦ 因解除与职工的劳动关系给予的补偿,指由于分离办社会职能,实施主辅分离、辅业改制,实施重组、改组计划等原因,企业在职工劳动合同尚未到期之前解除与职工的劳动关系,或者为鼓励职工自愿接受裁减而提出补偿建议的计划中给予职工的经济补偿,即辞退福利。

⑧ 其他与获得职工提供的服务相关的支出,指除上述七种薪酬以外的其他为获得职工提供的服务而给予的薪酬,比如企业提供给职工以权益形式结算的认股权,以现金形式结算但以权益工具公允价值为基础确定的现金股票增值权等。

其中,职工教育经费列支范围包括上岗和转岗培训,各类岗位适应性培训,岗位培训,职业技术等级培训,高技能人才培训,专业技术人员继续教育,特种作业人员培训,企业组织的职工外送培训的经费支出,职工参加的职业技能鉴定、职业资格认证等经费支出,购置教学设备与设施,职工岗位自学成才奖励费用,职工教育培训管理费用,有关职工教育的其他开支。

134) 支付南京雨润建安公司 ABS 生产线扩建施工费用 855 000.00 元。

序号	原始凭证	附表
1	江苏增值税专用发票——第二联:抵扣联	附表134-1
2	江苏增值税专用发票——第三联:发票联	附表134-2
3	付款申请书	附表134-3
4	中国工商银行客户专用回单——第一联借方(回单)	附表134-4

操作指导:公司发包的基建工程,应于按合同规定向承包企业支付工程款、备料款时,按实际支付的价款,借记"在建工程"科目,贷记"银行存款"科目。

工程项目进度款支付流程:
① 工程承包单位提出进度款支付申请。
② 项目经理对照合同检查后上报。
③ 行政部经理审核。
④ 财务部经理审核。
⑤ 总经理审批通过后财务部办理支付手续。

135) 向南京雨花汽车材料商行购买轮速传感器 100 套,共 35 030.00 元,款未付,料未验收入库。

序号	原始凭证	附表
1	江苏增值税专用发票——第二联:抵扣联	附表135-1
2	江苏增值税专用发票——第三联:发票联	附表135-2

操作指导:"材料采购"科目核算企业采用计划成本进行材料日常核算而购入材料的采购成本,按照供应单位和物资品种进行明细核算。

企业支付材料价款和运杂费等时,按应计入材料采购成本的金额借记"材料采购"科目,按可抵扣的增值税额借记"应交税费——应交增值税(进项税额)"科目,按实际支付或应付的款项贷记"银行存款""现金""其他货币资金""应付账款""应付票据""预付账款"等科目。

136)经查明,原料库盘亏的2套轮速传感器,仓库保管员于远负有一定的责任,赔偿300元。

序号	原始凭证	附表
1	收款收据633958	附表136

操作指导:企业的各种原材料,应当定期清查盘点,盘亏或毁损的原材料,在减去过失人或者保险公司等的赔款和残料价值之后,计入当期管理费用。由于自然灾害所造成的原材料盘亏或毁损,计入当期的营业外支出。

盘亏、毁损的财产,按管理权限报经批准后处理时,按残料价值借记"原材料"等科目,按可收回的保险赔偿或过失人赔偿借记"其他应收款"科目,按"待处理财产损溢"科目余额贷记"待处理财产损溢"科目,按"待处理财产损溢"—"原材料"—"其他应收款"的借方差额,属于管理原因造成的,借记"管理费用"科目,属于非正常损失的,借记"营业外支出——非常损失"。

137)收到宁波汽车制造厂1 250件控制器的款项1 836 250.00元。

序号	原始凭证	附表
1	中国工商银行进账单(收账通知)	附表137

138)向南京雨花汽车材料商行购买的100套轮速传感器验收入库。

序号	原始凭证	附表
1	存货验收单5653	附表138

139)上述2套质量不合格的轮速传感器,经协商,供货单位南京雨花汽车材料商行同意退货。请补充退货手续并进行相应账务处理。

序号	原始凭证	附表
1	开具红字增值税专用发票申请单	附表139-1
2	开具红字增值税专用发票通知单	附表139-2
3	存货出库单7749	附表139-3

操作指导：

（1）一般纳税人在开具专用发票当月，发生销货退回、开票有误等情形，收到退回的发票联、抵扣联符合作废条件的，按作废处理；开具时发现有误的，可即时作废。作废专用发票须在防伪税控系统中将相应的数据电文按作废处理，在纸质专用发票（含未打印的专用发票）各联次上注明"作废"字样，全联次留存。

（2）一般纳税人取得专用发票后，发生销货退回、开票有误等情形但不符合作废条件的，或者因销货部分退回及发生销售折让的，购买方应向主管税务机关填报《开具红字增值税专用发票申请单》（简称《申请单》）。《申请单》一式两联：第一联由购买方留存，第二联由购买方主管税务机关留存。《申请单》应加盖一般纳税人财务专用章。

《申请单》所对应的蓝字专用发票应经税务机关认证。经认证结果为"认证相符"并且已经抵扣增值税进项税额的，一般纳税人在填报《申请单》时不填写相对应的蓝字专用发票信息。经认证结果为"纳税人识别号认证不符""专用发票代码、号码认证不符"的，一般纳税人在填报《申请单》时应填写相对应的蓝字专用发票信息。

（3）主管税务机关对一般纳税人填报的《申请单》进行审核后，出具《开具红字增值税专用发票通知单》（简称《通知单》）。《通知单》应与《申请单》一一对应。

《通知单》一式三联：第一联由购买方主管税务机关留存，第二联由购买方送交销售方留存，第三联由购买方留存。《通知单》应加盖主管税务机关印章。《通知单》应按月依次装订成册，并比照专用发票保管规定管理。

（4）购买方暂依《通知单》所列增值税税额从当期进项税额中转出，未抵扣增值税进项税额的可列入当期进项税额，待取得销售方开具的红字专用发票后，与留存的《通知单》一并作为记账凭证。

12月24日（周二）

140）公司通过中国慈善总会向灾区捐款20 000.00元。

序号	原始凭证	附表
1	公益性单位接受捐赠统一收据——第二联 捐赠者	附表140-1
2	报销申请单	附表140-2
3	中国工商银行客户专用回单——第一联借方（回单）	附表140-3

操作指导：

（1）企业发生的公益性捐赠支出，在年度利润总额12%以内的部分，准予在计算应纳税所得额时扣除。

企业当年发生及以前年度结转的公益性捐赠支出，准予在当年税前扣除的部分，不能超过企业当年年度利润总额的12%。企业发生的公益性捐赠支出未在当年税前扣除的部分，准予向以后年度结转扣除，但结转年限自捐赠发生年度的次年起计算，最长不得超过三年。

企业在对公益性捐赠支出计算扣除时，应先扣除以前年度结转的捐赠支出，再扣除当年发生的捐赠支出。

(2) 对于通过公益性社会团体发生的公益性捐赠支出,企业或个人应提供省级以上(含省级)财政部门印制并加盖接受捐赠单位印章的公益性捐赠票据,或加盖接受捐赠单位印章的《非税收入一般缴款书》收据联,方可按规定进行税前扣除。

141) 公司赞助南京跃进职业技术学院 1 台第二生产车间的压力机,给学生实训时使用。该机床原值 50 000.00 元,已提折旧 14 000.00 元。请完善手续,并进行相应账务处理。

序号	原始凭证	附表
1	设备赞助协议书	附表 141-1
2	固定资产处置申请单	附表 141-2
5	固定资产处置结果表	附表 141-3

操作指导:

(1) 企业将资产用于对外捐赠的,因资产所有权属已发生改变而不属于内部处置资产,应按规定视同销售确定收入。根据《中华人民共和国增值税暂行条例实施细则》,将自产、委托加工或者购进的货物无偿赠送给其他单位或者个人,视同销售行为,须缴纳增值税。

(2) 根据《中华人民共和国企业所得税法》及《中华人民共和国企业所得税法实施条例》,赞助支出是指企业发生的与生产经营活动无关的各种非广告性质支出。在计算应纳税所得额时,赞助支出不得扣除。

142) 收到银行托收承付的宁波汽车制造厂 ABS Ⅱ 产品 20 套,款项 497 200.00 元。

序号	原始凭证	附表
1	中国工商银行托收凭证(汇款依据或收账通知)	附表 142

操作指导:

(1) 签发托收承付凭证必须记载下列事项:

① 表明"托收承付"的字样。

② 确定的金额。

③ 付款人名称及账号。

④ 收款人名称及账号。

⑤ 付款人开户银行名称。

⑥ 收款人开户银行名称。

⑦ 托收附寄单证张数或册数。

⑧ 合同名称、号码。

⑨ 委托日期。

⑩ 收款人签章。

托收承付凭证上欠缺记载上列事项之一的,银行不予受理。

(2) 收款单位对于托收款项,根据银行的收账通知和有关的原始凭证,据以编制收款凭证。

143) 公司收到南京金陵汽车修理厂投诉,称上月公司销售给其的一批 ABS Ⅱ 产品货物存在质量问题,要求在原来的价格上折让 5%,原来的含税货款为 33.90 万。公司销售部提取货样,证明情况属实,总经理同意对方的要求。请完善相关手续并进行账务处理。

序号	原始凭证	附表
1	南京金陵汽车修理厂要求折让函	附表143-1
2	开具红字增值税专用发票通知单	附表143-2
3	江苏增值税专用发票(红字)——第一联:记账联04837551	附表143-3

操作指导: 根据《增值税专用发票使用规定》,销售方凭购买方提供的《开具红字增值税专用发票通知单》开具红字专用发票,在防伪税控系统中以销项负数开具。红字增值税专用发票应与《开具红字增值税专用发票通知单》一一对应。

12月25日(周三)

144)公司根据与昆明汽车修理厂签订的销售合同,向昆明汽车修理厂发货ABS I产品50套,售价12 000.00元/套。昆明汽车修理厂结清货款。

序号	原始凭证	附表
1	成品出库单8570	附表144-1
2	销售单XS025	附表144-2
3	江苏增值税专用发票——第一联:记账联04837552	附表144-3
4	中国工商银行客户专用回单——第二联贷方(回单)	附表144-4

145)公司销售给南京雨花汽车材料商行ABS II产品15套,按照双方签订的销售合同,该批产品售价22 000.00元/套,南京雨花汽车材料商行在收到公司的全部产品及增值税专用发票后,立即支付全部货款的30%,剩余货款要求在6个月内付清。公司已按照合同的要求发货和开具增值税专用发票,并已经收到30%的货款。

序号	原始凭证	附表
1	成品出库单8571	附表145-1
2	销售单XS026	附表145-2
3	江苏增值税专用发票——第一联:记账联04837553	附表145-3
4	中国工商银行进账单(收账通知)	附表145-4
5	购销合同	附表145-5

操作指导:

(1)根据《企业会计准则第14号——收入》(财会〔2017〕22号),对于在某一时点履行的履约义务,企业应当在客户取得相关商品控制权时点确认收入。

(2)合同中存在重大融资成分的,企业应当按照假定客户在取得商品控制权时即以现金支付的应付金额确定交易价格。该交易价格与合同对价之间的差额,应当在合同期间内采用实际利率法摊销。合同开始日,企业预计客户取得商品控制权与客户支付价款间隔不超过1年的,可以不考虑合同中存在的重大融资成分。

(3) 分期收款销售商品,是指商品已经交付,但货款分期收回的销售方式。在这种销售方式下,企业将商品交付给购货方,通常表明购货方已取得相关商品控制权,应当根据商品的公允价值(或现行售价)一次确认收入。按照合同约定的收款日期分期收回货款,强调的是一个结算时点,与商品控制权没有关系,因此,企业不应当按照合同约定的收款日期确认收入。

146) 公司与南京雨花汽车材料商行签订代销协议,委托其代销本公司 ABSⅠ产品5套,采用视同买断方式,协议价为13 000.00元/套。货已发出,货款尚未收到。请补充代销协议。

序号	原始凭证	附表
1	成品出库单 8572	附表 146-1
2	委托代销协议	附表 146-2
3	江苏增值税专用发票——第一联:记账联 04837554	附表 146-3
4	销售单 XS027	附表 146-4

操作指导:

(1) 对于在某一时点履行的履约义务,企业应当在客户取得相关商品控制权时点确认收入。在判断客户是否已取得商品控制权时,企业应当考虑下列迹象:

① 企业就该商品享有现时收款权利,即客户就该商品负有现时付款义务。
② 企业已将该商品的法定所有权转移给客户,即客户已拥有该商品的法定所有权。
③ 企业已将该商品实物转移给客户,即客户已实物占有该商品。
④ 企业已将该商品所有权上的主要风险和报酬转移给客户,即客户已取得该商品所有权上的主要风险和报酬。
⑤ 客户已接受该商品。
⑥ 其他表明客户已取得商品控制权的迹象。

(2) 视同买断方式是指由委托方和受托方签订协议,委托方按协议价收取所代销商品的货款,实际售价可由受托方自定,实际售价与协议价之间的差额归受托方所有的销售方式。

在这种方式下,应当视同商品所有权上的所有风险和报酬已经转移给受托方。受托方在取得代销商品后,无论是否能够卖出、是否获利,均与委托方无关,那么委托方和受托方之间的代销商品交易,与委托方直接销售商品给受托方没有实质区别。委托方应在发出商品时确认相关销售商品收入,并结转相应的成本,而不应当等到收到代销清单时,再确认收入。

(3) 提醒学生,完善公司与受托代销单位订立的代销合同,明确按公司协议价收取所代销商品的货款,实际售价由受托代销单位自定,实际售价与协议价之间的差额归受托代销单位所有。受托代销单位在取得代销商品后,无论是否能够卖出、是否获利,均与公司无关。

147) 重庆大华汽车修理厂在10天内付款,享受了3%的现金折扣。

序号	原始凭证	附表
1	中国工商银行信汇凭证第4联(收款通知或取款收据)	附表 147

操作指导：现金折扣在实际发生时直接计入当期财务费用。企业应按实际收到的金额，借记"银行存款"等科目，按应给予的现金折扣借记"财务费用"科目，按应收的账款贷记"应收账款""应收票据"等科目。

购买方实际获得的现金折扣，应冲减当期的财务费用。

148）ABS生产线已竣工，结转固定资产，请补充完善固定资产验收单、交付使用固定资产明细表。

序号	原始凭证	附表
1	固定资产验收单0240	附表148-1
2	交付使用固定资产明细表	附表148-2

操作指导：

（1）自行建造固定资产的成本，由建造该项资产达到预定可使用状态前所发生的必要支出构成。企业自行建造固定资产包括自营建造和出包建造两种方式，其中自营建造固定资产，是指企业自行组织工程物资采购、自行组织施工人员从事工程施工完成固定资产建造。实务中，企业较少采用自营方式建造固定资产，多数情况下采用出包方式。

（2）自行建造的固定资产，按建造该项资产达到预定可使用状态前所发生的全部支出作为入账价值，包括发生的工程用物资成本、建筑工程支出、安装工程支出、缴纳的相关税费、应予资本化的借款费用以及应分摊的间接费用等。

自行建造完成的固定资产，借记"固定资产"科目，贷记"在建工程"科目。

（3）工程完工后剩余的工程物资转作本企业存货的，借记"原材料"等科目，贷记"工程物资"科目；采用计划成本核算的，应同时结转材料成本差异。工程完工后剩余的工程物资对外出售的，应确认为其他业务收入并结转相应成本。

12月26日（周三）

149）公司向山东飞龙贸易有限公司销售ABSⅡ产品5套，售价25 000.00元/套，以托收承付结算方式进行结算。公司在销售时已知山东飞龙贸易有限公司资金周转发生暂时困难，难以及时支付货款，但考虑到其一直与公司保持业务关系，经过总经理的特别批准，公司还是将产品发给了山东飞龙贸易有限公司，并已向银行办妥托收手续，开具增值税专用发票。

序号	原始凭证	附表
1	成品出库单8573	附表149-1
2	销售单XS028	附表149-2
3	江苏增值税专用发票——第一联：记账联04837555	附表149-3
4	中国工商银行托收凭证（受理回单）	附表149-4

操作指导：

（1）根据《企业会计准则第14号——收入》（财会〔2017〕22号），当企业与客户之间的合

同同时满足下列条件时,企业应当在客户取得相关商品控制权时确认收入:

① 合同各方已批准该合同并承诺将履行各自义务。

② 该合同明确了合同各方与所转让商品或提供劳务(以下简称"转让商品")相关的权利和义务。

③ 该合同有明确的与所转让商品相关的支付条款。

④ 该合同具有商业实质,即履行该合同将改变企业未来现金流量的风险、时间分布或金额。

⑤ 企业因向客户转让商品而有权取得的对价很可能收回。

本题公司在销售时已知山东飞龙贸易有限公司资金周转发生暂时困难,难以及时支付货款,不符合上述确认收入的条件第⑤款,不应确认收入。

(2)对于在合同开始日不符合上述确认收入条件的合同,企业应当对其进行持续评估,并在其同时满足上述条件时确认收入。

(3)如果企业判断销售商品收入满足确认条件,确认了一笔应收债权,以后由于购货方资金周转困难无法收回该债权时,不应调整原确认的收入,而应对该债权计提坏账准备,确认坏账损失。

150)公司销售给南京雨花汽车材料商行 14 套 ABS Ⅰ产品,售价 13 000.00 元/套,开具增值税专用发票,约定 3 个月内付清货款。

序号	原始凭证	附表
1	成品出库单 8574	附表 150 - 1
2	销售单 XS029	附表 150 - 2
3	江苏增值税专用发票——第一联:记账联 04837556	附表 150 - 3

151)退还包装箱,并收到南京精诚装运公司退还的包装箱押金 10 000.00 元。

序号	原始凭证	附表
1	南京精诚装运公司收料单	附表 151 - 1
2	收款收据 633959	附表 151 - 2
3	中国工商银行客户专用回单——第二联贷方(回单)	附表 151 - 3

152)支付南京金陵汽车修理厂销售折让款 16 950.00 元。

序号	原始凭证	附表
1	付款申请书	附表 152 - 1
2	中国工商银行客户专用回单——第一联借方(回单)	附表 152 - 2

153）财务部报销增值税税控系统技术维护费330元。

序号	原始凭证	附表
1	江苏增值税专用发票——第二联：抵扣联	附表153-1
2	江苏增值税专用发票——第三联：发票联	附表153-2
3	报销申请单	附表153-3
4	中国工商银行客户专用回单——第一联借方（回单）	附表153-4

操作指导： 根据《财政部 国家税务总局关于增值税税控系统专用设备和技术维护费用抵减增值税税额有关政策的通知》（财税〔2012〕15号），增值税纳税人2011年12月1日（含）以后缴纳的技术维护费，可凭技术维护服务单位开具的技术维护费发票，在增值税应纳税额中全额抵减，不足抵减的可结转下期继续抵减。

企业发生技术维护费，按实际支付或应付的金额借记"管理费用"等科目，贷记"银行存款"等科目，按规定抵减的增值税应纳税额借记"应交税费——应交增值税（减免税款）"科目，贷记"管理费用"等科目。

12月27日（周五）

154）收到南京雨花汽车材料商行开来的代销清单，开具增值税专用发票，注明售价为200 000.00元，并收到款项。

序号	原始凭证	附表
1	代销清单	附表154-1
2	江苏增值税专用发票——第一联：记账联04837557	附表154-2
3	江苏增值税专用发票——第二联：抵扣联（手续费）	附表154-3
4	江苏增值税专用发票——第三联：发票联（手续费）	附表154-4
5	中国工商银行转账支票	附表154-5

操作指导： 收到代销单位开来的代销清单时，按应收金额借记"应收账款——××代销单位"科目，按应确认的收入贷记"主营业务收入""其他业务收入"科目，按应交的增值税额贷记"应交税费——应交增值税（销项税额）"科目，按应支付的代销手续费等借记"营业费用——代销手续费"科目，贷记"应收账款——××代销单位"科目。

同时，按代销商品的实际成本或计划成本借记"主营业务成本""其他业务支出"科目，贷记"委托代销商品"科目。

收到代销单位代销款项，借记"银行存款"科目，贷记"应收账款——××代销单位"科目。

155）行政部报销购买礼品款3 200.00元。

序号	原始凭证	附表
1	江苏增值税普通发票——第二联：发票联	附表155-1
2	报销申请单	附表155-2

156）计提12月份住房公积金。单位和个人缴存比例均为10%。

序号	原始凭证	附表
1	12月份住房公积金计算表	附表156

操作指导：职工住房公积金的月缴存额为职工本人上一年度月平均工资乘以职工住房公积金缴存比例。单位为职工缴存的住房公积金的月缴存额为职工本人上一年度月平均工资乘以单位住房公积金缴存比例。

职工和单位住房公积金的缴存比例均不得低于职工上一年度月平均工资的5%，一般不高于12%。

157）计算并分配12月份工资。

序号	原始凭证	附表
1	12月份考勤——病假、事假、加班情况简表	附表157-1
2	12月份工资分配表	附表157-2
3	12月份工资计算表	附表157-3

操作指导：

（1）按照法律规定，全年节假日及公休日为115天（115＝104＋11），全年制度工作时间为250天（250＝365－104－11）。平均每月工作时间为20.83天[（365－104－11）÷12≈20.83]，月计薪天数为21.75天[（365－104）÷12＝21.75]。

病、事假工资＝缺勤天数×日工资，加班工资按国家相关政策执行。

（2）企业基本生产车间（第一生产车间、第二生产车间）人员的工资，其中直接从事产品生产的工人工资计入"基本生产成本"科目，车间管理人员的工资计入"制造费用"科目。

辅助生产车间（机加工生产车间、水电气供应车间）不单独设账核算制造费用，所有人员工资计入"辅助生产成本"科目。

销售部门人员工资计入"销售费用"科目。

行政管理部门人员工资计入"管理费用"科目。

158）与南京雨花汽车材料商行对账，并结算12月份采购款。

序号	原始凭证	附表
1	债权债务对账单	附表158

159）结清公司员工借款。

序号	原始凭证	附表
1	债权债务对账单	附表159-1
2	收款收据633960～633965	附表159-2

160）计提坏账准备。

序号	原始凭证	附表
1	应收账款坏账准备计算表	附表 160-1
2	其他应收款坏账准备计算表	附表 160-2

操作指导：

（1）企业应当定期或者至少于每年年度终了，对应收款项进行全面检查，预计各项应收款项可能发生的坏账，根据《企业会计准则第 22 号——金融工具确认和计量》（财会〔2017〕7 号）确定应收款项发生减值的，应当计提坏账准备。

（2）计提坏账准备的方法由企业自行确定。企业应当列出目录，具体注明计提坏账准备的范围、提取方法、账龄的划分和提取比例，按照管理权限，经股东大会或董事会批准，按照法律、行政法规的规定报有关各方备案，并备置于公司所在地，以供投资者查阅。坏账准备提取方法一经确定，不得随意变更。如需变更，仍然应按上述程序，经批准后报送有关各方备案，并在会计报表附注中予以说明。

（3）当期应提取的坏账准备＝当期按应收款项计算的应提坏账准备金额－"坏账准备"科目的贷方余额。如果当期按应收款项计算的应提坏账准备金额大于"坏账准备"科目的贷方余额，则按其差额提取坏账准备；如果当期按应收款项计算的应提坏账准备金额小于"坏账准备"科目的贷方余额，则按其差额冲减已计提的坏账准备。

企业提取坏账准备时，借记"资产减值损失"科目，贷记"坏账准备"科目。

12 月 30 日（周一）

161）结转研发支出。

序号	原始凭证	附表
1	研发费用汇总表	附表 161

162）摊销无形资产。其中，专利权和商标权均按 5 年摊销。

序号	原始凭证	附表
1	无形资产摊销计算表	附表 162

163）摊销长期待摊费用。

序号	原始凭证	附表
1	长期待摊费用摊销计算表	附表 163

164）计提固定资产折旧。

序号	原始凭证	附表
1	固定资产折旧计算表	附表 164

操作指导：

(1) 表 3-8 中固定资产第 22 项水电气供应车间低压电容柜(MNS)，本年 4 至 11 月份累计计提折旧 3 413.33 元，应计提折旧 10 240.00 元，少计提折旧 6 826.67 元，应补提折旧 6 826.67元。提醒学生注意电脑账固定资产模块折旧的补提。

(2) 基本生产车间折旧费用记入"制造费用"科目，辅助生产车间折旧费用记入"辅助生产成本"科目，销售部门折旧费用记入"销售费用"科目，管理部门折旧费用记入"管理费用"科目。

165）南京雨花汽车材料商行年末净资产为 2 100 000.00 元，调整长期投资。

序号	原始凭证	附表
1	长期投资计算表	附表 165

操作指导： 长期股权投资持有期间，随着被投资单位所有者权益的变动应相应增加或减少长期股权投资的账面价值，其中对属于因被投资单位实现净损益产生的所有者权益的变动，投资企业按照持股比例计算应享有的份额，增加或减少长期股权投资的账面价值，同时确认为当期投资损益。

166）编制发料凭证汇总表，计算本月材料成本差异率，并分摊料差。

序号	原始凭证	附表
1	材料发料凭证汇总表	附表 166-1
2	材料成本差异计算表	附表 166-2
3	发出材料成本差异分摊表	附表 166-3

操作指导：

(1) 基本生产车间生产产品直接耗用的材料记入"基本生产成本"科目，车间为组织和管理生产而耗用的材料记入"制造费用"科目。

辅助生产车间不单独设账核算制造费用，耗用的材料全部记入"辅助生产成本"科目。

销售部门及产品销售过程中耗用的材料计入"销售费用"科目。

行政管理部门耗用的材料计入"管理费用"科目。

(2) 材料成本差异按原材料种类分别进行核算，按当月材料成本差异率计算，月末一次结转。本月材料成本差异率＝(月初结存材料的成本差异＋本月收入材料的成本差异)÷(月初结存材料的计划成本＋本月收入材料的计划成本)×100%

结转发出材料应负担的成本差异时，借记"生产成本""管理费用""销售费用""其他业务支出"等科目，贷记"材料成本差异"科目。实际成本大于计划成本的差异，用蓝字登记；实际成本小于计划成本的差异，用红字登记。

167）分摊辅助生产成本。

序号	原始凭证	附表
1	辅助生产成本分配表	附表 167

操作指导：制造企业辅助生产部门为生产部门提供劳务和产品而发生的费用，应当参照生产成本项目归集，并按照合理的分配标准分配计入各成本核算对象的生产成本。辅助生产部门之间互相提供的劳务、作业成本，应当采用合理的方法进行交互分配。互相提供劳务、作业不多的，可以不进行交互分配，而是直接分配给辅助生产部门以外的受益单位。提醒学生，公司辅助生产费用采用直接分配法。

企业辅助生产车间为基本生产车间、管理部门和其他部门提供的劳务和产品，月度终了，按照一定的分配标准分配给各受益对象，借记"生产成本——基本生产成本""管理费用""销售费用""其他业务支出"等科目，贷记"生产成本——辅助生产成本"科目。

168）分配基本生产车间制造费用。

序号	原始凭证	附表
1	制造费用分配表	附表168

操作指导：制造费用是指企业为生产产品和提供劳务而发生的各项间接费用，包括企业生产部门发生的水电费、固定资产折旧、无形资产摊销、管理人员的职工薪酬、劳动保护费、国家规定的有关环保费用、季节性和修理期间的停工损失等。"制造费用"科目应按不同的车间、部门设置明细账，并按费用项目设置专栏来进行明细核算。

制造企业发生的制造费用，应当按照合理的分配标准按月分配计入各成本核算对象的生产成本。企业可以采取的分配标准包括机器工时、人工工时、计划分配率等。提醒学生，公司制造费用按照产品生产工时比例分配。

制造费用应按企业成本核算办法的规定，分配计入有关的成本核算对象，借记"生产成本——基本生产成本"等科目，贷记"制造费用"科目。

169）12月计划生产 ABS Ⅰ-B 半成品 95 套，ABS Ⅱ-B 半成品 105 套，计算半成品成本。

序号	原始凭证	附表
1	产品产量汇总表	附表169-1
2	完工产品与月末在产品成本分配表	附表169-2
3	完工产品与月末在产品成本分配表	附表169-3

操作指导：
（1）约当产量法将月末实际结存的在产品数量，按其完工程度折算成相当于完工产品产量（即约当产量），然后将生产成本按完工产品产量和在产品约当产量之间的比例进行分配，按分配比例计算完工产品和在产品成本。

采用约当产量法分配生产成本，关键在于确定在产品完工程度，以及考虑原材料投入生产的方式。提醒学生，公司产品成本核算采用分步法，假定在产品完工程度均为50%，原材料一次性投入。

（2）月初在产品成本＋本月产品成本＝本月完工产品成本＋月末在产品成本

在产品约当产量＝在产品数量×在产品完工程度

170) 12月计划生产 ABS Ⅰ产品 110 套,ABS Ⅱ产品 120 套,计算并结转完工产品成本。

序号	原始凭证	附表
1	产品产量汇总表	附表 170-1
2	完工产品与月末在产品成本分配表	附表 170-2
3	完工产品与月末在产品成本分配表	附表 170-3

171) 结转产品销售成本。

序号	原始凭证	附表
1	产品销售成本计算表	附表 171

12月31日(周二)

172) 计提城市维护建设税。

173) 计提教育费附加和地方教育附加。

174) 计提印花税,其中购销合同金额按销售额的 60% 计算。

175) 计提城镇土地使用税。

176) 计提房产税。

177) 计提企业所得税。

178) 按规定比例提取法定盈余公积。

179) 根据股东会决议,按可供分配利润的 50% 向投资者分配股利。要求学生补充关于利润分配的股东会决议。

180) 试算平衡,编制科目汇总表,登记总账。对日记账、明细账和总账进行结账。

第五章 纳税申报

一 增值税纳税申报

1. 增值税纳税义务人

在中华人民共和国境内销售货物或者加工、修理修配劳务（以下简称劳务），销售服务、无形资产、不动产以及进口货物的单位和个人，为增值税的纳税人。

2. 增值税征税范围

（1）销售货物

销售货物是指有偿转让货物的所有权。有偿是指从购买方取得货币、货物或者其他经济利益。货物是指有形动产，包括电力、热力、气体在内。

（2）境内提供加工、修理修配劳务

提供加工、修理修配劳务是指有偿提供。加工是指受托加工货物，即委托方提供原料及主要材料，受托方按照委托方的要求制造货物并收取加工费的业务。修理修配是指受托对损伤和丧失功能的货物进行修复，使其恢复原状和功能的业务。

（3）境内销售服务、无形资产、不动产

境内销售服务、无形资产或者不动产，是指服务或者无形资产的销售方或者购买方在境内，所销售或者租赁的不动产在境内，所销售自然资源使用权的自然资源在境内。

销售服务是指提供交通运输服务、邮政服务、电信服务、建筑服务、金融服务、现代服务、生活服务。

销售无形资产是指转让无形资产所有权或者使用权的业务活动。无形资产是指不具实物形态，但能带来经济利益的资产，包括技术、商标权、著作权、商誉、自然资源使用权和其他权益性无形资产。

销售不动产是指转让不动产所有权的业务活动。不动产是指不能移动或者移动后会引起性质、形状改变的财产，包括建筑物、构筑物等。转让建筑物有限产权或者永久使用权的，转让在建的建筑物或者构筑物所有权的，以及在转让建筑物或者构筑物时一并转让其所占土地的使用权的，按照销售不动产缴纳增值税。

(4) 进口货物
(5) 视同销售
① 将货物交付给其他单位或者个人代销。
② 销售代销货物。
③ 设有两个以上机构并实行统一核算的纳税人,将货物从一个机构移送其他机构用于销售,但相关机构设在同一县(市)的除外。
④ 将自产或者委托加工的货物用于非增值税应税项目。
⑤ 将自产、委托加工的货物用于集体福利或者个人消费。
⑥ 将自产、委托加工或者购进的货物作为投资,提供给其他单位或者个体工商户。
⑦ 将自产、委托加工或者购进的货物分配给股东或者投资者。
⑧ 将自产、委托加工或者购进的货物无偿赠送给其他单位或者个人。
⑨ 向其他单位或者个人无偿提供服务,但用于公益事业或者以社会公众为对象的除外。
⑩ 向其他单位或者个人无偿转让无形资产或者不动产,但用于公益事业或者以社会公众为对象的除外。

3. 增值税税率

(1) 纳税人销售货物、劳务、有形动产租赁服务或者进口货物,税率为13%。
(2) 纳税人销售交通运输、邮政、基础电信、建筑、不动产租赁服务,销售不动产,转让土地使用权,销售或者进口下列货物,税率为9%:
① 粮食等农产品、食用植物油、食用盐。
② 自来水、暖气、冷气、热水、煤气、石油液化气、天然气、二甲醚、沼气、居民用煤炭制品。
③ 图书、报纸、杂志、音像制品、电子出版物。
④ 饲料、化肥、农药、农机、农膜。
(3) 纳税人销售服务、无形资产,税率为6%。
(4) 纳税人出口货物,税率为0。
(5) 境内单位和个人跨境销售国务院规定范围内的服务、无形资产,税率为0。
纳税人兼营不同税率的项目,应当分别核算不同税率项目的销售额;未分别核算销售额的,从高适用税率。

4. 增值税应纳税额计算

纳税人销售货物、劳务、服务、无形资产、不动产,应纳税额为当期销项税额抵扣当期进项税额后的余额。应纳税额计算公式:应纳税额=当期销项税额－当期进项税额。

5. 增值税纳税相关申报表

增值税纳税申报表（一般纳税人适用）

根据国家税收法律法规及增值税相关规定制定本表。纳税人不论有无销售额，均应按税务机关核定的纳税期限填写本表，并向当地税务机关申报。

税款所属时间：自 年 月 日至 年 月 日　　　填表日期：年 月 日　　　金额单位：元至角分

纳税人识别号															所属行业：		
纳税人名称					（公章）		法定代表人姓名			注册地址				生产经营地址			
开户银行及账号							登记注册类型							电话号码			

	项目	栏次	一般项目		即征即退项目	
			本月数	本年累计	本月数	本年累计
销售额	（一）按适用税率计税销售额	1				
	其中：应税货物销售额	2				
	应税劳务销售额	3				
	纳税检查调整的销售额	4				
	（二）按简易办法计税销售额	5				
	其中：纳税检查调整的销售额	6				
	（三）免、抵、退办法出口销售额	7				
	（四）免税销售额	8				
	其中：免税货物销售额	9				
	免税劳务销售额	10				
税款计算	销项税额	11				
	进项税额	12				
	上期留抵税额	13				
	进项税额转出	14				
	免、抵、退应退税额	15				
	按适用税率计算的纳税检查应补缴税额	16				
	应抵扣税额合计	17=12+13-14-15+16				
	实际抵扣税额	18（如17<11,则为17,否则为11）				
	应纳税额	19＝11－18				
	期末留抵税额	20＝17－18				
	简单计税办法计算的应纳税额	21				
	按简易计税办法计算的纳税检查应补缴税额	22				
	应纳税额减征额	23				
	应纳税额合计	24＝19+21－23				
税款缴纳	期初未缴税额（多缴为负数）	25				
	实收出口开具专用缴款书退税额	26				
	本期已缴税额	27＝28＋29＋30＋31				
	①分次预缴税额	28				
	②出口开具专用缴款书预缴税额	29				
	③本期缴纳上期应纳税额	30				
	④本期缴纳欠缴税额	31				
	期末未缴税额（多缴为负数）	32＝24＋25＋26－27				
	其中：欠缴税额（≥0）	33＝25＋26－27				
	本期应补（退）税额	34＝24－28－29				
	即征即退实际退税额	35				
	期初未缴查补税额	36				
	本期入库查补税额	37				
	期末未缴查补税额	38＝16+22+36－37				

授权声明	如果你已委托代理人申报，请填写下列资料： 为代理一切税务事宜，现授权 （地址）　　　　　　　为本纳税人的代理申报人， 任何与本申报表有关的往来文件，都可寄予此人。 授权人签字：	申报人声明	本纳税申报表是根据国家税收法律法规及相关规定填报的，我确定它是真实的、可靠的、完整的。 声明人签字：

主管税务机关：　　　　　　　　　　　　接收人：　　　　　　　　　　　　接收日期：

增值税纳税申报表附列资料(一)

(本期销售情况明细)

税款所属时间：　年　月　日至　年　月　日

纳税人名称：(公章)　　　　　　　　　　　　　　　　　　　　　　　　金额单位：元至角分

项目及栏次			开具增值税专用发票		开具其他发票		未开具发票		纳税检查调整		合计			服务、不动产和无形资产扣除项目本期实际扣除金额	扣除后	
			销售额	销项(应纳)税额	销售额	销项(应纳)税额	销售额	销项(应纳)税额	销售额	销项(应纳)税额	销售额 9=1+3+5+7	销项(应纳)税额 10=2+4+6+8	价税合计 11=9+10		含税(免税)销售额 13=11-12	销项(应纳)税额 14=13÷(100%+税率或征收率)×税率或征收率
			1	2	3	4	5	6	7	8				12		
一、一般计税方法计税	全部征税项目	13%税率的货物及加工修理修配劳务	1														
		13%税率的服务、不动产和无形资产	2														
		9%税率的货物及加工修理修配劳务	3														
		9%税率的服务、不动产和无形资产	4														
		6%税率	5														
	其中：即征即退项目	即征即退货物及加工修理修配劳务	6														
		即征即退服务、不动产和无形资产	7														
二、简易计税方法计税	全部征税项目	6%征收率	8														
		5%征收率的货物及加工修理修配劳务	9a														
		5%征收率的服务、不动产和无形资产	9b														
		4%征收率	10														
		3%征收率的货物及加工修理修配劳务	11														
		3%征收率的服务、不动产和无形资产	12														
		预征率 %	13a														
		预征率 %	13b														
		预征率 %	13c														
	其中：即征即退项目	即征即退货物及加工修理修配劳务	14														
		即征即退服务、不动产和无形资产	15														
三、免抵退税		免抵退税货物及加工修理修配劳务	16														
		免抵退税服务、不动产和无形资产	17														
四、免税		免税货物及加工修理修配劳务	18														
		免税服务、不动产和无形资产	19														

增值税纳税申报表附列资料(二)

(本期进项税额明细)

税款所属时间: 年 月 日至 年 月 日

纳税人名称:(公章)　　　　　　　　　　　　　　　　　　　金额单位:元至角分

项目	栏次	份数	金额	税额
(一)认证相符的增值税专用发票	1＝2＋3			
其中:本期认证相符且本期申报抵扣	2			
前期认证相符且本期申报抵扣	3			
(二)其他扣税凭证	4＝5＋6＋7＋8a＋8b			
其中:海关进口增值税专用缴款书	5			
农产品收购发票或者销售发票	6			
代扣代缴税收缴款凭证	7			—
加计扣除农产品进项税额	8a	—	—	
其他	8b			
(三)本期用于购建不动产的扣税凭证	9			
(四)本期用于抵扣的旅客运输服务扣税凭证	10			
(五)外贸企业进项税额抵扣证明	11	—	—	
当期申报抵扣进项税额合计	12＝1＋4＋9＋10＋11			

项目	栏次	税额
本期进项税额转出额	13＝14至23之和	
其中:免税项目用	14	
集体福利、个人消费	15	
非正常损失	16	
简易计税方法征税项目用	17	
免抵退税办法不得抵扣的进项税额	18	
纳税检查调减进项税额	19	
红字专用发票信息表注明的进项税额	20	
上期留抵税额抵减欠税	21	
上期留抵税额退税	22	
其他应作进项税额转出的情形	23	

项目	栏次	份数	金额	税额
(一)认证相符的增值税专用发票	24	—	—	—
期初已认证相符但未申报抵扣	25			
本期认证相符且本期未申报抵扣	26			
期末已认证相符但未申报抵扣	27			
其中:按照税法规定不允许抵扣	28			
(二)其他扣税凭证	29＝30至33之和			
其中:海关进口增值税专用缴款书	30			
农产品收购发票或者销售发票	31			
代扣代缴税收缴款凭证	32			—
其他	33			
	34			

项目	栏次	份数	金额	税额
本期认证相符的增值税专用发票	35			
代扣代缴税额	36	—	—	

增值税纳税申报表附列资料（三）

（服务、不动产和无形资产扣除项目明细）

税款所属时间： 年 月 日至 年 月 日

纳税人名称：（公章）

金额单位：元至角分

项目及栏次		本期服务、不动产和无形资产价税合计金额（免税销售额）	服务、不动产和无形资产扣除项目			
			期初余额	本期发生额	本期应扣除金额	本期实际扣除金额	期末余额
		1	2	3	4＝2＋3	5(5≤1且5≤4)	6＝4－5
13%税率的项目	1						
9%税率的项目	2						
6%税率的项目（不含金融商品转让）	3						
6%税率的金额商品转让项目	4						
5%征收率的项目	5						
3%征收率的项目	6						
免抵退税的项目	7						
免税的项目	8						

增值税纳税申报表附列资料(四)

(税额抵减情况表)

税款所属时间: 年 月 日至 年 月 日

纳税人名称:(公章)　　　　　　　　　　　　　　　　　　　金额单位:元至角分

序号	抵减项目	期初余额	本期发生额	本期应抵减税额	本期实际抵减税额	期末余额
		1	2	3=1+2	4≤3	5=3-4
1	增值税税控系统专用设备费及技术维护费					
2	分支机构预征缴纳税款					
3	建筑服务预征缴纳税款					
4	销售不动产预征缴纳税款					
5	出租不动产预征缴纳税款					

序号	抵减项目	期初余额	本期发生额	本期调减额	本期可抵减额	本期实际抵减额	期末余额
		1	2	3	4=1+2-3	5	6=4-5
6	一般项目加计抵减额计算						
7	即征即退项目加计抵减额计算						
8	合计						

增值税减税免税申报明细表

税款所属时间：自 年 月 日 至 年 月 日

纳税人名称（公章）：　　　　　　　　　　　　　　　　　　　　　　　　　　　金额单位：元至角分

减税性质代码及名称	栏次	期初余额 1	本期发生额 2	本期应抵减税额 3=1+2	本期实际抵减税额 4≤3	期末余额 5=3-4
合计	1					
	2					
	3					
	4					
	5					
	6					

免税性质代码及名称	栏次	免征增值税项目销售额 1	免税销售额扣除项目本期实际扣除金额 2	扣除后免税销售额 3=1-2	免税销售额对应的进项税额 4	免税额 5
合计	7					
出口免税	8		—		—	—
其中:跨境服务	9		—		—	—
	10					
	11					
	12					
	13					
	14					
	15					
	16					

6. 增值税纳税申报操作指导

(1)《增值税纳税申报表(一般纳税人适用)》

相对于后面的《增值税纳税申报表附列资料》(简称《附列资料》)(一)~(四),这张表称为主表。

① 表头

"纳税人识别号"填写纳税人的税务登记证件号码(统一社会信用代码),提醒学生这里填"91320107777014292F"。

"所属行业"按照国民经济行业分类与代码中的小类行业填写,这里填"3670"。

② 销售额

第1栏"(一)按适用税率计税销售额"填写纳税人本期按一般计税方法计算缴纳增值税的销售额,包含在财务上不作销售但按税法规定应缴纳增值税的视同销售和价外费用的销售额;外贸企业作价销售进料加工复出口货物的销售额;税务、财政、审计部门检查后按一般计税方法计算调整的销售额。其"一般项目"列"本月数"=《附列资料(一)》第9列第1至5行之和-《附列资料(一)》第9列第6、7行之和。

其中,第4栏"纳税检查调整的销售额"填写纳税人因税务、财政、审计部门检查,并按一般计税方法在本期计算调整的销售额。但享受增值税即征即退政策的货物、劳务和服务、不动产、无形资产,经纳税检查属于偷税的,不填入"即征即退项目"列,而应填入"一般项目"列。

③ 税款计算

第11栏"销项税额"填写纳税人本期按一般计税方法计税的货物、劳务和服务、不动产、无形资产的销项税额。其"一般项目"列"本月数"=(《附列资料(一)》第10列第1、3行之和-《附列资料(一)》第10列第6行)+(《附列资料(一)》第14列第2、4、5行之和-《附列资料(一)》第14列第7行)。

第12栏"进项税额"填写纳税人本期申报抵扣的进项税额。其"一般项目"列"本月数"+"即征即退项目"列"本月数"=《附列资料(二)》第12栏"当期申报抵扣进项税额合计"列"税额"。

第13栏"上期留抵税额",其中"本月数"按上一税款所属期申报表第20栏"期末留抵税额"列"本月数"填写,"本年累计"不填写。

第14栏"进项税额转出"填写纳税人已经抵扣,但按税法规定本期应转出的进项税额。其"一般项目"列"本月数"+"即征即退项目"列"本月数"=《附列资料(二)》第13栏"本期进项税额转出额"列"税额"。

第15栏"免、抵、退应退税额"填写税务机关退税部门按照出口货物、劳务和服务、无形资产免、抵、退办法审批的增值税应退税额。

第16栏"按适用税率计算的纳税检查应补缴税额"填写税务、财政、审计部门检查,按一般计税方法计算的纳税检查应补缴的增值税税额。

④ 税款缴纳

第25栏"期初未缴税额(多缴为负数)"列"本月数"按上一税款所属期申报表第32栏

"期末未缴税额（多缴为负数）"列"本月数"填写，"本年累计"按上年度最后一个税款所属期申报表第 32 栏"期末未缴税额（多缴为负数）"列"本年累计"填写。

第 27 栏"本期已缴税额"按表中所列公式计算填写，反映纳税人本期实际缴纳的增值税额，但不包括本期入库的查补税款。

第 32 栏"期末未缴税额（多缴为负数）"按表中所列公式计算填写，其中"本月数"反映纳税人本期期末应缴未缴的增值税额，但不包括纳税检查应缴未缴的税额。"本年累计"的填写方法与"本月数"相同。

第 36 栏"期初未缴查补税额"列"本月数"按上一税款所属期申报表第 38 栏"期末未缴查补税额"列"本月数"填写，"本年累计"按上年度最后一个税款所属期申报表第 38 栏"期末未缴查补税额"列"本年累计"填写。

第 37 栏"本期入库查补税额"填写纳税人本期因税务、财政、审计部门检查而实际入库的增值税额，包括按一般计税方法计算并实际缴纳的查补增值税额和按简易计税方法计算并实际缴纳的查补增值税额。

第 38 栏"期末未缴查补税额"按表中所列公式计算填写，"本月数"反映纳税人接受纳税检查后应在本期期末缴纳而未缴纳的查补增值税额。"本年累计"的填写方法与"本月数"相同。

(2)《增值税纳税申报表附列资料(一)》(本期销售情况明细)

① 一般计税方法计税

第 1 至 5 行"一、一般计税方法计税""全部征税项目"各行按不同税率和项目分别填写按一般计税方法计算增值税的全部征税项目。有即征即退征税项目的纳税人，本部分数据中既包括即征即退征税项目，又包括不享受即征即退政策的一般征税项目。

提醒学生，第四章第 116 题中的出租仓库 4，租金收入填入第 4 行"9％税率的服务、不动产和无形资产"；第四章第 80 题中的转让专利权，收入填入第 5 行"6％税率"。

第 6 至 7 行"一、一般计税方法计税""其中：即征即退项目"各行，只反映按一般计税方法计算增值税的即征即退项目。按照税法规定不享受即征即退政策的纳税人，不填写本行。即征即退项目是全部征税项目的其中数。

第 7 列第 1 至 5 行之和＝主表第 4 栏"纳税检查调整的销售额""一般项目"列"本月数"。

第 9 列第 1 至 5 行之和－第 9 列第 6、7 行之和＝主表第 1 栏"按适用税率计税销售额""一般项目"列"本月数"。

第 9 列第 6、7 行之和＝主表第 1 栏"按适用税率计税销售额""即征即退项目"列"本月数"。

(第 10 列第 1、3 行之和－第 10 列第 6 行)＋(第 14 列第 2、4、5 行之和－第 14 列第 7 行)＝主表第 11 栏"销项税额""一般项目"列"本月数"。

第 10 列第 6 行＋第 14 列第 7 行＝主表第 11 栏"销项税额""即征即退项目"列"本月数"。

② 免抵退税

第 16 行"三、免抵退税""货物及加工修理修配劳务"，反映适用免、抵、退税政策的出口货物、加工修理修配劳务。

第 17 行"三、免抵退税""服务、不动产和无形资产",反映适用免、抵、退税政策的服务、不动产和无形资产。

第 9 列第 16、17 行之和＝主表第 7 栏"免、抵、退办法出口销售额""一般项目"列"本月数"。

③ 免税

第 18 行"四、免税""货物及加工修理修配劳务"反映按照税法规定免征增值税的货物及劳务和适用零税率的出口货物及劳务,但零税率的销售额中不包括适用免、抵、退税办法的出口货物及劳务。

第 19 行"四、免税""服务、不动产和无形资产"反映按照税法规定免征增值税的服务、不动产、无形资产和适用零税率的服务、不动产、无形资产,但零税率的销售额中不包括适用免、抵、退税办法的服务、不动产和无形资产。

第 9 列第 18、19 行之和＝主表第 8 栏"免税销售额""一般项目"列"本月数"。

(3)《增值税纳税申报表附列资料(二)》(本期进项税额明细)

① 申报抵扣的进项税额

第 1 栏"(一)认证相符的增值税专用发票"反映纳税人取得的认证相符的本期申报抵扣的增值税专用发票情况。该栏应等于第 2 栏"本期认证相符且本期申报抵扣"与第 3 栏"前期认证相符且本期申报抵扣"数据之和。适用取消增值税发票认证规定的纳税人,通过增值税发票选择确认平台选择用于抵扣的增值税专用发票,视为"认证相符"。

纳税人本期申报抵扣的收费公路通行费增值税电子普通发票应当填写在第 1 至 3 栏对应栏次中。

第 4 栏"(二)其他扣税凭证"反映本期申报抵扣的除增值税专用发票之外的其他扣税凭证的情况。具体包括海关进口增值税专用缴款书、农产品收购发票或者销售发票(含农产品核定扣除的进项税额)、代扣代缴税收缴款凭证、加计扣除农产品进项税额和其他符合政策规定的扣税凭证。该栏应等于第 5 至 8b 栏之和。

第 9 栏"(三)本期用于购建不动产的扣税凭证"反映按规定本期用于购建不动产的扣税凭证上注明的金额和税额。购建不动产是指纳税人 2016 年 5 月 1 日后取得并在会计制度上按固定资产核算的不动产或者 2016 年 5 月 1 日后取得的不动产在建工程。取得的不动产包括以直接购买、接受捐赠、接受投资入股、自建以及抵债等各种形式取得的不动产,不包括房地产开发企业自行开发的房地产项目。本栏次包括第 1 栏中本期用于购建不动产的增值税专用发票和第 4 栏中本期用于购建不动产的其他扣税凭证。

提醒学生,第四章第 114 题中的工程物资、第 134 题中的施工费用的金额和增值税进项税,填入第 9 栏。

第 10 栏"(四)本期用于抵扣的旅客运输服务扣税凭证"反映按规定本期购进旅客运输服务所取得的扣税凭证上注明或按规定计算的金额和税额。本栏次包括第 1 栏中按规定本期允许抵扣的购进旅客运输服务取得的增值税专用发票和第 4 栏中按规定本期允许抵扣的购进旅客运输服务取得的其他扣税凭证。

根据《财政部 税务总局 海关总署关于深化增值税改革有关政策的公告》（财政部 税务总局 海关总署公告 2019 年第 39 号），纳税人购进国内旅客运输服务，其进项税额允许从销项税额中抵扣。纳税人未取得增值税专用发票的，暂按照以下规定确定进项税额：

a. 取得增值税电子普通发票的，为发票上注明的税额。

b. 取得注明旅客身份信息的航空运输电子客票行程单的，按照下列公式计算进项税额：航空旅客运输进项税额＝（票价＋燃油附加费）÷（1＋9％）×9％。

c. 取得注明旅客身份信息的铁路车票的，按照下列公式计算进项税额：铁路旅客运输进项税额＝票面金额÷（1＋9％）×9％。

d. 取得注明旅客身份信息的公路、水路等其他客票的，按照下列公式计算进项税额：公路、水路等其他旅客运输进项税额＝票面金额÷（1＋3％）×3％。

根据《国家税务总局关于国内旅客运输服务进项税抵扣等增值税征管问题的公告》（国家税务总局公告 2019 年第 31 号），关于国内旅客运输服务进项税抵扣：

a. "国内旅客运输服务"限于与本单位签订了劳动合同的员工，以及本单位作为用工单位接受的劳务派遣员工发生的国内旅客运输服务。

b. 纳税人购进国内旅客运输服务，以取得的增值税电子普通发票上注明的税额为进项税额的，增值税电子普通发票上注明的购买方"名称""纳税人识别号"等信息，应当与实际抵扣税款的纳税人一致，否则不予抵扣。

提醒学生，第四章第 22 题、第 61 题中报销差旅费涉及的火车票等可用于抵扣的国内旅客运输服务扣税凭证，填入第 10 栏。

第 9 栏"（三）本期用于购建不动产的扣税凭证"列"税额"＋第 10 栏"（四）本期用于抵扣的旅客运输服务扣税凭证"列"税额"≤第 1 栏"认证相符的增值税专用发票"列"税额"＋第 4 栏"其他扣税凭证"列"税额"。

第 12 栏"当期申报抵扣进项税额合计"列"税额"＝主表第 12 栏"进项税额""一般项目"列"本月数"＋主表第 12 栏"进项税额""即征即退项目"列"本月数"。

② 进项税额转出额

第 13 至 23 栏"二、进项税额转出额"各栏分别反映纳税人已经抵扣但按规定应在本期转出的进项税额明细情况，包括免税项目用，集体福利、个人消费，非正常损失，简易计税方法征税项目用，免抵退税办法不得抵扣的进项税额，纳税检查调减进项税额，红字专用发票信息表注明的进项税额，上期留抵税额抵减欠税，上期留抵税额退税，其他应作进项税额转出的情形。

第 16 栏"非正常损失"反映纳税人发生非正常损失，按规定应在本期转出的进项税额。

根据《中华人民共和国增值税暂行条例实施细则》和《财政部 国家税务总局关于全面推开营业税改征增值税试点的通知》（财税〔2016〕36 号），上述"非正常损失"是指因管理不善造成货物被盗、丢失、霉烂变质，以及因违反法律法规造成货物或者不动产被依法没收、销毁、拆除的情形。

提醒学生思考，第四章第 11 题中运输途中合理损耗的 2 千克液压油、第 74 题中正常报废的复印机、第 77 题中出售的数控机床、第 92 题中盘亏的轮速传感器、第 103 题中违规操作报废的控制器、第115题中因人为原因报废的电脑、第124题中盘亏的笔记本电脑,哪些为非正常损失对应的进项税转出。

第20栏"红字专用发票信息表注明的进项税额"填写增值税发票管理系统校验通过的开具红字增值税专用发票信息表注明的在本期应转出的进项税额。

提醒学生,第四章第96题中发生的销售部分退回、第143题中发生的销售折让,应开具红字增值税专用发票。

第13栏"本期进项税额转出额"列"税额"＝主表第14栏"进项税额转出""一般项目"列"本月数"＋主表第14栏"进项税额转出""即征即退项目"列"本月数"。

第19栏"纳税检查调减进项税额"＋《附列资料(一)》第8列"纳税检查调整""销项(应纳)税额"第1至5行之和≥主表第16栏"按适用税率计算的纳税检查应补缴税额""一般项目"列"本月数"。

③ 待抵扣进项税额

第24至34栏"三、待抵扣进项税额"各栏反映纳税人已经取得但按税法规定不符合抵扣条件,暂不予在本期申报抵扣的进项税额情况及按税法规定不允许抵扣的进项税额情况。

第24至28栏填写认证相符的增值税专用发票,包括期初已认证相符但未申报抵扣、本期认证相符且本期未申报抵扣、期末已认证相符但未申报抵扣三项。

第29栏"(二)其他扣税凭证",反映截至本期期末仍未申报抵扣的除增值税专用发票之外的其他扣税凭证情况,包括海关进口增值税专用缴款书、农产品收购发票或者销售发票、代扣代缴税收缴款凭证和其他符合政策规定的扣税凭证。该栏应等于第30至33栏之和。

(4)《增值税纳税申报表附列资料(三)》(服务、不动产和无形资产扣除项目明细)

该表由服务、不动产和无形资产有扣除项目的营业税改征增值税纳税人填写,其他纳税人不填写。

第1列"本期服务、不动产和无形资产价税合计额(免税销售额)"各行次等于《附列资料(一)》第11列对应行次,其中本列第3行和第4行之和等于《附列资料(一)》第11列第5行。

第2列"服务、不动产和无形资产扣除项目""期初余额"各行次等于上期《附列资料(三)》第6列对应行次。

第3列"服务、不动产和无形资产扣除项目""本期发生额"填写本期取得的按税法规定准予扣除的服务、不动产和无形资产扣除项目金额。

第4列"服务、不动产和无形资产扣除项目""本期应扣除金额"填写服务、不动产和无形资产扣除项目本期应扣除的金额。本列各行次＝第2列对应各行次＋第3列对应各行次。

第5列"服务、不动产和无形资产扣除项目""本期实际扣除金额"填写服务、不动产和无形资产扣除项目本期实际扣除的金额。各行次等于《附列资料(一)》第12列"服务、不动产和无形资产扣除项目本期实际扣除金额"对应行次,其中本列第3行和第4行之和等于《附列资料(一)》第12列第5行。

第6列"服务、不动产和无形资产扣除项目""期末余额"填写服务、不动产和无形资产扣除项目本期期末结存的金额。本列各行次＝第4列对应各行次－第5列对应各行次。

提醒学生,"交通运输服务"是指利用运输工具将货物或者旅客送达目的地,使其空间位置得到转移的业务活动,包括陆路运输服务、水路运输服务、航空运输服务和管道运输服务。第四章第22题中的差旅费、第59题中的钢材运费、第60题中的设备运费、第61题中的差旅费、第126题中的货物运费,均为"交通运输服务",填入第2行"9%税率的项目"。

"建筑服务"是指各类建筑物、构筑物及其附属设施的建造、修缮、装饰、线路、管道、设备、设施等的安装以及其他工程作业的业务活动,包括工程服务、安装服务、修缮服务、装饰服务和其他建筑服务。第四章第134题中的施工费用为"建筑服务",填入第2行"9%税率的项目"。

"金融服务"是指经营金融保险的业务活动,包括贷款服务、直接收费金融服务、保险服务和金融商品转让。其中,"贷款服务"的进项税额不得从销项税额中抵扣。第四章中的日常经济业务,涉及"贷款服务"的银行利息支出、手续费支出进项税不得抵扣,其他业务的银行手续费、银行账户管理费等,填入第3行"6%税率的项目(不含金融商品转让)"。

"广告服务"是指利用图书、报纸、杂志、广播、电视、电影、幻灯、路牌、招贴、橱窗、霓虹灯、灯箱、互联网等各种形式为客户的商品、经营服务项目、文体节目或者通告、声明等委托事项进行宣传和提供相关服务的业务活动,包括广告代理和广告的发布、播映、宣传、展示等。第四章第42题中支付的广告费填入第3行"6%税率的项目(不含金融商品转让)"。

"咨询服务"是指提供信息、建议、策划、顾问等服务的活动,包括金融、软件、技术、财务、税收、法律、内部管理、业务运作、流程管理、健康等方面的咨询。第四章第97题中支付的律师费填入第3行"6%税率的项目(不含金融商品转让)"。

"销售无形资产"是指转让无形资产所有权或者使用权的业务活动。无形资产是指不具实物形态,但能带来经济利益的资产,包括技术、商标权、著作权、商誉、自然资源使用权和其他权益性无形资产。自然资源使用权包括土地使用权、海域使用权、探矿权、采矿权、取水权和其他自然资源使用权。第四章第95题中取得土地使用权支付的土地出让金,填入第2行"9%税率的项目"。

(5)《增值税纳税申报表附列资料(四)》(税额抵减情况表)

第1行由发生增值税税控系统专用设备费用和技术维护费的纳税人填写,反映纳税人增值税税控系统专用设备费用和技术维护费按规定抵减增值税应纳税额的情况。

提醒学生,第四章第153题中增值税税控系统技术维护费330元填入第1行。

第4行由销售不动产并按规定预征缴增值税的纳税人填写,反映其销售不动产预征缴纳税款抵减应纳增值税税额的情况。

第5行由出租不动产并按规定预征缴增值税的纳税人填写,反映其出租不动产预征缴纳税款抵减应纳增值税税额的情况。

三 城市维护建设税以及教育费附加、地方教育附加纳税申报

1. 城市维护建设税

(1)城市维护建设税纳税义务人

凡缴纳消费税、增值税的单位和个人,包括外商投资企业、外国企业及外籍个人,都是城市维护建设税的纳税义务人。

(2) 城市维护建设税计税依据

城市维护建设税以纳税人实际缴纳的消费税、增值税税额为计税依据,分别与消费税、增值税同时缴纳。

(3) 城市维护建设税税率

① 纳税人所在地在市区的,税率为7%。

② 纳税人所在地在县城、镇的,税率为5%。

③ 纳税人所在地不在市区、县城或镇的,税率为1%。

(4) 城市维护建设税应纳税额计算

城市维护建设税应纳税额=(实际缴纳的增值税税额+实际缴纳的消费税税额)×适用税率。

2. 教育费附加

(1) 教育费附加纳费义务人

凡缴纳消费税、增值税的单位和个人(包括外商投资企业、外国企业及外籍个人),除按照《国务院关于筹措农村学校办学经费的通知》(国发〔1984〕174号文)的规定缴纳农村教育事业费附加的单位外,都是教育费附加的纳费义务人。

(2) 教育费附加计征依据

教育费附加以各单位和个人实际缴纳的消费税、增值税的税额为计征依据,分别与消费税、增值税同时缴纳。

(3) 教育费附加费率

教育费附加费率为3%。

(4) 教育费附加应纳额计算

教育费附加应纳额=(实际缴纳的增值税税额+实际缴纳的消费税税额)×3%。

3. 地方教育附加

(1) 地方教育附加纳费义务人

凡缴纳消费税、增值税的单位和个人(包括外商投资企业、外国企业及外籍个人),都是地方教育附加的纳费义务人。

(2) 地方教育附加计征依据

地方教育附加以各单位和个人实际缴纳的消费税、增值税的税额为计征依据,分别与消费税、增值税同时缴纳。

(3) 地方教育附加费率

根据《财政部关于统一地方教育附加政策有关问题的通知》(财综〔2010〕98号),地方教育附加征收率统一为2%。

(4) 地方教育附加应纳额计算

地方教育附加应纳额=(实际缴纳的增值税税额+实际缴纳的消费税税额)×2%。

4.《城市维护建设税　教育费附加　地方教育附加申报表》

城市维护建设税 教育费附加 地方教育附加申报表

税款所属期限：自 年 月 日 至 年 月 日

金额单位：人民币元（列至角分）

纳税人识别号（统一社会信用代码）：

纳税人名称：

本期是否适用增值税小规模纳税人减征政策							
（减免性质代码—城市维护建设税：07049901，					减征比例—城市维护建设税（%）		□是 □否
减免性质代码—教育费附加：61049901，					减征比例—教育费附加（%）		
减免性质代码—地方教育附加：99049901）					减征比例—地方教育附加（%）		

本期是否适用试点建设培育产教融合型企业抵免政策					当期新增投资额		□是 □否
					上期留抵可抵免金额		
					结转下期可抵免金额		

税（费）种	计税（费）依据					税率（征收率）	本期应纳税（费）额	本期减免税（费）额		本期增值税小规模纳税人减征额	试点建设培育产教融合型企业抵免		本期已缴税（费）额	本期应补（退）税（费）额
	增值税		消费税	营业税	合计			减免性质代码	减免税（费）额		减免性质	本期抵免金额		
	一般增值税	免抵税额												
	1	2	3	4	5=1+2+3+4	6	7	8	9	10	11	12	13	14=7-9-10-12-13
城建税														
教育费附加											—	—		
地方教育附加											—	—		
合计	—										—	—		

谨声明：本申报表是根据国家税收法律法规及相关规定填报的，是真实的、可靠的、完整的。

纳税人（签章）：

经办人：

经办人身份证号：

代理机构签章：

代理机构统一社会信用代码：

受理人：	
受理税务机关（章）：	
受理日期： 年 月 日	

5. 城市维护建设税、教育费附加、地方教育附加申报操作指导

（1）根据《财政部 税务总局关于实施小微企业普惠性税收减免政策的通知》（财税〔2019〕13号），对增值税小规模纳税人可以在50%的税额幅度内减征城市维护建设税、教育费附加、地方教育附加。

（2）第1列"一般增值税"填写本期实际缴纳的一般增值税税额，第2列"免抵税额"填写增值税免抵税额。

第4列"营业税"填写本期补缴以前年度的营业税税额，其附加不适用减征规定。

第6列"税率（征收率）"填写城市维护建设税、教育费附加、地方教育附加的税率或征收率。提醒学生，这里分别填写7%、3%和2%。

第7列"本期应纳税（费）额"反映本期按适用税率（征收率）计算缴纳的应纳税额。计算公式为：第7列＝第5列×第6列。

三 印花税纳税申报

1. 印花税纳税义务人

在中华人民共和国境内书立、领受征税范围所列举凭证的单位和个人，都是印花税的纳税义务人。

2. 印花税征税范围

下列凭证为应纳税凭证：

（1）购销、加工承揽、建设工程承包、财产租赁、货物运输、仓储保管、借款、财产保险、技术合同或者具有合同性质的凭证；

（2）产权转移书据；

（3）营业账簿；

（4）权利、许可证照；

（5）经财政部确定征收的其他凭证。

3. 印花税税率

印花税税率既有比例税率，也有定额税率。

（1）比例税率

税目	税率/‰
借款合同	0.05
购销合同	0.3
建筑安装工程承包合同	
技术合同	

续表

税目	税率/‰
加工承揽合同	0.5
建设工程勘察设计合同	
货物运输合同	
产权转移书据	
营业账簿（其中记载资金的账簿）	
财产租赁合同	1
仓储保管合同	
财产保险合同	

（2）定额税率

税目	税率/(元/每件)
营业账簿（其他账簿）	5
权利、许可证照	5

4. 印花税应纳税额计算

（1）比例税率

应纳税额＝应税凭证计税金额×适用税率。

（2）定额税率

应纳税额＝应税凭证件数×适用税额标准。

5.《印花税纳税申报报告表》

印花税纳税申报(报告)表

税款所属期限：自 年 月 日 至 年 月 日　　填表日期： 年 月 日

金额单位：元至角分

纳税人识别号									
纳税人信息	名称				所属行业		□单位　□个人		
	登记注册类型								
	身份证件类型				身份证件号码				
	联系方式								

应税凭证	计税金额或件数	核定征收		适用税率	本期应纳税额	本期已缴税额	本期减免税额		本期应补(退)税额
		核定依据	核定比例				减免性质代码	减免额	
	1	2	3	4	5=1×4+2×3×4	6	7	8	9=5-6-8
购销合同				0.3‰					
加工承揽合同				0.5‰					
建设工程勘察设计合同				0.5‰					
建筑安装工程承包合同				0.3‰					
财产租赁合同				1‰					
货物运输合同				0.5‰					
仓储保管合同				1‰					
借款合同				0.05‰					
财产保险合同				1‰					
技术合同				0.3‰					
产权转移书据				0.5‰					
营业账簿(记载资金的账簿)	—			0.5‰					
营业账簿(其他账簿)	—			5					
权利、许可证照	—			5					
合计	—			—					

以下由纳税人填写：	
纳税人声明	此纳税申报表是根据《中华人民共和国印花税暂行条例》和国家有关税收规定填报的，是真实的、可靠的、完整的。
纳税人签章	代理人签章 代理人身份证号
以下由税务机关填写：	
受理人	受理日期 年 月 日　　受理税务机关签章

129

6. 印花税纳税申报操作指导

（1）纳税人

同一凭证，由两方或者两方以上当事人签订并各执一份的，应当由各方就所执的一份各自全额缴纳印花税。当事人是指对凭证有直接权利义务关系的单位和个人，不包括保人、证人、鉴定人。

（2）应税凭证

中华人民共和国境内书立、领受的印花税征税范围所列举凭证，是指在中国境内具有法律效力，受中国法律保护的凭证。上述凭证无论在中国境内或者境外书立，均应依照规定缴纳印花税。如果合同在国外签订，则应在国内使用时缴纳印花税。

具有合同性质的凭证是指具有合同效力的协议、契约、合约、单据、确认书及其他各种名称的凭证。对货物运输、仓储保管、财产保险、银行借款等，办理一项业务既书立合同，又开立单据的，只就合同缴纳印花税；凡不书立合同，只开立单据，以单据作为合同使用的，应按照规定缴纳印花税。

① 购销合同包括供应、预购、采购、购销结合及协作、调剂、补偿、易货等合同。

② 加工承揽合同包括加工、定作、修缮、修理、印刷、广告、测绘、测试等合同。

提醒学生，第四章第62题涉及的委托加工合同、第四章第42题涉及的广告合同需缴纳印花税。

③ 建设工程承包合同是指建设工程勘察设计合同和建筑安装工程承包合同。建设工程勘察设计合同包括勘察、设计合同，建筑安装工程承包合同包括建筑、安装工程承包合同。建设工程承包合同分总包合同、分包合同和转包合同。

④ 财产租赁合同包括租赁房屋、船舶、飞机、机动车辆、机械、器具、设备等合同。

提醒学生，第四章第116题中将仓库4出租给南京精诚装运公司需缴纳印花税。

⑤ 货物运输合同包括民用航空运输、铁路运输、海上运输、内河运输、公路运输和联运等合同。

在货运业务中，凡直接办理承、托运运费结算凭证的双方，均为货运凭证印花税的纳税人。代办承、托运业务的单位负有代理纳税的义务，代办方与委托方之间办理的运费清算单据不缴纳印花税。提醒学生，第四章中日常业务涉及的运费需缴纳印花税。

⑥ 仓储保管合同包括仓储、保管合同。

⑦ 借款合同指银行及其他金融组织和借款人（不包括银行同业拆借）所签订的借款合同。

提醒学生，第四章第83题中向中国银行南京下关支行借款150万元需缴纳印花税。

⑧ 财产保险合同包括财产、责任、保证、信用等保险合同。

⑨ 技术合同包括技术开发、转让、咨询、服务等合同。

⑩ 产权转移书据是指单位和个人产权的买卖、继承、赠与、交换、分割等所立的书据。包括财产所有权、版权、商标专用权、专利权、专有技术使用权等转移书据。

⑪ 营业账簿是指单位或者个人记载生产经营活动的财务会计核算账簿。记载资金的账簿是指载有"实收资本"和"资本公积"的总分类账簿。其他账簿是指除上述账簿以外的账

簿,包括日记账簿和各明细分类账簿。

⑫ 权利、许可证照包括政府部门发放的不动产权证书、营业执照、商标注册证、专利证、土地使用证。

(3) 计税依据

① 购销合同以购销金额为计税依据。提醒学生,南京铁宁机械股份有限公司的购销合同经税务机关核定,按销售金额的60%作为购销合同印花税计税依据。

根据《财政部 国家税务总局关于印花税若干政策的通知》(财税〔2006〕162号),电网与用户之间签订的供用电合同不属于印花税列举征税的凭证,不征收印花税。提醒学生,第四章第84题中电力公司委托收款结算凭证不需要缴纳印花税。

根据《国家税务局关于图书、报刊等征订凭证征免印花税问题的通知》(〔1989〕国税地字第142号),各类出版单位与发行单位之间订立的图书、报纸、期刊以及音像制品的征订凭证(包括订购单、订数单等),应由持证双方按规定纳税。各类发行单位之间,以及发行单位与订阅单位或个人之间书立的征订凭证,暂免征印花税。提醒学生,第四章第40题中的报刊订阅、第133题中的购买书籍不需要缴纳印花税。

② 加工承揽合同,以加工或承揽收入为计税依据。

③ 建设工程勘察设计合同,以收取费用为计税依据;建筑安装工程承包合同,以承包金额为计税依据。

④ 财产租赁合同,以租赁金额为计税依据。

⑤ 货物运输合同,以运输费用为计税依据。

⑥ 仓储保管合同,以仓储保管费用为计税依据。

⑦ 借款合同,以借款金额为计税依据。

⑧ 财产保险合同,以投保金额为计税依据。

⑨ 技术合同,以合同所载金额为计税依据。技术转让合同包括专利申请权转让、非专利技术转让等所书立的合同。对技术开发合同,只就合同所载的报酬金额计税,研究开发经费不作为计税依据。

提醒学生,一般的法律、法规、会计、审计等方面的咨询不属于技术咨询,其所立合同不缴纳印花税。第四章第97题中律师法律服务合同不需要缴纳印花税。

对各种职业培训、文化学习、职工业余教育等订立的合同,不属于技术培训合同,不贴印花。第四章第121题中职工培训不需要缴纳印花税。

⑩ 产权转移书据,以书据所载金额为计税依据。

根据《国家税务局关于印花税若干具体问题的解释和规定的通知》(国税发〔1991〕155号),"财产所有权"转移书据的征税范围是经政府管理机关登记注册的动产、不动产的所有权转移所立的书据,以及企业股权转让所立的书据。提醒学生,第四章第89题中的转让股权、第122题中的受让股权需缴纳印花税。

产权转移书据包括专利权转让、专利实施许可所书立的合同、书据。提醒学生,第四章第80题中转让专利权需缴纳印花税。

土地使用权出让合同、土地使用权转让合同、商品房销售合同按产权转移书据征收印花税。提醒学生,第四章第95题中取得土地使用权需缴纳印花税。

⑪ 营业账簿中,"记载资金的账簿"以"实收资本"与"资本公积"两项的合计金额为计税依据;其他账簿按本纳税。

提醒学生,对采用一级核算形式的,只就财会部门设置的账簿缴纳印花税;采用分级核算形式的,除财会部门的账簿应缴纳印花税外,财会部门设置在其他部门和车间的明细分类账亦应按规定缴纳印花税。车间、门市部、仓库设置的不属于会计核算范围,或虽属会计核算范围但不记载金额的登记簿、统计簿、台账等,不缴纳印花税。

凡是记载资金的账簿,启用新账时,资金未增加的,不再按件定额缴纳印花税。第四章第25题中记载资金的账簿资金增加,需缴纳印花税。

⑫ 权利、许可证照,按件纳税。

(4) 适用税率

同一凭证因载有两个或者两个以上经济事项而适用不同税目税率的,如分别记载了金额,则应分别计算应纳税额,相加后按合计税额缴纳印花税;如未分别记载金额,则按税率高的计税后缴纳印花税。

(5) 减免税额

根据《财政部 税务总局关于对营业账簿减免印花税的通知》(财税〔2018〕50号),自2018年5月1日起,对按万分之五税率贴花的资金账簿减半征收印花税,对按件贴花五元的其他账簿免征印花税。

根据《财政部 税务总局关于实施小微企业普惠性税收减免政策的通知》(财税〔2019〕13号),对增值税小规模纳税人可以在50%的税额幅度内减征印花税(不含证券交易印花税)。

(6) 其他

① 提醒学生,根据规定,合同签订时即应缴纳印花税,履行完税手续。因此,不论合同是否兑现或能否按期兑现,都一律按照规定纳税。

凡多贴印花税票者,不得申请退税或者抵用。

对已履行并缴纳印花税的合同,发现实际结算金额与合同所载金额不一致的,一般不再补贴印花。第四章第134题中合同签订时已缴纳印花税,支付施工费用不需要再缴纳印花税。

凡修改合同增加金额的,应就增加部分补贴印花。

② 根据《中华人民共和国印花税暂行条例》(国务院令第11号),财产所有人将财产赠给政府、社会福利单位、学校所立的书据免征印花税。第四章第141题中将压力机赞助给南京跃进职业技术学院,免征印花税。

四 城镇土地使用税、房产税纳税申报

1. 城镇土地使用税

(1) 城镇土地使用税纳税义务人

在城市、县城、建制镇、工矿区范围内使用土地的单位和个人,为城镇土地使用税的纳税

人。这里的单位包括国有企业、集体企业、私营企业、股份制企业、外商投资企业、外国企业以及其他企业和事业单位、社会团体、国家机关、军队以及其他单位;个人包括个体工商户以及其他个人。

根据《关于土地使用税若干具体问题的解释和暂行规定》,土地使用税由拥有土地使用权的单位或个人缴纳。拥有土地使用权的纳税人不在土地所在地的,由代管人或实际使用人纳税;土地使用权未确定或权属纠纷未解决的,由实际使用人纳税;土地使用权共有的,由共有各方分别纳税。土地使用权共有的各方,应按其实际使用的土地面积占总面积的比例,分别计算缴纳土地使用税。

根据《财政部 税务总局关于承租集体土地城镇土地使用税有关政策的通知》(财税〔2017〕29号),在城镇土地使用税征税范围内,承租集体所有建设用地的,由直接从集体经济组织承租土地的单位和个人缴纳城镇土地使用税。

(2) 城镇土地使用税征税范围

城市、县城、建制镇、工矿区范围内属于国家所有和集体所有的土地。

① 城市是指经国务院批准设立的市。城市的征税范围为市区和郊区。

② 县城是指县人民政府所在地。县城的征税范围为县人民政府所在的城镇。

③ 建制镇是指经省、自治区、直辖市人民政府批准设立的建制镇。建制镇的征税范围为镇人民政府所在地。

④ 工矿区是指工商业比较发达,人口比较集中,符合国务院规定的建制镇标准,但尚未设立镇建制的大中型工矿企业所在地。

(3) 城镇土地使用税税额标准

城镇土地使用税实行分级幅度税额标准,每平方米年税额规定如下:

① 大城市为1.5元至30元。

② 中等城市为1.2元至24元。

③ 小城市为0.9元至18元。

④ 县城、建制镇、工矿区为0.6元至12元。

(4) 城镇土地使用税应纳税额计算

城镇土地使用税以纳税人实际占用的土地面积为计税依据,依照规定的单位税额计算。应纳税额计算公式为:应纳税额=实际占用应税土地面积(平方米)×适用单位税额。

2. 房产税

(1) 房产税纳税义务人

房产税由产权所有人缴纳。产权属于全民所有的,由经营管理的单位缴纳。产权出典的,由承典人缴纳。产权所有人、承典人不在房产所在地的,或者产权未确定及租典纠纷未解决的,由房产代管人或者使用人缴纳。上述列举的产权所有人、经营管理单位、承典人、房产代管人或者使用人,均为房产税纳税义务人。

根据《财政部 国家税务总局关于房产税、城镇土地使用税有关政策的通知》(财税〔2006〕186号),对居民住宅区内业主共有的经营性房产,由实际经营(包括自营和出租)的代管人或使用人缴纳房产税。

(2) 房产税征税范围

房产税在城市、县城、建制镇和工矿区征收。

① 城市是指经国务院批准设立的市。城市的征税范围为市区、郊区和市辖县县城,不包括农村。

② 县城是指未设立建制镇的县人民政府所在地。

③ 建制镇是指经省、自治区、直辖市人民政府批准设立的建制镇。建制镇的征税范围为镇人民政府所在地,不包括所辖的行政村。

④ 工矿区是指工商业比较发达,人口比较集中,符合国务院规定的建制镇标准,但尚未设立镇建制的大中型工矿企业所在地。开征房产税的工矿区须经省、自治区、直辖市人民政府批准。

(3) 房产税税率

① 从价计征

依照房产余值计算缴纳的,税率为1.2%。

② 从租计征

依照房产租金收入计算缴纳的,税率为12%。

(4) 房产税应纳税额计算

① 从价计征

应纳税额＝应税房产原值×(1－扣除比例)×1.2%。其中,扣除比例为10%至30%,具体幅度由省、自治区、直辖市人民政府规定。

② 从租计征

应纳税额＝应税房产租金收入×12%。

3. 城镇土地使用税、房产税纳税相关申报表

城镇土地使用税 房产税纳税申报表

税款所属期：自 年 月 日 至 年 月 日

纳税人识别号（统一社会信用代码）：☐☐☐☐☐☐☐☐☐☐☐☐☐☐☐☐☐☐

纳税人名称：

金额单位：人民币元（列至角分）；面积单位：平方米

本期是否适用增值税小规模纳税人减征政策（减免性质代码10049901）		☐是 ☐否		本期适用增值税小规模纳税人减征政策起始时间	年 月 日		减征比例（%）		
				本期适用增值税小规模纳税人减征政策终止时间	年 月 日				
序号	土地编号	宗地号	土地等级	税额标准	土地总面积	本期应纳税额	本期减免税额	本期增值税小规模纳税人减征税额	本期已缴税额	本期应补（退）税额
1	*									
2	*									
3	*									
合计	*			*						

本期是否适用增值税小规模纳税人减征政策（减免性质代码08049901）		☐是 ☐否		本期适用增值税小规模纳税人减征政策起始时间	年 月 日		减征比例（%）		
				本期适用增值税小规模纳税人减征政策终止时间	年 月 日				

（一）从价计征房产税

序号	房产编号	房产原值	其中：出租房产原值	计税比例	所属期起	所属期止	本期应纳税额	本期减免税额	本期增值税小规模纳税人减征税额	本期已缴税额	本期应补（退）税额
1	*										
2	*										
3	*										
合计	*		*	*							

（二）从租计征房产税

序号	房产编号	本期申报租金收入	税率	所属期起	所属期止	本期应纳税额	本期减免税额	本期增值税小规模纳税人减征税额	本期已缴税额	本期应补（退）税额
1	*									
2	*									
3	*		*							

声明：此表是根据国家税收法律法规及相关规定填写的，本人（单位）对填报内容（及附带资料）的真实性、可靠性、完整性负责。

纳税人（签章）： 年 月 日

经办人：	受理人：
经办人身份证号：	受理税务机关（章）：
代理机构签章：	受理日期： 年 月 日
代理机构统一社会信用代码：	

本表一式两份，一份纳税人留存，一份税务机关留存。

城镇土地使用税 房产税减免税明细申报表

税款所属期：自 年 月 日 至 年 月 日

纳税人识别号（统一社会信用代码）：☐☐☐☐☐☐☐☐☐☐☐☐☐☐☐☐☐☐

纳税人名称：

金额单位：人民币元（列至角分）；面积单位：平方米

序号	土地编号	所属期起	所属期止	土地等级	税额标准	减免税面积	减免性质代码	减免项目名称	本期减免税额
1	*								
2	*								
3	*								
合计		*	*	*	*		*	*	

（一）从价计征房产税减免信息

序号	房产编号	所属期起	所属期止	减免税房产原值	计税比例	税率	减免性质代码	减免项目名称	本期减免税额
1	*								
2	*								
3	*								
合计		*	*		*	*	*	*	

（二）从租计征房产税减免信息

序号	房产编号	本期享受减免税租金收入	税率	减免性质代码	减免项目名称	本期减免税额
1	*					
2	*					
3	*					
合计			*	*	*	

城镇土地使用税 房产税税源明细表

纳税人识别号(统一社会信用代码):☐☐☐☐☐☐☐☐☐☐☐☐☐☐☐☐☐☐

纳税人名称:

金额单位:人民币元(列至角分);面积单位:平方米

纳税人类型	土地使用权人☐ 集体土地使用人☐ 代管人☐ 无偿使用人☐ 实际使用人☐(必选)		土地使用权人纳税人识别号(统一社会信用代码)		
土地编号	*		土地名称		
不动产单元号			宗地号		不动产权证号	
土地取得方式	划拨☐ 出让☐ 转让☐ 租赁☐ 其他☐(必选)		土地用途	工业☐ 商业☐ 居住☐ 综合☐ 房地产开发企业的开发用地☐ 其他☐(必选)	土地性质	国有☐ 集体☐(必选)
土地坐落地址(详细地址)	省(自治区、直辖市)		市(区)	县(区)	乡镇(街道)	(必填)
土地所属主管税务所(科、分局)						
土地取得时间	年 月	变更类型	纳税义务终止☐(权属转移☐ 其他☐) 信息项变更☐(土地面积变更☐ 土地等级变更☐ 其他☐)		变更时间	年 月
占用土地面积			土地等级		税额标准	
地价			其中取得土地使用权支付金额		其中土地开发成本	
减免税部分	序号	减免性质代码	减免项目名称	减免起止时间		月减免税金额
				起始月份 年 月	终止月份 年 月	减免税土地面积
	1					
	2					
	3					

(一)从价计征房产税明细

纳税人类型	产权所有人☐ 经营管理人☐ 承典人☐ 房屋代管人☐ 房屋使用人☐ 融资租赁承租人☐(必选)	所有权人纳税人识别号(统一社会信用代码)		所有权人名称	
房产编号	*		房产名称		
不动产权证号			不动产单元号		
房屋坐落地址(详细地址)	省(自治区、直辖市)	市(区)	县(区)	乡镇(街道)	(必填)
房产所属主管税务所(科、分局)					

房屋所在土地编号		*		房产用途 工业□ 商业及办公□ 住房□ 其他□（必选）	
房产取得时间	年　月	变更类型	纳税义务终止（权属转移）□ 信息项变更（房产原值变更□ 出租房产原值变更□ 减免税变更□ 其他□）	变更时间	年　月
建筑面积	（必填）		其中：出租房产面积		
房产原值	（必填）		其中：出租房产原值	计税比例	系统设定
减免税部分	序号	减免性质代码	减免项目名称	减免税房产原值	月减免税金额
	1			起始月份　终止月份	
	2				
	3			减免起止时间	

（二）从租计征房产税明细

房产编号			房产名称	
房产用途	工业□ 商业及办公□ 住房□ 其他□			
房产坐落地址（详细地址）	省（自治区、直辖市）　　市（区）　　县（区）　　乡镇（街道）			
房产所属主管税务所（科、分局）				
承租方所属纳税人识别号（统一社会信用代码）		承租方名称		
出租面积		合同租金总收入		
合同约定租赁期起		合同约定租赁期止		
申报租金收入		申报租金所属租赁期起		
减免性质代码		享受减免税租赁期止		
减免税额		减免项目名称		

声明：此表是根据国家税收法律法规及相关规定填写的，本人（单位）对填报内容（及附带资料）的真实性、可靠性、完整性负责。

纳税人（签章）：　　　　　　　　　　年　月　日

经办人：

经办人身份证号：　　　　　　　　　　受理人：

代理机构签章：　　　　　　　　　　　受理税务机关（章）：

代理机构统一社会信用代码：　　　　　受理日期：　年　月　日

本表一式两份，一份纳税人留存，一份税务机关留存。

4. 城镇土地使用税、房产税纳税申报操作指导

（1）《城镇土地使用税 房产税税源明细表》

① 城镇土地使用税税源明细

a. 对首次进行纳税申报的纳税人，需要申报其全部土地的相关信息。此后办理纳税申报时，如果纳税人的土地及相关信息未发生变化，可仅对上次申报信息进行确认；如果发生变化，仅就变化的内容进行填写。

城镇土地使用税税源明细申报遵循"谁纳税谁申报"的原则，只要存在城镇土地使用税纳税义务，就应当如实申报土地信息。

一宗土地填写一张表。同一宗土地跨两个土地等级的，按照不同等级分别填表。无不动产权证（土地使用权证）的，按照土地坐落地址分别填表。纳税人不得将多宗土地合并成一条记录填表。

对于表中的数据项，有不动产权证（土地使用权证）的，依据证件记载内容填写；没有不动产权证（土地使用权证）的，依据实际情况填写。

b. 纳税人类型必须填写（选择），分为土地使用权人、集体土地使用人、无偿使用人、代管人、实际使用人，必选一项且只能选一项。

c. 土地编号由系统赋予编号，纳税人不必填写。

土地名称由纳税人自行编写，以便于识别。

不动产权证号填写不动产权证（土地使用权证）载明的证件编号。纳税人有不动产权证（土地使用权证）的，必须填写。

不动产单元号填写不动产权证载明的不动产单元号。纳税人有不动产权证的，必须填写。

宗地号填写土地权属证书记载的宗地号。有不动产单元号的，可以不填。

土地性质必须填写（选择），分为国有、集体，根据实际的土地性质选择，必选一项且只能选一项。

土地取得方式必须填写（选择），分为划拨、出让、转让、租赁和其他，根据土地的取得方式选择。

土地用途必须填写（选择），分为工业、商业、居住、综合、房地产开发企业的开发用地和其他，必选一项且只能选一项。不同用途土地应当分别填表。

土地坐落地址必须填写详细地址，具体为：××省（自治区、直辖市）××市（区）××县（区）××乡镇（街道）＋详细地址。

土地所属主管税务所（科、分局）由系统自动带出，纳税人不必填写。

d. 土地取得时间必须填写，填写纳税人初次获得该土地的时间。

根据《财政部 国家税务总局关于房产税、城镇土地使用税有关政策的通知》（财税〔2006〕186号），以出让或转让方式有偿取得土地使用权的，应由受让方从合同约定交付土地时间的次月起缴纳城镇土地使用税；合同未约定交付土地时间的，由受让方从合同签订的次月起缴纳城镇土地使用税。提醒学生，第四章第95题中取得土地使用权，本月不需要缴纳城镇土地使用税。

e. 变更类型项,有变更情况的必须填写(选择)。变更时间项,有变更情况的必须填写,填至月。变更类型选择纳税义务终止的,税款计算至当月末;变更类型选择信息项变更的,自变更当月起按新状态计算税款。

f. 占用土地面积为全部面积,包括减税面积和免税面积,该项必须填写。根据纳税人所填列土地实际占用的土地面积填写,填写时保留两位小数。

根据《财政部 国家税务总局关于房产税城镇土地使用税有关问题的通知》(财税〔2009〕128号),对在城镇土地使用税征税范围内单独建造的地下建筑用地,按规定征收城镇土地使用税。其中,已取得地下土地使用权证的,按土地使用权证确认的土地面积计算应征税款;未取得地下土地使用权证或地下土地使用权证上未标明土地面积的,按地下建筑垂直投影面积计算应征税款。对上述地下建筑用地暂按应征税款的50%征收城镇土地使用税。

g. 土地等级必须填写,根据本地区土地等级的有关规定填写纳税人占用土地所属的土地等级。不同土地等级的土地应当分别填表。

根据《南京市人民政府办公厅关于适当下调我市城镇土地使用税单位税额的通知》(宁政办发〔2019〕28号),南京市城镇土地使用税土地等级税额标准如下:

土地等级	税额标准/(元/平方米)
一类	18
二类	15
三类	10
四类	7
五类	5
六类	3
七类	1.5

提醒学生,南京铁宁机械股份有限公司所占土地为一类土地,税额标准为18元/平方米。

h. 税额标准由系统自动带出,纳税人不必填写。

地价为取得土地使用权支付的价款与开发土地发生的成本费用之和。曾经支付地价和开发成本的必须填写。

② 从价计征房产税税源明细

a. 首次进行纳税申报的纳税人,需要申报其全部房产的相关信息。此后办理纳税申报时,如果纳税人的房产及减免税等相关信息未发生变化,可仅对上次申报信息进行确认;如果发生变化,仅就变化的内容进行填写。

房产税税源明细申报遵循"谁纳税谁申报"的原则,只要存在房产税纳税义务,就应当如实申报房产明细信息。

"房产"是以房屋形态表现的财产。房屋是指有屋面和围护结构(有墙或两边有柱),能够遮风避雨,可供人们在其中生产、工作、学习、娱乐、居住或储藏物资的场所。独立于房屋之外的建筑物,如围墙、烟囱、水塔、变电塔、油池油柜、酒窖菜窖、酒精池、糖蜜池、室外游泳池、玻璃暖房、砖瓦石灰窑以及各种油气罐等,不属于房产。

根据《财政部 国家税务总局关于具备房屋功能的地下建筑征收房产税的通知》(财税〔2005〕181号),凡在房产税征收范围内的具备房屋功能的地下建筑,包括与地上房屋相连的地下建筑以及完全建在地面以下的建筑、地下人防设施等,均应当依照有关规定征收房产税。上述具备房屋功能的地下建筑是指有屋面和维护结构,能够遮风避雨,可供人们在其中生产、经营、工作、学习、娱乐、居住或储藏物资的场所。

b. 每一独立房产都应当填写一张表,即同一不动产权证(房屋所有权证)有多幢(个)房产的,每幢(个)房产填写一张表;无不动产权证(房屋所有权证)的房产,每幢(个)房产填写一张表。纳税人不得将多幢(个)房产合并成一条记录填写。

对于表中的数据项目,有不动产权证(房屋所有权证)的,依据证件记载的内容填写,没有不动产权证(房屋所有权证)的,依据实际情况填写。

c. 纳税人有出租房产的,应先填写从价计征房产税税源明细,再填写从租计征房产税税源明细。

d. 纳税人类型必须填写(选择),分为产权所有人、经营管理人、承典人、房屋代管人、房屋使用人、融资租赁承租人,必选一项且只能选一项。

e. 房产编号由系统赋予编号,纳税人不必填写。

房产名称由纳税人自行编写,以便于识别,如1号办公楼、第一车间厂房等。

不动产权证号填写不动产权证(房屋所有权证)载明的证件编号。纳税人有不动产权证(房屋所有权证)的,必须填写。

不动产单元号填写不动产权证载明的不动产单元号。纳税人有不动产权证的,必须填写。

房屋坐落地址必须填写,且须填写详细地址,具体为××省××市××县(区)××乡镇(街道)+详细地址,且应当与土地税源明细申报数据关联并一致。系统会自动带出已填报的土地税源信息供选择。一栋房产仅可选择对应一条土地信息。

房产所属主管税务所(科、分局)由系统自动带出,纳税人不必填写。

房屋所在土地编号由系统自动带出,纳税人不必填写。

房产用途必须填写(选择),依据不动产权证(房屋所有权证)登记的用途填写;无证的,依据实际用途填写。分为工业、商业及办公、住房、其他,必选一项且只能选一项。不同用途的房产应当分别填表。

房产取得时间必须填写,填写纳税人初次获得该房产的时间。

变更类型项,有变更情况的必选。

变更时间项,有变更情况的必填,填至月。变更类型选择纳税义务终止的,税款计算至当月末;变更类型选择信息项变更的,自变更当月起按新状态计算税款。

建筑面积必须填写,填写时保留两位小数。

出租房产面积项,有出租情况的必填。

f. 房产原值必须填写,填写房产的全部房产原值,包括分摊应计入房产原值的地价,与房产不可分割的设备设施的原值,房产中已出租部分的原值,以及房产中减免税部分的原值。

根据《财政部　税务总局关于房产税和车船使用税几个业务问题的解释与规定》(财税地字〔1987〕3号),房产原值应包括与房屋不可分割的各种附属设备或一般不单独计算价值的配套设施。主要有暖气、卫生、通风、照明、煤气等设备;各种管线,如蒸气、压缩空气、石油、给水排水等管道及电力、电讯、电缆导线;电梯、升降机、过道、晒台等。属于房屋附属设备的水管、下水道、暖气管、煤气管等从最近的探视井或三通管算起。电灯网、照明线从进线盒连接管算起。

根据《国家税务总局关于进一步明确房屋附属设备和配套设施计征房产税有关问题的通知》(国税发〔2005〕173号),为了维持和增加房屋的使用功能或使房屋满足设计要求,凡以房屋为载体,不可随意移动的附属设备和配套设施,如给排水、采暖、消防、中央空调、电气及智能化楼宇设备等,无论在会计核算中是否单独记账与核算,都应计入房产原值,计征房产税。对于更换房屋附属设备和配套设施的,在将其价值计入房产原值时,可扣减原来相应设备和设施的价值;对附属设备和配套设施中易损坏、需要经常更换的零配件,更新后不再计入房产原值。

根据《财政部 国家税务总局关于具备房屋功能的地下建筑征收房产税的通知》(财税〔2005〕181号),自用的地下建筑中,工业用途房产,以房屋原价的50%～60%作为应税房产原值;商业和其他用途房产,以房屋原价的70%～80%作为应税房产原值。房屋原价折算为应税房产原值的具体比例,由各省、自治区、直辖市和计划单列市财政和地方税务部门在上述幅度内自行确定。对于与地上房屋相连的地下建筑,如房屋的地下室、地下停车场、商场的地下部分等,应将地下部分与地上房屋视为一个整体,按照地上房屋建筑的有关规定计算征收房产税。

根据《财政部 国家税务总局关于安置残疾人就业单位城镇土地使用税等政策的通知》(财税〔2010〕121号),安置残疾人就业的单位对按照房产原值计税的房产,无论会计上如何核算,房产原值均应包含地价,包括为取得土地使用权支付的价款、开发土地发生的成本费用等。宗地容积率低于0.5的,按房产建筑面积的2倍计算土地面积并据此确定计入房产原值的地价。

g. 出租房产原值项,房产有出租情况的必须填写。

计税比例由系统自动带出,纳税人不必填写。

③ 从租计征房产税税源明细

a. 每一独立出租房产都应当填写一张表,即同一不动产权证(房屋所有权证)有多幢(个)房产的,每幢(个)房产填写一张表。无不动产权证(房屋所有权证)的房产,每幢(个)房产填写一张表。纳税人不得将多幢房产合并成一条记录填写。

纳税人有出租房产的,应先填写从价计征房产税税源明细,再填写从租计征房产税税源明细。

b. 房产编号由系统赋予编号,纳税人不必填写。

房产名称由纳税人自行编写,以便于识别。与从价计征房产税明细申报信息关联并一致。

房产用途必须填写(选择),分为工业、商业及办公、住房、其他,必选一项且只能选一项,不同用途的房产应当分别填表。

房屋坐落地址必须填写,且须填写详细地址,具体为××省××市××县(区)××乡镇(街道)＋详细地址,且应当与土地税源明细申报数据关联并一致。

房产所属主管税务所(科、分局)由系统自动带出,纳税人不必填写。

出租面积必须填写,填写出租房产的面积。

c. 合同租金总收入必须填写,填写出租协议约定的出租房产的总收入。

合同约定租赁期起必须填写,填写出租协议约定的收取租金等收入的租赁期起。

合同约定租赁期止必须填写,填写出租协议约定的收取租金等收入的租赁期止。

申报租金收入必须填写,填写本次申报的应税租金收入。

申报租金所属租赁期起必须填写,填写申报租金收入的所属租赁期起。

申报租金所属租赁期止必须填写,填写申报租金收入的所属租赁期止。

根据《国家税务总局关于房产税城镇土地使用税有关政策规定的通知》(国税发〔2003〕89号),出租、出借房产,自交付出租、出借房产之次月起计征房产税和城镇土地使用税。提醒学生,第四章116题出租仓库4从下月起从租缴纳房产税,本月依旧从价缴纳房产税。

根据《财政部 国家税务总局关于具备房屋功能的地下建筑征收房产税的通知》(财税〔2005〕181号),出租的地下建筑按照出租地上房屋建筑的有关规定计算征收房产税。

根据《财政部 国家税务总局关于房产税城镇土地使用税有关问题的通知》(财税〔2009〕128号),对于无租使用其他单位房产的应税单位和个人,依照房产余值代缴纳房产税。对于产权出典的房产,由承典人依照房产余值缴纳房产税。对于融资租赁的房产,由承租人自融资租赁合同约定开始日的次月起依照房产余值缴纳房产税,合同未约定开始日的由承租人自合同签订的次月起依照房产余值缴纳房产税。

根据《财政部 国家税务总局关于安置残疾人就业单位城镇土地使用税等政策的通知》(财税〔2010〕121号),安置残疾人就业的单位对出租房产,租赁双方签订的租赁合同约定有免收租金期限的,免收租金期间由产权所有人按照房产原值缴纳房产税。

(2)《城镇土地使用税 房产税减免税明细申报表》

首次申报或变更申报时纳税人提交《城镇土地使用税 房产税税源明细表》后,《城镇土地使用税 房产税减免税明细申报表》由系统自动生成,无需纳税人手工填写。

后续申报,纳税人税源明细无变更的,税务机关提供免填单服务,根据纳税人识别号及该纳税人当期有效的税源明细信息自动生成《城镇土地使用税 房产税减免税明细申报表》。

(3)《城镇土地使用税 房产税纳税申报表》

相对于《城镇土地使用税 房产税税源明细表》《城镇土地使用税 房产税减免税明细申报表》,此表称为主表。

主表除"本期是否适用增值税小规模纳税人减征政策""本期适用增值税小规模纳税人减征政策起始时间""本期适用增值税小规模纳税人减征政策终止时间"和"减征比例"外,其他数据项均来源于《城镇土地使用税 房产税税源明细表》,并由系统自动生成。《城镇土地

使用税 房产税减免税明细申报表》为《城镇土地使用税 房产税纳税申报表》的附表。

对于本期是否适用增值税小规模纳税人减征政策（减免性质代码：城镇土地使用税10049901、房产税08049901），纳税人在税款所属期内有任意一个月份为增值税小规模纳税人，则勾选"是"；否则，勾选"否"。

根据《财政部 税务总局关于实施小微企业普惠性税收减免政策的通知》（财税〔2019〕13号），由省、自治区、直辖市人民政府根据本地区实际情况，以及宏观调控需要确定，对增值税小规模纳税人可以在50%的税额幅度内减征房产税、城镇土地使用税。根据《江苏省财政厅 国家税务总局江苏省税务局关于贯彻实施小微企业普惠性税收减免政策的通知》（苏财税〔2019〕15号），对江苏省增值税小规模纳税人，按照税额的50%减征房产税、城镇土地使用税。

五 契税纳税申报

1. 契税纳税义务人

在中华人民共和国境内转移土地、房屋权属，承受的单位和个人为契税的纳税人。土地、房屋权属是指土地使用权、房屋所有权。承受是指以受让、购买、受赠、交换等方式取得土地、房屋权属的行为。单位是指企业单位、事业单位、国家机关、军事单位和社会团体以及其他组织。个人是指个体经营者及其他个人。

2. 契税征税范围

（1）国有土地使用权出让

国有土地使用权出让是指土地使用者向国家交付土地使用权出让费用，国家将国有土地使用权在一定年限内让予土地使用者的行为。

（2）土地使用权转让

土地使用权转让是指土地使用者以出售、赠与、交换或者其他方式将土地使用权转移给其他单位和个人的行为，但不包括农村集体土地承包经营权的转移。

土地使用权出售是指土地使用者以土地使用权作为交易条件，取得货币、实物、无形资产或者其他经济利益的行为。

土地使用权赠与是指土地使用者将其土地使用权无偿转让给受赠者的行为。

土地使用权交换是指土地使用者之间相互交换土地使用权的行为。

（3）房屋买卖

房屋买卖是指房屋所有者将其房屋出售，由承受者交付货币、实物、无形资产或者其他经济利益的行为。

（4）房屋赠与

房屋赠与是指房屋所有者将其房屋无偿转让给受赠者的行为。

（5）房屋交换

房屋交换是指房屋所有者之间相互交换房屋的行为。

（6）视同土地使用权转让、房屋买卖或者房屋赠与

① 以土地、房屋权属作价投资、入股。

② 以土地、房屋权属抵债。

③ 以获奖方式承受土地、房屋权属。

④ 以预购方式或者预付集资建房款方式承受土地、房屋权属。

3. 契税税率

契税税率为3%～5%。

契税的适用税率由省、自治区、直辖市人民政府在上述规定的幅度内按照本地区的实际情况确定，并报财政部和国家税务总局备案。

4. 契税计税依据

（1）国有土地使用权出让、土地使用权出售、房屋买卖的计税依据为成交价格。成交价格是指土地、房屋权属转移合同确定的价格，包括承受者应交付的货币、实物、无形资产或者其他经济利益。

（2）土地使用权赠与、房屋赠与的计税依据，由征收机关参照土地使用权出售、房屋买卖的市场价格核定。

（3）土地使用权交换、房屋交换的计税依据，为所交换的土地使用权、房屋的价格的差额。成交价格明显低于市场价格并且无正当理由的，或者所交换土地使用权、房屋的价格的差额明显不合理并且无正当理由的，由征收机关参照市场价格核定。

5. 契税应纳税额计算

应纳税额＝计税依据×税率。

6.《契税纳税申报表》

契税纳税申报表

填表日期： 年 月 日　　　　　　　　　　　　　　　　金额单位：元至角分；面积单位：平方米

纳税人识别号：□□□□□□□□□□□□□□□□□□

	名　称		□单位　□个人	所属行业	
承受方信息	登记注册类型				
	身份证件类型	身份证□　护照□　其他□	身份证件号码		
	联系人			联系方式	
转让方信息	名　称		□单位　□个人		
	纳税人识别号				
	身份证件类型	设立下拉列框			
土地房屋权属转移信息	合同签订日期		土地房屋坐落地址		
	权属转移方式	设立下拉列框	用途	设立下拉列框	权属转移对象　设立下拉列框*
					□90平方米以上 □90平方米及以下
	权属转移面积			家庭唯一住房	□90平方米以上 □90平方米及以下
				家庭第二套住房	
税款征收信息	评估价格		成交价格		成交单价
	计税税额		计税价格		税率
	减免额		减免税额		应纳税额
	减免性质代码				

以下由纳税人填写：

纳税人声明	此纳税申报表是根据《中华人民共和国契税暂行条例》和国家有关税收规定填报的，是真实的、可靠的、完整的。
纳税人签章	代理人签章	代理人身份证号
	年　月　日	

以下由税务机关填写：

| 受理人 | | 受理日期 | 年　月　日 | 受理税务机关签章 | |

本表一式两份，一份纳税人留存，一份税务机关留存。

7. 契税纳税申报操作指导

(1) 承受方信息、转让方信息

名称项,承受方、转让方是党政机关、企事业单位的,应按照国家人事、民政部门批准设立或者工商部门注册登记的全称填写;承受方、转让方是自然人的,应按照本人有效身份证件上标注的姓名填写。

登记注册类型项,承受方、转让方是企业的填写此栏,根据国家统计局和国家工商行政管理局联合制定的《关于划分企业登记注册类型的规定》填写。

所属行业项,承受方、转让方是党政机关、企事业单位的填写此栏,根据《国民经济行业分类》(GB/T 4754—2017)填写。

根据《国家税务总局关于未办理土地使用权证转让土地有关税收问题的批复》(国税函〔2007〕645号),土地使用者转让、抵押或置换土地,无论其是否取得了该土地的使用权属证书,无论其在转让、抵押或置换土地过程中是否与对方当事人办理了土地使用权属证书变更登记手续,只要土地使用者享有占有、使用、收益或处分该土地的权利,且有合同等证据表明其实质转让、抵押或置换了土地并取得了相应的经济利益,土地使用者及其对方当事人应当依照税法规定缴纳契税。

根据《财政部 国家税务总局关于企业事业单位改制重组契税政策的通知》(财税〔2012〕4号),在公司股权(股份)转让中,单位、个人承受公司股权(股份),公司土地、房屋权属不发生转移,不征收契税。提醒学生,第四章第122题中购买南京雨花汽车材料商行的股权,公司为股权转让中的承受方,股权转让后南京雨花汽车材料商行的土地、房屋权属不发生转移,公司不需要缴纳契税。

根据《财政部 国家税务总局关于企业以售后回租方式进行融资等有关契税政策的通知》(财税〔2012〕82号),单位、个人以房屋、土地以外的资产增资,相应扩大其在被投资公司的股权持有比例,无论被投资公司是否变更工商登记,其房屋、土地权属不发生转移,不征收契税。提醒学生,第四章第25题中股东以原材料增资,增资后公司的房屋、土地权属不发生转移,不需要缴纳契税。

(2) 土地、房屋权属转移信息

土地、房屋坐落地址项,土地使用权转移时,应填写土地坐落地址及地号;房屋权属转移时,应同时填写土地坐落地址(含地号)和房屋坐落地址。

权属转移对象分土地、房屋两类一级指标,房屋下的二级指标设增量房和存量房,增量房和存量房下的三级指标均设普通商品住房、非普通商品住房、保障性住房、其他住房和非住房。

权属转移方式,房产按房屋买卖、房屋赠与、房屋交换、房屋作价入股、其他填写,土地按土地使用权出让、土地使用权买卖、土地使用权赠与、土地使用权交换、土地使用权作价入股。

用途方面,土地按居住用地、商业用地、工业用地、综合用地、其他用地填写,住房按居住填写,非住房按居住、商业、办公、商住、附属建筑、工业、其他填写。

权属转移面积按土地、房屋权属转移合同确定的面积填写。

成交价格按土地、房屋权属转移合同确定的价格填写；房屋交换为交换房屋时所支付的差价，不支付差价或差价小于零则填"0"；居民因个人房屋被征收而重新购置房屋或选择房屋产权调换的，以购房价格超过征收补偿部分的金额填写。

成交单价填写单位面积的成交价格。

设立下拉列框中，权属转移对象、方式、用途逻辑关系对照如下表所示。

权属转移对象、方式、用途逻辑关系对照表

权属转移对象			权属转移方式	用途
一级（大类）	二级（小类）	三级（细目）		
土地	无	无	土地使用权出让	1. 居住用地；2. 商业用地；3. 工业用地；4. 综合用地；5. 其他用地
			土地使用权转让：土地使用权买卖	1. 居住用地；2. 商业用地；3. 工业用地；4. 综合用地；5. 其他用地
			土地使用权转让：土地使用权赠与	1. 居住用地；2. 商业用地；3. 工业用地；4. 综合用地；5. 其他用地
			土地使用权转让：土地使用权交换	1. 居住用地；2. 商业用地；3. 工业用地；4. 综合用地；5. 其他用地
			土地使用权转让：土地使用权作价入股	1. 居住用地；2. 商业用地；3. 工业用地；4. 综合用地；5. 其他用地
房屋	增量房	商品住房	1. 房屋买卖；2. 房屋赠与；3. 房屋交换；4. 房屋作价入股；5. 其他	1. 居住
		保障性住房	1. 房屋买卖；2. 房屋赠与；3. 房屋交换；4. 房屋作价入股；5. 其他	1. 居住
		其他住房	1. 房屋买卖；2. 房屋赠与；3. 房屋交换；4. 房屋作价入股；5. 其他	1. 居住
		非住房	1. 房屋买卖；2. 房屋赠与；3. 房屋交换；4. 房屋作价入股；5. 其他	2. 商业；3. 办公；4. 商住；5. 附属建筑；6. 工业；7. 其他
	存量房	商品住房	1. 房屋买卖；2. 房屋赠与；3. 房屋交换；4. 房屋作价入股；5. 其他	1. 居住
		保障性住房	1. 房屋买卖；2. 房屋赠与；3. 房屋交换；4. 房屋作价入股；5. 其他	1. 居住
		其他住房	1. 房屋买卖；2. 房屋赠与；3. 房屋交换；4. 房屋作价入股；5. 其他	1. 居住
		非住房	1. 房屋买卖；2. 房屋赠与；3. 房屋交换；4. 房屋作价入股；5. 其他	2. 商业；3. 办公；4. 商住；5. 附属建筑；6. 工业；7. 其他

提醒学生，第四章第95题中公司从南京市国土局取得2亩工业用地的土地使用权，公司为土地使用权出让的承受方，需缴纳契税。

（3）税款征收信息

评估价格是指依据一定的评估方法对房地产所做的客观合理估价。如果纳税人成交价格明显低于市场价格并且无正当理由，并需要核定或评估的，按照"存量房交易计税价格评估系统"评估的价格或评估机构出具的评估价格填写。

计税价格是指由征收机关按照《中华人民共和国契税暂行条例》及有关规定确定的成交价格或者核定价格。

关于计税价格,规定如下:

① 根据《财政部 国家税务总局关于契税征收中几个问题的批复》(财税字〔1998〕96号),土地使用权出让、土地使用权转让、房屋买卖的成交价格中所包含的行政事业性收费,属于成交价格的组成部分,不应从中剔除,纳税人应按合同确定的成交价格全额计算缴纳契税。

② 根据《财政部 国家税务总局关于国有土地使用权出让等有关契税问题的通知》(财税〔2004〕134号),出让国有土地使用权的,其契税计税价格为承受人为取得该土地使用权而支付的全部经济利益。其中,以协议方式出让的,其契税计税价格为成交价格。成交价格包括土地出让金、土地补偿费、安置补助费、地上附着物和青苗补偿费、拆迁补偿费、市政建设配套费等承受者应支付的货币、实物、无形资产及其他经济利益。没有成交价格或者成交价格明显偏低的,征收机关可依次按下列两种方式确定:一是评估价格,由政府批准设立的房地产评估机构根据相同地段、同类房地产进行综合评定,并经当地税务机关确认的价格。二是土地基准地价,由县以上人民政府公示的土地基准地价。以竞价方式出让的,其契税计税价格一般应确定为竞价的成交价格,土地出让金、市政建设配套费以及各种补偿费用应包括在内。

根据《财政部 国家税务总局关于国有土地使用权出让等有关契税问题的通知》(财税〔2004〕134号),先以划拨方式取得土地使用权,后经批准改为出让方式取得该土地使用权的,应依法缴纳契税,其计税依据为应补缴的土地出让金和其他出让费用。

③ 根据《财政部 国家税务总局关于房屋附属设施有关契税政策的批复》(财税〔2004〕126号),对于承受与房屋相关的附属设施(包括停车位、汽车库、自行车库、顶层阁楼以及储藏室)所有权或土地使用权的行为,按照契税法律、法规的规定征收契税;对于不涉及土地使用权和房屋所有权转移变动的,不征收契税。

④ 根据《财政部 国家税务总局关于土地使用权转让契税计税依据的批复》(财税〔2007〕162号),土地使用者将土地使用权及所附建筑物、构筑物等(包括在建的房屋、其他建筑物、构筑物和其他附着物)转让给他人的,应按照转让的总价款计征契税。

⑤ 根据《国家税务总局关于承受装修房屋契税计税价格问题的批复》(国税函〔2007〕606号),房屋买卖的契税计税价格为房屋买卖合同的总价款,买卖装修的房屋,装修费用应包括在内。

⑥ 根据《国家税务总局关于改变国有土地使用权出让方式征收契税的批复》(国税函〔2008〕662号),对纳税人因改变土地用途而签订土地使用权出让合同变更协议或者重新签订土地使用权出让合同的,应征收契税。计税依据为因改变土地用途应补缴的土地收益金及应补缴政府的其他费用。

⑦ 根据《国家税务总局关于明确国有土地使用权出让契税计税依据的批复》(国税函〔2009〕603号),出让国有土地使用权,契税计税价格为承受人为取得该土地使用权而支付的全部经济利益。对通过"招、拍、挂"程序承受国有土地使用权的,应按照土地成交总价款

计征契税,其中的土地前期开发成本不得扣除。

六 企业所得税纳税申报

1. 企业所得税纳税义务人

在中华人民共和国境内,企业和其他取得收入的组织(以下统称企业)为企业所得税的纳税人。

企业分为居民企业和非居民企业。居民企业是指依法在中国境内成立,或者依照外国(地区)法律成立但实际管理机构在中国境内的企业。非居民企业是指依照外国(地区)法律成立且实际管理机构不在中国境内,但在中国境内设立机构、场所的,或者在中国境内未设立机构、场所,但有来源于中国境内所得的企业。

2. 企业所得税征税对象

(1) 居民企业

居民企业应当就其来源于中国境内、境外的所得缴纳企业所得税。

(2) 非居民企业

① 非居民企业在中国境内设立机构、场所的,应当就其所设机构、场所取得的来源于中国境内的所得,以及发生在中国境外但与其所设机构、场所有实际联系的所得,缴纳企业所得税。

② 非居民企业在中国境内未设立机构、场所的,或者虽设立机构、场所但取得的所得与其所设机构、场所没有实际联系的,应当就其来源于中国境内的所得缴纳企业所得税。

上述来源于中国境内、境外的所得,按照以下原则确定:

① 销售货物所得按照交易活动发生地确定。

② 提供劳务所得按照劳务发生地确定。

③ 转让财产所得,不动产转让所得按照不动产所在地确定,动产转让所得按照转让动产的企业或者机构、场所所在地确定,权益性投资资产转让所得按照被投资企业所在地确定。

④ 股息、红利等权益性投资所得按照分配所得的企业所在地确定。

⑤ 利息所得、租金所得、特许权使用费所得,按照负担、支付所得的企业或者机构、场所所在地确定,或者按照负担、支付所得的个人的住所地确定。

3. 企业所得税税率

(1) 居民企业和非居民企业在中国境内设立机构、场所的,企业所得税的税率为25%。

(2) 非居民企业在中国境内未设立机构、场所的,或者虽设立机构、场所但取得的所得与其所设机构、场所没有实际联系的,其来源于中国境内的所得适用税率为20%。

4. 企业所得税应纳税所得额计算

企业应纳税所得额的计算以权责发生制为原则,属于当期的收入和费用,不论款项是否收付,均作为当期的收入和费用;不属于当期的收入和费用,即使款项已经在当期收付,均不作为当期的收入和费用。

(1) 居民企业和非居民企业在中国境内设立机构、场所的，应纳税所得额计算公式：应纳税所得额＝收入总额－不征税收入－免税收入－各项扣除－允许弥补的以前年度亏损。

① 收入总额

收入总额指企业以货币形式和非货币形式从各种来源取得的收入。其中，货币形式包括现金、存款、应收账款、应收票据、准备持有至到期的债券投资以及债务的豁免等，非货币形式包括固定资产、生物资产、无形资产、股权投资、存货、不准备持有至到期的债券投资、劳务以及有关权益等。收入总额具体包括：

a. 销售货物收入，是指企业销售商品、产品、原材料、包装物、低值易耗品以及其他存货取得的收入。

b. 提供劳务收入，是指企业从事建筑安装、修理修配、交通运输、仓储租赁、金融保险、邮电通信、咨询经纪、文化体育、科学研究、技术服务、教育培训、餐饮住宿、中介代理、卫生保健、社区服务、旅游、娱乐、加工以及其他劳务服务活动取得的收入。

c. 转让财产收入，是指企业转让固定资产、生物资产、无形资产、股权、债权等财产取得的收入。

d. 股息、红利等权益性投资收益，是指企业因权益性投资从被投资方取得的收入，其按照被投资方做出利润分配决定的日期确认收入的实现。

e. 利息收入，是指企业将资金提供他人使用但不构成权益性投资，或者因他人占用本企业资金取得的收入，包括存款利息、贷款利息、债券利息、欠款利息等收入。利息收入按照合同约定的债务人应付利息的日期确认收入的实现。

f. 租金收入，是指企业提供固定资产、包装物或者其他有形资产的使用权取得的收入。租金收入按照合同约定的承租人应付租金的日期确认收入的实现。

g. 特许权使用费收入，是指企业提供专利权、非专利技术、商标权、著作权以及其他特许权的使用权取得的收入。特许权使用费收入按照合同约定的特许权使用人应付特许权使用费的日期确认收入的实现。

h. 接受捐赠收入，是指企业接受的来自其他企业、组织或者个人无偿给予的货币性资产、非货币性资产。接受捐赠收入按照实际收到捐赠资产的日期确认收入的实现。

i. 其他收入，是指企业取得的除上述收入外的其他收入，包括企业资产溢余收入、逾期未退包装物押金收入、确实无法偿付的应付款项、已作坏账损失处理后又收回的应收款项、债务重组收入、补贴收入、违约金收入、汇兑收益等。

② 不征税收入

不征税收入具体包括：

a. 财政拨款，是指各级人民政府对纳入预算管理的事业单位、社会团体等组织拨付的财政资金。

b. 依法收取并纳入财政管理的行政事业性收费、政府性基金，其中，行政事业性收费是指依照法律法规等有关规定，按照国务院规定程序批准，在实施社会公共管理，以及在向公民、法人或者其他组织提供特定公共服务过程中，向特定对象收取并纳入财政管理的费用；

政府性基金是指企业依照法律、行政法规等有关规定,代政府收取的具有专项用途的财政资金。

c. 国务院规定的其他不征税收入,是指企业取得的,由国务院财政、税务主管部门规定专项用途并经国务院批准的不征税的财政性资金。

③ 免税收入

免税收入具体包括:

a. 国债利息收入,指企业持有国务院财政部门发行的国债取得的利息收入。

b. 符合条件的居民企业之间的股息、红利等权益性投资收益,指居民企业直接投资于其他居民企业取得的投资收益,不包括连续持有居民企业公开发行并上市流通的股票不足12个月取得的投资收益。

c. 在中国境内设立机构、场所的非居民企业从居民企业取得与该机构、场所有实际联系的股息、红利等权益性投资收益。该投资收益不包括连续持有居民企业公开发行并上市流通的股票不足12个月取得的投资收益。

d. 符合条件的非营利组织的收入,不包括非营利组织从事营利性活动取得的收入。

④ 各项扣除

a. 企业实际发生的与取得收入有关的、合理的支出,包括成本、费用、税金、损失和其他支出,准予在计算应纳税所得额时扣除。

有关的支出是指与取得收入直接相关的支出。

合理的支出是指符合生产经营活动常规,应当计入当期损益或者有关资产成本的必要和正常的支出。

成本是指企业在生产经营活动中发生的销售成本、销货成本、业务支出以及其他耗费。

费用是指企业在生产经营活动中发生的销售费用、管理费用和财务费用,已经计入成本的有关费用除外。

税金是指企业发生的除企业所得税和允许抵扣的增值税以外的各项税金及其附加。

损失是指企业在生产经营活动中发生的固定资产和存货的盘亏、毁损、报废损失、转让财产损失、呆账损失、坏账损失、自然灾害等不可抗力因素造成的损失以及其他损失。

其他支出是指除成本、费用、税金、损失外,企业在生产经营活动中发生的与生产经营活动有关的、合理的支出。

b. 企业发生的公益性捐赠支出在年度利润总额12%以内的部分,准予在计算应纳税所得额时扣除;超过年度利润总额12%的部分,准予结转以后3年内在计算应纳税所得额时扣除。

公益性捐赠是指企业通过公益性社会组织或者县级以上人民政府及其部门,用于符合法律规定的慈善活动、公益事业的捐赠。

c. 在计算应纳税所得额时,下列支出不得扣除:

向投资者支付的股息、红利等权益性投资收益款项;

企业所得税税款;

税收滞纳金;

罚金、罚款和被没收财物的损失;

不在上述公益性捐赠允许扣除规定以外的捐赠支出；

赞助支出；

未经核定的准备金支出；

与取得收入无关的其他支出。

⑤ 允许弥补的以前年度亏损

企业纳税年度发生的亏损准予向以后年度结转，用以后年度的所得弥补，但结转年限最长不得超过5年。

（2）非居民企业在中国境内未设立机构、场所的，或者虽设立机构、场所但取得的所得与其所设机构、场所没有实际联系的，应纳税所得额按下列方式计算：

① 股息、红利等权益性投资收益和利息、租金、特许权使用费所得，以收入全额为应纳税所得额。

② 转让财产所得，以收入全额减除财产净值后的余额为应纳税所得额。

③ 其他所得，参照前两项规定的方法计算应纳税所得额。

5. 企业所得税应纳税额计算

应纳税额的计算公式为：应纳税额＝应纳税所得额×适用税率－减免税额－抵免税额。

6. 企业所得税纳税相关申报表

中华人民共和国企业所得税年度纳税申报表封面

（A类，2017年版）

税款所属期间： 年 月 日至 年 月 日

纳税人识别号
（统一社会信用代码）： ☐☐☐☐☐☐☐☐☐☐☐☐☐☐☐☐☐☐

纳税人名称：

金额单位：人民币元（列至角分）

谨声明：本纳税申报表是根据国家税收法律法规及相关规定填报的，是真实的、可靠的、完整的。

纳税人（签章）：
　　　　　　　　　　年　　月　　日

经办人：	受理人：
经办人身份证号：	受理税务机关（章）：
代理机构签章：	受理日期：　年　月　日

国家税务总局监制

企业所得税年度纳税申报表填报表单

表单编号	表单名称	是否填报
A000000	企业所得税年度纳税申报基础信息表	✓
A100000	中华人民共和国企业所得税年度纳税申报表（A类）	✓
A101010	一般企业收入明细表	☐
A101020	金融企业收入明细表	☐
A102010	一般企业成本支出明细表	☐
A102020	金融企业支出明细表	☐
A103000	事业单位、民间非营利组织收入、支出明细表	☐
A104000	期间费用明细表	☐
A105000	纳税调整项目明细表	☐
A105010	视同销售和房地产开发企业特定业务纳税调整明细表	☐
A105020	未按权责发生制确认收入纳税调整明细表	☐
A105030	投资收益纳税调整明细表	☐
A105040	专项用途财政性资金纳税调整明细表	☐
A105050	职工薪酬支出及纳税调整明细表	☐
A105060	广告费和业务宣传费等跨年度纳税调整明细表	☐
A105070	捐赠支出及纳税调整明细表	☐
A105080	资产折旧、摊销及纳税调整明细表	☐
A105090	资产损失税前扣除及纳税调整明细表	☐
A105100	企业重组及递延纳税事项纳税调整明细表	☐
A105110	政策性搬迁纳税调整明细表	☐
A105120	特殊行业准备金及纳税调整明细表	☐
A106000	企业所得税弥补亏损明细表	☐
A107010	免税、减计收入及加计扣除优惠明细表	☐
A107011	符合条件的居民企业之间的股息、红利等权益性投资收益优惠明细表	☐
A107012	研发费用加计扣除优惠明细表	☐
A107020	所得减免优惠明细表	☐
A107030	抵扣应纳税所得额明细表	☐
A107040	减免所得税优惠明细表	☐
A107041	高新技术企业优惠情况及明细表	☐
A107042	软件、集成电路企业优惠情况及明细表	☐
A107050	税额抵免优惠明细表	☐
A108000	境外所得税收抵免明细表	☐
A108010	境外所得纳税调整后所得明细表	☐
A108020	境外分支机构弥补亏损明细表	☐
A108030	跨年度结转抵免境外所得税明细表	☐
A109000	跨地区经营汇总纳税企业年度分摊企业所得税明细表	☐
A109010	企业所得税汇总纳税分支机构所得税分配表	☐
说明：企业应当根据实际情况选择需要填报的表单		

A000000　企业所得税年度纳税申报基础信息表

101 纳税申报企业类型（填写代码）		102 分支机构就地纳税比例（%）	
103 资产总额（填写平均值,单位:万元）		104 从业人数（填写平均值,单位:人）	
105 所属国民经济行业（填写代码）		106 从事国家限制或禁止行业	□是□否
107 适用会计准则或会计制度（填写代码）		108 采用一般企业财务报表格式（2019年版）	□是□否
109 小型微利企业	□是□否	110 上市公司	是(□境内□境外)□否

201 从事股权投资业务	□是	202 存在境外关联交易	□是
203 选择采用的境外所得抵免方式	□分国（地区）不分项　□不分国（地区）不分项		
204 有限合伙制创业投资企业的法人合伙人	□是	205 创业投资企业	□是
206 技术先进型服务企业类型（填写代码）		207 非营利组织	□是
208 软件、集成电路企业类型（填写代码）		209 集成电路生产项目类型	□130 纳米　□65 纳米
210 科技型中小企业	210-1　　年（申报所属期年度）入库编号1		210-2 入库时间1
	210-3　　年（所属期下一年度）入库编号2		210-4 入库时间2
211 高新技术企业申报所属期年度有效的高新技术企业证书	211-1 证书编号1		211-2 发证时间1
	211-3 证书编号2		211-4 发证时间2
212 重组事项税务处理方式	□一般性□特殊性	213 重组交易类型（填写代码）	
214 重组当事方类型（填写代码）		215 政策性搬迁开始时间	年　月
216 发生政策性搬迁且停止生产经营无所得年度	□是	217 政策性搬迁损失分期扣除年度	□是
218 发生非货币性资产对外投资递延纳税事项	□是	219 非货币性资产对外投资转让所得递延纳税年度	□是
220 发生技术成果投资入股递延纳税事项	□是	221 技术成果投资入股递延纳税年度	□是
222 发生资产（股权）划转特殊性税务处理事项	□是	223 债务重组所得递延纳税年度	□是

股东名称	证件种类	证件号码	投资比例（%）	当年（决议日）分配的股息、红利等权益性投资收益金额	国籍（注册地址）
其余股东合计	—	—			—

A100000　中华人民共和国企业所得税年度纳税申报表(A类)

行次	类别	项　　目	金　　额
1	利润总额计算	一、营业收入(填写A101010\101020\103000)	
2		减:营业成本(填写A102010\102020\103000)	
3		减:税金及附加	
4		减:销售费用(填写A104000)	
5		减:管理费用(填写A104000)	
6		减:财务费用(填写A104000)	
7		减:资产减值损失	
8		加:公允价值变动收益	
9		加:投资收益	
10		二、营业利润(1－2－3－4－5－6－7＋8＋9)	
11		加:营业外收入(填写A101010\101020\103000)	
12		减:营业外支出(填写A102010\102020\103000)	
13		三、利润总额(10＋11－12)	
14	应纳税所得额计算	减:境外所得(填写A108010)	
15		加:纳税调整增加额(填写A105000)	
16		减:纳税调整减少额(填写A105000)	
17		减:免税、减计收入及加计扣除(填写A107010)	
18		加:境外应税所得抵减境内亏损(填写A108000)	
19		四、纳税调整后所得(13－14＋15－16－17＋18)	
20		减:所得减免(填写A107020)	
21		减:弥补以前年度亏损(填写A106000)	
22		减:抵扣应纳税所得额(填写A107030)	
23		五、应纳税所得额(19－20－21－22)	
24	应纳税额计算	税率(25%)	
25		六、应纳所得税额(23×24)	
26		减:减免所得税额(填写A107040)	
27		减:抵免所得税额(填写A107050)	
28		七、应纳税额(25－26－27)	
29		加:境外所得应纳所得税额(填写A108000)	
30		减:境外所得抵免所得税额(填写A108000)	
31		八、实际应纳所得税额(28＋29－30)	
32		减:本年累计实际已缴纳的所得税额	
33		九、本年应补(退)所得税额(31－32)	
34		其中:总机构分摊本年应补(退)所得税额(填写A109000)	
35		财政集中分配本年应补(退)所得税额(填写A109000)	
36		总机构主体生产经营部门分摊本年应补(退)所得税额(填写A109000)	

A101010　一般企业收入明细表

行次	项　　目	金额
1	一、营业收入(2+9)	
2	(一)主营业务收入(3+5+6+7+8)	
3	1.销售商品收入	
4	其中:非货币性资产交换收入	
5	2.提供劳务收入	
6	3.建造合同收入	
7	4.让渡资产使用权收入	
8	5.其他	
9	(二)其他业务收入(10+12+13+14+15)	
10	1.销售材料收入	
11	其中:非货币性资产交换收入	
12	2.出租固定资产收入	
13	3.出租无形资产收入	
14	4.出租包装物和商品收入	
15	5.其他	
16	二、营业外收入(17+18+19+20+21+22+23+24+25+26)	
17	(一)非流动资产处置利得	
18	(二)非货币性资产交换利得	
19	(三)债务重组利得	
20	(四)政府补助利得	
21	(五)盘盈利得	
22	(六)捐赠利得	
23	(七)罚没利得	
24	(八)确实无法偿付的应付款项	
25	(九)汇兑收益	
26	(十)其他	

A102010　一般企业成本支出明细表

行次	项　　目	金额
1	一、营业成本(2+9)	
2	（一）主营业务成本(3+5+6+7+8)	
3	1. 销售商品成本	
4	其中:非货币性资产交换成本	
5	2. 提供劳务成本	
6	3. 建造合同成本	
7	4. 让渡资产使用权成本	
8	5. 其他	
9	（二）其他业务成本(10+12+13+14+15)	
10	1. 销售材料成本	
11	其中:非货币性资产交换成本	
12	2. 出租固定资产成本	
13	3. 出租无形资产成本	
14	4. 包装物出租成本	
15	5. 其他	
16	二、营业外支出(17+18+19+20+21+22+23+24+25+26)	
17	（一）非流动资产处置损失	
18	（二）非货币性资产交换损失	
19	（三）债务重组损失	
20	（四）非常损失	
21	（五）捐赠支出	
22	（六）赞助支出	
23	（七）罚没支出	
24	（八）坏账损失	
25	（九）无法收回的债券股权投资损失	
26	（十）其他	

A104000 期间费用明细表

行次	项 目	销售费用	其中：境外支付	管理费用	其中：境外支付	财务费用	其中：境外支付
		1	2	3	4	5	6
1	一、职工薪酬		*		*	*	*
2	二、劳务费					*	*
3	三、咨询顾问费					*	*
4	四、业务招待费		*		*	*	*
5	五、广告费和业务宣传费		*		*	*	*
6	六、佣金和手续费						
7	七、资产折旧摊销费		*		*	*	*
8	八、财产损耗、盘亏及毁损损失		*		*	*	*
9	九、办公费		*		*	*	*
10	十、董事会费		*		*	*	*
11	十一、租赁费					*	*
12	十二、诉讼费		*		*	*	*
13	十三、差旅费		*		*	*	*
14	十四、保险费		*		*	*	*
15	十五、运输、仓储费					*	*
16	十六、修理费					*	*
17	十七、包装费		*		*	*	*
18	十八、技术转让费				*		*
19	十九、研究费用						*
20	二十、各项税费		*		*	*	*
21	二十一、利息收支	*	*	*	*		
22	二十二、汇兑差额	*	*	*	*		
23	二十三、现金折扣		*		*		*
24	二十四、党组织工作经费	*	*		*	*	*
25	二十五、其他						
26	合计(1＋2＋3＋…＋25)						

A105000　纳税调整项目明细表

行次	项　　目	账载金额	税收金额	调增金额	调减金额
		1	2	3	4
1	一、收入类调整项目(2+3+…+8+10+11)	※	※		
2	（一）视同销售收入(填写 A105010)	※			※
3	（二）未按权责发生制原则确认的收入(填写 A105020)				
4	（三）投资收益(填写 A105030)				
5	（四）按权益法核算长期股权投资对初始投资成本调整确认收益	※	※	※	
6	（五）交易性金融资产初始投资调整	※			※
7	（六）公允价值变动净损益		※		
8	（七）不征税收入	※	※		
9	其中：专项用途财政性资金(填写 A105040)	※	※		
10	（八）销售折扣、折让和退回				
11	（九）其他				
12	二、扣除类调整项目(13+14+…+24+26+27+28+29+30)	※	※		
13	（一）视同销售成本(填写 A105010)	※		※	
14	（二）职工薪酬(填写 A105050)				
15	（三）业务招待费支出				※
16	（四）广告费和业务宣传费支出(填写 A105060)	※	※		
17	（五）捐赠支出(填写 A105070)				
18	（六）利息支出				
19	（七）罚金、罚款和被没收财物的损失		※		※
20	（八）税收滞纳金、加收利息		※		※
21	（九）赞助支出		※		※
22	（十）与未实现融资收益相关在当期确认的财务费用				
23	（十一）佣金和手续费支出(保险企业填写 A105060)				
24	（十二）不征税收入用于支出所形成的费用	※	※		※
25	其中：专项用途财政性资金用于支出所形成的费用(填写 A105040)	※	※		※
26	（十三）跨期扣除项目				
27	（十四）与取得收入无关的支出		※		※
28	（十五）境外所得分摊的共同支出	※	※		※
29	（十六）党组织工作经费				
30	（十七）其他				
31	三、资产类调整项目(32+33+34+35)	※	※		
32	（一）资产折旧、摊销(填写 A105080)				
33	（二）资产减值准备金		※		
34	（三）资产损失(填写 A105090)				
35	（四）其他				
36	四、特殊事项调整项目(37+38+…+43)	※	※		
37	（一）企业重组及递延纳税事项(填写 A105100)				
38	（二）政策性搬迁(填写 A105110)	※	※		
39	（三）特殊行业准备金(填写 A105120)				
40	（四）房地产开发企业特定业务计算的纳税调整额(填写 A105010)	※			
41	（五）合伙企业法人合伙人应分得的应纳税所得额				
42	（六）发行永续债利息支出				
43	（七）其他	※	※		
44	五、特别纳税调整应税所得	※	※		
45	六、其他				
46	合计(1+12+31+36+44+45)	※	※		

A105010 视同销售和房地产开发企业特定业务纳税调整明细表

行次	项　　目	税收金额 1	纳税调整金额 2
1	一、视同销售(营业)收入(2＋3＋4＋5＋6＋7＋8＋9＋10)		
2	(一)非货币性资产交换视同销售收入		
3	(二)用于市场推广或销售视同销售收入		
4	(三)用于交际应酬视同销售收入		
5	(四)用于职工奖励或福利视同销售收入		
6	(五)用于股息分配视同销售收入		
7	(六)用于对外捐赠视同销售收入		
8	(七)用于对外投资项目视同销售收入		
9	(八)提供劳务视同销售收入		
10	(九)其他		
11	二、视同销售(营业)成本(12＋13＋14＋15＋16＋17＋18＋19＋20)		
12	(一)非货币性资产交换视同销售成本		
13	(二)用于市场推广或销售视同销售成本		
14	(三)用于交际应酬视同销售成本		
15	(四)用于职工奖励或福利视同销售成本		
16	(五)用于股息分配视同销售成本		
17	(六)用于对外捐赠视同销售成本		
18	(七)用于对外投资项目视同销售成本		
19	(八)提供劳务视同销售成本		
20	(九)其他		
21	三、房地产开发企业特定业务计算的纳税调整额(22－26)		
22	(一)房地产企业销售未完工开发产品特定业务计算的纳税调整额(24－25)		
23	1. 销售未完工产品的收入		*
24	2. 销售未完工产品预计毛利额		
25	3. 实际发生的税金及附加、土地增值税		
26	(二)房地产企业销售的未完工产品转完工产品特定业务计算的纳税调整额(28－29)		
27	1. 销售未完工产品转完工产品确认的销售收入		*
28	2. 转回的销售未完工产品预计毛利额		
29	3. 转回实际发生的税金及附加、土地增值税		

A105020 未按权责发生制确认收入纳税调整明细表

行次	项目	合同金额(交易金额)	账载金额		税收金额		纳税调整金额
			本年	累计	本年	累计	
		1	2	3	4	5	6(4−2)
1	一、跨期收取的租金、利息、特许权使用费收入(2+3+4)						
2	（一）租金						
3	（二）利息						
4	（三）特许权使用费						
5	二、分期确认收入(6+7+8)						
6	（一）分期收款方式销售货物收入						
7	（二）持续时间超过12个月的建造合同收入						
8	（三）其他分期确认收入						
9	三、政府补助递延收入(10+11+12)						
10	（一）与收益相关的政府补助						
11	（二）与资产相关的政府补助						
12	（三）其他						
13	四、其他未按权责发生制确认收入						
14	合计(1+5+9+13)						

A105030 投资收益纳税调整明细表

行次	项目	持有收益			处置收益					纳税调整金额
		账载金额	税收金额	纳税调整金额	会计确认的处置收入	税收计算的处置收入	处置投资的账面价值	处置投资的计税基础	会计确认的处置所得或处置损失	税收计算的处置所得	纳税调整金额	
		1	2	3(2-1)	4	5	6	7	8(4-6)	9(5-7)	10(9-8)	11(3+10)
1	一、交易性金融资产											
2	二、可供出售金融资产											
3	三、持有至到期投资											
4	四、衍生工具											
5	五、交易性金融负债											
6	六、长期股权投资											
7	七、短期投资											
8	八、长期债券投资											
9	九、其他											
10	合计(1+2+3+4+5+6+7+8+9)											

A105050 职工薪酬支出及纳税调整明细表

行次	项目	账载金额 1	实际发生额 2	税收规定扣除率 3	以前年度累计结转扣除额 4	税收金额 5	纳税调整金额 6(1−5)	累计结转以后年度扣除额 7(2+4−5)
1	一、工资薪金支出			*				*
2	其中:股权激励			*				*
3	二、职工福利费支出				*			*
4	三、职工教育经费支出							
5	其中:按税收规定比例扣除的职工教育经费			*				
6	按税收规定全额扣除的职工培训费用				*			*
7	四、工会经费支出			*				*
8	五、各类基本社会保障性缴款			*				*
9	六、住房公积金			*				*
10	七、补充养老保险				*			*
11	八、补充医疗保险				*			*
12	九、其他			*				
13	合计(1+3+4+7+8+9+10+11+12)			*				

A105060　广告费和业务宣传费等跨年度纳税调整明细表

行次	项　目	广告费和业务宣传费	保险企业手续费及佣金支出
		1	2
1	一、本年支出		
2	减：不允许扣除的支出		
3	二、本年符合条件的支出(1－2)		
4	三、本年计算扣除限额的基数		
5	乘：税收规定扣除率		
6	四、本企业计算的扣除限额(4×5)		
7	五、本年结转以后年度扣除额 (3＞6,本行＝3－6;3≤6,本行＝0)		
8	加：以前年度累计结转扣除额		
9	减：本年扣除的以前年度结转额 [3＞6,本行＝0;3≤6,本行＝8与(6－3)孰小值]		
10	六、按照分摊协议归集至其他关联方的金额(10≤3与6孰小值)		＊
11	按照分摊协议从其他关联方归集至本企业的金额		＊
12	七、本年支出纳税调整金额 (3＞6,本行＝2＋3－6＋10－11;3≤6,本行＝2＋10－11－9)		
13	八、累计结转以后年度扣除额(7＋8－9)		

A105070 捐赠支出及纳税调整明细表

行次	项目	账载金额 1	以前年度结转可扣除的捐赠额 2	按税收规定计算的扣除限额 3	税收金额 4	纳税调增金额 5	纳税调减金额 6	可结转以后年度扣除的捐赠额 7
1	一、非公益性捐赠		*	*	*		*	*
2	二、全额扣除的公益性捐赠		*	*		*	*	*
3	其中：扶贫捐赠		*	*		*	*	*
4	三、限额扣除的公益性捐赠（5＋6＋7＋8）	*		*	*	*	*	
5	前三年度（　　年）	*		*	*	*		*
6	前二年度（　　年）	*		*	*	*		
7	前一年度（　　年）	*			*	*		
8	本　　年（　　年）		*			*	*	
9	合计（1＋2＋4）			*		*	*	*
附列资料	2015年度至本年发生的公益性扶贫捐赠合计金额							

A105080 资产折旧、摊销及纳税调整明细表

行次	项目	账载金额			税收金额					纳税调整金额
		资产原值	本年折旧、摊销额	累计折旧、摊销额	资产计税基础	税收折旧、摊销额	享受加速折旧政策的资产按税收一般规定计算的折旧、摊销额	加速折旧、摊销统计额	累计折旧、摊销额	
		1	2	3	4	5	6	7(5-6)	8	9(2-5)
1	一、固定资产(2+3+4+5+6+7)						*	*		
2	（一）房屋、建筑物						*	*		
3	（二）飞机、火车、轮船、机器、机械和其他生产设备						*	*		
4	（三）与生产经营活动有关的器具、工具、家具等						*	*		
5	（四）飞机、火车、轮船以外的运输工具						*	*		
6	（五）电子设备						*	*		
7	（六）其他						*	*		
8	其中：享受加速折旧政策的资产	（一）重要行业固定资产加速折旧（不含一次性扣除）								*
9		（二）其他行业研发设备加速折旧								*
10		（三）固定资产一次性扣除								*
11		（四）技术进步、更新换代固定资产								*
12		（五）常年强震动、高腐蚀固定资产								*
13	一般折旧额的部分									*
14	（七）集成电路企业生产设备									*
15	二、生产性生物资产(16+17)						*	*		
16	（一）林木类						*	*		
17	（二）畜类						*	*		
18	三、无形资产(19+20+21+22+23+24+25+27)						*	*		

续表

行次	项目	账载金额			税收金额					纳税调整金额
		资产原值	本年折旧摊销额	累计折旧摊销额	资产计税基础	税收折旧摊销额	其中:享受企业加速折旧政策的资产按税收一般规定计算的折旧摊销额	加速折旧摊销统计额	累计折旧摊销额	
		1	2	3	4	5	6	7(5-6)	8	9(2-5)
19	(一)专利权						*	*		
20	(二)商标权						*	*		
21	(三)著作权						*	*		
22	(四)土地使用权						*	*		
23	(五)非专利技术						*	*		
24	(六)特许权使用费						*	*		
25	(七)软件						*	*		
26	其中:享受企业外购软件加速摊销政策						*	*		*
27	(八)其他						*	*		
28	四、长期待摊费用(29+30+31+32+33)						*	*		
29	(一)已足额提取折旧的固定资产的改建支出						*	*		
30	(二)租入固定资产的改建支出						*	*		
31	(三)固定资产的大修理支出						*	*		
32	(四)开办费						*	*		
33	(五)其他						*	*		
34	五、油气勘探投资						*	*		
35	六、油气开发投资						*	*		
36	合计(1+15+18+28+34+35)						*	*		
附列资料	全民所有制企业公司制改制资产评估增值政策资产							*		

A105090 资产损失税前扣除及纳税调整明细表

行次	项目	资产损失的账载金额	资产处置收入	赔偿收入	资产计税基础	资产损失的税收金额	纳税调整金额
		1	2	3	4	5(4-2-3)	6(1-5)
1	一、现金及银行存款损失						
2	二、应收及预付款坏账损失						
3	其中:逾期三年以上的应收款项损失						
4	逾期一年以上的小额应收款项损失						
5	三、存货损失						
6	其中:存货盘亏、报废、损毁、变质或被盗损失						
7	四、固定资产损失						
8	其中:固定资产盘亏、丢失、报废、损毁或被盗损失						
9	五、无形资产损失						
10	其中:无形资产转让损失						
11	无形资产被替代或超过法律保护期形成的损失						
12	六、在建工程损失						
13	其中:在建工程停建、报废损失						
14	七、生产性生物资产损失						

续表

行次	项　目	资产损失的账载金额 1	资产处置收入 2	赔偿收入 3	资产计税基础 4	资产损失的税收金额 5(4－2－3)	纳税调整金额 6(1－5)
15	其中:生产性生物资产盘亏、非正常死亡、被盗、丢失等产生的损失						
16	八、债权性投资损失(17＋22)						
17	(一)金融企业债权性投资损失(18＋21)						
18	1. 符合条件的涉农和中小企业贷款损失						
19	其中:单户贷款余额300万元(含)以下的贷款损失						
20	单户贷款余额300万元至1000万元(含)的贷款损失						
21	2. 其他债权性投资损失						
22	(二)非金融企业债权性投资损失						
23	九、股权转让损失						
24	其中:股权(权益)性投资损失						
25	十、通过各种交易场所、市场买卖债券、股票、期货、基金以及金融衍生产品等发生的损失						
26	十一、打包出售资产损失						
27	十二、其他资产损失						
28	合计(1＋2＋5＋7＋9＋12＋14＋16＋23＋25＋26＋27)						
29	其中:分支机构留存备查的资产损失						

A106000 企业所得税弥补亏损明细表

行次	项目	年度	当年境内所得额	分立转出的亏损额	合并、分立转入的亏损额		弥补亏损企业类型	当年亏损额	当年待弥补的亏损额	用本年度所得额弥补的以前年度亏损额		当年可结转以后年度弥补的亏损额
					可弥补年限5年	可弥补年限10年				使用境内所得弥补	使用境外所得弥补	
		1	2	3	4	5	6	7	8	9	10	11
1	前十年度											
2	前九年度											
3	前八年度											
4	前七年度											
5	前六年度											
6	前五年度											
7	前四年度											
8	前三年度											
9	前二年度											
10	前一年度											
11	本年度											
12	可结转以后年度弥补的亏损额合计											

7. 企业所得税纳税申报操作指导

(1)《中华人民共和国企业所得税年度纳税申报表(A类)》封面

本表适用于实行查账征收企业所得税的居民企业纳税人填报。

① "税款所属期间":正常经营的纳税人填报公历当年1月1日至12月31日;纳税人年度中间开业的,填报实际生产经营之日至当年12月31日;纳税人年度中间发生合并、分立、破产、停业等情况的,填报公历当年1月1日至实际停业或法院裁定并宣告破产之日;纳税人年度中间开业且年度中间又发生合并、分立、破产、停业等情况的,填报实际生产经营之日至实际停业或法院裁定并宣告破产之日。

② 纳税人聘请机构代理申报的,加盖代理机构公章。

(2)《企业所得税年度纳税申报表填报表单》

纳税人在填报申报表之前,企业的涉税业务选择"是否填报"。选择"填报"的,在"□"内打"√",并完成该表单内容的填报。未选择"填报"的表单,无需向税务机关报送。

其中,《企业所得税年度纳税申报基础信息表》(A000000)、《中华人民共和国企业所得税年度纳税申报表(A类)》(A100000)为必填表。

(3)《企业所得税年度纳税申报基础信息表》(A000000)

本表为必填表,填报内容包括基本经营情况、有关涉税事项情况、主要股东及分红情况三部分。纳税人填报申报表时首先填报此表,为后续申报提供指引。

① 基本经营情况

"101 纳税申报企业类型":纳税人根据申报所属期年度的企业经营方式情况,从《跨地区经营企业类型代码表》中选择相应的代码填入本项。

跨地区经营企业类型代码表

代码	类型		
	大类	中类	小类
100	非跨地区经营企业		
210	跨地区经营企业总机构	总机构(跨省)——适用《跨地区经营汇总纳税企业所得税征收管理办法》	
220		总机构(跨省)——不适用《跨地区经营汇总纳税企业所得税征收管理办法》	
230		总机构(省内)	
311	跨地区经营企业分支机构	需进行完整年度纳税申报	分支机构(须进行完整年度申报并按比例纳税)
312			分支机构(须进行完整年度申报但不就地缴纳)

"102 分支机构就地纳税比例":"101 纳税申报企业类型"为"分支机构(须进行完整年度申报并按比例纳税)"的需要同时填报本项。分支机构填报年度纳税申报时应当就地缴纳企业所得税的比例。

"103 资产总额":纳税人填报资产总额的全年季度平均值,单位为万元,保留小数点后2位。具体计算公式为:季度平均值=(季初值+季末值)÷2,全年季度平均值=全年各季度平均值之和÷4。年度中间开业或者终止经营活动的,以其实际经营期作为一个纳税年度确定上述相关指标。

"104 从业人数":纳税人填报从业人数的全年季度平均值,单位为人。从业人数是指与企业建立劳动关系的职工人数和企业接受的劳务派遣用工人数之和,依据和计算方法同"103 资产总额"。

"105 所属国民经济行业":按照《国民经济行业分类》标准,纳税人填报所属的国民经济行业明细代码。

"107 适用会计准则或会计制度":纳税人根据会计核算采用的会计准则或会计制度从《会计准则或会计制度类型代码表》中选择相应的代码填入本项。

会计准则或会计制度类型代码表

代码	类型	
	大类	小类
110	企业会计准则	一般企业
120		银行
130		证券
140		保险
150		担保
200	小企业会计准则	
300	企业会计制度	
410	事业单位会计准则	事业单位会计制度
420		科学事业单位会计制度
430		医院会计制度
440		高等学校会计制度
450		中小学校会计制度
460		彩票机构会计制度
500	民间非营利组织会计制度	
600	村集体经济组织会计制度	
700	农民专业合作社财务会计制度(试行)	
999	其他	

"108 采用一般企业财务报表格式(2019 年版)":纳税人根据《财政部关于修订印发 2019 年度一般企业财务报表格式的通知》(财会〔2019〕6 号)和《财政部关于修订印发 2018 年度金融企业财务报表格式的通知》(财会〔2018〕36 号)规定的格式编制财务报表的,选择"是",其他选择"否"。

② 有关涉税事项情况

当纳税人存在或发生表中所列事项时,必须填报。纳税人未填报的,视同不存在或未发生表中所列事项。

③ 主要股东及分红情况

纳税人填报本企业投资比例位列前10位的股东情况,包括股东名称,证件种类(营业执照、税务登记证、组织机构代码证、身份证、护照等),证件号码(统一社会信用代码、纳税人识别号、组织机构代码号、身份证号、护照号等),投资比例,当年(决议日)分配的股息、红利等权益性投资收益金额,国籍(注册地址)。纳税人股东数量超过10位的,应将其余股东有关数据合计后填入"其余股东合计"行次。

纳税人股东为非居民企业的,证件种类和证件号码可不填报。

(4)《中华人民共和国企业所得税年度纳税申报表(A类)》(A100000)

本表为必填表,是纳税人计算、申报、缴纳企业所得税的主表。在计算企业所得税应纳税所得额及应纳税额时,会计处理与税收规定不一致的,应当按照税收规定计算。税收规定不明确的,在没有明确规定之前,暂按国家统一会计制度计算。会计与税法的差异(包括收入类、扣除类、资产类等差异)通过《纳税调整项目明细表》(A105000)集中填报。

① 利润总额计算

"利润总额计算"中的项目按照国家统一会计制度规定计算填报。企业数据直接取自利润表,事业单位数据取自《收入支出表》,民间非营利组织数据取自《业务活动表》。

第1行"营业收入"填报纳税人主要经营业务和其他经营业务取得的收入总额,根据"主营业务收入"和"其他业务收入"的数额填报。一般企业纳税人根据《一般企业收入明细表》(A101010)填报。第1行＝表A101010第1行。

第2行"营业成本"填报纳税人主要经营业务和其他经营业务发生的成本总额,根据"主营业务成本"和"其他业务成本"的数额填报。一般企业纳税人根据《一般企业成本支出明细表》(A102010)填报。第2行＝表A102010第1行。

第3行"税金及附加"填报纳税人经营活动发生的消费税、城市维护建设税、资源税、土地增值税和教育费附加等相关税费,根据相关会计科目填报,在其他会计科目核算的税金不得重复填报。

第4行"销售费用"填报纳税人在销售商品和材料、提供劳务的过程中发生的各种费用,根据《期间费用明细表》(A104000)中对应的"销售费用"填报。第4行＝表A104000第26行第1列。

第5行"管理费用"填报纳税人为组织和管理企业生产经营发生的管理费用,根据《期间费用明细表》(A104000)中对应的"管理费用"填报。第5行＝表A104000第26行第3列。

第6行"财务费用"填报纳税人为筹集生产经营所需资金等发生的筹资费用,根据《期间费用明细表》(A104000)中对应的"财务费用"填报。第6行＝表A104000第26行第5列。

第7行"资产减值损失"填报纳税人计提各项资产准备发生的减值损失,根据企业"资产减值损失"科目上的数额填报。

第11行"营业外收入"填报纳税人取得的与其经营活动无直接关系的各项收入的金额。一般企业纳税人根据《一般企业收入明细表》(A101010)填报。第11行＝表A101010第16行。

第12行"营业外支出"填报纳税人发生的与其经营活动无直接关系的各项支出的金额。一般企业纳税人根据《一般企业成本支出明细表》（A102010）填报。第12行＝表A102010第16行。

② 应纳税所得额计算

"应纳税所得额计算"中的项目，除根据主表逻辑关系计算以外，通过附表相应栏次填报。

第14行"境外所得"填报已计入利润总额以及按照税法相关规定已在《纳税调整项目明细表》（A105000）进行纳税调整的境外所得金额。根据《境外所得纳税调整后所得明细表》（A108010）填报。第14行＝表A108010第14列合计－第11列合计。

第15行"纳税调整增加额"填报纳税人会计处理与税收规定不一致时，进行纳税调整后增加的金额。根据《纳税调整项目明细表》（A105000）"调增金额"列填报。第15行＝表A105000第46行第3列。

第16行"纳税调整减少额"填报纳税人会计处理与税收规定不一致时，进行纳税调整后减少的金额。根据《纳税调整项目明细表》（A105000）"调减金额"列填报。第16行＝表A105000第46行第4列。

第17行"免税、减计收入及加计扣除"填报属于税收规定免税收入、减计收入、加计扣除金额。根据《免税、减计收入及加计扣除优惠明细表》（A107010）填报。第17行＝表A107010第31行。

第18行"境外应税所得抵减境内亏损"，当纳税人选择不用境外所得抵减境内亏损时，填报"0"；当纳税人选择用境外所得抵减境内亏损时，填报境外所得抵减当年度境内亏损的金额。用境外所得弥补以前年度境内亏损的，还需填报《企业所得税弥补亏损明细表》（A106000）和《境外所得税收抵免明细表》（A108000）。

第20行"所得减免"填报属于税收规定的所得减免金额。根据《所得减免优惠明细表》（A107020）填报。当第19行≤0时，第20行＝0；当第19行＞0时，第20行＝第19行与表A107020合计行第11列比较金额小者。

第21行"弥补以前年度亏损"填报纳税人按照税收规定可在税前弥补的以前年度亏损数额。根据《企业所得税弥补亏损明细表》（A106000）填报。第21行＝表A106000第11行第9列。

第22行"抵扣应纳税所得额"填报根据税收规定应抵扣的应纳税所得额。根据《抵扣应纳税所得额明细表》（A107030）填报。第22行＝表A107030第15行第1列。

第23行"应纳税所得额"，如果计算结果为负数，则按"0"填报。

③ 应纳税额计算

"应纳税额计算"中的项目，除根据主表逻辑关系计算以外，通过附表相应栏次填报。

第26行"减免所得税额"填报纳税人按税收规定实际减免的企业所得税额。根据《减免所得税优惠明细表》（A107040）填报。第26行＝表A107040第33行。

第27行"抵免所得税额"填报企业当年的应纳所得税额中抵免的金额。根据《税额抵免优惠明细表》（A107050）填报。第27行＝表A107050第7行第11列。

第 29 行"境外所得应纳所得税额"填报纳税人来源于中国境外的所得按照我国税收规定计算的应纳所得税额。根据《境外所得税收抵免明细表》(A108000)填报。第 29 行＝表 A108000 合计行第 9 列。

第 30 行"境外所得抵免所得税额"填报纳税人来源于中国境外所得依照中国境外税收法律以及相关规定应缴纳并实际缴纳(包括视同已实际缴纳)的企业所得税性质的税款(准予抵免税款)。根据《境外所得税收抵免明细表》(A108000)填报。第 30 行＝表 A108000 合计行第 19 列。

第 32 行"本年累计实际已缴纳的所得税额"填报纳税人按照税收规定本纳税年度已在月(季)度累计预缴的所得税额，包括按照税收规定的特定业务已预缴(征)的所得税额，建筑企业总机构直接管理的跨地区设立的项目部按规定向项目所在地主管税务机关预缴的所得税额。

(5)《一般企业收入明细表》(A101010)

本表适用于除金融企业、事业单位和民间非营利组织外的纳税人填报，反映一般企业按照国家统一会计制度规定取得收入的情况。根据国家统一会计制度的规定，填报"主营业务收入""其他业务收入"和"营业外收入"。

① 营业收入

第 1 行"营业收入"根据"主营业务收入""其他业务收入"的数额计算填报。第 1 行＝表 A100000 第 1 行。

第 3 行"销售商品收入"填报纳税人从事工业制造、商品流通、农业生产以及其他商品销售活动取得的主营业务收入，以及房地产开发企业销售开发产品(销售未完工开发产品除外)取得的收入。

第 5 行"提供劳务收入"填报纳税人从事建筑安装、修理修配、交通运输、仓储租赁、邮电通信、咨询经纪、文化体育、科学研究、技术服务、教育培训、餐饮住宿、中介代理、卫生保健、社区服务、旅游、娱乐、加工以及其他劳务活动取得的主营业务收入。

第 6 行"建造合同收入"填报纳税人建造房屋、道路、桥梁、水坝等建筑物，以及生产船舶、飞机、大型机械设备等取得的主营业务收入。

第 7 行"让渡资产使用权收入"填报纳税人在主营业务收入核算下的让渡无形资产使用权而取得的使用费收入以及出租固定资产、无形资产、投资性房地产取得的租金收入。

第 8 行"其他"填报纳税人按照国家统一会计制度核算的上述未列举的其他主营业务收入。

第 10 行"销售材料收入"填报纳税人销售材料、下脚料、废料、废旧物资等取得的收入。提醒学生，第四章第 50 题、第 79 题中的销售控制器的销售收入填入这里。

第 12 行"出租固定资产收入"填报纳税人将固定资产使用权让与承租人获取的其他业务收入。提醒学生，第四章第 116 题中仓库 4 出租给南京精诚装运公司的租金收入填入这里。

第 13 行"出租无形资产收入"填报纳税人让渡无形资产使用权取得的其他业务收入。

第 14 行"出租包装物和商品收入"填报纳税人出租、出借包装物和商品取得的其他业务收入。

② 营业外收入

第16行"营业外收入"填报纳税人计入"营业外收入"科目核算的与生产经营无直接关系的各项收入。第16行＝表A100000第11行。

第17行"非流动资产处置利得"填报纳税人处置固定资产、无形资产等取得的净收益。提醒学生，第四章第77题中出售数控机床、第80题中转让专利权的净收益填入这里。

第19行"债务重组利得"填报纳税人发生的债务重组业务确认的净收益。提醒学生，第四章第75题中债务重组的净收益填入这里。

第20行"政府补助利得"填报纳税人从政府无偿取得货币性资产或非货币性资产应确认的净收益。

第21行"盘盈利得"填报纳税人在清查财产过程中查明的各种财产盘盈应确认的净收益。提醒学生，第四章第130题中固定资产盘盈的净收益填入这里。

第22行"捐赠利得"填报纳税人接受的来自企业、组织或个人无偿给予的货币性资产、非货币性资产捐赠应确认的净收益。提醒学生，第四章第60题中接受合作企业捐赠固定资产的净收益填入这里。

第23行"罚没利得"填报纳税人在日常经营管理活动中取得的罚款、没收收入应确认的净收益。

第24行"确实无法偿付的应付款项"填报纳税人因确实无法偿付的应付款项而确认的收入。

第25行"汇兑收益"项目为执行小企业会计准则企业填报。

(6)《一般企业成本支出明细表》(A102010)

本表适用于除金融企业、事业单位和民间非营利组织外的纳税人填报，反映一般企业按照国家统一会计制度规定发生的成本支出情况。纳税人应根据国家统一会计制度的规定，填报"主营业务成本""其他业务成本"和"营业外支出"。

① 营业成本

第1行"营业成本"填报纳税人主要经营业务和其他经营业务发生的成本总额，根据"主营业务成本"和"其他业务成本"的数额计算填报。第1行＝表A100000第2行。

第3行"销售商品成本"填报纳税人从事工业制造、商品流通、农业生产以及其他商品销售活动发生的主营业务成本，以及房地产开发企业销售开发产品（销售未完工开发产品除外）发生的成本。

第5行"提供劳务成本"填报纳税人从事建筑安装、修理修配、交通运输、仓储租赁、邮电通信、咨询经纪、文化体育、科学研究、技术服务、教育培训、餐饮住宿、中介代理、卫生保健、社区服务、旅游、娱乐、加工以及其他劳务活动发生的主营业务成本。

第6行"建造合同成本"填报纳税人建造房屋、道路、桥梁、水坝等建筑物，以及生产船舶、飞机、大型机械设备等发生的主营业务成本。

第7行"让渡资产使用权成本"填报纳税人在主营业务成本核算下的让渡无形资产使用权而发生的使用费成本以及出租固定资产、无形资产、投资性房地产发生的租金成本。

第 8 行"其他"填报纳税人按照国家统一会计制度核算的上述未列举的其他主营业务成本。

第 10 行"销售材料成本"填报纳税人销售材料、下脚料、废料、废旧物资等发生的成本。

第 12 行"出租固定资产成本"填报纳税人将固定资产使用权让与承租人形成的出租固定资产成本。

第 13 行"出租无形资产成本"填报纳税人让渡无形资产使用权形成的出租无形资产成本。

第 14 行"包装物出租成本"填报纳税人出租、出借包装物形成的包装物出租成本。

② 营业外支出

第 16 行"营业外支出"填报纳税人计入"营业外支出"科目核算的与生产经营无直接关系的各项支出。第 16 行＝表 A100000 第 12 行。

第 17 行"非流动资产处置损失"填报纳税人处置非流动资产形成的净损失。提醒学生，第四章第 111 题中出售机床、第 115 题中报废电脑的净损失填入这里。

第 19 行"债务重组损失"填报纳税人进行债务重组应确认的净损失。提醒学生，第四章第 82 题中债权重组的净损失填入这里。

第 20 行"非常损失"填报纳税人在营业外支出中核算的各项非正常的财产损失。提醒学生，第四章第 124 题中盘亏笔记本电脑的净损失填入这里。

第 21 行"捐赠支出"填报纳税人无偿给予其他企业、组织或个人的货币性资产、非货币性资产的捐赠支出。提醒学生，第四章第 140 题中通过中国慈善总会向灾区捐款的捐赠支出填入这里。

第 22 行"赞助支出"填报纳税人发生的货币性资产、非货币性资产赞助支出。提醒学生，第四章第 141 题中赞助南京跃进职业技术学院的赞助支出填入这里。

第 23 行"罚没支出"填报纳税人在日常经营管理活动中对外支付的各项罚款、没收收入的支出。提醒学生，第四章第 24 题中报销交通违法罚款的罚款支出填入这里。

第 24 行"坏账损失"、第 25 行"无法收回的债券股权投资损失"为使用小企业会计准则企业填报。

(7)《期间费用明细表》(A104000)

本表适用于除事业单位和民间非营利组织外的纳税人填报，反映纳税人按照国家统一会计制度规定发生的期间费用明细情况。纳税人应根据国家统一会计制度的规定填报"销售费用""管理费用"和"财务费用"等项目。

第 1 行至第 25 行根据费用科目核算的具体项目金额进行填报，如果贷方发生额大于借方发生额，应填报负数。第 26 行第 1 列＝表 A100000 第 4 行，第 26 行第 3 列＝表 A100000 第 5 行，第 26 行第 5 列＝表 A100000 第 6 行。

(8)《纳税调整项目明细表》(A105000)

本表反映纳税人财务、会计处理办法（以下简称"会计处理"）与税收法律、行政法规的规定（以下简称"税收规定"）不一致，需要进行纳税调整的项目和金额情况。纳税人应根据税法、相关税收规定以及国家统一会计制度的规定，填报企业所得税涉税事项的会计处理、税务处理以及纳税调整情况。

① 收入类调整项目

第2行"(一)视同销售收入"根据《视同销售和房地产开发企业特定业务纳税调整明细表》(A105010)填报。其中,第2列"税收金额"填报表 A105010 第1行第1列金额,第3列"调增金额"填报表 A105010 第1行第2列金额。

第3行"(二)未按权责发生制原则确认的收入"根据《未按权责发生制确认收入纳税调整明细表》(A105020)填报。其中,第1列"账载金额"填报表 A105020 第14行第2列金额,第2列"税收金额"填报表 A105020 第14行第4列金额。

第4行"(三)投资收益"根据《投资收益纳税调整明细表》(A105030)填报。其中,第1列"账载金额"填报表 A105030 第10行第1列+第8列的合计金额,第2列"税收金额"填报表 A105030 第10行第2列+第9列的合计金额。

第5行"(四)按权益法核算长期股权投资对初始投资成本调整确认收益"第4列"调减金额"填报纳税人采取权益法核算的初始投资成本小于取得投资时应享有被投资单位可辨认净资产公允价值份额的差额计入取得投资当期营业外收入的金额。

第6行"(五)交易性金融资产初始投资调整"第3列"调增金额"填报纳税人根据税收规定确认交易性金融资产初始投资金额与会计核算的交易性金融资产初始投资账面价值的差额。

第7行"(六)公允价值变动净损益"第1列"账载金额"填报纳税人会计核算的以公允价值计量的金融资产、金融负债以及投资性房地产类项目计入当期损益的公允价值变动金额。

第8行"(七)不征税收入"填报纳税人计入收入总额但属于税收规定不征税的财政拨款、依法收取并纳入财政管理的行政事业性收费以及政府性基金和国务院规定的其他不征税收入。其中,第3列"调增金额"填报纳税人以前年度取得的财政性资金且已作为不征税收入处理,在5年(60个月)内未发生支出且未缴回财政部门或其他拨付资金的政府部门,应计入应税收入额的金额。第4列"调减金额"填报符合税收规定的不征税收入条件并作为不征税收入处理,且已计入当期损益的金额。

第9行"专项用途财政性资金"根据《专项用途财政性资金纳税调整明细表》(A105040)填报。第3列"调增金额"填报表 A105040 第7行第14列金额。第4列"调减金额"填报表 A105040 第7行第4列金额。

第10行"(八)销售折扣、折让和退回"填报不符合税收规定的销售折扣、折让应进行纳税调整的金额和发生的销售退回因会计处理与税收规定有差异需纳税调整的金额。其中,第1列"账载金额"填报纳税人会计核算的销售折扣、折让金额和销货退回的追溯处理的净调整额。第2列"税收金额"填报根据税收规定可以税前扣除的折扣、折让的金额和销货退回业务影响当期损益的金额。

② 扣除类调整项目

第13行"(一)视同销售成本"根据《视同销售和房地产开发企业特定业务纳税调整明细表》(A105010)填报。其中,第2列"税收金额"填报表 A105010 第11行第1列金额,第4列"调减金额"填报表 A105010 第11行第2列的绝对值。

第14行"(二)职工薪酬"根据《职工薪酬支出及纳税调整明细表》(A105050)填报。其中,第1列"账载金额"填报表A105050第13行第1列金额,第2列"税收金额"填报表A105050第13行第5列金额。

第15行"(三)业务招待费支出"第1列"账载金额"填报纳税人会计核算计入当期损益的业务招待费金额,第2列"税收金额"填报按照税收规定允许税前扣除的业务招待费支出的金额。企业发生的与生产经营活动有关的业务招待费支出按照发生额的60%扣除,但最高不得超过当年销售(营业)收入的5‰。第3列"调增金额"填报本行第1列-第2列的金额。

第16行"(四)广告费和业务宣传费支出"根据《广告费和业务宣传费等跨年度纳税调整明细表》(A105060)填报。若表A105060第12行第1列≥0,则第3列"调增金额"填报表A105060第12行第1列金额;若表A105060第12行第1列<0,则第4列"调减金额"填报表A105060第12行第1列金额的绝对值。

第17行"(五)捐赠支出"根据《捐赠支出及纳税调整明细表》(A105070)填报。其中,第1列"账载金额"填报表A105070第9行第1列金额,第2列"税收金额"填报表A105070第9行第4列金额,第3列"调增金额"填报表A105070第9行第5列金额,第4列"调减金额"填报表A105070第9行第6列金额。

第18行"(六)利息支出"第1列"账载金额"填报纳税人向非金融企业借款,会计核算计入当期损益的利息支出的金额,发行永续债的利息支出不在本行填报。第2列"税收金额"填报按照税收规定允许税前扣除的利息支出的金额。非金融企业向非金融企业借款的利息支出,不超过按照金融企业同期同类贷款利率计算的数额的部分,准予税前扣除。

第19行"(七)罚金、罚款和被没收财物的损失"第1列"账载金额"填报纳税人会计核算计入当期损益的罚金、罚款和被没收财物的损失,不包括纳税人按照经济合同规定支付的违约金(包括银行罚息)、罚款和诉讼费。第3列"调增金额"填报本行第1列金额。

提醒学生,第四章第24题中报销交通违法罚款800元需纳税调整。

第20行"(八)税收滞纳金、加收利息"第1列"账载金额"填报纳税人会计核算计入当期损益的税收滞纳金、加收利息,第3列"调增金额"填报本行第1列金额。

第21行"(九)赞助支出"第1列"账载金额"填报纳税人会计核算计入当期损益的不符合税收规定的公益性捐赠的赞助支出的金额,包括直接向受赠人的捐赠、赞助支出等(不含广告性的赞助支出,广告性的赞助支出在表A105060中填报)。第3列"调增金额"填报本行第1列金额。提醒学生,第四章第141题中赞助学校,赞助支出需纳税调整。

第23行"(十一)佣金和手续费支出",除保险企业之外的其他企业直接填报本行。其中,第1列"账载金额"填报纳税人会计核算计入当期损益的佣金和手续费金额,第2列"税收金额"填报按照税收规定允许税前扣除的佣金和手续费支出金额,第3列"调增金额"填报本行第1列-第2列金额,第4列"调减金额"不可填报。

第24行"(十二)不征税收入用于支出所形成的费用"第3列"调增金额"填报符合条件的不征税收入用于支出所形成的计入当期损益的费用化支出金额。

第26行"(十三)跨期扣除项目"填报维简费、安全生产费用、预提费用、预计负债等跨期扣除项目调整情况。其中,第1列"账载金额"填报纳税人会计核算计入当期损益的跨期扣除项目金额,第2列"税收金额"填报按照税收规定允许税前扣除的金额。

第30行"(十七)其他"填报其他因会计处理与税收规定有差异需纳税调整的扣除类项目金额。企业将货物、资产、劳务用于捐赠、广告等用途时,进行视同销售纳税调整后,对应支出的会计处理与税收规定有差异需纳税调整的金额填报在本行。

③ 资产类调整项目

第32行"(一)资产折旧、摊销"根据《资产折旧、摊销及纳税调整明细表》(A105080)填报。其中,第1列"账载金额"填报表A105080第36行第2列金额,第2列"税收金额"填报表A105080第36行第5列金额。

第33行"(二)资产减值准备金"填报坏账准备、存货跌价准备等不允许税前扣除的各类资产减值准备金纳税调整情况。其中,第1列"账载金额"填报纳税人会计核算计入当期损益的资产减值准备金金额(因价值恢复等原因转回的资产减值准备金应予以冲回)。若第1列≥0,第3列"调增金额"填报第1列金额;若第1列＜0,第4列"调减金额"填报第1列金额的绝对值。提醒学生,第四章第160题中计提坏账准备需纳税调整。

第34行"(三)资产损失"根据《资产损失税前扣除及纳税调整明细表》(A105090)填报。其中,第1列"账载金额"填报表A105090第28行第1列金额,第2列"税收金额"填报表A105090第28行第5列金额。

(9)《视同销售和房地产开发企业特定业务纳税调整明细表》(A105010)

本表适用于发生视同销售、房地产企业特定业务纳税调整项目的纳税人填报,反映纳税人发生视同销售行为、房地产开发企业销售未完工产品、未完工产品转完工产品,由于会计处理与税收规定不一致,需要进行纳税调整的项目和金额情况。

(10)《未按权责发生制确认收入纳税调整明细表》(A105020)

本表适用于会计处理按权责发生制确认收入、税收规定未按权责发生制确认收入需纳税调整的纳税人填报,反映纳税人会计处理按照权责发生制确认收入,而税收规定不按照权责发生制确认收入,需要进行纳税调整的项目和金额情况。

根据《中华人民共和国企业所得税法实施条例》(2019年4月23日中华人民共和国国务院令第714号修订):租金收入按照合同约定的承租人应付租金的日期确认收入的实现;利息收入按照合同约定的债务人应付利息的日期确认收入的实现;特许权使用费收入按照合同约定的特许权使用人应付特许权使用费的日期确认收入的实现;以分期收款方式销售货物的,按照合同约定的收款日期确认收入的实现。

提醒学生思考,第四章第116题中的租金收入是否需要纳税调整。

(11)《投资收益纳税调整明细表》(A105030)

本表适用于发生投资收益纳税调整项目的纳税人及从事股权投资业务的纳税人填报,反映纳税人发生投资收益,由于会计处理与税收规定不一致,需要进行纳税调整的项目和金额情况。处置投资项目按税收规定确认为损失的,本表不作调整,在《资产损失税前扣除及纳税调整明细表》(A105090)进行纳税调整。

根据《中华人民共和国企业所得税法实施条例》(2019年4月23日中华人民共和国国务

院令第714号修订),股息、红利等权益性投资收益按照被投资方作出利润分配决定的日期确认收入的实现。

提醒学生,第四章第89题中转让股权、第119题中出售债券需填写本表。

提醒学生思考,第四章第165题中投资收益是否需要纳税调整。

(12)《职工薪酬支出及纳税调整明细表》(A105050)

纳税人只要发生职工薪酬支出,均需填报本表。本表反映纳税人发生的职工薪酬(包括工资薪金、职工福利费、职工教育经费、工会经费、各类基本社会保障性缴款、住房公积金、补充养老保险、补充医疗保险等支出)情况,以及由于会计处理与税收规定不一致,需要进行纳税调整的项目和金额情况。

① 工资薪金支出

第1行"一、工资薪金支出"填报纳税人本年度支付给在本企业任职或者受雇的员工的所有现金形式或非现金形式的劳动报酬及其会计核算、纳税调整等金额,具体如下:

a. 第1列"账载金额"填报纳税人会计核算计入成本费用的职工工资、奖金、津贴和补贴金额。

b. 第2列"实际发生额"分析填报纳税人"应付职工薪酬"会计科目借方发生额(实际发放的工资薪金)。

c. 第5列"税收金额"填报纳税人按照税收规定允许税前扣除的金额,按照第1列和第2列分析填报。

d. 第6列"纳税调整金额"填报第1列-第5列金额。

提醒学生思考,南京铁宁机械股份有限公司工资是当月计提下月发放,第四章第157题计算并分配12月份工资,12月份工资是否需要纳税调整。

② 职工福利费支出

第3行"二、职工福利费支出"填报纳税人本年度发生的职工福利费及其会计核算、纳税调整等金额,具体如下:

a. 第1列"账载金额"填报纳税人会计核算计入成本费用的职工福利费的金额。

b. 第2列"实际发生额"分析填报纳税人"应付职工薪酬"会计科目下的职工福利费实际发生额。

根据《国家税务总局关于企业工资薪金及职工福利费扣除问题的通知》(国税函〔2009〕3号),企业职工福利费包括为职工卫生保健、生活、住房、交通等所发放的各项补贴和非货币性福利(包括企业向职工发放的因公外地就医费用、未实行医疗统筹企业职工医疗费用、职工供养直系亲属医疗补贴、供暖费补贴、职工防暑降温费、职工困难补贴、救济费、职工食堂经费补贴、职工交通补贴等);按照其他规定发生的其他职工福利费,包括丧葬补助费、抚恤费、安家费、探亲假路费等。

c. 第3列"税收规定扣除率"填报税收规定的扣除比例。

根据《中华人民共和国企业所得税法实施条例》(2019年4月23日中华人民共和国国务院令第714号修订),企业发生的职工福利费支出不超过工资、薪金总额14%的部分准予扣除。

d. 第5列"税收金额"填报按照税收规定允许税前扣除的金额,按第1行"工资薪金支出"第 5 列"税收金额"×税收规定扣除率与第 1 列、第 2 列三者孰小值填报。

e. 第 6 列"纳税调整金额"填报第 1 列－第 5 列金额。

提醒学生思考,第四章第 45 题中支付张民困难补助、第 81 题中报销职工的孩子看病费用、第 90 题中临时工报销医药费,能否税前列支;第 132 题职工福利品能否通过"职工福利费"税前列支。另外,公司 10 月份组织职工旅游,发生旅游费 12 600.00 元,能否税前列支;公司年末"应付职工薪酬——福利费"科目有贷方余额 30 043.03 元,是否需要纳税调整。

③ 职工教育经费支出

第 4 行"三、职工教育经费支出"填报第 5 行金额或者第 5 行＋第 6 行金额。

第 5 行"按税收规定比例扣除的职工教育经费"适用于按照税收规定职工教育经费按比例税前扣除的纳税人填报,填报纳税人本年度发生的按税收规定比例扣除的职工教育经费及其会计核算、纳税调整等金额,具体如下:

a. 第 1 列"账载金额"填报纳税人会计核算计入成本费用的按税收规定比例扣除的职工教育经费金额。

b. 第 2 列"实际发生额"分析填报纳税人"应付职工薪酬"会计科目下的职工教育经费实际发生额。

根据《关于企业职工教育经费提取与使用管理的意见》(财建〔2006〕317 号),企业职工教育培训经费列支范围包括:

企业职工教育培训经费列支范围

序号	列支范围
1	上岗和转岗培训
2	各类岗位适应性培训
3	岗位培训、职业技术等级培训、高技能人才培训
4	专业技术人员继续教育
5	特种作业人员培训
6	企业组织的职工外送培训的经费支出
7	职工参加的职业技能鉴定、职业资格认证等经费支出
8	购置教学设备与设施
9	职工岗位自学成才奖励费用
10	职工教育培训管理费用
11	有关职工教育的其他开支

企业职工参加社会上的学历教育以及个人为取得学位而参加的在职教育,所需费用应由个人承担,不能挤占企业的职工教育培训经费。对于企业高层管理人员的境外培训和考察,其一次性单项支出较高的费用应从其他管理费用中支出,避免挤占日常的职工教育培训经费开支。

c. 第 3 列"税收规定扣除率"填报税收规定的扣除比例。

根据《财政部 税务总局关于企业职工教育经费税前扣除政策的通知》(财税〔2018〕51号),自 2018 年 1 月 1 日起,企业发生的职工教育经费支出不超过工资薪金总额 8% 的部分,准予在计算企业所得税应纳税所得额时扣除;超过部分,准予在以后纳税年度结转扣除。

　　d. 第 4 列"以前年度累计结转扣除额"填报纳税人以前年度累计结转准予扣除的职工教育经费支出余额。

　　e. 第 5 列"税收金额"填报纳税人按照税收规定允许税前扣除的金额,按第 1 行"工资薪金支出"第 5 列"税收金额"×税收规定扣除率与第 2 列+第 4 列的孰小值填报。

　　f. 第 6 列"纳税调整金额"填报第 1 列-第 5 列金额。

　　g. 第 7 列"累计结转以后年度扣除额"填报第 2 列+第 4 列-第 5 列金额。

　　提醒学生思考,第四章第 61 题中财务经理培训费、第 121 题中职工专业培训费、第 133 题中技术书籍资料费,能否通过"职工教育经费"税前列支。

　　④ 工会经费支出

　　第 7 行"四、工会经费支出"填报纳税人本年度拨缴的工会经费及其会计核算、纳税调整等金额,具体如下:

　　a. 第 1 列"账载金额"填报纳税人会计核算计入成本费用的工会经费支出金额。

　　b. 第 2 列"实际发生额"分析填报纳税人"应付职工薪酬"会计科目下的工会经费本年实际发生额。

根据《国家税务总局关于工会经费企业所得税税前扣除凭据问题的公告》(国家税务总局公告 2010 年第 24 号),自 2010 年 7 月 1 日起,企业拨缴的职工工会经费不超过工资薪金总额 2% 的部分,凭工会组织开具的《工会经费收入专用收据》在企业所得税税前扣除。

　　c. 第 3 列"税收规定扣除率"填报税收规定的扣除比例。

根据《中华人民共和国企业所得税法实施条例》(2019 年 4 月 23 日中华人民共和国国务院令第 714 号修订),企业拨缴的工会经费,不超过工资、薪金总额 2% 的部分准予扣除。

　　d. 第 5 列"税收金额"填报按照税收规定允许税前扣除的金额,按第 1 行"工资薪金支出"第 5 列"税收金额"×税收规定扣除率与第 1 列、第 2 列三者孰小值填报。

　　e. 第 6 列"纳税调整金额"填报第 1 列-第 5 列金额。

　　提醒学生思考,第四章第 30 题中工会组织羽毛球比赛发放奖品,能否通过"工会经费"税前列支。

　　⑤ 各类基本社会保障性缴款

　　第 8 行"五、各类基本社会保障性缴款"填报纳税人依照国务院有关主管部门或者省级人民政府规定的范围和标准为职工缴纳的基本社会保险费及其会计核算、纳税调整等金额,具体如下:

　　a. 第 1 列"账载金额"填报纳税人会计核算的各类基本社会保障性缴款的金额。

　　b. 第 2 列"实际发生额"分析填报纳税人"应付职工薪酬"会计科目下的各类基本社会保障性缴款本年实际发生额。

　　c. 第 5 列"税收金额"填报按照税收规定允许税前扣除的各类基本社会保障性缴款的金额,按纳税人依照国务院有关主管部门或者省级人民政府规定的范围和标准计算的各类基本社会保障性缴款的金额、第1列及第2列孰小值填报。

d. 第6列"纳税调整金额"填报第1列－第5列金额。

⑥ 住房公积金

第9行"六、住房公积金"填报纳税人依照国务院有关主管部门或者省级人民政府规定的范围和标准为职工缴纳的住房公积金及其会计核算、纳税调整等金额，具体如下：

a. 第1列"账载金额"填报纳税人会计核算的住房公积金金额。

b. 第2列"实际发生额"分析填报纳税人"应付职工薪酬"会计科目下的住房公积金本年实际发生额。

c. 第5列"税收金额"填报按照税收规定允许税前扣除的住房公积金金额，按纳税人依照国务院有关主管部门或者省级人民政府规定的范围和标准计算的住房公积金金额、第1列及第2列三者孰小值填报。

d. 第6列"纳税调整金额"填报第1列－第5列金额。

⑦ 补充养老保险

第10行"七、补充养老保险"填报纳税人为投资者或者职工支付的补充养老保险费及其会计核算、纳税调整等金额，具体如下：

a. 第1列"账载金额"填报纳税人会计核算的补充养老保险金额。

b. 第2列"实际发生额"分析填报纳税人"应付职工薪酬"会计科目下的补充养老保险本年实际发生额。

c. 第3列"税收规定扣除率"填报税收规定的扣除比例。

根据《财政部 国家税务总局关于补充养老保险费、补充医疗保险费有关企业所得税政策问题的通知》（财税〔2009〕27号），自2008年1月1日起，企业根据国家有关政策规定，为在本企业任职或者受雇的全体员工支付的补充养老保险费、补充医疗保险费，分别在不超过职工工资总额5%标准内的部分，在计算应纳税所得额时准予扣除，超过的部分不予扣除。

d. 第5列"税收金额"填报按照税收规定允许税前扣除的补充养老保险的金额，按第1行"工资薪金支出"第5列"税收金额"×税收规定扣除率与第1列、第2列三者孰小值填报。

e. 第6列"纳税调整金额"填报第1列－第5列金额。

(13)《广告费和业务宣传费等跨年度纳税调整明细表》（A105060）

本表适用于发生广告费和业务宣传费纳税调整项目（含广告费和业务宣传费结转）、保险企业手续费及佣金支出纳税调整项目（含保险企业手续费及佣金支出结转）的纳税人填报，反映纳税人发生的广告费和业务宣传费支出、保险企业发生的手续费及佣金支出由于会计处理与税收规定不一致，需要进行纳税调整的金额情况。纳税人以前年度发生广告费和业务宣传费支出、保险企业以前年度发生手续费及佣金支出尚未扣除完毕结转至本年度扣除的，应填报以前年度累计结转情况。

根据《中华人民共和国企业所得税法实施条例》（2019年4月23日中华人民共和国国务院令第714号修订），企业发生的符合条件的广告费和业务宣传费支出，除国务院财政、税务主管部门另有规定外，不超过当年销售（营业）收入15%的部分准予扣除；超过部分，准予在以后纳税年度结转扣除。

提醒学生,第四章第 42 题中支付广告费需填写本表。

(14)《捐赠支出及纳税调整明细表》(A105070)

本表适用于发生捐赠支出(含捐赠支出结转)的纳税人填报,反映纳税人发生捐赠支出的情况,以及由于会计处理与税收规定不一致,需要进行纳税调整的项目和金额情况。纳税人发生以前年度捐赠支出未扣除完毕的,应填报以前年度累计结转情况。

根据《财政部 国家税务总局关于公益性捐赠支出企业所得税税前结转扣除有关政策的通知》(财税〔2018〕15 号),自 2017 年 1 月 1 日起,企业通过公益性社会组织或者县级(含县级)以上人民政府及其组成部门和直属机构,用于慈善活动、公益事业的捐赠支出,在年度利润总额 12% 以内的部分,准予在计算应纳税所得额时扣除;超过年度利润总额 12% 的部分,准予结转以后三年内在计算应纳税所得额时扣除。企业当年发生及以前年度结转的公益性捐赠支出准予在当年税前扣除的部分,不能超过企业当年年度利润总额的 12%。企业发生的公益性捐赠支出未在当年税前扣除的部分,准予向以后年度结转扣除,但结转年限自捐赠发生年度的次年起计算最长不得超过三年。企业在对公益性捐赠支出计算扣除时,应先扣除以前年度结转的捐赠支出,再扣除当年发生的捐赠支出。

根据《财政部 税务总局 国务院扶贫办关于企业扶贫捐赠所得税税前扣除政策的公告》(财政部 税务总局 国务院扶贫办公告 2019 年第 49 号),自 2019 年 1 月 1 日至 2022 年 12 月 31 日,企业通过公益性社会组织或者县级(含县级)以上人民政府及其组成部门和直属机构,用于目标脱贫地区的扶贫捐赠支出,准予在计算企业所得税应纳税所得额时据实扣除。企业同时发生扶贫捐赠支出和其他公益性捐赠支出,在计算公益性捐赠支出年度扣除限额时,符合上述条件的扶贫捐赠支出不计算在内。企业在 2015 年 1 月 1 日至 2018 年 12 月 31 日期间已发生的符合上述条件的扶贫捐赠支出,尚未在计算企业所得税应纳税所得额时扣除的部分,可执行上述企业所得税政策。

提醒学生,第四章第 140 题中通过中国慈善总会向灾区捐款需填写本表。

(15)《资产折旧、摊销及纳税调整明细表》(A105080)

本表适用于发生资产折旧、摊销的纳税人填报。纳税人只要发生资产折旧、摊销,均需填报本表。本表反映纳税人资产折旧、摊销情况,以及由于会计处理与税收规定不一致,需要进行纳税调整的项目和金额情况。

① 固定资产计税基础

a. 外购的固定资产以购买价款和支付的相关税费以及直接归属于使该资产达到预定用途发生的其他支出为计税基础。

b. 自行建造的固定资产以竣工结算前发生的支出为计税基础。

c. 融资租入的固定资产以租赁合同约定的付款总额和承租人在签订租赁合同过程中发生的相关费用为计税基础;租赁合同未约定付款总额的,以该资产的公允价值和承租人在签订租赁合同过程中发生的相关费用为计税基础。

d. 盘盈的固定资产以同类固定资产的重置完全价值为计税基础。

e. 通过捐赠、投资、非货币性资产交换、债务重组等方式取得的固定资产,以该资产的公允价值和支付的相关税费为计税基础。

f. 改建的固定资产以改建过程中发生的改建支出增加计税基础。

②　固定资产折旧年限

固定资产计算折旧的最低年限如下：

　　a. 房屋、建筑物为 20 年。

　　b. 飞机、火车、轮船、机器、机械和其他生产设备为 10 年。

　　c. 与生产经营活动有关的器具、工具、家具等为 5 年。

　　d. 飞机、火车、轮船以外的运输工具为 4 年。

　　e. 电子设备为 3 年。

③　不得计算折旧并税前扣除的固定资产

下列固定资产不得计算折旧扣除：

　　a. 房屋、建筑物以外未投入使用的固定资产。

　　b. 以经营租赁方式租入的固定资产。

　　c. 以融资租赁方式租出的固定资产。

　　d. 已足额提取折旧仍继续使用的固定资产。

　　e. 与经营活动无关的固定资产。

　　f. 单独估价作为固定资产入账的土地。

④　生产性生物资产计税基础

　　a. 外购的生产性生物资产以购买价款和支付的相关税费为计税基础。

　　b. 通过捐赠、投资、非货币性资产交换、债务重组等方式取得的生产性生物资产，以该资产的公允价值和支付的相关税费为计税基础。

⑤　生产性生物资产折旧年限

生产性生物资产计算折旧的最低年限如下：

　　a. 林木类生产性生物资产为 10 年。

　　b. 畜类生产性生物资产为 3 年。

⑥　无形资产计税基础

　　a. 外购的无形资产以购买价款和支付的相关税费以及直接归属于使该资产达到预定用途发生的其他支出为计税基础。

　　b. 自行开发的无形资产以开发过程中该资产符合资本化条件后至达到预定用途前发生的支出为计税基础。

　　c. 通过捐赠、投资、非货币性资产交换、债务重组等方式取得的无形资产，以该资产的公允价值和支付的相关税费为计税基础。

⑦　无形资产摊销年限

　　a. 无形资产的摊销年限不得低于 10 年。

　　b. 作为投资或者受让的无形资产，有关法律规定或者合同约定了使用年限的，可以按照规定或者约定的使用年限分期摊销。

　　c. 外购商誉的支出在企业整体转让或者清算时准予扣除。

⑧　不得计算摊销并税前扣除的无形资产

下列无形资产不得计算摊销费用扣除：

a. 自行开发的支出已在计算应纳税所得额时扣除的无形资产。

b. 自创商誉。

c. 与经营活动无关的无形资产。

⑨ 长期待摊费用

a. 已足额提取折旧的固定资产的改建支出，是指改变房屋或者建筑物结构、延长使用年限等发生的支出，按照固定资产预计尚可使用年限分期摊销。

b. 租入固定资产的改建支出是指改变房屋或者建筑物结构、延长使用年限等发生的支出，按照合同约定的剩余租赁期限分期摊销。

c. 固定资产的大修理支出是指同时符合下列条件的支出：修理支出达到取得固定资产时的计税基础50％以上，修理后固定资产的使用年限延长2年以上。按照固定资产尚可使用年限分期摊销。

d. 其他应当作为长期待摊费用的支出，摊销年限不得低于3年。

提醒学生思考，账载固定资产折旧年限大于税收固定资产计算折旧的最低年限，是否需要纳税调整；第四章第162题中专利和商标均按5年摊销，是否需要纳税调整。

（16）《资产损失税前扣除及纳税调整明细表》（A105090）

本表适用于发生资产损失税前扣除项目及纳税调整项目的纳税人填报，反映纳税人发生的资产损失的项目及金额情况，以及由于会计处理与税收规定不一致，需要进行纳税调整的项目和金额情况。

第1列"资产损失的账载金额"填报纳税人会计核算计入当期损益的对应项目的资产损失金额。

第2列"资产处置收入"填报纳税人处置发生损失的资产可收回的残值或处置收益。

第3列"赔偿收入"填报纳税人发生资产损失时取得的相关责任人、保险公司赔偿的金额。

第4列"资产计税基础"填报纳税人按税收规定计算的发生损失时资产的计税基础，含损失资产涉及的不得抵扣增值税进项税额。

第5列"资产损失的税收金额"填报按税收规定允许当期税前扣除的资产损失金额，按第4列－第2列－第3列金额填报。

第6列"纳税调整金额"填报第1列－第5列金额。

① 现金及银行存款损失

第1行"一、现金及银行存款损失"填报纳税人当年发生的现金损失和银行存款损失的账载金额、资产处置收入、赔偿收入、资产计税基础、资产损失的税收金额及纳税调整金额。

a. 现金损失。

根据《财政部 国家税务总局关于企业资产损失税前扣除政策的通知》（财税〔2009〕57号），企业清查出的现金短缺减除责任人赔偿后的余额，作为现金损失在计算应纳税所得额时扣除。

根据《企业资产损失所得税税前扣除管理办法》，现金损失应依据以下证据材料确认：

序号	证据材料
1	现金保管人确认的现金盘点表(包括倒推至基准日的记录)
2	现金保管人对于短缺的说明及相关核准文件
3	对责任人由于管理责任造成损失的责任认定及赔偿情况的说明
4	涉及刑事犯罪的,应有司法机关出具的相关材料
5	金融机构出具的假币收缴证明

提醒学生,第四章第91题中现金短缺100元、第100题中出纳赔偿100元,填入本行。

b. 银行存款损失。

根据《财政部 国家税务总局关于企业资产损失税前扣除政策的通知》(财税〔2009〕57号),企业将货币性资金存入法定具有吸收存款职能的机构,因该机构依法破产、清算,或者政府责令停业、关闭等原因,确实不能收回的部分,作为存款损失在计算应纳税所得额时扣除。

根据《企业资产损失所得税税前扣除管理办法》,企业因金融机构清算而发生的存款类资产损失应依据以下证据材料确认:

序号	证据材料
1	企业存款类资产的原始凭据
2	金融机构破产、清算的法律文件
3	金融机构清算后剩余资产分配情况资料

金融机构应清算而未清算超过三年的,企业可将该款项确认为资产损失,但应有法院或破产清算管理人出具的未完成清算证明。

② 应收及预付款项坏账损失

第2行"二、应收及预付款项坏账损失"填报纳税人当年发生的应收及预付款项坏账损失的账载金额、资产处置收入、赔偿收入、资产计税基础、资产损失的税收金额及纳税调整金额。

第3行"逾期三年以上的应收款项损失"填报纳税人当年发生的应收及预付款项坏账损失中,逾期三年以上的应收款项且当年在会计上已作为损失处理的坏账损失的账载金额、资产处置收入、赔偿收入、资产计税基础、资产损失的税收金额及纳税调整金额。

第4行"逾期一年以上的小额应收款项损失"填报纳税人当年发生的应收及预付款项坏账损失中逾期一年以上,单笔数额不超过五万或者不超过企业年度收入总额万分之一的应收款项,会计上已经作为损失处理的坏账损失的账载金额、资产处置收入、赔偿收入、资产计税基础、资产损失的税收金额及纳税调整金额。

根据《财政部 国家税务总局关于企业资产损失税前扣除政策的通知》(财税〔2009〕57号),企业除贷款类债权外的应收、预付账款符合下列条件之一的,减除可收回金额后确认的无法收回的应收、预付款项,可以作为坏账损失在计算应纳税所得额时扣除:

a. 债务人依法宣告破产、关闭、解散、被撤销,或者被依法注销、吊销营业执照,其清算财产不足清偿的。

b. 债务人死亡,或者依法被宣告失踪、死亡,其财产或者遗产不足清偿的。

c. 债务人逾期 3 年以上未清偿,且有确凿证据证明已无力清偿债务的。

d. 与债务人达成债务重组协议或法院批准破产重整计划后,无法追偿的。

e. 因自然灾害、战争等不可抗力导致无法收回的。

f. 国务院财政、税务主管部门规定的其他条件。

根据《企业资产损失所得税税前扣除管理办法》,企业应收及预付款项坏账损失应依据以下相关证据材料确认:

a. 相关事项合同、协议或说明。

b. 属于债务人破产清算的,应有人民法院的破产、清算公告。

c. 属于诉讼案件的,应出具人民法院的判决书或裁决书或仲裁机构的仲裁书,或者被法院裁定终(中)止执行的法律文书。

d. 属于债务人停止营业的,应有工商部门注销、吊销营业执照证明。

e. 属于债务人死亡、失踪的,应有公安机关等有关部门对债务人个人的死亡、失踪证明。

f. 属于债务重组的,应有债务重组协议及其债务人重组收益纳税情况说明。

g. 属于自然灾害、战争等不可抗力而无法收回的,应有债务人受灾情况说明以及放弃债权申明。

其中,企业逾期 3 年以上的应收款项在会计上已作为损失处理的,可以作为坏账损失,但应说明情况,并出具专项报告。企业逾期 1 年以上,单笔数额不超过 5 万元或者不超过企业年度收入总额万分之一的应收款项,会计上已经作为损失处理的,可以作为坏账损失,但应说明情况,并出具专项报告。

提醒学生,第四章第 82 题中应收账款债务重组损失填入本行。

③ 存货损失

第 5 行"三、存货损失"填报纳税人当年发生的存货损失的账载金额、资产处置收入、赔偿收入、资产计税基础、资产损失的税收金额及纳税调整金额。

存货的资产计税基础为:

a. 通过支付现金方式取得的存货,以购买价款和支付的相关税费为成本。

b. 通过支付现金以外的方式取得的存货,以该存货的公允价值和支付的相关税费为成本。

根据《财政部 国家税务总局关于企业资产损失税前扣除政策的通知》(财税〔2009〕57 号),存货损失税前扣除如下:

a. 对企业盘亏的存货,以该存货的成本减除责任人赔偿后的余额作为存货盘亏损失在计算应纳税所得额时扣除。

b. 对企业毁损、报废的存货,以该存货的成本减除残值、保险赔款和责任人赔偿后的余额,作为存货毁损、报废损失在计算应纳税所得额时扣除。

c. 对企业被盗的存货,以该存货的成本减除保险赔款和责任人赔偿后的余额,作为存货被盗损失在计算应纳税所得额时扣除。

d. 企业因存货盘亏、毁损、报废、被盗等原因不得从增值税销项税额中抵扣的进项税额,可以与存货损失一起在计算应纳税所得额时扣除。

根据《企业资产损失所得税税前扣除管理办法》，存货损失依据以下证据材料确认：

a. 存货盘亏损失为其盘亏金额扣除责任人赔偿后的余额，应依据以下证据材料确认：

序号	证据材料
1	存货计税成本确定依据
2	企业内部有关责任认定、责任人赔偿说明和内部核批文件
3	存货盘点表
4	存货保管人对于盘亏的情况说明

b. 存货报废、毁损或变质损失为其计税成本扣除残值及责任人赔偿后的余额，应依据以下证据材料确认：

序号	证据材料
1	存货计税成本的确定依据
2	企业内部关于存货报废、毁损、变质、残值情况说明及核销资料
3	涉及责任人赔偿的，应当有赔偿情况说明
4	该项损失数额较大的(指占企业该类资产计税成本10%以上，或减少当年应纳税所得、增加亏损10%以上)，应有专业技术鉴定意见或法定资质中介机构出具的专项报告等

c. 存货被盗损失为其计税成本扣除保险理赔以及责任人赔偿后的余额，应依据以下证据材料确认：

序号	证据材料
1	存货计税成本的确定依据
2	向公安机关的报案记录
3	涉及责任人和保险公司赔偿的，应有赔偿情况说明等

提醒学生，第四章第92题中存货盘亏、第136题中存货盘亏仓库保管员赔偿、第103题中存货报废以及违规操作工人赔偿，填入第5行、第6行。

④ 固定资产损失

第7行"四、固定资产损失"填报纳税人当年发生的固定资产损失的账载金额、资产处置收入、赔偿收入、资产计税基础、资产损失的税收金额及纳税调整金额。

根据《财政部 国家税务总局关于企业资产损失税前扣除政策的通知》(财税〔2009〕57号)，固定资产损失税前扣除如下：

a. 对企业盘亏的固定资产，以该固定资产的账面净值减除责任人赔偿后的余额，作为固定资产盘亏损失在计算应纳税所得额时扣除。

b. 对企业毁损、报废的固定资产，以该固定资产的账面净值减除残值、保险赔款和责任人赔偿后的余额，作为固定资产毁损、报废损失在计算应纳税所得额时扣除。

c. 对企业被盗的固定资产，以该固定资产的账面净值减除保险赔款和责任人赔偿后的余额,作为固定资产被盗损失在计算应纳税所得额时扣除。

根据《企业资产损失所得税税前扣除管理办法》,固定资产损失依据以下证据材料确认。

a. 固定资产盘亏、丢失损失为其账面净值扣除责任人赔偿后的余额,应依据以下证据材料确认:

序号	证据材料
1	企业内部有关责任认定和核销资料
2	固定资产盘点表
3	固定资产的计税基础相关资料
4	固定资产盘亏、丢失情况说明
5	损失金额较大的,应有专业技术鉴定报告或法定资质中介机构出具的专项报告等

b. 固定资产报废、毁损损失为其账面净值扣除残值和责任人赔偿后的余额,应依据以下证据材料确认:

序号	证据材料
1	固定资产的计税基础相关资料
2	企业内部有关责任认定和核销资料
3	企业内部有关部门出具的鉴定材料
4	涉及责任赔偿的,应当有赔偿情况的说明
5	损失金额较大的或自然灾害等不可抗力原因造成固定资产毁损、报废的,应有专业技术鉴定意见或法定资质中介机构出具的专项报告等

c. 固定资产被盗损失为其账面净值扣除责任人赔偿后的余额,应依据以下证据材料确认:

序号	证据材料
1	固定资产计税基础相关资料
2	公安机关的报案记录或公安机关立案、破案和结案的证明材料
3	涉及责任赔偿的,应有赔偿责任的认定及赔偿情况的说明等

提醒学生,第四章第74题中报废复印机、第115题中报废电脑及第118题中责任人赔偿、第124题中盘亏笔记本电脑及管理员赔偿,填入第7行、第8行。

提醒学生思考,第四章第111题中出售固定资产损失是否需要在第7行填列。

⑤ 无形资产损失

第9行"五、无形资产损失"填报纳税人当年发生的无形资产损失的账载金额、资产处置收入、赔偿收入、资产计税基础、资产损失的税收金额及纳税调整金额。

被其他新技术所代替或超过法律保护期限,已经丧失使用价值和转让价值但尚未摊销的无形资产损失,应依据以下证据材料确认:

a. 会计核算资料。

b. 企业内部核批文件及有关情况说明。

c. 技术鉴定意见和企业法定代表人、主要负责人和财务负责人签章证实无形资产已无使用价值或转让价值的书面申明。

d. 无形资产的法律保护期限文件。

⑥ 在建工程损失

第12行"六、在建工程损失"填报纳税人当年发生的在建工程损失的账载金额、资产处置收入、赔偿收入、资产计税基础、资产损失的税收金额及纳税调整金额。

在建工程停建、报废损失为其工程项目投资账面价值扣除残值后的余额，应依据以下证据材料确认：

a. 工程项目投资账面价值确定依据。

b. 工程项目停建原因说明及相关材料。

c. 因质量原因停建、报废的工程项目和因自然灾害和意外事故停建、报废的工程项目，应出具专业技术鉴定意见和责任认定、赔偿情况的说明等。

⑦ 生产性生物资产损失

第14行"七、生产性生物资产损失"填报纳税人当年发生的生产性生物资产损失的账载金额、资产处置收入、赔偿收入、资产计税基础、资产损失的税收金额及纳税调整金额。

a. 生产性生物资产盘亏损失为其账面净值扣除责任人赔偿后的余额，应依据以下证据材料确认：

序号	证据材料
1	生产性生物资产盘点表
2	生产性生物资产盘亏情况说明
3	生产性生物资产损失金额较大的，企业应有专业技术鉴定意见和责任认定、赔偿情况的说明等

b. 因森林病虫害、疫情、死亡而产生的生产性生物资产损失，为其账面净值扣除残值、保险赔偿和责任人赔偿后的余额，应依据以下证据材料确认：

序号	证据材料
1	损失情况说明
2	责任认定及其赔偿情况的说明
3	损失金额较大的，应有专业技术鉴定意见

c. 因被盗伐、被盗、丢失而产生的生产性生物资产损失，为其账面净值扣除保险赔偿以及责任人赔偿后的余额，应依据以下证据材料确认：

序号	证据材料
1	生产性生物资产被盗后，向公安机关的报案记录或公安机关立案、破案和结案的证明材料
2	责任认定及其赔偿情况的说明

⑧ 债权性投资损失

第22行"(二)非金融企业债权性投资损失"填报非金融企业当年发生的债权性投资损失的账载金额、资产处置收入、赔偿收入、资产计税基础、资产损失的税收金额及纳税调整金额。企业债权投资损失应依据投资的原始凭证、合同或协议、会计核算资料等相关证据材料确认。

⑨ 股权性投资损失

第23行"九、股权(权益)性投资损失"填报纳税人当年发生的股权(权益)性投资损失的账载金额、资产处置收入、赔偿收入、资产计税基础、资产损失的税收金额及纳税调整金额。

企业的股权投资符合下列条件之一的,减除可收回金额后确认的无法收回的股权投资,可以作为股权投资损失在计算应纳税所得额时扣除:

a. 被投资方依法宣告破产、关闭、解散、被撤销,或者被依法注销、吊销营业执照的。

b. 被投资方财务状况严重恶化,累计发生巨额亏损,已连续停止经营3年以上,且无重新恢复经营改组计划的。

c. 对被投资方不具有控制权,投资期限届满或者投资期限已超过10年,且被投资单位因连续3年经营亏损导致资不抵债的。

d. 被投资方财务状况严重恶化,累计发生巨额亏损,已完成清算或清算期超过3年以上的。

企业股权投资损失应依据以下相关证据材料确认:

a. 股权投资计税基础证明材料。

b. 被投资企业破产公告、破产清偿文件。

c. 工商行政管理部门注销、吊销被投资单位营业执照文件。

d. 政府有关部门对被投资单位的行政处理决定文件。

e. 被投资企业终止经营、停止交易的法律或其他证明文件。

f. 被投资企业资产处置方案、成交及入账材料。

g. 企业法定代表人、主要负责人和财务负责人签章证实有关投资(权益)性损失的书面申明。

h. 会计核算资料等其他相关证据材料。

被投资企业依法宣告破产、关闭、解散或撤销营业执照、吊销营业执照、停止生产经营活动、失踪等,应出具资产清偿证明或者遗产清偿证明。上述事项超过3年以上且未能完成清算的,应出具被投资企业破产、关闭、解散或撤销、吊销营业执照等的证明以及不能清算的原因说明。

(17)《企业所得税弥补亏损明细表》(A106000)

本表适用于发生弥补亏损、亏损结转等事项的纳税人填报,反映纳税人以前年度发生的亏损需要在本年度结转弥补的金额、本年度可弥补的金额以及可继续结转以后年度弥补的亏损额情况。

纳税人弥补以前年度亏损时,应按照"先到期亏损先弥补、同时到期亏损先发生的先弥补"的原则处理。企业纳税年度发生的亏损准予向以后年度结转,用以后年度的所得弥补,但结转年限最长不得超过五年。

根据《财政部 税务总局关于延长高新技术企业和科技型中小企业亏损结转年限的通知》（财税〔2018〕76 号），自 2018 年 1 月 1 日起，当年具备高新技术企业或科技型中小企业资格的企业，其具备资格年度之前 5 个年度发生的尚未弥补完的亏损，准予结转以后年度弥补，最长结转年限由 5 年延长至 10 年。

第 6 列"弥补亏损企业类型"纳税人根据不同年度情况从弥补亏损企业类型代码表中选择相应的代码填入。不同类型纳税人的亏损结转年限不同，"一般企业"是指亏损结转年限为 5 年的纳税人；"符合条件的高新技术企业""符合条件的科技型中小企业"是指符合《财政部 税务总局关于延长高新技术企业和科技型中小企业亏损结转年限的通知》（财税〔2018〕76 号）、《国家税务总局关于延长高新技术企业和科技型中小企业亏损结转弥补年限有关企业所得税处理问题的公告》（国家税务总局公告 2018 年第 45 号）等文件规定的，亏损结转年限为 10 年的纳税人。

弥补亏损企业类型代码表

代码	类型
100	一般企业
200	符合条件的高新技术企业
300	符合条件的科技型中小企业

七 个人所得税纳税申报

1. 个人所得税纳税义务人

个人所得税纳税义务人包括居民个人纳税人和非居民个人纳税人。

（1）居民个人指在中国境内有住所，或者无住所而一个纳税年度内在中国境内居住累计满 183 天的个人。

（2）非居民个人指在中国境内无住所又不居住，或者无住所而一个纳税年度内在中国境内居住累计不满 183 天的个人。

纳税年度自公历 1 月 1 日起至 12 月 31 日止。

2. 个人所得税征税范围

纳税义务人	征税范围
居民个人	从中国境内和境外取得的所得
非居民个人	从中国境内取得的所得

征税范围具体包括：

（1）工资、薪金所得

工资、薪金所得是指个人因任职或者受雇取得的工资、薪金、奖金、年终加薪、劳动分红、津贴、补贴以及与任职或者受雇有关的其他所得。

(2) 劳务报酬所得

劳务报酬所得是指个人从事劳务取得的所得,包括从事设计、装潢、安装、制图、化验、测试、医疗、法律、会计、咨询、讲学、翻译、审稿、书画、雕刻、影视、录音、录像、演出、表演、广告、展览、技术服务、介绍服务、经纪服务、代办服务以及其他劳务取得的所得。

(3) 稿酬所得

稿酬所得是指个人因其作品以图书、报刊等形式出版、发表而取得的所得。

(4) 特许权使用费所得

特许权使用费所得是指个人提供专利权、商标权、著作权、非专利技术以及其他特许权的使用权取得的所得。提供著作权的使用权取得的所得不包括稿酬所得。

(5) 经营所得

经营所得是指:

① 个体工商户从事生产、经营活动取得的所得,个人独资企业投资人、合伙企业的个人合伙人来源于境内注册的个人独资企业、合伙企业生产、经营的所得。

② 个人依法从事办学、医疗、咨询以及其他有偿服务活动取得的所得。

③ 个人对企业、事业单位承包经营、承租经营以及转包、转租取得的所得。

④ 个人从事其他生产、经营活动取得的所得。

(6) 利息、股息、红利所得

利息、股息、红利所得是指个人拥有债权、股权等而取得的利息、股息、红利所得。

(7) 财产租赁所得

财产租赁所得是指个人出租不动产、机器设备、车船以及其他财产取得的所得。

(8) 财产转让所得

财产转让所得是指个人转让有价证券、股权、合伙企业中的财产份额、不动产、机器设备、车船以及其他财产取得的所得。

(9) 偶然所得

偶然所得是指个人得奖、中奖、中彩以及其他偶然性质的所得。

上述第(1)项至第(4)项所得称为综合所得。居民个人取得综合所得按纳税年度合并计算个人所得税;非居民个人取得综合所得按月或者按次分项计算个人所得税。纳税人取得上述第(5)项至第(9)项所得,分别计算个人所得税。

其中,下列所得,不论支付地点是否在中国境内,均为来源于中国境内的所得:

(1) 因任职、受雇、履约等在中国境内提供劳务取得的所得。

(2) 将财产出租给承租人在中国境内使用而取得的所得。

(3) 许可各种特许权在中国境内使用而取得的所得。

(4) 转让中国境内的不动产等财产或者在中国境内转让其他财产取得的所得。

(5) 从中国境内企业、事业单位、其他组织以及居民个人取得的利息、股息、红利所得。

下列所得,为来源于中国境外的所得:

(1) 因任职、受雇、履约等在中国境外提供劳务取得的所得。

(2) 中国境外企业以及其他组织支付且负担的稿酬所得。

(3) 许可各种特许权在中国境外使用而取得的所得。

(4) 在中国境外从事生产、经营活动而取得的与生产、经营活动相关的所得。

(5) 从中国境外企业、其他组织以及非居民个人取得的利息、股息、红利所得。

(6) 将财产出租给承租人在中国境外使用而取得的所得。

(7) 转让中国境外的不动产、转让对中国境外企业以及其他组织投资形成的股票、股权以及其他权益性资产(以下称"权益性资产")或者在中国境外转让其他财产取得的所得。但转让对中国境外企业以及其他组织投资形成的权益性资产,该权益性资产被转让前3年(连续36个公历月份)内的任一时间,被投资企业或其他组织的资产公允价值50%以上直接或间接来自位于中国境内的不动产的,取得的所得为来源于中国境内的所得。

(8) 中国境外企业、其他组织以及非居民个人支付且负担的偶然所得。

3. 个人所得税税率

(1) 综合所得适用3%至45%的超额累进税率见表2-7。

(2) 经营所得适用5%至35%的超额累进税率,税率表如下:

级数	全年应纳税所得额	税率/%
1	不超过30 000元的部分	5
2	超过30 000元至90 000元的部分	10
3	超过90 000元至300 000元的部分	20
4	超过300 000元至500 000元的部分	30
5	超过500 000元的部分	35

(3) 利息、股息、红利所得,财产租赁所得,财产转让所得和偶然所得,适用比例税率,税率为20%。

4. 个人所得税应纳税所得额计算

(1) 综合所得

① 居民个人

应纳税所得额=每一纳税年度的收入额-费用60 000-专项扣除-专项附加扣除-依法确定的其他扣除。根据《财政部 税务总局关于境外所得有关个人所得税政策的公告》(财政部 税务总局公告2020年第3号),居民个人来源于中国境外的综合所得,应当与境内综合所得合并计算应纳税额。

劳务报酬所得、稿酬所得、特许权使用费所得,以收入减除20%的费用后的余额为收入额。稿酬所得的收入额减按70%计算。

专项扣除、专项附加扣除和依法确定的其他扣除,以居民个人一个纳税年度的应纳税所得额为限额;一个纳税年度扣除不完的,不结转以后年度扣除。

专项扣除包括居民个人按照国家规定的范围和标准缴纳的基本养老保险、基本医疗保险、失业保险等社会保险费和住房公积金等;专项附加扣除包括子女教育、继续教育、大病医疗、住房贷款利息或者住房租金、赡养老人等支出;依法确定的其他扣除包括个人缴付的符合国家规定的企业年金、职业年金,个人购买的符合国家规定的商业健康保险、税收递延型商业养老保险的支出,以及国务院规定可以扣除的其他项目。

② 非居民个人

项目	应纳税所得额(元)
工资、薪金所得	应纳税所得额＝每月收入额－费用5 000
劳务报酬所得、稿酬所得、特许权使用费所得	应纳税所得额＝每次收入额

(2) 经营所得

应纳税所得额＝每一纳税年度的收入总额－成本－费用－损失。根据《财政部 税务总局关于境外所得有关个人所得税政策的公告》(财政部 税务总局公告2020年第3号),居民个人来源于中国境外的经营所得,应当与境内经营所得合并计算应纳税额。居民个人来源于境外的经营所得,按照个人所得税法及其实施条例的有关规定计算的亏损,不得抵减其境内或他国(地区)的应纳税所得额,但可以用来源于同一国家(地区)以后年度的经营所得按中国税法规定弥补。

成本、费用是指生产、经营活动中发生的各项直接支出和分配计入成本的间接费用,以及销售费用、管理费用、财务费用;损失是指生产、经营活动中发生的固定资产和存货的盘亏、毁损、报废损失,转让财产损失,坏账损失,自然灾害等不可抗力因素造成的损失以及其他损失。

(3) 财产租赁所得

收入/元	应纳税所得额/元
每次收入≤4 000	应纳税所得额＝每次收入额－费用800
每次收入＞4 000	应纳税所得额＝每次收入额×(1－20%)

根据《财政部 税务总局关于境外所得有关个人所得税政策的公告》(财政部 税务总局公告2020年第3号),居民个人来源于中国境外的财产租赁所得不与境内所得合并,应当分别单独计算应纳税额。

(4) 财产转让所得

应纳税所得额＝转让财产的收入额－财产原值－合理费用。根据《财政部 税务总局关于境外所得有关个人所得税政策的公告》(财政部 税务总局公告2020年第3号),居民个人来源于中国境外的财产转让所得不与境内所得合并,应当分别单独计算应纳税额。

(5) 利息、股息、红利所得和偶然所得

应纳税所得额＝每次收入额。根据《财政部 税务总局关于境外所得有关个人所得税政策的公告》(财政部 税务总局公告2020年第3号),居民个人来源于中国境外的利息、股息、红利所得和偶然所得不与境内所得合并,应当分别单独计算应纳税额。

5. 个人所得税应纳税额计算

应纳税额计算公式为:应纳税额＝应纳税所得额×适用税率。

6. 个人所得税纳税相关申报表

个人所得税基础信息表（A表）

（适用于扣缴义务人填报）

扣缴义务人名称：

扣缴义务人纳税人识别号/统一社会信用代码：□□□□□□□□□□□□□□□□□□

序号	纳税人基本信息						任职受雇从业信息				联系方式				银行账户		投资信息		其他信息		华侨、港澳台、外籍个人信息（带*必填）					备注
	*纳税人识别号	*纳税人姓名	*身份证件类型	*身份证件号码	*出生日期	*国籍/地区	类型	职务	学历	任职受雇从业日期	离职日期	手机号码	户籍所在地	经常居住地	联系地址	电子邮箱	开户银行	银行账号	投资额（元）	投资比例	是否残疾孤老烈属	残疾/烈属证号	*出生地	*性别	*首次入境时间	*预计离境时间	*涉税事由	
1	2	3	4	5	6	7	8	9	10	11	12	13	14	15	16	17	18	19	20	21	22	23	24	25	26	27	28	29

谨声明：本表是根据国家税收法律法规及相关规定填报的，是真实的、可靠的、完整的。

经办人签字：

经办人身份证件号码：

代理机构签章：

代理机构统一社会信用代码：

扣缴义务人（签章）：

受理人：

受理税务机关（章）：

受理日期： 年 月 日

国家税务总局监制

第五章 纳税申报

个人所得税扣缴申报表

税款所属期：　　年　月　日 至 　　年　月　日

扣缴义务人名称：

扣缴义务人纳税人识别号/统一社会信用代码：□□□□□□□□□□□□□□□□□□

金额单位：人民币元（列至角分）

序号	姓名	身份证件类型	身份证件号码	纳税人识别号	是否为非居民个人	所得项目	收入额计算			本月（次）情况							其他扣除					累计情况										税款计算						备注
							收入	费用	免税收入	专项扣除				其他扣除						累计收入额	累计减除费用	累计专项扣除	累计专项附加扣除					累计其他扣除	减按计税比例	准予扣除的捐赠额	应纳税所得额	税率/预扣率	速算扣除数	应纳税额	减免税额	已缴税额	应补退税额	
										减除费用	基本养老保险费	基本医疗保险费	失业保险费	住房公积金	年金	商业健康保险	税延养老保险	财产原值	允许扣除的税费	其他				子女教育	赡养老人	住房贷款利息	住房租金	继续教育											
	1	2	3	4	5	6	7	8	9	10	11	12	13	14	15	16	17	18	19	20	21	22	23	24	25	26	27	28	29	30	31	32	33	34	35	36	37	38	39	40
合计																																								

谨声明：本表是根据国家税收法律法规及相关规定填报的，是真实的、可靠的、完整的。

经办人签字：

经办人身份证件号码：

代理机构签章：

代理机构统一社会信用代码：

扣缴义务人（签章）：

　　　　　　　　　　　　　　　　　　　　　　　年　月　日

受理人：

受理税务机关（章）：

受理日期：　　年　月　日

国家税务总局监制

个人所得税专项附加扣除信息表

填报日期： 年 月 日

扣除年度：

纳税人姓名： 纳税人识别号：□□□□□□□□□□□□□□□□□□

纳税人信息	手机号码		电子邮箱	
	联系地址			
纳税人配偶信息	姓名		配偶情况	□有配偶 □无配偶
	身份证件类型		身份证件号码	

子女教育

较上次报送信息是否发生变化： □首次报送（请填写全部信息） □无变化（不需重新填写） □有变化（请填写发生变化项目的信息）

子女一	姓名		身份证件类型		身份证件号码	
	出生日期		当前受教育阶段	□学前教育 □义务教育 □高中阶段教育 □高等教育		
	当前受教育阶段起始时间	年 月	子女教育终止时间 *不再受教育时填写	年 月		
	就读国家（或地区）		就读学校		本人扣除比例	□100%（全额扣除） □50%（平均扣除）
子女二	姓名		身份证件类型		身份证件号码	
	出生日期		当前受教育阶段	□学前教育 □义务教育 □高中阶段教育 □高等教育		
	当前受教育阶段起始时间	年 月	子女教育终止时间 *不再受教育时填写	年 月		
	就读国家（或地区）		就读学校		本人扣除比例	□100%（全额扣除） □50%（平均扣除）

学历（学位）继续教育 / 职业资格继续教育

较上次报送信息是否发生变化： □首次报送（请填写全部信息） □无变化（不需重新填写） □有变化（请填写发生变化项目的信息）

学历（学位）继续教育	当前继续教育起始时间	年 月	当前继续教育结束时间	年 月	继续教育阶段	□专科 □本科 □硕士研究生 □博士研究生 □其他
职业资格继续教育	职业资格继续教育类型	□技能人员 □专业技术人员	证书名称			
	证书编号		发证机关		发证（批准）日期	

房屋信息

较上次报送信息是否发生变化： □首次报送（请填写全部信息） □无变化（不需重新填写） □有变化（请填写发生变化项目的信息）

房屋信息	住房坐落地址	省（区、市）	市	县（区）	街道（乡、镇）
	产权证号/不动产登记号/商品房买卖合同号/预售合同号				

续表

房贷信息	本人是否借款人	□是 □否	是否婚前各自首套贷款，且婚后分别扣除50%	□是 □否
	公积金贷款/贷款合同编号			
	贷款期限（月）		首次还款日期	
	商业贷款/贷款合同编号		贷款银行	
	贷款期限（月）		首次还款日期	

较上次报送信息是否发生变化：□首次报送（请填写全部信息） □无变化（不需重新填写） □有变化（请填写发生变化项目信息）

房屋信息	住房坐落地址	省（区、市）	市	县（区）	街道（乡、镇）	□□□□□□
租赁情况	出租方（个人）姓名		身份证件类型		身份证件号码	
	出租方（单位）名称			纳税人识别号（统一社会信用代码）		
	主要工作城市（*填写市一级）					
	租赁期起		住房租赁合同编号（非必填）			
			租赁期止			

较上次报送信息是否发生变化：□首次报送（请填写全部信息） □无变化（不需重新填写） □有变化（请填写发生变化项目信息）

纳税人身份		□独生子女 □非独生子女		
被赡养人一	姓名		身份证件类型	
	出生日期		身份证件号码	□□□□□□□□□□
		与纳税人关系	□父亲 □母亲 □其他	
被赡养人二	姓名		身份证件类型	
	出生日期		身份证件号码	□□□□□□□□□□
		与纳税人关系	□父亲 □母亲 □其他	
共同赡养人信息	姓名		身份证件类型	
			身份证件号码	□□□□□□□□□□
	姓名		身份证件类型	
			身份证件号码	□□□□□□□□□□
	姓名		身份证件类型	
			身份证件号码	□□□□□□□□□□

| 分摊方式 *独生子女不需填写 | □平均分摊 □赡养人约定分摊 □被赡养人指定分摊 | 本年度月扣除金额 | |

续表

较上次报送信息是否发生变化：	□首次报送（请填写全部信息）	□无变化（不需重新填写）	□有变化（请填写发生变化项目的信息）		
患者一	姓名		身份证件类型		
	医药费用总金额		个人负担金额		
			与纳税人关系	□本人 □配偶 □未成年子女	
			身份证件号码		
患者二	姓名		身份证件类型		
	医药费用总金额		个人负担金额		
			与纳税人关系	□本人 □配偶 □未成年子女	
			身份证件号码		
扣缴义务人名称			扣缴义务人纳税人识别号（统一社会信用代码）		

当您填写本栏，表示您已同意该任职受雇单位使用本表信息为您办理专项附加扣除

附加扣除操作办法（试行）》等相关法律法规规定填写本表。本人已就所填的扣除信息进行了核对，并对所填内容的真实性、准确性、完整性负责。

我已经仔细阅读了填表说明，并根据《中华人民共和国个人所得税法》及其实施条例《个人所得税专项附加扣除暂行办法》《个人所得税专项

纳税人签字：　　　　　　　　　　　年　月　日

扣缴义务人签章：	代理机构签章：	受理人：
经办人签字：	代理机构统一社会信用代码：	受理税务机关（章）：
接收日期：　　年　月　日	经办人签字：	受理日期：　　年　月　日
	经办人身份证号码：	

国家税务总局监制

个人所得税年度自行纳税申报表(A表)

(仅取得境内综合所得年度汇算适用)

税款所属期: 　年　月　日至　年　月　日
纳税人姓名:
纳税人识别号:□□□□□□□□□□□□□□□□□-□□　　　金额单位:人民币元(列至角分)

基本情况					
手机号码		电子邮箱		邮政编码	□□□□□□
联系地址	___省(区、市)_____市____区(县)_____街道(乡、镇)_____				

纳税地点(单选)
1. 有任职受雇单位的,需选本项并填写"任职受雇单位信息":　　□任职受雇单位所在地

任职受雇 单位信息	名称	
	纳税人识别号	□□□□□□□□□□□□□□□□□

2. 没有任职受雇单位的,可以从本栏次选择一地:　　□户籍所在地　　□经常居住地
户籍所在地/经常居住地　　_____省(区、市)_____市_____区(县)_____街道(乡、镇)_____

申报类型(单选)	
□首次申报	□更正申报

综合所得个人所得税计算		
项目	行次	金额
一、收入合计(第1行=第2行+第3行+第4行+第5行)	1	
(一)工资、薪金	2	
(二)劳务报酬	3	
(三)稿酬	4	
(四)特许权使用费	5	
二、费用合计[第6行=(第3行+第4行+第5行)×20%]	6	
三、免税收入合计(第7行=第8行+第9行)	7	
(一)稿酬所得免税部分[第8行=第4行×(1-20%)×30%]	8	
(二)其他免税收入(附报《个人所得税减免税事项报告表》)	9	
四、减除费用	10	
五、专项扣除合计(第11行=第12行+第13行+第14行+第15行)	11	
(一)基本养老保险费	12	
(二)基本医疗保险费	13	
(三)失业保险费	14	
(四)住房公积金	15	

续表

六、专项附加扣除合计(附报《个人所得税专项附加扣除信息表》) (第16行＝第17行＋第18行＋第19行＋第20行＋第21行＋第22行)	16	
（一）子女教育	17	
（二）继续教育	18	
（三）大病医疗	19	
（四）住房贷款利息	20	
（五）住房租金	21	
（六）赡养老人	22	
七、其他扣除合计(第23行＝第24行＋第25行＋第26行＋第27行＋第28行)	23	
（一）年金	24	
（二）商业健康保险(附报《商业健康保险税前扣除情况明细表》)	25	
（三）税延养老保险(附报《个人税收递延型商业养老保险税前扣除情况明细表》)	26	
（四）允许扣除的税费	27	
（五）其他	28	
八、准予扣除的捐赠额（附报《个人所得税公益慈善事业捐赠扣除明细表》)	29	
九、应纳税所得额 (第30行＝第1行－第6行－第7行－第10行－第11行－第16行－第23行－第29行)	30	
十、税率(%)	31	
十一、速算扣除数	32	
十二、应纳税额(第33行＝第30行×第31行－第32行)	33	
全年一次性奖金个人所得税计算 (无住所居民个人预判为非居民个人取得的数月奖金,选择按全年一次性奖金计税的填写本部分)		
一、全年一次性奖金收入	34	
二、准予扣除的捐赠额（附报《个人所得税公益慈善事业捐赠扣除明细表》)	35	
三、税率(%)	36	
四、速算扣除数	37	
五、应纳税额［第38行＝(第34行－第35行)×第36行－第37行]	38	
税额调整		
一、综合所得收入调整额(需在"备注"栏说明调整具体原因、计算方式等)	39	
二、应纳税额调整额	40	
应补/退个人所得税计算		
一、应纳税额合计(第41行＝第33行＋第38行＋第40行)	41	
二、减免税额（附报《个人所得税减免税事项报告表》)	42	

续表

三、已缴税额	43	
四、应补/退税额(第44行＝第41行－第42行－第43行)	44	
无住所个人附报信息		

纳税年度内在中国境内居住天数		已在中国境内居住年数	

退税申请
（应补/退税额小于0的填写本部分）

□ 申请退税(需填写"开户银行名称""开户银行省份""银行账号") 　　□ 放弃退税

开户银行名称		开户银行省份	
银行账号			

备注

谨声明：本表是根据国家税收法律法规及相关规定填报的，本人对填报内容(附带资料)的真实性、可靠性、完整性负责。

纳税人签字：　　　　　　年　　月　　日

经办人签字： 经办人身份证件类型： 经办人身份证件号码： 代理机构签章： 代理机构统一社会信用代码：	受理人： 受理税务机关(章)： 受理日期：　　年　月　日

国家税务总局监制

7. 个人所得税纳税申报操作指导

(1)《个人所得税基础信息表(A 表)》

本表由扣缴义务人填报,适用于扣缴义务人办理全员全额扣缴申报时,填报其支付所得的纳税人的基础信息。扣缴义务人首次向纳税人支付所得,或者纳税人相关基础信息发生变化的,应当填写本表,并于次月扣缴申报时向税务机关报送。其中,带"＊"项目分为必填和条件必填,其余项目为选填。

① 纳税人基本信息

第 2 列"纳税人识别号":有中国公民身份号码的,填写中华人民共和国居民身份证上载明的公民身份号码;没有中国公民身份号码的,填写税务机关赋予的纳税人识别号。

第 3 列"纳税人姓名":对于外籍个人,英文姓名按照"先姓(surname)后名(given name)"的顺序填写,确实无法区分姓和名的,按照证件上的姓名顺序填写。

第 4 列"身份证件类型"根据纳税人实际情况填写,具体如下:

　　a. 有中国公民身份号码的填写"中华人民共和国居民身份证"(简称"居民身份证")。

　　b. 华侨填写"中华人民共和国护照"(简称"中国护照")。

　　c. 港澳居民可选择填写"港澳居民来往内地通行证"(简称"港澳居民通行证")或者"中华人民共和国港澳居民居住证"(简称"港澳居民居住证"),台湾居民可选择填写"台湾居民来往大陆通行证"(简称"台湾居民通行证")或者"中华人民共和国台湾居民居住证"(简称"台湾居民居住证")。身份证件类型选择"港澳居民居住证"的,应当同时填写"港澳居民通行证";身份证件类型选择"台湾居民居住证"的,应当同时填写"台湾居民通行证";

　　d. 外籍人员可选择填写"中华人民共和国外国人永久居留身份证"(简称"外国人永久居留证")、"中华人民共和国外国人工作许可证"(简称"外国人工作许可证")或者"外国护照"。

身份证件类型选择"外国人永久居留证"或者"外国人工作许可证"的,应当同时填写"外国护照"。

　　e. 其他符合规定的情形填写"其他证件"。

② 任职受雇从业信息

第 8 列"类型"根据实际情况填写"雇员""保险营销员""证券经纪人"或者"其他"。

③ 联系方式

第 13 列"手机号码"填写纳税人境内有效手机号码。

第 14~16 列"户籍所在地""经常居住地""联系地址",按以下格式填写:××省(区、市)××市××区(县)××街道(乡、镇)××(具体到门牌号)。

④ 投资信息

纳税人为扣缴单位的股东、投资者的,填写本栏。

⑤ 其他信息

如纳税人有"残疾、孤老、烈属"的情况,填写本栏。

⑥ 华侨、港澳台、外籍个人信息

第 28 列"涉税事由"填写华侨、港澳台居民、外籍个人在境内涉税的具体事由,包括"任职受雇""提供临时劳务""转让财产""从事投资和经营活动""其他"。如有多项事由,应同时填写。

(2)《个人所得税扣缴申报表》

本表适用于扣缴义务人向居民个人支付工资、薪金所得,劳务报酬所得,稿酬所得和特许权使用费所得的个人所得税全员全额预扣预缴申报;向非居民个人支付工资、薪金所得,劳务报酬所得,稿酬所得和特许权使用费所得的个人所得税全员全额扣缴申报;以及向纳税人(居民个人和非居民个人)支付利息、股息、红利所得,财产租赁所得,财产转让所得和偶然所得的个人所得税全员全额扣缴申报。

扣缴义务人应当在每月或者每次预扣、代扣税款的次月15日内,将已扣税款缴入国库,并向税务机关报送本表。

① 表头

"税款所属期"填写扣缴义务人预扣、代扣税款当月的第1日至最后1日。

第四章第85题中,2019年12月13日发放工资时代扣的税款,税款所属期填写2019年12月1日至2019年12月31日。

"扣缴义务人名称"填写扣缴义务人的法定名称全称。

② 纳税人基本信息

第6列"是否为非居民个人"分情况填写:

a. 纳税人为居民个人的填"否"。

b. 纳税人为非居民个人的,根据合同、任职期限、预期工作时间等不同情况,填写"是,且不超过90天";当年在境内实际居住超过90天的次月15日内,填写"是,且超过90天不超过183天"。

c. 不填,默认为"否"。

③ 所得项目

第7列"所得项目"按照本章"七 个人所得税纳税申报"下"2.个人所得税征税范围"的9项具体应税所得项目名称填写纳税人取得的个人所得项目。同一纳税人取得多项或者多次所得的,应分行填写。

④ 收入额计算

第8列"收入"填写当月(次)扣缴义务人支付给纳税人所得的总额。

第9列"费用":取得劳务报酬所得、稿酬所得、特许权使用费所得时填写,取得其他各项所得时无需填写本列。居民个人取得上述所得,每次收入不超过4 000元的,费用填写800元;每次收入4 000元以上的,费用按收入的20%填写。非居民个人取得劳务报酬所得、稿酬所得、特许权使用费所得,费用按收入的20%填写。

第10列"免税收入"填写纳税人各所得项目收入总额中,包含的税法规定的免税收入金额。其中,税法规定"稿酬所得的收入额减按70%计算",对稿酬所得的收入额减计的30%的部分填入本列。

⑤ 减除费用

第11列"减除费用"按税法规定的减除费用标准填写。纳税人取得工资、薪金所得按月申报时填写5 000元。纳税人取得财产租赁所得,每次收入不超过4 000元的,填写800元;

每次收入4 000元以上的,按收入的20%填写。

⑥ 专项扣除

第12～15列"专项扣除"分别填写按规定允许扣除的基本养老保险费、基本医疗保险费、失业保险费、住房公积金的金额。

⑦ 其他扣除

第19列"财产原值"按照下列方法确定:

 a. 有价证券,为买入价以及买入时按照规定交纳的有关费用。
 b. 建筑物,为建造费或者购进价格以及其他有关费用。
 c. 土地使用权,为取得土地使用权所支付的金额、开发土地的费用以及其他有关费用。
 d. 机器设备、车船,为购进价格、运输费、安装费以及其他有关费用。

⑧ 专项附加扣除

根据《国务院关于印发个人所得税专项附加扣除暂行办法的通知》(国发〔2018〕41号)和《国家税务总局关于发布个人所得税专项附加扣除操作办法(试行)的公告》(国家税务总局公告2018年第60号),自2019年1月1日起,纳税人可享受子女教育、继续教育、大病医疗、住房贷款利息或者住房租金、赡养老人等6项专项附加扣除,其具体扣除范围、标准及操作办法如下:

 a. 子女教育。纳税人的子女接受全日制学历教育的相关支出,以及年满3岁至小学入学前处于学前教育阶段的子女教育支出,按照每个子女每月1000元的标准定额扣除。

学历教育包括义务教育(小学、初中教育)、高中阶段教育(普通高中、中等职业、技工教育)、高等教育(大学专科、大学本科、硕士研究生、博士研究生教育)。

子女教育扣除的计算时间为:学前教育阶段为子女年满3周岁当月至小学入学前一月,学历教育为子女接受全日制学历教育入学的当月至全日制学历教育结束的当月。

提醒学生思考,财务部柳军的女儿在美国上大学、王刚的孙子在国内上高中、赵丽丽有一对双胞胎在上幼儿园、吴言的儿子在读自考本科、莫非的女儿在私立小学上学,他们能否享受子女教育专项附加扣除。如果可以扣除,扣除的计算时间是否包含寒暑假。

 b. 继续教育。纳税人在中国境内接受学历(学位)继续教育的支出,在学历(学位)教育期间按照每月400元定额扣除。

纳税人接受技能人员职业资格继续教育、专业技术人员职业资格继续教育的支出,在取得相关证书的当年,按照3600元定额扣除。

继续教育扣除的计算时间:学历(学位)继续教育为在中国境内接受学历(学位)继续教育入学的当月至学历(学位)继续教育结束的当月,同一学历(学位)继续教育的扣除期限最长不得超过48个月;技能人员职业资格继续教育、专业技术人员职业资格继续教育为取得相关证书的当年。

提醒学生思考,财务部4人均参加了当年的会计人员继续教育培训并取得合格证书,他们能否享受继续教育专项附加扣除。

 c. 大病医疗。在一个纳税年度内,纳税人发生的与基本医保相关的医药费用支出,扣除医保报销后个人负担(指医保目录范围内的自付部分)累计超过15 000元的部分,由纳税人在办理年度汇算清缴时,在80 000元限额内据实扣除。大病医疗扣除的计算时间为医疗保障信息系统记录的医药费用实际支出的当年。

d. 住房贷款利息。纳税人本人或者配偶单独或者共同使用商业银行或者住房公积金个人住房贷款为本人或者其配偶购买中国境内住房,发生的首套住房贷款利息支出,在实际发生贷款利息的年度,按照每月1 000元的标准定额扣除。

纳税人只能享受一次首套住房贷款的利息扣除,首套住房贷款是指购买住房享受首套住房贷款利率的住房贷款。住房贷款利息扣除的计算时间为贷款合同约定开始还款的当月至贷款全部归还或贷款合同终止的当月,扣除期限最长不得超过240个月。

e. 住房租金。纳税人在主要工作城市没有自有住房而发生的住房租金支出,可以按照以下标准定额扣除:直辖市、省会(首府)城市、计划单列市以及国务院确定的其他城市,扣除标准为每月1 500元。除上述所列城市以外,市辖区户籍人口超过100万的城市,扣除标准为每月1 100元;市辖区户籍人口不超过100万的城市,扣除标准为每月800元。市辖区户籍人口以国家统计局公布的数据为准。

纳税人的配偶在纳税人的主要工作城市有自有住房的,视同纳税人在主要工作城市有自有住房。夫妻双方主要工作城市相同的,只能由一方扣除住房租金支出。住房租金支出由签订租赁住房合同的承租人扣除。纳税人及其配偶在一个纳税年度内不能同时分别享受住房贷款利息和住房租金专项附加扣除。

住房租金扣除的计算时间为租赁合同(协议)约定的房屋租赁期开始的当月至租赁期结束的当月。提前终止合同(协议)的,以实际租赁期限为准。

f. 赡养老人。纳税人为独生子女的,按照每月2 000元的标准定额扣除。纳税人为非独生子女的,由其与兄弟姐妹分摊每月2 000元的扣除额度,每人分摊的额度不能超过每月1 000元。被赡养人是指年满60岁的父母,以及子女均已去世的年满60岁的祖父母、外祖父母。赡养老人扣除的计算时间为被赡养人年满60周岁的当月至赡养义务终止的年末。

⑨ 税款计算

第33列"应纳税所得额"根据相关列次计算填报。

a. 居民个人取得工资、薪金所得,填写累计收入额减除累计减除费用、累计专项扣除、累计专项附加扣除、累计其他扣除后的余额。

b. 非居民个人取得工资、薪金所得,填写收入额减去减除费用后的余额。

c. 居民个人或者非居民个人取得劳务报酬所得、稿酬所得、特许权使用费所得,填写本月(次)收入额减除其他扣除后的余额。

d. 居民个人或者非居民个人取得利息、股息、红利所得和偶然所得,填写本月(次)收入额。

e. 居民个人或者非居民个人取得财产租赁所得,填写本月(次)收入额减去减除费用、其他扣除后的余额。

f. 居民个人或者非居民个人取得财产转让所得,填写本月(次)收入额减除财产原值、允许扣除的税费后的余额。

第36列"应纳税额"=第33列×第34列-第35列。

第39列"应补/退税额"=第36列-第37列-第38列。

提醒学生思考,公司2020年1月申报的《个人所得税扣缴申报表》,其中工资、薪金收入是11月份工资还是12月份工资。

(3)《个人所得税专项附加扣除信息表》

本表适用于享受子女教育、继续教育、大病医疗、住房贷款利息、住房租金、赡养老人六项专项附加扣除的自然人纳税人填写。选择在工资、薪金所得预扣预缴个人所得税时享受专项附加扣除的,纳税人填写后报送至扣缴义务人;选择在年度汇算清缴申报时享受专项附加扣除的,纳税人填写后报送至税务机关。

纳税人首次填报专项附加扣除信息时,应将本人所涉及的专项附加扣除信息表内各信息项填写完整。纳税人按享受的专项附加扣除情况填报对应栏次,纳税人不享受的项目无需填报。纳税人未填报的项目默认为不享受。纳税人相关信息发生变化的,应及时更新此表相关信息项,并报送至扣缴义务人或税务机关。纳税人在以后纳税年度继续申报扣除的,应对扣除事项有无变化进行确认。

如各类扣除项目的表格篇幅不够,可另附多张《个人所得税专项附加扣除信息表》。

① 子女教育

父母可以选择由其中一方按扣除标准的100%扣除,也可以选择由双方分别按扣除标准的50%扣除,具体扣除方式在一个纳税年度内不能变更。

② 继续教育

个人接受本科及以下学历(学位)继续教育的,可以选择由其父母扣除,也可以选择由本人扣除。

③ 住房贷款利息

经夫妻双方约定,可以选择由其中一方扣除,具体扣除方式在一个纳税年度内不能变更。"本人是否借款人"按实际情况选择"是"或"否",并在对应框内打"√"。本人是借款人的情形包括本人独立贷款、与配偶共同贷款的情形;如果选择"否",则表头位置须填写配偶信息。

夫妻双方婚前分别购买住房发生的首套住房贷款,其贷款利息支出婚后可以选择其中一套购买的住房,由购买方按扣除标准的100%扣除,也可以由夫妻双方对各自购买的住房分别按扣除标准的50%扣除,具体扣除方式在一个纳税年度内不能变更。

④ 住房租金

住房租金支出由签订租赁住房合同的承租人扣除。纳税人及其配偶在一个纳税年度内不能同时分别享受住房贷款利息和住房租金专项附加扣除。

⑤ 赡养老人

纳税人为非独生子女的,由其与兄弟姐妹分摊每月2 000元的扣除额度,每人分摊的额度不能超过每月1 000元。具体分摊方式和额度在一个纳税年度内不能变更。

"本年度月扣除金额"填写扣除年度内,按政策规定计算的纳税人每月可以享受的赡养老人专项附加扣除的金额。

⑥ 大病医疗

纳税人发生的医药费用支出可以选择由本人或者其配偶扣除,未成年子女发生的医药费用支出可以选择由其父母一方扣除。"医药费用总金额"填写社会医疗保险管理信息系统记录的与基本医保相关的医药费用总金额。"个人负担金额"填写社会医疗保险管理信息系统记录的基本医保目录范围内扣除医保报销后的个人自付部分。

(4)《个人所得税年度自行纳税申报表(A表)》

本表适用于居民个人纳税年度内仅从中国境内取得工资薪金所得、劳务报酬所得、稿酬所得、特许权使用费所得,按照税法规定进行个人所得税综合所得汇算清缴。

居民个人取得综合所得需要办理汇算清缴的,应当在取得所得的次年3月1日至6月30日内,向主管税务机关办理个人所得税综合所得汇算清缴申报,并报送本表。

① 收入合计

第1行"收入合计"填写居民个人取得的综合所得收入合计金额。第1行＝第2行＋第3行＋第4行＋第5行。

第2行"工资、薪金"是指个人因任职或者受雇取得的工资薪金收入,包括工资、薪金、奖金、年终加薪、劳动分红、津贴、补贴以及与任职或者受雇有关的其他收入。

全年一次性奖金可以单独计税,也可以并入综合所得计税。全年一次性奖金是指行政机关、企事业单位等扣缴义务人根据其全年经济效益和对雇员全年工作业绩的综合考核情况,向雇员发放的一次性奖金,包括年终加薪、实行年薪制和绩效工资办法的单位根据考核情况兑现的年薪和绩效工资。

第3行"劳务报酬"是指个人从事设计、装潢、安装、制图、化验、测试、医疗、法律、会计、咨询、讲学、翻译、审稿、书画、雕刻、影视、录音、录像、演出、表演、广告、展览、技术服务、介绍服务、经纪服务、代办服务以及其他劳务取得的收入。

第4行"稿酬"是指个人作品以图书、报刊等形式出版、发表而取得的收入。

第5行"特许权使用费"是指个人提供专利权、商标权、著作权、非专利技术以及其他特许权的使用权取得的收入。

② 费用合计

第6行"费用合计"根据相关行次计算填报。第6行＝(第3行＋第4行＋第5行)×20%。

③ 免税收入合计

第7行"免税收入合计"填写居民个人取得的符合税法规定的免税收入合计金额。第7行＝第8行＋第9行,第8行＝第4行×(1－20%)×30%。

第9行"其他免税收入"填写居民个人取得的除第8行以外的符合税法规定的免税收入合计,并按规定附报《个人所得税减免税事项报告表》。

④ 减除费用

第10行"减除费用"填写税法规定的减除费用。

⑤ 专项扣除合计

第11行"专项扣除合计"根据相关行次计算填报。第11行＝第12行＋第13行＋第14行＋第15行。

第12~15行"基本养老保险费""基本医疗保险费""失业保险费""住房公积金"分别填写居民个人按规定可以在税前扣除的基本养老保险费、基本医疗保险费、失业保险费、住房公积金金额。

⑥ 专项附加扣除合计

第16行"专项附加扣除合计"根据相关行次计算填报,并按规定附报《个人所得税专项附加扣除信息表》。第16行＝第17行＋第18行＋第19行＋第20行＋第21行＋第22行。

⑦ 其他扣除合计

第 23 行"其他扣除合计"根据相关行次计算填报。第 23 行＝第 24 行＋第 25 行＋第 26 行＋第 27 行＋第 28 行。

第 27 行"允许扣除的税费"是指个人取得劳务报酬、稿酬、特许权使用费收入时发生的合理税费支出。

⑧ 准予扣除的捐赠额

第 29 行"准予扣除的捐赠额"填写居民个人按规定准予在税前扣除的公益慈善事业捐赠金额,并按规定附报《个人所得税公益慈善事业捐赠扣除明细表》。

⑨ 应纳税所得额

第 30 行"应纳税所得额"根据相关行次计算填报。第 30 行＝第 1 行－第 6 行－第 7 行－第 10 行－第 11 行－第 16 行－第 23 行－第 29 行。

⑩ 税率、速算扣除数(见表 2-7)

⑪ 应纳税额

第 33 行"应纳税额"按照相关行次计算填报。第 33 行＝第 30 行×第 31 行－第 32 行。

⑫ 应补/退个人所得税计算

第 41 行"应纳税额合计"＝第 33 行＋第 38 行＋第 40 行。

第 42 行"减免税额"填写符合税法规定的可以减免的税额,并按规定附报《个人所得税减免税事项报告表》。

第 43 行"已缴税额"填写居民个人取得的在本表中已填报的收入对应的已经缴纳或者被扣缴的个人所得税。

第 44 行"应补/退税额"＝第 41 行－第 42 行－第 43 行。

第六章 财务报表分析

一 财务报表分析的目的

学生通过第四章对日常经济业务进行处理,主要包括审核或填制原始凭证,编制记账凭证,登记日记账、明细账,编制科目汇总表,登记总账,对账,结账,编制会计报表。会计报表是根据日常会计核算资料归集、加工、汇总而形成的结果,是会计核算的最终成果,是企业提供会计信息的主要途径。

1. 资产负债表

资产负债表(Balance Sheet)是反映企业某一特定会计日期财务状况的一种静态报表,根据"资产＝负债＋所有者权益"的会计等式编制,反映企业拥有或控制的经济资源及其分布情况、企业当前及未来需要支付的债务情况等。通过分析企业的资产负债表可以了解企业以下几方面的信息:

(1) 了解企业的资产及其分布结构、企业的经营规模和盈利基础大小、生产经营过程的特点,分析企业生产经营的稳定性。

(2) 了解企业的负债总额及其结构、企业的资产来源及其构成,分析企业偿还短期债务和长期债务的能力,预测企业的经营风险。

(3) 了解企业现有投资者在企业投资总额中所占的份额、企业投资者对企业的初始投入和资本累计,分析企业的资本结构和财务实力,预测企业生产经营安全程度和抗风险能力。

(4) 了解企业的资产变现能力、对外筹集和调度资金的能力、从经营活动中产生现金流入的能力,以及在不影响正常经营的前提下变卖资产获取现金的能力,分析企业的财务弹性,预测企业的财务风险。

2. 利润表

利润表(Income Statement)是反映企业在一定会计期间经营成果的一种动态报表,根据"收入－费用＝利润"的会计等式编制,反映企业经营业绩的主要来源和构成、费用的耗费情况以及净利润的实现情况。

通过分析企业的利润表可以了解企业的经营成果,分析企业利用经济资源的效率、收益增长的规模和趋势,预测企业的获利能力,评价、考核管理人员的经营决策和经营业绩。

3. 现金流量表

现金流量表(Cash Flow Statement)是反映企业在一定会计期间现金流入量、现金流出量和现金净流量的动态报表,根据"现金流入量－现金流出量＝现金净流量"的会计等式编制,反映企业经营活动、投资活动及筹资活动现金流量的增减变动情况。

通过分析企业的现金流量表可以了解企业生成现金、筹措现金的能力以及现金的使用方向,分析现金在流动中的增减变动状况,分析企业的资产、负债、所有者权益变动对现金的影响,预测企业未来的现金流量,从现金流量的角度评价企业的财务状况和经营成果。

二 财务报表分析的要求

1. 财务报表编制

根据第四章对日常经济业务的处理,编制 2019 年 12 月 31 日的资产负债表、2019 年度的利润表、2019 年 12 月的现金流量表以及 2019 年度的股东权益变动表。

2. 财务报表分析

财务报表分析的基本目的为评价企业过去的经营业绩、衡量当前的财务状况、预测未来的发展趋势。依据本节编制的财务报表对南京铁宁机械股份有限公司的偿债能力、营运能力、盈利能力和发展能力进行分析,撰写财务报表分析报告,并从财务管理的角度提出改进意见和建议。

三 财务报表分析的操作指导

1. 偿债能力分析

偿债能力是指企业如期偿付债务的能力,是反映企业财务状况和经营能力的重要标志。偿债能力分析主要是基于企业资产负债表数据进行的分析,包括短期偿债能力分析和长期偿债能力分析。

(1) 短期偿债能力分析

短期偿债能力是指企业偿还流动负债的能力,是衡量流动资产变现能力的重要标志。通过分析企业短期偿债能力,有助于判断企业短期资金的运营能力以及运营资金的周转状况。

① 流动比率

流动比率＝流动资产/流动负债。流动比率越高,企业短期偿债能力越强。但是流动比率过高,通常意味着企业闲置现金的持有量过多,从而造成企业机会成本的增加和获利能力的降低。

在过去很长一段时间里,一般认为生产型企业合理的最低流动比率是 2。因为在生产型企业中,流动资产中变现能力最差的存货,其金额约占流动资产总额的一半,剩下的流动性较好的流动资产至少要等于流动负债,企业的短期偿债能力才会有保证。现在随着企业的经营方式和金融环境的变化,流动比率有下降的趋势。

提醒学生注意,有时虽然流动比率较高,但可能存在存货积压、应收账款增多且收账期延长,实际可用于偿债的现金和现金等价物却不足的情况。流动比率假设全部流动资产都可以变现并用于偿债,全部流动负债都需要还清。然而企业为了维持正常经营,不可能清算全部流动资产来偿还流动负债,而且流动负债的到期与流动资产的现金生成不可能同步同量。因此,流动比率仅是对企业短期偿债能力的粗略估计。

② 速动比率

速动比率＝速动资产/流动负债。其中,速动资产＝货币资金＋交易性金融资产＋应收账款＋应收票据,或速动资产＝流动资产－预付账款－存货－1年内到期的非流动资产－其他流动资产。

由于剔除了存货等变现能力较弱且变现金额具有较大不确定性的资产,因此速动比率较之流动比率能更加准确、可靠地评价企业资产的流动性及其偿还短期负债的能力。

一般情况下,速动比率越高,表明企业偿还流动负债的能力越强。过去通常认为,速动比率等于1较为合适,这时企业既有较好的债务偿还能力,又有合适的流动资产结构。如果速动比率小于1,企业将面临很大的偿债风险;如果速动比率大于1,企业将增加较大的机会成本。

提醒学生注意,如果企业的应收账款中有较大部分难以收回,实际的坏账可能比计提的坏账准备多,速动比率将不能真实地反映企业的短期偿债能力。因此,应收账款的变现能力是影响速动比率可信度的关键因素。

③ 现金流量比率

现金流量比率＝经营活动现金流量净额/流动负债。其中,经营活动现金流量净额的数据来自现金流量表,其既不受企业会计政策和会计估计选择的影响,也不受流动资产变现能力的影响,因此能反映企业经营活动创造现金流量的实际能力。

相对于流动比率和速动比率指标而言,现金流量比率更能准确地反映企业短期债务的偿还能力。现金流量比率大,不仅表明企业支付到期债务的能力强,而且也表明企业经营活动创造现金流量的能力强,企业财务状况较好。

提醒学生注意,企业经营活动产生的现金流量净额反映企业本年创造现金的能力,而年末流动负债是企业下期需要归还的债务,两者的时间基础不同,会对现金流量比率的意义产生一定的影响。

(2) 长期偿债能力分析

长期偿债能力是指企业偿还长期负债的能力。通过分析企业长期偿债能力,有助于判断企业的经营状况、企业对总负债的偿还能力以及承担的财务风险。

① 资产负债率

资产负债率＝负债总额/资产总额。资产负债率反映了债权人提供的资金在企业资产总额中所占的比重,表明企业资产对债权人权益的保障程度,是衡量企业负债水平及风险程度的重要指标。一般来说,资产负债率越小,企业偿债的能力越强。资产负债率为50%比较合理。

② 产权比率

产权比率＝负债总额/股东权益总额。产权比率也称资本负债率,反映企业股东权益对债权人权益的保障程度,是衡量企业财务结构稳健程度的重要标志。

一般来说,产权比率越低,企业的长期偿债能力越强,债权人权益的保障程度越高。同时,产权比率较低也意味着企业不能充分地发挥负债的财务杠杆效应。因此,企业在保障债务偿还安全的前提下,会尽可能地加大财务杠杆,提高产权比率。

③ 现金流量负债比率

现金流量负债比率＝经营活动现金流量净额/负债总额。经营活动现金流量净额的数据来自现金流量表。现金流量负债比率反映企业用经营活动产生的现金流量净额偿付全部债务的能力。一般来说,现金流量负债比率越高,企业支付债务总额的能力越强,负债经营的能力越好。

④ 利息保障倍数

利息保障倍数＝息税前利润/利息支出。其中,息税前利润＝利润总额＋利息费用(财务费用中的利息费用),利息支出＝财务费用中的利息支出＋资本化的利息支出。长期负债通常不需要每年还本,但一般需要每年付息。利息保障倍数也称利息所得倍数、已获利息倍数,反映企业以经营所得利润支付债务利息的能力,是主要基于利润表数据分析企业长期偿债能力的指标,反映企业的债务风险。

一般来说,利息保障倍数越大,企业债务利息的支付越有保障。利息保障倍数至少要大于1,否则企业难以保证用经营所得来及时支付债务利息。

提醒学生注意,息税前利润是采用权责发生制来核算的,而利息支出需要实际的现金流。

⑤ 现金流量利息保障倍数

现金流量利息保障倍数＝经营活动现金流量净额/利息支出。其中,经营活动现金流量净额的数据来自现金流量表,利息支出的数据同利息保障倍数来自利润表中财务费用的利息支出和资产负债表中资本化的利息支出。

与利息保障倍数相同,现金流量利息保障倍数越大,企业债务利息的支付越有保障。现金流量利息保障倍数至少要大于1。

提醒学生注意,现金流量利息保障倍数是以现金为基础的利息保障倍数,比以利润为基础的利息保障倍数更为可靠,利息支付需要的是现金而不是利润。

2. 营运能力分析

营运能力分析主要是对企业所管理的资产进行分析,通过对企业资产的投入与获取的收入进行对比,分析各项资产的使用效果、资金周转的快慢并挖掘资金的潜力,衡量企业资产管理的效率。

一般而言,资产周转速度越快,说明企业的资产管理水平越高,资产的利用效率越高。资产周转速度指标分为资产周转次数和资产周转天数,其中:

资产周转次数＝营业收入/资产平均余额;

资产平均余额＝(期初资产余额＋期末资产余额)/2;

资产周转天数＝365/资产周转次数。

资产周转次数指标是正指标,其值越大资产周转越快,资产利用效率越高;资产周转天数指标是反指标,其值越小资产周转越快,资产利用效率越高。

(1) 总资产周转率

总资产周转次数＝营业收入/资产平均总额;

资产平均总额＝(期初资产总额＋期末资产总额)/2;

总资产周转天数＝365/总资产周转次数。

总资产周转率是衡量企业资产营运效率的一项重要指标,反映企业经营期间全部资产从投入到产出的流转速度,反映了企业全部资产的管理质量和利用效率。总资产周转次数反映企业每一元总资产投资支持的营业收入,总资产周转天数反映企业总资产转换为收入需要的平均时间。总资产周转次数高,表明企业资产周转快,获利能力强,资产营运效率高。

(2) 流动资产周转率

流动资产周转次数＝营业收入/流动资产平均余额;

流动资产平均余额＝(期初流动资产余额＋期末流动资产余额)/2;

流动资产周转天数＝365/流动资产周转次数。

流动资产周转率是衡量企业经营期间流动资产周转速度的指标,反映企业流动资产的管理质量和利用效率。流动资产周转次数反映企业每一元流动资产投资支持的营业收入,流动资产周转天数反映企业流动资产转换为收入需要的平均时间。流动资产周转次数高,表明企业流动资金周转快,获利能力强。

(3) 非流动资产周转率

非流动资产周转次数＝营业收入/非流动资产平均余额;

非流动资产平均余额＝(期初非流动资产余额＋期末非流动资产余额)/2;

非流动资产周转天数＝365/非流动资产周转次数。

非流动资产周转率是衡量企业经营期间非流动资产周转速度的指标,反映企业非流动资产的管理质量和利用效率,主要用于投资预算和项目管理的分析与评价。非流动资产周转次数反映企业每一元非流动资产投资支持的营业收入,非流动资产周转天数反映企业非流动资产转换为收入需要的平均时间。非流动资产周转次数高,表明企业非流动资产利用效率高,企业管理水平较高。

(4) 存货周转率

存货周转次数＝营业收入/存货平均余额

存货平均余额＝(期初存货余额＋期末存货余额)/2

存货周转天数＝365/存货周转次数

存货周转率是衡量企业经营期间存货周转速度、变现能力的指标,反映企业存货的利用效率。存货周转次数反映企业每一元存货投资支持的营业收入,存货周转天数反映企业存货转换为收入需要的平均时间。存货周转次数高,表明企业销售能力强、存货变现速度快、存货占用资金少,企业管理水平较高。

提醒学生注意,存货周转天数不是越少越好。存货过多会占用资金,存货过少将不能满足流转需要,在特定的生产经营条件下存在一个最佳存货水平。

(5) 应收账款周转率

应收账款周转次数＝营业收入/应收账款平均余额;

应收账款平均余额＝(期初应收账款余额＋期末应收账款余额)/2;

应收账款周转天数＝365/应收账款周转次数。

应收账款周转率是衡量企业经营期间应收账款变现能力的重要指标,反映企业应收账款的周转速度。应收账款周转次数反映企业每一元应收账款投资支持的营业收入,应收账款周转天数反映企业从销售开始到收回现金需要的平均时间。应收账款周转次数高,表明企业应收账款流动性强,收款速度快,发生坏账的可能性小,企业管理水平较高。

提醒学生注意:

① 应收账款是赊销产生的,将应收账款周转率公式中的营业收入调整为赊销收入更为准确。如果假设现销是收款时间为零的应收账款,在企业现销与赊销比例保持稳定的情况下,虽然不影响分析的前后期可比性,但高估了应收账款周转次数。

② 如果企业计提了较多的坏账准备,计算的应收账款周转次数就会变多,周转天数就会变少,这并不表明企业应收账款变现能力变强,而是企业坏账较多、应收账款管理欠佳。将应收账款周转率公式中的应收账款调整为未计提坏账准备的应收账款更为准确。

③ 应收账款周转天数不是越少越好。应收账款是赊销产生的,其作用是为了增加销售、减少存货、增加企业盈利,企业信用政策的改变通常会引起应收账款周转率的变化。企业在特定的生产经营条件下,存在一个最佳信用政策。

④ 应收票据在很大程度上是由赊销产生的,可以理解为应收账款的另一种形式。请学生考虑,是否需要将应收票据纳入应收账款周转率的计算。

3. 盈利能力分析

盈利能力是指企业获取利润并使资金不断增值的能力,体现企业的经济效益和管理水平,是企业财务报表分析的核心指标。盈利能力分析包括经营获利能力分析和投资收益能力分析。

(1) 经营获利能力分析

营业净利率＝净利润/营业收入。营业净利率是基于利润表以营业收入为基础衡量企业经营获利能力的重要指标,反映企业通过取得收入最终获利的能力,反映企业每一元营业收入产生的净利润。营业净利率高,表明企业获利能力强,成本控制水平、企业管理水平较高。

(2) 投资收益能力分析

① 总资产净利率

总资产净利率＝净利润/资产平均总额;

资产平均总额＝(期初资产总额＋期末资产总额)/2。

总资产净利率是衡量企业盈利能力的关键指标,反映企业通过资产投入获取净利润的能力,反映企业每一元总资产创造的净利润。总资产净利率高,表明企业获利能力强,投入产出水平、企业管理水平较高。

提醒学生注意：

总资产净利率＝净利润/资产平均总额＝(净利润/营业收入)×(营业收入/资产平均总额)＝营业净利率×总资产周转次数。

营业净利率反映企业每一元营业收入产生的净利润，总资产周转次数反映企业每一元总资产投资创造的营业收入。因此，总资产净利率反映企业每一元总资产创造的净利润。总资产净利率是一个复合指标，既反映了企业的经营获利能力，也反映了企业的营运能力。

② 净资产收益率

净资产收益率＝净利润/股东权益平均总额；

股东权益平均总额＝(期初股东权益总额＋期末股东权益总额)/2。

净资产收益率是衡量企业盈利能力和企业资本经营效益的核心指标，反映企业股东投入资本获取收益的能力，反映企业每一元股东投资创造的净收益。净资产收益率高，表明企业自有资本获利能力强，经营效益好，对股东和债权人保障程度高。

提醒学生注意：

净资产收益率＝净利润/股东权益平均总额＝(净利润/营业收入)×(营业收入/资产平均总额)×(资产平均总额/股东权益平均总额)＝营业净利率×总资产周转次数×权益乘数。

净资产收益率是杜邦财务分析体系的核心指标，既反映了企业的经营获利能力，又反映了企业的营运能力、偿债能力，可以系统、全面地评价企业的财务状况和经营成果。

4. 发展能力分析

发展能力，也称企业的成长性，是指企业通过自身的生产经营活动，不断扩充实力、增强后劲的潜在能力。衡量企业发展能力的核心是企业的价值增长率，发展能力分析的指标主要包括销售增长率、资本积累率、三年销售平均增长率、三年资本平均增长率以及技术投入比率。

（1）销售增长率

销售增长率＝本年营业收入增长额/上年营业收入总额。

销售增长率是衡量企业经营状况和市场占有能力、预测企业经营业务拓展趋势的重要指标。营业收入的不断增加是企业生存的基础和发展的条件。销售增长率高，表明企业销售增长速度快，企业市场前景较好。

（2）资本积累率

资本积累率＝本年股东权益增长额/年初股东权益。

资本积累率反映企业所有者权益在当年的变动水平，体现企业资本的积累情况，是企业发展实力强弱的主要指标，反映股东投入企业资本的保全性和增长性。资本积累率高，表明企业的资本积累多，抗拒风险和持续发展的能力较强。

（3）技术投入比率

技术投入比率＝本年技术支出总额/本年营业收入。

技术投入比率从企业的技术投入、技术创新方面反映企业的发展潜力和可持续发展能力。技术投入比率高，表明企业对新技术的投入多，企业对市场的适应能力强，未来的竞争优势明显，企业发展前景较好。

第七章 计算机账操作指导

第一节 ERP 系统建账

任务一 建立企业应用平台账套及财务业务分工

一 任务资料

1. 基本信息

南京铁宁机械股份有限公司于 2019 年 12 月开始实施企业信息化，账套主管定为主管财务的副总经理严亮。公司记账本位币为人民币（RMB），采用 2019 年企业会计准则科目体系，最大会计科目级数为 4 级。管理中要求对存货、客户和供应商进行分类，对各项基础资料的分类编码方案分析整理如下：会计科目编码级次为 4222，部门、收发类别和结算方式的编码级次皆为 12，存货、客户和供应商的分类编码级次均为 23，其他编码对象的编码级次取系统默认值。对数据精度的要求为单价保留 4 位小数，其他数据保留 2 位小数。

2. 职权分工

南京铁宁机械股份有限公司管理制度规定系统用户及操作权限如表 7-1 所示。

表 7-1 财务业务分工与授权明细表

部门	编号与姓名	角色与权限
董事会	000 陈建刚	系统管理员 Admin
	001 严亮	账套主管
人力资源部	002 张文	薪资管理系统的设置
	003 吴军	薪资管理系统的工资变动、统计分析

续表

部门	编号与姓名	角色与权限
财务部	004 柳军	基本信息、总账(出纳签字、出纳除外)、UFO 报表
	005 王刚	基本信息、总账系统
	006 赵丽丽	总账系统的出纳签字、出纳
	007 吴言	应收款管理和应付款管理
	008 莫非	薪资管理系统选项、扣缴所得税、银行代发、工资分摊,固定资产系统

二、任务要领

1) 2019 年 12 月 1 日,公司陈建刚用系统管理员 Admin 登录系统管理。

2) 使用"账套|建立"功能按公司基本信息建立企业应用平台账套,账套号为 001,如图 7-1 所示。

3) 使用"权限|用户"功能按表 7-1 中的编号与姓名增加用户,如图 7-1 所示。

图 7-1 用户管理窗口

4) 使用"权限|权限"功能按表 7-1 中的角色与权限设置操作员权限。

三、注意事项

1) 设置核算类型时企业类型为"工业",行业性质为"2019 年企业会计准则科目",且要"按行业性质预置科目"。

2) 启用 GL 总账、AR 应收款管理、AP 应付款管理、FA 固定资产、SA 销售管理、PU 采购管理、ST 库存管理、IA 存货核算和 WA 薪资管理 9 个系统,应用自然日期为"2019-12-01"。

3) 操作员权限按一般财务业务分工设置,特定业务处理时可以根据需要由账套主管或系统管理员 Admin 追加授权,或回收授权。

任务二 建立基础档案并设置使用权限

依据公司的组织机构及人员配备、往来单位、主要结算方式、科目余额及存货结存等资料,以及各子系统业务处理的需要,创建各项平台级公用基础档案,并规定重要基础档案的使用权限,为各系统初始设置与日常业务处理做准备。

一 任务资料

(一) 基础资料

通过分析整理公司各项基础资料,列出如下管理信息化所需基础档案。

1) 部门列表(见表7-2)

表7-2 部门列表

序号	部门编码	部门名称	序号	部门编码	部门名称
1	01	董事会	10	06	供应部
2	02	行政部	11	07	营销部
3	03	人力资源部	12	0701	营销一科
4	04	财务部	13	0702	营销二科
5	05	生产部	14	08	研发部
6	0501	第一生产车间	15	09	仓储部
7	0502	第二生产车间	16	0901	原料库
8	0503	机加工生产车间	17	0902	半成品库
9	0504	水电气供应车间	18	0903	成品库

注:各部门成立日期为2010年6月1日

2) 人员类别(见表7-3)

表7-3 人员类别

序号	人员类别编码	人员类别名称
1	1011	机关管理人员
2	1012	车间管理人员
3	1013	生产人员
4	1014	营销人员
5	1015	采购人员
6	1016	仓管人员
7	1017	研发人员

3）人员名册（见表7-4）

表7-4 人员名册

序号	人员编码	人员姓名	性别	人员类别	所属部门	业务员
1	101	李晓进	男	管理人员	董事会	是
2	102	陈建刚	男	机关管理人员	董事会	是
3	103	严亮	男	机关管理人员	董事会	是
4	201	王浩	男	机关管理人员	行政部	是
5	202	李明	男	机关管理人员	行政部	是
6	203	张愈	女	机关管理人员	行政部	
7	204	高亮	男	机关管理人员	行政部	
8	205	沈国	男	机关管理人员	行政部	
9	206	邱辰	男	机关管理人员	行政部	是
10	301	张文	女	机关管理人员	人力资源部	是
11	302	吴军	男	机关管理人员	人力资源部	是
12	401	柳军	男	机关管理人员	财务部	是
13	402	王刚	男	机关管理人员	财务部	是
14	403	赵丽丽	女	机关管理人员	财务部	是
15	404	吴言	男	机关管理人员	财务部	是
16	405	莫非	男	机关管理人员	财务部	是
17	501	常昊	男	车间管理人员	第一生产车间	是
18	502	李军	男	车间管理人员	第一生产车间	是
19	503	王良	男	车间管理人员	第一生产车间	是
20	504	刘竟	男	生产人员	第一生产车间	
21	505	刘苗	女	生产人员	第一生产车间	
22	506	古田	女	生产人员	第一生产车间	
23	507	张民	男	生产人员	第一生产车间	
24	508	肖天	男	车间管理人员	第二生产车间	是
25	509	李满	女	车间管理人员	第二生产车间	是
26	510	伍良	男	车间管理人员	第二生产车间	是
27	511	冯峡	男	生产人员	第二生产车间	
28	512	王苗	女	生产人员	第二生产车间	
29	513	王一	男	生产人员	第二生产车间	
30	514	张三	男	生产人员	第二生产车间	

续表

序号	人员编码	人员姓名	性别	人员类别	所属部门	业务员
31	515	何苗	女	生产人员	第二生产车间	
32	516	何迪	女	车间管理人员	机加工生产车间	是
33	517	刘昆	男	生产人员	机加工生产车间	是
34	518	冯静	男	生产人员	机加工生产车间	
35	519	卢红	女	生产人员	机加工生产车间	
36	520	王二	男	生产人员	机加工生产车间	
37	521	李易	男	车间管理人员	水电气供应车间	是
38	522	汪良	男	生产人员	水电气供应车间	
39	523	洪山	男	生产人员	水电气供应车间	
40	524	王桥	男	生产人员	水电气供应车间	
41	525	王菊	女	生产人员	水电气供应车间	
42	601	张海	女	采购人员	供应部	是
43	602	刘力	男	采购人员	供应部	是
44	701	李铁	男	营销人员	营销一科	是
45	702	王立	女	营销人员	营销一科	
46	703	蒋军	男	营销人员	营销一科	是
47	704	李焦	男	营销人员	营销一科	
48	705	魏凉	女	营销人员	营销一科	
49	706	陈春	男	营销人员	营销二科	是
50	707	汪彪	男	营销人员	营销二科	是
51	708	陈山	男	营销人员	营销二科	
52	709	王海	男	营销人员	营销二科	是
53	710	王佳	女	营销人员	营销二科	
54	711	王兵	男	营销人员	营销二科	
55	801	洪军	男	研发人员	研发部	是
56	802	汪同	男	研发人员	研发部	是
57	803	高军	男	研发人员	研发部	是
58	804	王玫	女	研发人员	研发部	
59	805	刘笑	女	研发人员	研发部	
60	901	于远	男	仓管人员	原料库	是
61	902	王开	男	仓管人员	半成品库	是
62	903	李金	男	仓管人员	成品库	是

4) 供应商列表(见表 7-5)

表 7-5 供应商列表

省份	供应商名称	统一社会信用代码	地址	电话	开户银行	银行账号
江苏	南京雨花汽车材料商行	91320113211804204	江苏省南京市鼓楼区热河路 335 号	025-74122831	工商银行南京下关支行	4301011622124771549
安徽	芜湖市兴芜化工材料点	91340202204780138	安徽省芜湖市弋江区王卫街屋刚路 25 号	0553-60100823	建设银行芜湖弋江支行	3425010241247622516
江苏	江苏扬子化工集团有限公司	91320102706279830	江苏省扬州市玄湖区刘金街伊翔路 56 号	025-66517940	交通银行扬州分行营业部	32100118010009000808
安徽	芜湖羽翼劳保用品有限公司	91340202934641956	安徽省芜湖市镜湖区赵涛街贸丰路 74 号	0553-40732243	建设银行芜湖镜湖支行	3425012262212421852
四川	成都锦江电器用品有限公司	91510104964799342	四川省成都市锦江区王京孟小路 08 号	028-37638711	交通银行成都锦江支行	51010100501127588909
上海	上海樱花钢铁贸易有限公司	91310114806680243	上海巨鹿路 105 号	021-87651300	交通银行上海巨鹿路支行	3101011210114210101
北京	北京汽车配件材料厂	91110116584091807	北京市东城区王芊街刘保路 58 号	010-24605964	工商银行北京东城支行	11010190201124410928
江苏	南京虹润实业有限公司	91320101113498867	江苏省南京市雨花台区雨花路 45 号	025-87651000	工商银行南京雨花支行	4301146180910090909
江苏	南京电磁阀制造总厂	91320106645662163	江苏省南京市鼓楼区梁慧街崔运路 14 号	025-79390303	工商银行南京鼓楼支行	4301060681802111999
江苏	南京现代办公设备公司	91320102631057282	江苏省南京市鼓楼区中山北路 45 号	025-87651200	中国银行南京花园路支行	48715859164
江苏	南京九九办公用品有限公司	91320106416099798	江苏省南京市玄武区孙武街苏建路 85 号	025-47368527	工商银行南京红山街支行	43010211014121435
江苏	南京芊芊办公用品商店	91320106293663758	江苏省南京市玄武区岳强街赵雪路 37 号	025-66958524	工商银行南京红山路支行	4301021204172926458
江苏	南京东风贸易有限公司	91320106899837887	江苏省南京市玄武区张树街咸振路 37 号	025-86177673	建设银行南京花园路支行	3205018162212416842
江苏	南京雨润建安有限公司	91320111741440292	江苏省南京市浦口区张弘街张泰路 09 号	025-19444338	建设银行南京玄浦口支行	3205041622124654090
江苏	南京典凡广告有限责任公司	91320102576454575	江苏省南京市玄武区李海街杨玉路 49 号	025-75096055	建设银行南京玄武支行	3205014162212439927
江苏	南京维润油脂有限公司	91320105062366203	江苏省南京市玄武区鼓楼湖北路 105 号	025-66652412	交通银行南京湖北路支行	32010600101013444575
江苏	南京大同机电股份有限公司	91320106899837887	江苏省南京市玄武区中山北路 109 号	025-67653766	中国银行南京中山北路分理处	48021001121
江苏	南京长宁股份有限公司	91320106215026188	江苏省南京市玄武区长宁路 8 号	025-84806297	工商银行南京玄武支行	4301026180200206060
江苏	南京精诚装运公司	91320106841914857	江苏省南京市玄武区双楼门 1113 号	025-84896756	工商银行南京鼓楼支行	4301060143406959341
江苏	南京冶华服务公司	91320102730825399	江苏省南京市玄武区毕顺杰 94 号	025-83221928	工商银行南京玄武支行	4301026162212475464

5）客户列表（见表7－6）

表7－6 客户列表

省份	客户名称	统一社会信用代码	地址	电话	开户银行	银行账号
浙江	宁波汽车制造厂	913302055849242503	浙江省宁波市江北区胡苇郭郡栋路54号	0574-43122667	中国银行宁波中州路支行	487412357164
云南	昆明汽车修理厂	91530102928434455 6	云南省昆明市五华区王艺街吴梅路85号	0871-15816152	建设银行昆明五华支行	5305041622124811604
江苏	南京顺福汽车修理厂	91320106211211480 3	江苏省南京市鼓楼区李志街末卫路87号	025-29281833	工商银行南京白下支行	4301041762265629392
重庆	重庆大华汽车修理厂	91500101119370089 71	重庆市涪陵区朱敏街刘建路41号	023-40262423	交通银行重庆涪陵支行	5001021040122124645 81
山东	山东飞龙贸易有限公司	91370102799970565 2	山东省济南市历下区刘华街李瑞路13号	0531-60686492	建设银行济南历下支行	3701041622124690719
江苏	南京旺美汽车修理厂	91320111620558896 6	江苏省南京市浦口区杨秋街李建路81号	025-80516523	工商银行南京白下支行	4301046680250050707
江苏	南京长安汽车制造公司	91320102908177426 2	江苏省南京市玄武区曹群街蒋荣路37号	025-75381496	建设银行南京江宁支行	4301150101210067909
江苏	南京金陵汽车修理厂	91320102704482018 4	江苏省南京市玄武区尹惠街李京路41号	025-38307268	建设银行南京玄武支行	3205018162212405313 1
江苏	江苏梓阳汽车修理有限责任公司	91320116255107345 2	江苏省南京市六合区陈军街何娜路96号	025-48756400	建设银行南京六合支行	3205018162212492635 1
江苏	南京浦口化工材料公司	91320111938090962 2	江苏省南京市浦口区高明街李纪路32号	025-63954413	建设银行南京浦口支行	3205018162212427692 1
上海	上海钢材有限责任公司	91310101687034832 7	上海湖北路35号	021-71210147	交通银行上海黄浦支行	3101011210189881093 4
江苏	南京雨花汽车材商行	91320113211804204 4	江苏省南京市鼓楼区热河路335号	025-74122831	工商银行南京下关支行	4301016222124771549

6）计量单位（见表7－7）

表7－7 计量单位

单位组编码	单位组名称	类别	单位编码	单位名称
1	常用计量单位	无换算率	01	件
			02	套
			03	千克
			04	只
			05	副
			06	项
			07	台

7) 存货目录（见表7-8）

表7-8 存货目录

存货分类	存货名称	计量单位	税率/%	属性	计价方式	计划价或参考成本/元	默认仓库
原材料	车速传感器	套	13	内销、外购、生产耗用	计划价法	240.00	原料库
	轮速传感器	套	13	内销、外购、生产耗用	计划价法	300.00	原料库
	电磁阀	件	13	内销、外购、生产耗用	计划价法	210.00	原料库
	特种钢	千克	13	内销、外购、生产耗用	计划价法	4.50	原料库
	液压油	千克	13	内销、外购、生产耗用	计划价法	20.00	原料库
	继电器	件	13	内销、外购、生产耗用	计划价法	140.00	原料库
	控制器	件	13	内销、外购、生产耗用	计划价法	1 000.00	原料库
产成品	ABS Ⅰ	套	13	自制、内销	全月平均法	6 500.00	成品库
	ABS Ⅱ	套	13	自制、内销	全月平均法	8 485.20	成品库
半成品	ABS Ⅰ-B	套	13	自制、内销、生产耗用	全月平均法	3 100.00	半成品库
	ABS Ⅱ-B	套	13	自制、内销、生产耗用	全月平均法	4 200.00	半成品库
周转材料	包装箱	只	13	外购、生产耗用	全月平均法	147.50	半成品库
	劳保手套	副	13	外购、生产耗用	全月平均法	20.67	半成品库
	生产专用工具	套	13	外购、生产耗用	全月平均法	153.04	半成品库

8) 会计科目（见表7-9）

根据会计科目发生额与期末余额表设置基本核算与辅助核算会计科目，业务处理需要时再增加其他会计科目。

表7-9 会计科目

序号	科目代码	科目名称	辅助核算	方向	序号	科目代码	科目名称	方向
1	1001	库存现金	现金科目	借	67	221105	失业保险	贷
2	1002	银行存款	银行科目	借	68	221106	医疗保险	贷
3	100201	中行存款	银行科目	借	69	2221	应交税费	贷
4	100202	工行存款	银行科目	借	70	222101	应交增值税	贷
5	1012	其他货币资金		借	71	22210101	进项税额	贷
6	101203	银行汇票		借	72	22210102	已交税金	贷
7	1101	交易性金融资产		借	73	22210103	销项税额	贷
8	110101	债券投资		借	74	22210104	进项税额转出	贷
9	1121	应收票据	客户往来	借	75	222102	应交所得税	贷
10	1122	应收账款	客户往来	借	76	222103	应交城建税	贷
11	1123	预付账款	供应商往来	借	77	222104	应交个人所得税	贷

续表

序号	科目代码	科目名称	辅助核算	方向	序号	科目代码	科目名称	方向
12	112301	预付原料供应商	供应商往来	借	78	222105	应交教育费附加	贷
13	1221	其他应收款	个人往来	借	79	2231	应付利息	贷
14	122101	应收员工欠款	个人往来	借	80	2241	其他应付款	贷
15	1231	坏账准备		贷	81	224101	押金	贷
16	1401	材料采购	项目核算	借	82	224102	社保	贷
17	1403	原材料	项目核算,数量,单位:套	借	83	224103	公积金	贷
18	1404	材料成本差异	项目核算	借	84	224104	大病保险	贷
19	1405	库存商品		借	85	2501	长期借款	贷
20	140501	ABSⅠ	数量,单位:套	借	86	250101	建行新街口支行	贷
21	140502	ABSⅡ	数量,单位:套	借	87	250102	工行江苏省分行	贷
22	1408	委托加工物资		借	88	4001	股本	贷
23	140801	上海钢材公司		借	89	400101	江苏中铁公司	贷
24	1409	半成品		借	90	400102	南京长宁公司	贷
25	140901	ABSⅠ-B	数量,单位:套	借	91	400103	南京大华公司	贷
26	140902	ABSⅡ-B	数量,单位:套	借	92	400104	江苏铁建集团	贷
27	1411	周转材料		借	93	400105	陈建刚	贷
28	141101	包装箱	数量,单位:只	借	94	4002	资本公积	贷
29	141102	劳保手套	数量,单位:副	借	95	400201	股本溢价	贷
30	141103	生产专用工具	数量,单位:套	借	96	400202	其他资本公积	贷
31	1511	长期股权投资		借	97	4101	盈余公积	贷
32	151101	金陵汽车修理厂		借	98	410101	法定盈余公积	贷
33	1601	固定资产		借	99	410102	任意盈余公积	贷
34	160101	房屋及建筑物		借	100	4103	本年利润	贷
35	160102	机器设备		借	101	4104	利润分配	贷
36	160103	机械动力设备		借	102	410415	未分配利润	贷
37	160104	运输设备		借	103	5001	生产成本	贷
38	160105	仪器仪表		借	104	500101	基本生产成本	借
39	160106	信息技术设备		借	105	50010101	ABSⅠ-B	借
40	160107	工具及器具		借	106	50010102	ABSⅡ-B	借
41	1602	累计折旧		贷	107	50010103	ABSⅠ	借
42	1604	在建工程		借	108	50010104	ABSⅡ	借

续表

序号	科目代码	科目名称	辅助核算	方向	序号	科目代码	科目名称	方向
43	160401	ABS生产线		借	109	500102	辅助生产成本	借
44	1701	无形资产		借	110	50010201	机加工生产车间	借
45	170101	专利权		借	111	50010202	水电气供应车间	借
46	170102	商标权		借	112	5101	制造费用	借
47	1702	累计摊销		借	113	510101	第一生产车间	借
48	170201	专利权		借	114	510102	第二生产车间	借
49	170202	商标权		借	115	6001	主营业务收入	贷
50	1801	长期待摊费用		借	116	6051	其他业务收入	贷
51	180101	保险费		借	117	6301	营业外收入	贷
52	180102	租赁费		借	118	6401	主营业务成本	借
53	1811	递延所得税资产		借	119	6402	其他业务成本	借
54	2001	短期借款		贷	120	6403	主营业务税金及附加	借
55	200101	工行下关支行		贷	121	6601	销售费用(项目核算)	借
56	2201	应付票据	供应商往来	贷	122	6602	管理费用(项目核算)	借
57	2202	应付账款		贷	123	6603	财务费用	借
58	220201	应付供应商	供应商往来	贷	124	660301	利息收入	借
59	220202	暂估应付款		贷	125	660302	利息支出	借
60	2203	预收账款	客户往来	贷	126	660303	手续费	借
61	2204	预收产品客户	客户往来	贷	127	660304	现金折扣	借
62	2211	应付职工薪酬		贷	128	6701	资产减值损失	借
63	221101	工资		贷	129	6711	营业外支出	借
64	221102	公积金		贷	130	671101	罚款支出	借
65	221103	福利费		贷	131	6801	所得税费用	借
66	221104	养老保险		贷				

补充说明:

(1)"1401 材料采购""1403 原材料""1405 库存商品"和"1409 半成品"科目的受控系统设为"存货核算系统"。

(2)"5001 生产成本"和"5101 制造费用"的末级科目均设置成本费用项目辅助核算。

9)凭证类别(见表7-10)

按收款业务、付款业务和转账业务分类设置收款凭证、付款凭证与转账凭证,并设置限制类型和限制科目。

表 7-10 凭证类别

类别字	类别名称	限制类型	限制科目
收	收款凭证	借方必有	1001 库存现金,1002 银行存款
付	付款凭证	贷方必有	1001 库存现金,1002 银行存款
转	转账凭证	凭证必无	1001 库存现金,1002 银行存款

10) 结算方式(见表 7-11)

表 7-11 结算方式

编码	结算方式名称	票据管理	编码	结算方式名称	票据管理
1	现金	否	302	商业承兑汇票	是
2	支票	是	4	汇兑	否
201	现金支票	是	401	电汇	否
202	转账支票	是	402	信汇	否
3	商业汇票	是	5	委托付款	否
301	银行承兑汇票	是	6	其他	否

11) 项目列表(见表 7-12)

表 7-12 项目列表

项目大类	项目分类		项目目录		核算科目
	分类编码	分类名称	项目编号	项目名称	
原材料项目	1	主要材料	1	车速传感器	1401 材料采购 1403 原材料 1404 材料成本差异
			2	轮速传感器	
			3	电磁阀	
			4	继电器	
			5	控制器	
	2	辅助材料	6	特种钢	
			7	液压油	
成本费用项目	1	成本项目	1	直接材料	50010101ABS Ⅰ-B、50010102ABS Ⅱ-B、50010103ABS Ⅰ、50010104ABS Ⅱ、50010201 机加工生产车间、50010202 水电气供应车间、510101 第一生产车间、510102 第二生产车间
			2	直接人工	
			3	燃料与动力	
			4	制造费用	

续表

项目大类	项目分类		项目目录		核算科目
	分类编码	分类名称	项目编号	项目名称	
成本费用项目	2	费用项目	5	工资	6601 销售费用 6602 管理费用
			6	福利费	
			7	工会经费	
			8	劳动保险费	
			9	中介机构费	
			10	业务招待费	
			11	办公费	
			12	水电费	
			13	修理费	
			14	差旅费	
			15	电话费	
			16	职工教育经费	
			17	文印费	
			18	折旧费	
			19	交通费	
			20	运输费	
			21	劳保用品	
			22	公积金	
			23	低值易耗品	

12) 公司开户银行和代发工资银行

(1) 开户银行

① 中国工商银行股份有限公司南京下关支行,开户行编码1,客户编号001,机构号01,账号4301016529001131842,联行号01,开户行地址:南京市建宁路142-1号。

② 中国银行股份有限公司南京下关支行,账号591642080991111,开户行编码2,客户编号032,机构号01,联行号03,开户行地址:南京市建宁路300号。

(2) 代发工资银行

中国工商银行,企业账号定长19位,个人账号定长19位,自动带出长度16位。

13) 采购专用发票、采购运费发票、其他应付单、付款单、销售专业发票、其他应收单和收款单允许手工修改单据编码。

14) 设置付款条件为3/10,1/20,n/30。

(二) 权限控制

公司财务规定:财务部柳军负责主管签字,并审核王刚编制的记账凭证;王刚负责总账,编制收款凭证与付款凭证,同时负责审核吴言和莫非编制的记账凭证;吴言负责编制客户与供应商往来业务的记账凭证,莫非负责编制薪资和固定资产业务的记账凭证。

二 操作要领

(一) 创建基础档案

账套主管001严亮登录企业应用平台,应用"业务导航视图|基础设置"中的相应功能完成各项基础档案创建操作。

1) 根据表7-1用"基础档案|机构人员|部门档案"功能增设部门档案,如图7-2所示。

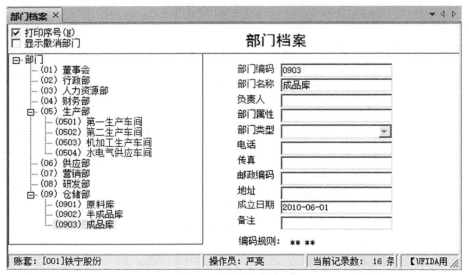

图7-2 部门档案窗口

2) 用"基础档案|机构人员|人员类别"功能打开"人员类别"窗口,点击"正式工",根据表7-2增设"正式工"的人员类别,如图7-3所示。

图7-3 人员类别窗口

3）根据表 7－3 用“基础档案|机构人员|人员档案”功能创建人员档案，当前列表为人员列表，如图 7－4 所示。用垂直滚动条可以看到更多人员记录。点击选择“业务员列表”则切换业务员列表为当前列表。注意员工所属行政部门一定要选择末级部门。

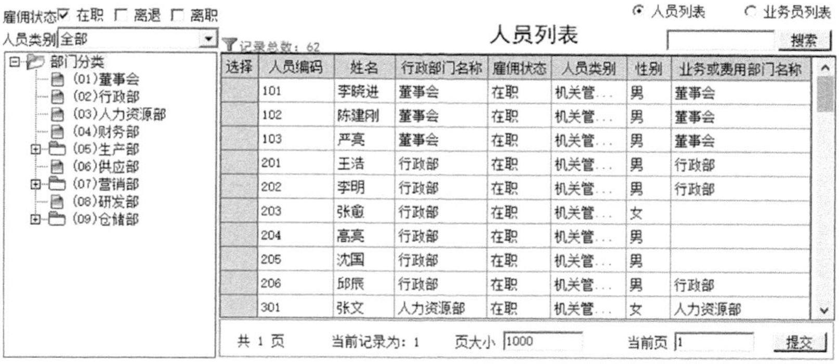

选择	人员编码	姓名	行政部门名称	雇佣状态	人员类别	性别	业务或费用部门名称
	101	李晓进	董事会	在职	机关管...	男	董事会
	102	陈建刚	董事会	在职	机关管...	男	董事会
	103	严亮	董事会	在职	机关管...	男	董事会
	201	王浩	行政部	在职	机关管...	男	行政部
	202	李明	行政部	在职	机关管...	男	行政部
	203	张敏	行政部	在职	机关管...	女	
	204	高亮	行政部	在职	机关管...	男	
	205	沈国	行政部	在职	机关管...	男	
	206	邱辰	行政部	在职	机关管...	男	行政部
	301	张文	人力资源部	在职	机关管...	女	人力资源部

图 7－4　人员列表窗口

4）先用“基础档案|客商信息|供应商分类”功能将供应商分为“01 江苏”“02 北京”“03 上海”“04 安徽”“05 四川”等类别。再使用“基础档案|客商信息|供应商档案”功能打开“增加供应商档案”窗口，该窗口有“基本”“联系”“信用”和“其他”四个页签，默认当前页签为“基本”。按表 7－5 逐一录入供应商档案记录，供应商编码可以从 01 开始。使用“银行”按钮可以录入供应商银行信息。如图 7－5 所示。

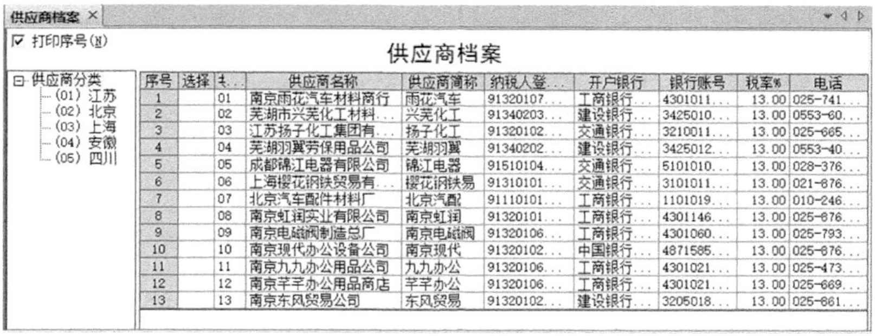

序号	选择	编...	供应商名称	供应商简称	纳税人登...	开户银行	银行账号	税率%	电话
1		01	南京雨花汽车材料商行	雨花汽车	91320107...	工商银行...	4301011...	13.00	025-741...
2		02	芜湖市兴芜化工材料...	兴芜化工	91340203...	建设银行...	3425010...	13.00	0553-60...
3		03	江苏扬子化工集团有...	扬子化工	91320102...	交通银行...	3210011...	13.00	025-665...
4		04	芜湖羽翼劳保用品公司	芜湖羽翼	91340202...	建设银行...	3425012...	13.00	0553-40...
5		05	成都锦江电器有限公司	锦江电器	91510104...	交通银行...	5101010...	13.00	028-376...
6		06	上海樱花钢铁贸易有...	樱花钢铁易	91310101...	交通银行...	3101011...	13.00	021-876...
7		07	北京汽车配件材料厂	北京汽配	91110101...	工商银行...	1101019...	13.00	010-246...
8		08	南京虹润实业有限公司	南京虹润	91320101...	工商银行...	4301146...	13.00	025-876...
9		09	南京电磁阀制造总厂	南京电磁阀	91320106...	工商银行...	4301060...	13.00	025-793...
10		10	南京现代办公设备公司	南京现代	91320102...	中国银行...	4871585...	13.00	025-876...
11		11	南京九九办公用品公司	九九办公	91320106...	工商银行...	4301021...	13.00	025-473...
12		12	南京芊芊办公用品商店	芊芊办公	91320106...	工商银行...	4301021...	13.00	025-669...
13		13	南京东风贸易公司	东风贸易	91320102...	建设银行...	3205018...	13.00	025-861...

图 7－5　供应商档案窗口

5）与创建供应商档案过程类似，根据表 7－6 创建客户档案，如图 7－6 所示。

序号	选择	编码	客户名称	客户简称	纳税人登...	开户银行	银行账号
1	Y	01	宁波汽车制造厂	宁波汽...	91330205...	中国银行...	487412357164
2		02	昆明汽车修理厂	昆明汽...	91530102...	建设银行...	5305014162...
3		03	南京顺福汽车修理厂	顺福汽修	91320106...	工商银行...	4301041762...
4		04	重庆大华汽车修理厂	重庆大华	91500101...	交通银行...	5001021040...
5		05	山东飞龙贸易有限公司	飞龙贸易	91370102...	建设银行...	3701004162...
6		06	南京旺美汽车修理厂	南京旺美	91320111...	工商银行...	4301046680...
7		07	南京长安汽车制造公司	南京长安	91320102...	工商银行...	4301150101...
8		08	南京金陵汽车修理厂	南京金陵	91320102...	建设银行...	3205018162...
9		09	江苏桦阳汽车修理有...	桦阳公司	91320116...	建设银行...	3205018162...
10		10	南京浦口化工材料公司	浦口化工	91320111...	建设银行...	3205018162...
11		11	上海钢材有限公司	上海钢材	91310101...	交通银行...	3101011210...
12		12	南京雨花汽车材料商行	南京雨花	91320113...	工商银行...	4301011622...

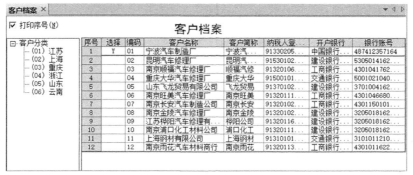

图 7－6　客户档案窗口

6) 先用"基础档案|存货|计量单位"功能打开"计量单位|计量单位组"窗口,点击"分组"工具按钮,打开"计量单位组"对话框,单击"增加",输入计量单位组编码"1",计量单位组名称"常用计量单位",选择计量单位组类别"无换算率",单击"保存",如图7-7所示。

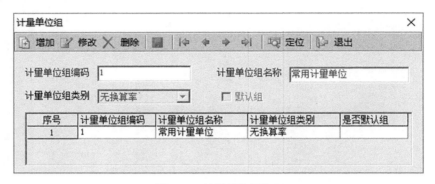

图7-7 计量单位组窗口

使用"单位"工具按钮打开"计量单位"窗口,按表7-7在常用计量单位组下创建计量单位,如图7-8。

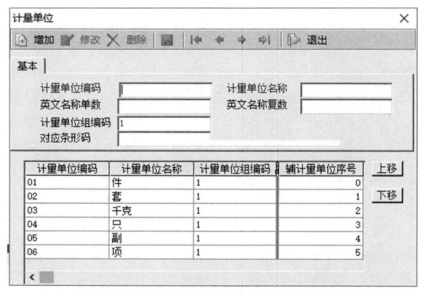

图7-8 计量单位窗口

7) 用"基础档案|存货|存货分类"功能将存货分为"01原材料""02产成品""03半成品""04周转材料"和"05劳务";用"基础档案|存货|存货档案"功能打开"存货档案"窗口,使用"基本"和"成本"两个页签,按表7-8创建存货档案。如图7-9存货编码无规则限制,可以将存货分类编码作为前缀,每个类别都从01开始,顺序编码。存货档案列表栏目可以点击"栏目"工具按钮进行设置。

存货档案

序号	选择	编码	存货名称	存货...	内销	外购	自制	生产	应税	税率%	计划价	参考成本	计价方式	单位	默认仓
1	Y	0101	车速传感器	原材料	✓	✓		✓		13.00	240.00		计划价法	套	原料库
2		0102	轮速传感器	原材料	✓	✓		✓		13.00	300.00		计划价法	套	原料库
3		0103	电磁阀	原材料	✓	✓		✓		13.00	210.00		计划价法	件	原料库
4		0104	特种钢	原材料	✓	✓		✓		13.00	4.50		计划价法	千克	原料库
5		0105	液压油	原材料	✓	✓		✓		13.00	20.00		计划价法	千克	原料库
6		0106	继电器	原材料	✓	✓		✓		13.00	140.00		计划价法	件	原料库
7		0107	控制器	原材料	✓	✓		✓		13.00	1000.00		计划价法	件	原料库
8		0201	ABS Ⅰ	产成品	✓		✓			13.00		6500.00	全月平均法	套	成品库
9		0202	ABS Ⅱ	产成品	✓		✓			13.00		8485.20	全月平均法	套	成品库
10		0301	ABS Ⅰ-B	半成品	✓		✓			13.00		3100.00	全月平均法	套	半成品库
11		0302	ABS Ⅱ-B	半成品	✓		✓			13.00		4200.00	全月平均法	套	半成品库
12		0401	包装箱	周转材料		✓		✓		13.00		147.50	全月平均法	只	半成品库
13		0402	劳保手套	周转材料		✓		✓		13.00		20.67	全月平均法	副	半成品库
14		0403	生产专用工具	周转材料		✓		✓		13.00		153.04	全月平均法	套	半成品库
15		0501	采购费用	劳务	✓	✓		✓		9.00				项	

图 7-9 存货档案窗口

8) 用"基础档案|财务|会计科目"功能打开会计科目窗口,按表 7-9 设置总分类科目和明细分类科目。

(1) 用"编辑|指定科目"功能按"1001 库存现金"和"1002 银行存款"分别选择"现金科目"和"银行科目"。

(2) 用"编辑|复制"功能在"1002 银行存款"下面增设"100201 中行存款"和"100202 工行存款"两个明细科目。采用复制功能增加明细科目,既可简化操作,也可减少出错。

(3) 在"1012 其他货币资金"下面增设"101203 银行汇票"科目,在"1101 交易性金融资产"下增设"110101 债券投资"科目。

(4) 修改"1121 应收票据"和"1122 应收账款"使之按"客户往来"辅助核算,受控系统皆为"应收系统";修改"1123 预付账款"科目使之按"供应商往来"辅助核算,且受控系统为"应付系统";修改"1221 他应收款"科目使之按"个人往来"辅助核算。

(5) 分别修改"1401 材料采购""1403 原材料"和"1404 材料成本差异"三个科目,采用"项目核算"辅助核算,选择受控系统为"存货核算系统",其中,"1403 原材料"科目同时设"数量"核算,计量单位为"套"。

(6) 在"1405 库存商品"科目下增设"140501 ABS Ⅰ"和"140502 ABS Ⅱ"科目,皆设"数量"核算,受控系统均为"存货核算系统"。

(7) 在"1408 委托加工物资"下增设"140801 上海钢材公司"科目。

(8) 用"增加"功能在资产类科目中增设总账科目"1409 半成品",将"1405 库存商品"科目下的明细科目及其辅助核算与数量核算信息复制到"1409 半成品"科目,并修改明细科目名称为"ABS Ⅰ-B"和"ABS Ⅱ-B"。

(9) 用"修改"功能将"2201 应付票据"设为按"供应商往来"辅助核算,受控系统为"应付系统"。

(10) 用"编辑|复制"功能在"2202 应付账款"科目下增加"220201 应付供应商"明细科目,按"供应商往来"辅助核算,受控系统为"应付系统";增加"220202 暂估应付款"明细科目,按"供应商往来"辅助核算,但不设受控系统。

(11) 用"修改"功能将"2203 预收账款"设为按"客户往来"辅助核算,受控系统为"应收系统"。其他科目设置不超出上述情形,过程从略,设置结果如图 7-10 所示。

会计科目

科目级长 4-2-2-2　　　　科目个数 48

全部 | 资产 | 负债 | 共同 | 权益 | 成本 | 损益

级次	科目编码	科目名称	外币币种	辅助核算	银行科目	现金科目	计量单位	余额方向	受控系统	是否封存	银行账	日记账
1	1001	库存现金				Y		借				Y
1	1002	银行存款			Y			借			Y	Y
2	100201	中国银行			Y			借			Y	Y
2	100202	工商银行			Y			借			Y	Y
1	1012	其他货币资金						借				
2	101203	银行汇票						借				
1	1101	交易性金融资产						借				
2	110101	债券投资						借				
1	1121	应收票据		客户往来				借	应收系统			
1	1122	应收账款		客户往来				借	应收系统			
1	1123	预付账款		供应商往来				借	应付系统			
1	1221	其他应收款		个人往来				借				
1	1231	坏账准备						贷				

图 7-10　会计科目窗口

9) 用"基础档案|财务|凭证类别"功能设置凭证类别，选择分类方式"收款凭证""付款凭证""转账凭证"，并设置凭证限制类型和限制条件，如图 7-11 所示。

凭证类别

文件(F)　编辑(E)　工具(T)

输出　增加　修改　删除　退出

凭证类别

类别字	类别名称	限制类型	限制科目	调整期
收	收款凭证	借方必有	1001, 1002	
付	付款凭证	贷方必有	1001, 1002	
转	转账凭证	凭证必无	1001, 1002	

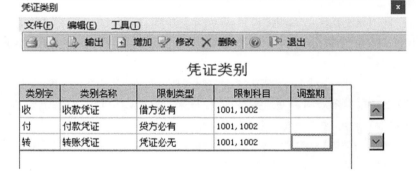

图 7-11　凭证类别窗口

10) 用"基础档案|收付结算|结算方式"功能设置结算方式，如图 7-12 所示。

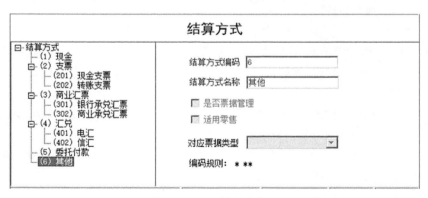

图 7-12　结算方式窗口

11) 用"基础档案|财务|项目目录"功能创建项目档案，每个项目的设置分四步完成：

① 增加项目大类"原材料项目"。

② 在"原材料项目"大类的"项目分类"页签设置两个分类,分别为"1 主要材料"和"2 辅助材料",如图 7-13。

③ 在"原材料项目"大类的"项目目录"页签用"维护"功能增加项目档案记录。

④ 指定"原材料项目"大类的核算科目为"1401 材料采购""1403 原材料"和"1404 材料成本差异"。

重复步骤①②③,完成"期间费用项目"的创建,指定该大类核算科目为"6601 销售费用"和"6602 管理费用",如图 7-14。

图 7-13　项目目录页签——原材料项目

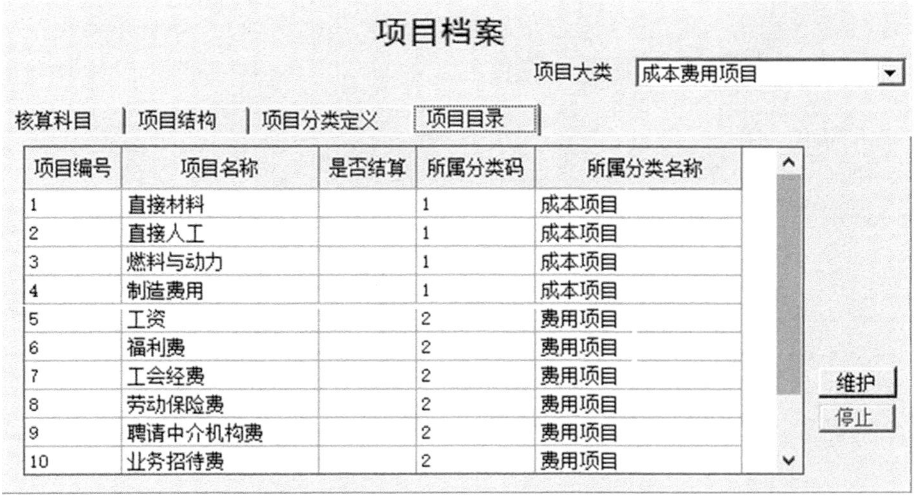

图 7-14　项目目录页签——成本费用项目

12) 分别用"基础档案|收付结算|本单位开户银行"和"基础档案|收付结算|银行档案"功能设置本单位开户银行和代发工资银行档案,图 7-15 为本单位开户银行档案记录。

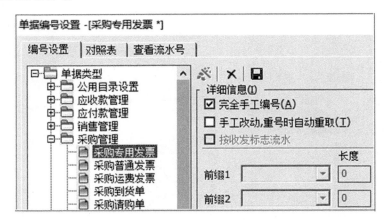

图 7-15 本单位开户银行窗口

13) 用"基础设置|单据设置|单据编号设置"功能打开"单据编号设置"窗口,选择"采购管理|采购专用发票",单击 ![icon],选择详细信息中的"完全手工编号",单击 ![icon] 保存设置。采用同样过程设置其他单据的编码方式。

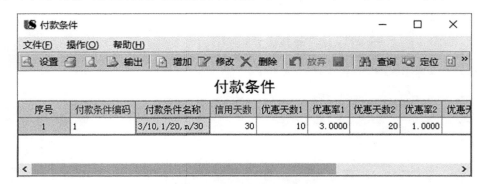

图 7-16 单据编号设置窗口

14) 设置付款条件

在业务导航视图中单击"基础档案|收付结算|付款条件"打开"付款条件"窗口,单击"增加"按钮,输入付款条件编码为1,信用天数为30,优惠天数1为10,优惠率1为3,优惠天数2为20,优惠率2为1,单击"保存",系统自动产生付款条件名称"3/10,1/20,n/30",如图7-17所示。

图 7-17 付款条件设置窗口

(二) 设置数据权限

1) 数据权限控制设置

用"业务导航视图|系统服务|权限|数据权限控制设置"功能打开"数据权限控制设置"窗口，在"记录"页签按公司财务、业务权限控制规定，勾选"仓库""供应商档案""客户档案"和"凭证类别"，弃选其他业务对象，点击"确定"保存。

2) 数据权限设置

用"业务导航视图|系统服务|权限|数据权限分配"功能打开"权限浏览"窗口，选择业务对象"凭证类别"，按公司财务规定进行数据权限设置。给财务部柳军分配收款凭证、付款凭证和转账凭证的查询数据权限，给王刚、吴言和莫非分配收款凭证、付款凭证和转账凭证的录入、查询数据权限，给赵丽丽分配收款凭证和付款凭证的查询数据权限，如图 7-18 所示。

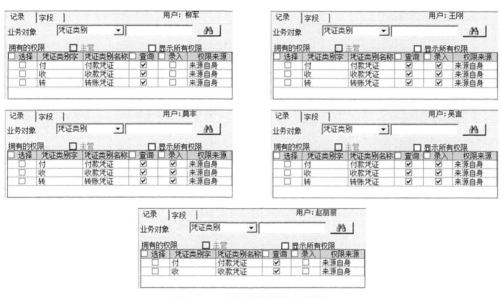

图 7-18 凭证类别授权对话框

三 注意事项

(1) 有些基础档案相互之间存在约束与被约束关系，或前后次序关系，输入基础档案前应理清思路，分清先后，以免返工。如部门档案与人员档案，先创建部门档案后才能创建人员档案，但部门档案中的部门负责人一项又需要创建人员档案后才能补录；再如人员档案中的人员类别应该先于人员档案创建；等等。

(2) 有些基础档案在启用相关系统后才支持创建，如启用薪资管理才允许创建银行档案，启用采购管理系统才允许创建仓库、采购类型、收发类别等基础档案，启用销售系统才允许创建销售类型、费用项目等基础档案。

(3) 编码规则一般限制的是编码格式，有的编码规则也限制编码取值。有限制规则的编码，其格式和取值要符合编码方案的要求;没有规则要求的编码,一般没有格式要求,通常注意码值不重复、格式等长、取值连续等几点即可。

(4) 每项基础档案输入完毕都需要仔细复查,为业务处理的准确性打好基础。

(5) 业务处理完毕应及时关闭业务处理窗口,以免产生企业应用平台和系统管理都无法解决的数据锁定,或任务锁定问题。

任务三　各子系统初始化

一　总账系统初始化

(一) 总账初始化内容

1) 总账系统参数

严格控制支票,现金流量科目不要求录入现金流量项目,同步删除业务系统的记账凭证,自动整理凭证断号,银行存款收付业务处理中必须录入银行结算信息,处理往来业务必须录入票据编号,主管签字后审核人与出纳不可以弃审或弃签,制单权限控制到凭证类别,出纳凭证必须经由出纳签字,凭证必须经由主管会计签字,不允许修改、作废他人填制的凭证,日记账、序时账中的业务记录按日期＋制单顺序排列,数量保留2位小数。

2) 总账系统及各辅助账发生额及余额(表7-13～表7-30)

表7-13　总账系统发生额及余额

单位:元

科目代码	科目名称	年初余额 (负数为贷方)	本年借方 累计发生额	本年贷方 累计发生额	期末余额 (负数为贷方)
1001	库存现金	2 240.89	158 319.90	156 055.79	4 505.00
1002	银行存款	2 347 294.61	39 337 879.45	39 376 210.85	2 308 963.21
100201	中行存款	848 107.60	9 453 306.53	8 951 414.13	1 350 000.00
100202	工行存款	1 499 187.01	29 884 572.92	30 424 796.72	958 963.21
1012	其他货币资金		512 000.00	392 000.00	120 000.00
101203	银行汇票		512 000.00	392 000.00	120 000.00
1101	交易性金融资产		110 000.00		110 000.00
110101	债券投资		110 000.00		110 000.00
1121	应收票据		35 000.00		35 000.00
1122	应收账款	3 835 089.57	23 557 654.38	24 028 364.81	3 364 379.14
1123	预付账款	1 351 859.38	2 780 902.56	3 675 011.94	457 750.00
1221	其他应收款	5 400.00	21 600.00	9 000.00	18 000.00
1231	坏账准备	−191 754.00			−191 754.00

续表

科目代码	科目名称	年初余额（负数为贷方）	本年借方累计发生额	本年贷方累计发生额	期末余额（负数为贷方）
1401	材料采购		11 605 360.00	11 579 360.00	26 000.00
1403	原材料	582 500.00	11 670 260.00	11 650 000.00	602 760.00
1404	材料成本差异		216 955.00	202 955.00	14 000.00
1405	库存商品	320 860.00	21 057 092.00	20 596 192.00	781 760.00
140501	ABS Ⅰ	130 000.00	10 790 000.00	10 562 500.00	(55套) 357 500.00
140502	ABS Ⅱ	190 860.00	10 267 092.00	10 033 692.00	(50套) 424 260.00
1408	委托加工物资		515 700.00	454 500.00	61 200.00
140801	上海钢材公司		515 700.00	454 500.00	61 200.00
1409	半成品	52 000.00	7 128 000.00	6 532 000.00	648 000.00
140901	ABS Ⅰ-B	31 000.00	2 046 000.00	1 891 000.00	(60套) 186 000.00
140902	ABS Ⅱ-B	21 000.00	5 082 000.00	4 641 000.00	(110套) 462 000.00
1411	周转材料		82 512.00		82 512.00
141101	包装箱		59 000.00		(400只) 59 000.00
141102	劳保手套		5 912.00		(286副) 5 912.00
141103	生产专用工具		17 600.00		(115套) 17 600.00
1511	长期股权投资		1 450 000.00		1 450 000.00
151101	金陵汽车修理厂		1 450 000.00		1 450 000.00
1601	固定资产	8 053 107.91	302 892.09		8 356 000.00
160101	房屋及建筑物	5 750 000.00			5 750 000.00
160102	机器设备	1 300 000.00	280 000.00		1 580 000.00
160103	机械动力设备	550 000.00			550 000.00
160104	运输设备	80 000.00			80 000.00
160105	仪器仪表	157 107.91	22 892.09		180 000.00
160106	信息技术设备	136 000.00			136 000.00
160107	工具及器具	80 000.00			80 000.00
1602	累计折旧	−1 893 892.32		398 357.68	−2 292 250.00
1604	在建工程	32 625.00	119 625.00		152 250.00
160401	ABS生产线	32 625.00	119 625.00		152 250.00
1701	无形资产		380 000.00		380 000.00
170101	专利权		180 000.00		180 000.00

续表

科目代码	科目名称	年初余额（负数为贷方）	本年借方累计发生额	本年贷方累计发生额	期末余额（负数为贷方）
170102	商标权		200 000.00		200 000.00
1702	累计摊销			40 000.00	−40 000.00
170201	专利权			30 000.00	−30 000.00
170202	商标权			10 000.00	−10 000.00
1801	长期待摊费用	100 300.00		89 100.00	11 200.00
180101	保险费	40 300.00		34 100.00	6 200.00
180102	租赁费	60 000.00		55 000.00	5 000.00
1811	递延所得税资产		1 036.79		1 036.79
2001	短期借款	−800 000.00			−800 000.00
200101	工行下关支行	−800 000.00			−800 000.00
2201	应付票据	−100 300.00	100 300.00	423 400.00	−423 400.00
2202	应付账款	−505 179.38	22 812 576.62	22 474 167.24	−166 770.00
220201	应付供应商	−505 179.38	21 642 576.62	21 244 107.24	−106 710.00
220202	暂估应付款		1 170 000.00	1 230 060.00	−60 060.00
2203	预收账款		2 161 849.28	2 219 849.28	−58 000.00
2211	应付职工薪酬	−320 860.00	4 285 117.62	4 307 102.95	−342 845.33
221101	工资	−265 000.00	3 317 976.10	3 308 976.10	−256 000.00
221102	公积金	−26 500.00	295 124.00	296 030.00	−27 406.00
221103	福利费		348 967.32	379 010.35	−30 043.03
221104	养老保险	−21 900.00	240 875.20	240 900.00	−21 924.80
221105	失业保险	−1 360.00	15 063.00	15 073.30	−1 370.30
221106	医疗保险	−6 100.00	67 112.00	67 113.20	−6 101.20
2221	应交税费	−101 269.81	5 165 461.24	5 166 671.34	−102 479.91
222101	应交增值税	−61 524.18	5 005 615.22	5 032 091.04	−88 000.00
22210101	进项税额		4 081 001.33		4 081 001.33
22210102	已交税金		924 613.89		924 613.89
22210103	销项税额	−61 524.18		5 026 271.30	−5 087 795.48
22210104	进项税额转出			5 819.74	−5 819.74
222102	应交所得税	−20 728.52	46 059.65	25 331.13	
222103	应交城建设税	−9 395.81	63 652.09	60 416.28	−6 160.00
222104	应交个人所得税	−2 910.00	4 668.49	5 678.40	−3 919.91

续表

科目代码	科目名称	年初余额（负数为贷方）	本年借方累计发生额	本年贷方累计发生额	期末余额（负数为贷方）
222105	应交教育费附加	−6 711.30	45 465.79	43 154.49	−4 400.00
2231	应付利息		236 700.00	289 300.00	−52 600.00
2241	其他应付款	−42 975.55	40 725.55	20 000.00	−22 250.00
224101	押金	−42 975.55	40 725.55	20 000.00	−22 250.00
2501	长期借款	−3 450 000.00			−3 450 000.00
250101	建行新街口支行	−2 000 000.00			−2 000 000.00
250102	工行江苏省分行	−1 450 000.00			−1 450 000.00
4001	股本	−10 000 000.00			−10 000 000.00
400101	江苏中铁公司	−5 000 000.00			−5 000 000.00
400102	南京长宁公司	−2 000 000.00			−2 000 000.00
400103	南京大华公司	−1 500 000.00			−1 500 000.00
400104	江苏铁建集团	−1 000 000.00			−1 000 000.00
400105	陈建刚	−500 000.00			−500 000.00
4002	资本公积	−241 000.00			−241 000.00
400201	股本溢价	−200 000.00			−200 000.00
400202	其他资本公积	−41 000.00			−41 000.00
4101	盈余公积	−102 484.00			−102 484.00
410101	法定盈余公积	−68 322.67			−68 322.67
410102	任意盈余公积	−34 161.33			−34 161.33
4103	本年利润		29 376 479.41	29 781 978.91	−405 499.50
4104	利润分配	−628 383.40			−628 383.40
410415	未分配利润	−628 383.40			−628 383.40
5001	生产成本	1 694 821.10	28 113 870.90	29 474 292.00	334 400.00
500101	基本生产成本	1 694 821.10	26 824 670.90	28 185 092.00	334 400.00
50010101	ABSⅠ-B		2 166 000.00	2 046 000.00	120 000.00
50010102	ABSⅡ-B		5 164 000.00	5 082 000.00	82 000.00
50010103	ABSⅠ	1 070 333.47	9 779 666.53	10 790 000.00	60 000.00
50010104	ABSⅡ	624 487.63	9 715 004.37	10 267 092.00	72 400.00
500102	辅助生产成本		1 289 200.00	1 289 200.00	
50010201	机加工生产车间		773 520.00	773 520.00	
50010202	水电气供应车间		515 680.00	515 680.00	

续表

科目代码	科目名称	年初余额（负数为贷方）	本年借方累计发生额	本年贷方累计发生额	期末余额（负数为贷方）
5101	制造费用		1 007 849.46	1 007 849.46	
510101	第一生产车间		403 139.78	403 139.78	
510102	第二生产车间		604 709.68	604 709.68	
6001	主营业务收入		29 063 065.20	29 063 065.20	
6051	其他业务收入		503 236.56	503 236.56	
6301	营业外收入		215 677.15	215 677.15	
6401	主营业务成本		25 513 318.45	25 513 318.45	
6402	其他业务成本		66 582.00	66 582.00	
6403	主营业务税金及附加		136 187.91	136 187.91	
6601	销售费用		1 087 193.84	1 087 193.84	
6602	管理费用		2 217 012.10	2 217 012.10	
6603	财务费用		218 366.55	218 366.55	
660301	利息收入		−16 990.48	−16 990.48	
660302	利息支出		213 675.00	213 675.00	
660303	手续费		21 682.03	21 682.03	
6711	营业外支出		2 652.06	2 652.06	
671101	罚款支出		2 652.06	2 652.06	
6801	所得税费用		135 166.50	135 166.50	

表 7-14　应收票据辅助账发生额及余额

单位:元

日期	客户	业务员	摘要	借方累计发生额	方向	期末余额
2019-6-7	飞龙贸易	王海	销售商品	35 000.00	借	35 000.00

注：该票据为一张商业承兑汇票，票号为5734，到期日2019-12-16。

表 7-15　应收账款辅助账发生额及余额

单位:元

客户	业务员	摘要	年初借方余额	借方累计发生额	贷方累计发生额	方向	期末余额
金陵汽修	王立	销售商品	3 070 851.01	20 087 064.34	22 806 915.35	借	351 000.00
宁波汽车	王海	销售商品	764 238.56	2 042 210.90	1 221 449.46	借	1 585 000.00
顺福汽修	王立	销售商品		320 000.00		借	320 000.00
桦阳汽修	王立	销售商品		1 108 379.14		借	1 108 379.14
合计			3 835 089.57	23 557 654.38	24 028 364.81		3 364 379.14

注：日期均为 2019-11-30。

表 7-16 预付账款辅助账发生额及余额

单位:元

客户	业务员	摘要	年初借方余额	借方累计发生额	贷方累计发生额	方向	期末余额
雨花汽车	张洲	购入原料	38 226.01	1 412 747.50	1 243 223.51	借	207 750.00
上海樱花	刘力	购入原料	64 238.56	1 368 155.06	1 312 393.62	借	120 000.00
南京大同	张洲	购入原料	1 249 394.81		1 119 394.81	借	130 000.00
合计			1 351 859.38	2 780 902.56	3 675 011.94		457 750.00

注:日期均为 2019-11-30。雨花汽车、上海樱花、南京大同单据编号分别为 3173、3177、3195,雨花汽车和南京大同的结算方式都为转账支票,上海樱花的结算方式为电汇。

表 7-17 其他应收款辅助账发生额及余额

单位:元

姓名	摘要	年初借方余额	借方累计发生额	贷方累计发生额	方向	期末余额
高军	预支差旅费	400.00	600.00		借	1 000.00
洪军	预支差旅费		1 000.00		借	1 000.00
张海	预支差旅费	5 000.00	2 000.00	4 000.00	借	3 000.00
常昊	预支差旅费		2 000.00		借	2 000.00
蒋军	预支差旅费		11 000.00	5 000.00	借	6 000.00
王海	预支差旅费		2 000.00		借	2 000.00
王立	预支差旅费		3 000.00		借	3 000.00
合计		5 400.00	21 600.00	9 000.00		18 000.00

注:日期均为 2019-11-30。

表 7-18 材料采购辅助账发生额及余额

单位:元

存货项目	借方累计发生额	贷方累计发生额	方向	期末余额
车速传感器	1 695 600.00	1 695 600.00	借	
轮速传感器	3 594 000.00	3 594 000.00	借	
电磁阀	2 959 280.00	2 933 280.00	借	26 000.00
特种钢	363 600.00	363 600.00	借	
液压油	119 400.00	119 400.00	借	
控制器	1 609 000.00	1 609 000.00	借	
继电器	1 264 480.00	1 264 480.00	借	
合计	11 605 360.00	11 579 360.00	借	26 000.00

表 7-19 原材料辅助账发生额及余额

单位:元

存货项目	年初余额	借方累计发生额	贷方累计发生额	期末余额	计划单价
车速传感器	84 000.00	1 695 600.00	1 680 000.00	99 600.00	240.00
轮速传感器	180 000.00	3 594 000.00	3 600 000.00	174 000.00	300.00
电磁阀	147 000.00	2 933 280.00	2 940 000.00	140 280.00	210.00
特种钢	22 500.00	454 500.00	450 000.00	27 000.00	4.50
液压油	6 000.00	119 400.00	120 000.00	5 400.00	20.00
控制器	80 000.00	1 609 000.00	1 600 000.00	89 000.00	1 000.00
继电器	63 000.00	1 264 480.00	1 260 000.00	67 480.00	140.00
合计	582 500.00	11 670 260.00	11 650 000.00	602 760.00	

表 7-20 材料成本差异辅助账发生额及余额

单位:元

存货项目	借方累计发生额	贷方累计发生额	方向	期末余额
车速传感器	31 700.00	29 500.00	借	2 200.00
轮速传感器	67 000.00	62 450.00	借	4 550.00
电磁阀	55 320.00	50 750.00	借	4 570.00
特种钢	6 500.00	7 300.00	贷	−800.00
液压油	2 000.00	2 300.00	贷	−300.00
控制器	30 755.00	28 855.00	借	1 900.00
继电器	23 680.00	21 800.00	借	1 880.00

表 7-21 应付票据辅助账累计发生额及余额

单位:元

客户	业务员	摘要	年初贷方余额	借方累计发生额	贷方累计发生额	方向	期末余额
利丰贸易	张海	购入原料	100 300.00	100 300.00	423 400.00	贷	423 400.00

注:该票据为一张银行承兑汇票,承兑银行为中国工商银行,签发日期为 2019-06-03,票号为 3639,2019-12-02 到期,收票人是北京利丰贸易有限公司。

表 7-22 应付账款辅助账累计发生额及余额

单位:元

客户	业务员	摘要	年初贷方余额	借方累计发生额	贷方累计发生额	方向	期末余额
南京虹润	刘力	购入原料	505 179.38	21 642 576.62	21 244 107.24	贷	106 710.00

注:日期为 2019-11-23,单据号为 1237。

表 7-23　预收账款辅助账累计发生额及余额

单位:元

客户	业务员	摘要	借方累计发生额	贷方累计发生额	方向	期末贷方余额
重庆大华	张海	销售商品	2 161 849.28	2 219 849.28	贷	58 000.00

注:日期 2019-11-30,结算方式为电汇,电汇凭证编号为 2312,结算方式为电汇。

表 7-24　ABS I -B 生产成本辅助账发生额及余额

单位:元

成本项目	借方累计发生额	贷方累计发生额	方向	期末余额
直接材料	1 985 500.00	1 875 500.00	借	110 000.00
直接人工	18 050.00	17 050.00	借	1 000.00
制造费用	162 450.00	153 450.00	借	9 000.00
合计	2 166 000.00	2 046 000.00		120 000.00

表 7-25　ABS II-B 生产成本辅助账发生额及余额

单位:元

成本项目	借方累计发生额	贷方累计发生额	方向	期末余额
直接材料	4 647 600.00	4 573 800.00	借	73 800.00
直接人工	37 785.37	37 185.37	借	600.00
制造费用	478 614.63	471 014.63	借	7 600.00
合计	5 164 000.00	5 082 000.00		82 000.00

表 7-26　ABS I 生产成本辅助账发生额及余额

单位:元

成本项目	年初余额	借方累计发生额	贷方累计发生额	方向	期末余额
直接材料	995 410.13	9 095 089.87	10 034 700.00	借	55 800.00
直接人工	3 567.78	32 598.89	35 966.67	借	200.00
制造费用	71 355.56	651 977.77	719 333.33	借	4 000.00
合计	1 070 333.47	9 779 666.53	10 790 000.00		60 000.00

表 7-27　ABS II 生产成本辅助账发生额及余额

单位:元

成本项目	年初余额	借方累计发生额	贷方累计发生额	方向	期末余额
直接材料	612 411.90	9 527 145.17	10 068 557.07	借	71 000.00
直接人工	3 450.21	53 674.06	56 724.27	借	400.00
制造费用	8 625.52	134 185.14	141 810.66	借	1 000.00

续表

成本项目	年初余额	借方累计发生额	贷方累计发生额	方向	期末余额
合计	624 487.63	9 715 004.37	10 267 092.00		72 400.00

表 7-28 辅助生产成本项目明细资料

单位:元

成本项目名称	机加工生产车间		水电气供应车间	
	借方累计发生额	贷方累计发生额	借方累计发生额	贷方累计发生额
直接材料	137 768.49	137 768.49	37 573.23	37 573.23
直接人工	438 354.30	438 354.30	288 061.40	288 061.40
燃料与动力	56 359.84	56 359.84	150 292.90	150 292.90
制造费用	141 037.37	141 037.37	39 752.47	39 752.47
合计	773 520.00	773 520.00	515 680.00	515 680.00

表 7-29 制造费用项目明细资料

单位:元

成本项目名称	第一生产车间		第二生产车间	
	借方累计发生额	贷方累计发生额	借方累计发生额	贷方累计发生额
工资	270 000.00	270 000.00	350 000.00	350 000.00
修理费	71 000.00	71 000.00	83 000.00	83 000.00
折旧费	9 800.00	9 800.00	8 164.00	8 164.00
水电费	52 339.78	52 339.78	163 545.68	163 545.68
合计	403 139.78	403 139.78	604 709.68	604 709.68

表 7-30 期间费用辅助账

单位:元

费用项目	6601 销售费用		6602 管理费用	
	借方累计发生额	借方累计发生额	借方累计发生额	借方累计发生额
福利费	116 322.44	116 322.44	174 483.66	174 483.66
工会经费			56 969.80	56 969.80
劳动保险费	135 745.42	135 745.42	328 618.12	328 618.12
聘请中介机构费			40 000.00	40 000.00
业务招待费	52 442.60	52 442.60	122 475.40	122 475.40
办公费	13 903.45	13 903.45	32 441.39	32 441.39
水电费	6 986.98	6 986.98	16 302.95	16 302.95

续表

费用项目	6601 销售费用		6602 管理费用	
	借方累计发生额	借方累计发生额	借方累计发生额	借方累计发生额
修理费			4 805.62	4 805.62
差旅费	77 656.93	77 656.93	33 281.54	33 281.54
电话费	12 469.82	12 469.82	13 528.31	13 528.31
职工教育经费			11 975.60	11 975.60
文印费			4 865.00	4 865.00
折旧费	17 027.30	17 027.30	149 730.38	149 730.38
交通费	6 488.80	6 488.80	9 733.20	9 733.20
运输费	39 616.01	39 616.01		
劳保用品	13 117.00	13 117.00	19 675.49	19 675.49
公积金	48 311.93	48 311.93	127 467.89	127 467.89
低值易耗品	15 281.24	15 281.24	22 921.87	22 921.87
合计	555 369.92	555 369.92	1 169 276.22	1 169 276.22

(二)操作要领

1)设置系统参数

由账套主管严亮登录企业应用平台,在业务导航视图中使用"基础设置|业务参数|财务会计|总账"(或使用"业务导航视图|业务工作|财务会计|总账|设置|选项")功能打开总账的"选项"对话框,单击"编辑"将选项的只读状态切换为可修改状态。

(1)"凭证"页签

勾选"支票控制""同步删除业务系统凭证""自动填补凭证断号""银行科目结算方式必录""往来科目票据号必录""主管签字以后不可以取消审核和出纳签字"等,弃选"可以使用应收受控科目""现金流量科目必录现金流量项目"等,单击"确定"保存设置并返回,或继续进行其他参数设置(图 7-19)。

图 7-19 总账选项对话框——凭证页签

(2)"权限"页签

勾选"制单权限控制到凭证类别""出纳凭证必须经由出纳签字""凭证必须经由主管会计签字"等,弃选"允许修改、作废他人填制的凭证",单击"确定"保存设置并返回,或继续进行其他参数设置后单击"确定"保存设置并返回,或继续设置其他参数(图7-20)。

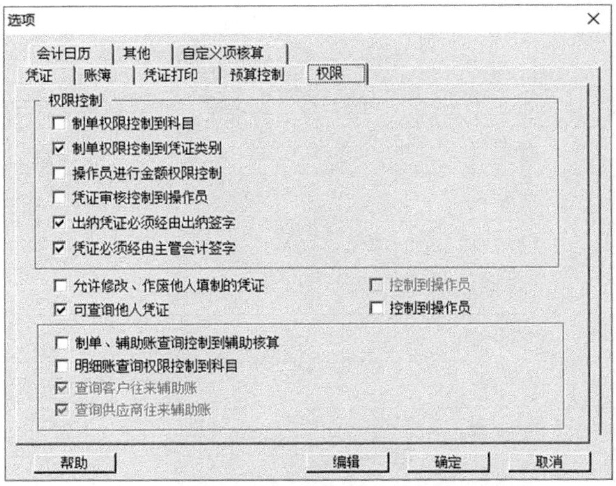

(3)"会计日历"页签

将"数量小数位"默认的"5"改为"2"。

(4)"其他"页签

将"日记账、序时账排列方式"设置为"日期+制单顺序",其他参数均为默认状态。

图7-20 总账选项对话框——权限页签

2) 录入期初数据

由于总账系统启用于12月份,所以系统初始数据除期初余额及期初数量外,还包括累计借方发生额及数量和累计贷方发生额及数量。使用"业务导航视图|业务工作|财务会计|总账|设置|期初余额"功能打开"期初余额录入"窗口。

(1) 录入非辅助核算科目期初数据

在"期初余额录入"窗口使用鼠标点击选定需要输入数据的单元格,录入期初数据,年初余额由系统自动计算产生。系统只需录入末级科目数据,向上各级科目的期初数据由系统自动逐级汇总产生,如图7-21。

科目名称	方向	币别/计量	年初余额	累计借方	累计贷方	期初余额
库存现金	借		2,240.89	158,319.90	156,055.79	4,505.00
银行存款	借		2,347,294.61	39,337,879.45	39,376,210.85	2,308,963.21
中行存款	借		848,107.60	9,453,306.53	8,951,414.13	1,350,000.00
工行存款	借		1,499,187.01	29,884,572.92	30,424,796.72	958,963.21
其他货币资金	借			512,000.00	392,000.00	120,000.00
银行汇票	借			512,000.00	392,000.00	120,000.00

图7-21 期初余额录入窗口

(2) 录入非往来类辅助核算科目期初数据

非往来类辅助核算科目是指项目辅助核算科目和部门辅助核算科目。双击需要输入期初数据的项目辅助核算科目或部门辅助核算科目记录,打开"辅助期初余额"窗口,在该窗口进行录入操作。以录入在产品 ABS Ⅱ 各成本项目期初数据为例,双击生产成本下的"ABS Ⅱ",在"辅助期初余额"窗口使用"增行"功能在空白行中选择项目,依次输入累计借方金额、累计贷方金额和金额,单击"增行"继续输入,如图 7-22。单击"退出"保存并关闭"辅助期初余额"窗口,在"期初余额录入"窗口可以看见汇总后的"原材料"科目数据。

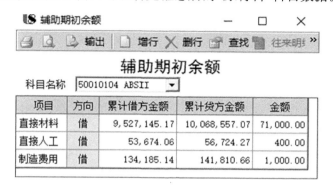

图 7-22 辅助期初余额窗口——ABS Ⅱ 产品

(3) 录入往来类辅助核算科目期初余额

在需要输入期初数据的某往来类辅助核算科目账期初余额窗口单击"往来明细"按钮,在"期初往来明细"窗口录入每笔记录,使用"汇总"功能产生该会计科目的辅助账期初余额。以录入应收票据科目期初数据为例:

① 在"期初余额录入"窗口双击"应收票据"科目,打开应收票据科目的"辅助期初余额"窗口。

② 单击"往来明细"按键,在"期初往来明细"窗口用"增行"功能录入应收票据记录,如图 7-23。

图 7-23 期初往来明细窗口

③ 逐条录入票据记录,单击"汇总"保存并退出,返回"辅助期初余额"窗口,继续录入累计发生额,如图 7-24。单击"退出"返回"期初余额录入"窗口,可以看见"应收票据"总账科目的期初数据。

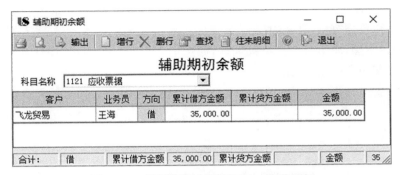

图 7-24　辅助期初余额窗口——应收票据

(4) 对账

辅助核算科目期初数据录入完毕,应使用"对账"功能进行对账。该功能用于检查总账上下级、总账与辅助账、辅助账与明细账的金额与数量是否相等,一般不会发生总账与所属明细分类账金额和数量合计不等的情形,但如果客户往来或供应商往来科目期初余额或数量没有在"期初往来明细"窗口录入,或在此窗口录入但没有使用"汇总"功能产生辅助期初余额,对账时系统会出现表示总账与辅助账或辅助账与明细账不相等的标记"×"。

在"期初余额录入"窗口单击"对账"按键,系统弹出"期初对账"对话框,单击"开始",显示对账结果,如图 7-25。

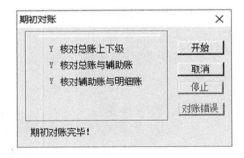

图 7-25　对账对话框

(三) 注意事项

(1) 总账系统中参数设置保存后才能生效。参数的设置不是一成不变的,有时根据业务处理的需要,须重新设置某些参数。

(2) 对于设置数量核算的会计科目,应先输入金额再输入数量,可以只录入金额不录入数量,但不可以只录入数量不录入金额。

(3) 录入数据前应检查余额方向,如果某科目当前余额方向与默认余额方向不一致,可以用负数录入,也可以使用"方向"功能调整余额方向。

(4) 对于客户往来、供应商往来或个人往来科目,期初余额应该在"期初往来明细"窗口录入,录入完毕应使用"汇总"功能产生辅助期初余额,否则对账不能通过。

(5) 期初数据不为零的非辅助核算科目不能改为辅助核算科目。

(6) 总账期初数据录入完毕,应使用"试算"功能检查资产与权益合计是否相等,如果试算结果不平衡,需要仔细检查并修改错误数据,直至试算结果平衡,否则,系统拒绝记账处理。

二 固定资产系统初始化

(一)初始化内容

分析整理南京铁宁机械股份有限公司固定资产管理与核算资料,确定固定资产系统初始化信息如下。

1) 固定资产系统参数(见表7-31)

表7-31 固定资产系统参数

选项页签	参数设置
基本信息	账套启用月份:2019年12月
折旧信息	① 本账套计提折旧:是; ② 主要折旧方法:平均年限法; ③ 折旧汇总分配周期:1个月; ④ 当(月初已计提月份=可使用月份-1)时,将剩余折旧全部提足
编码方式	① 资产类别编码方式:2; ② 固定资产编码方式:按"类别编码+序号"自动编码,卡片序号长度为3; ③ 卡片编号长度:五位
财务接口	① 与账务系统进行对账:是; ② 固定资产对账科目:1601 固定资产; ③ 累计折旧对账科目:1602 累计折旧; ④ 在对账不平衡情况下允许固定资产月末结账:否; ⑤ 业务发生后立即制单:否; ⑥ 月末结账前一定要完成制单登账业务:是; ⑦ 固定资产、累计折旧、增值税进项税额和固定资产清理的默认入账科目分别为"160106, 信息技术设备""1602 累计折旧""22210101 进项税额"和"1606 固定资产清理"

根据表3-8创建固定资产账套,设置固定资产系统参数。

2) 固定资产基础信息

(1) 折旧计算方法

月折旧率=(1-预计净残值率)/(使用年限×12)

月折旧额=原值×月折旧率

(2) 折旧费记账科目(见表7-32)

表7-32 折旧费记账科目

序号	使用部门	对应折旧科目
1	第一生产车间	510101 第一生产车间(折旧费)
2	第二生产车间	510102 第二生产车间(折旧费)
3	机加工生产车间	50010201 机加工生产车间(折旧费)

续表

序号	使用部门	对应折旧科目
4	水电气供应车间	50010202 水电气生产车间（折旧费）
5	原料库	6602 管理费用（折旧费）
6	半成品库	6602 管理费用（折旧费）
7	成品库	6602 管理费用（折旧费）
8	营销部	6601 销售费用（折旧费）
9	行政部	6602 管理费用（折旧费）

（3）固定资产增减方式（见表 7-33）

表 7-33 固定资产增减方式

增加途径			减少原因		
序号	增加方式	贷方记账科目	序号	减少方式	借方记账科目
1	直接购入	100202 工行存款等	1	出售	1606 固定资产清理等
2	投资转入	400105 陈建刚等	2	报废、毁损	1606 固定资产清理等
3	在建工程转入	160401 ABS 生产线等	3	盘亏	1901 待处理财产损溢等科目

（4）固定资产类别（表 7-34）

表 7-34 固定资产类别

分类编码	分类名称	折旧年限/年	预计净残值率/%	计量单位	计提属性	卡片样式
01	房屋及建筑物	30	4.00	幢	总提折旧	通用样式
02	机器设备	10	4.00	台	正常计提	含税卡片
03	机械动力设备	10	4.00	台	正常计提	含税卡片
04	运输设备	8	4.00	辆	正常计提	含税卡片
05	仪器仪表	8	4.00	件	正常计提	含税卡片
06	信息技术设备	5	2.00	台	正常计提	含税卡片
07	工具及器具	5	4.00	套	正常计提	含税卡片

3）固定资产原始卡片记录

根据"2019 年 11 月 30 日固定资产清单"（见表 3-8）整理出如表 7-35 所示固定资产卡片记录。

表7-35 固定资产原始卡片记录

单位:元

序号	资产名称	使用部门	分类编码	增加方式	开始使用日期	原值	累计折旧
1	厕所	第一生产车间	01	在建工程转入	2014-03-01	23 433.91	4 249.35
2	1号平房	第一生产车间	01	在建工程转入	2014-03-01	160 820.12	29 162.05
3	1号厂房	第一生产车间	01	在建工程转入	2014-06-01	821 000.00	142 308.90
4	2号厂房	第二生产车间	01	在建工程转入	2016-03-01	801 800.00	94 077.87
5	2号披房	第二生产车间	01	在建工程转入	2013-06-01	88 650.00	18 202.80
6	3号工具间	水电气供应车间	01	在建工程转入	2014-06-01	2 948.96	511.15
7	3号厂房	水电气供应车间	01	在建工程转入	2013-11-01	232 560.37	44 651.59
8	4号工具间	机加工生产车间	01	在建工程转入	2014-11-01	17 439.63	2 790.34
9	4号厂房	机加工生产车间	01	在建工程转入	2014-06-01	332 560.37	57 643.80
10	1号仓库	原料库	01	在建工程转入	2013-07-01	64 490.67	13 070.11
11	2号仓库	半成品库	01	在建工程转入	2015-12-01	42 500.00	5 326.67
12	3号仓库	成品库	01	在建工程转入	2014-03-01	94 745.97	17 180.60
13	4号仓库	成品库	01	在建工程转入	2013-06-01	67 050.00	13 767.60
14	办公楼	行政部	01	在建工程转入	2014-04-01	2 734 700.00	488 599.73
15	1号披房	行政部	01	在建工程转入	2014-07-01	265 300.00	45 277.87
16	数控机床	第一生产车间	02	直接购入	2014-03-01	131 452.00	71 509.89
17	1号机床附件	第一生产车间	02	直接购入	2016-07-01	8 000.00	2 560.00
18	ABS生产线1	第一生产车间	02	直接购入	2014-03-01	560 548.00	304 938.11
19	普通机床	第二生产车间	02	直接购入	2014-03-01	158 800.00	86 387.20
20	2号机床附件	第二生产车间	02	直接购入	2014-06-01	8 000.00	4 160.00
21	ABS生产线2	第二生产车间	02	直接购入	2014-01-01	433 200.00	242 592.00
22	低压电容柜(MNS)	水电气供应车间	02	直接购入	2019-03-01	160 000.00	3 413.33
23	数控切割机	机加工生产车间	02	直接购入	2019-04-01	120 000.00	6 720.00
24	输送设备	第一生产车间	03	直接购入	2017-03-01	100 000.00	25 600.00
25	压力机	第二生产车间	03	直接购入	2016-12-01	50 000.00	14 000.00
26	变压器	水电气供应车间	03	直接购入	2014-01-01	188 034.18	105 299.14
27	控制柜	水电气供应车间	03	直接购入	2014-01-01	81 965.82	45 900.86
28	BX1-500型焊机	机加工生产车间	03	直接购入	2014-01-01	10 960.00	6 137.60
29	2T行车	机加工生产车间	03	直接购入	2015-01-01	94 626.33	43 906.62

续表

序号	资产名称	使用部门	分类编码	增加方式	开始使用日期	原值	累计折旧
30	切割机	机加工生产车间	03	直接购入	2015-01-01	24 413.67	11 327.94
31	2.2L 轻卡	营销一科	04	直接购入	2013-08-01	48 000.00	36 000.00
32	1.2L 面包车	行政部	04	直接购入	2014-01-01	32 000.00	22 400.00
33	空调	行政部	05	直接购入	2019-01-01	13 136.05	1 313.61
34	中央空调	行政部	05	直接购入	2013-06-01	130 000.00	100 100.00
35	中央空调压缩机	行政部	05	直接购入	2018-03-01	5 688.96	1 137.79
36	报警系统	行政部	05	直接购入	2014-01-01	6 500.00	4 550.00
37	监控系统	行政部	05	直接购入	2019-01-01	9 756.04	975.60
38	点钞机	行政部	05	直接购入	2016-08-01	2 051.28	800.00
39	考勤机	行政部	05	直接购入	2016-07-01	4 077.67	1 631.07
40	空调	行政部	05	直接购入	2014-11-01	5 940.00	3 564.00
41	数码相机	行政部	05	直接购入	2014-11-01	2 850.00	1 710.00
42	打印机	行政部	06	直接购入	2016-09-01	2 094.02	1 299.69
43	液晶电脑	行政部	06	直接购入	2015-09-01	4 957.27	4 048.44
44	电脑（王浩、李明）	行政部	06	直接购入	2015-09-01	4 786.32	3 908.83
45	电脑（张文、张海）	行政部	06	直接购入	2016-07-01	4 786.32	3 127.06
46	笔记本电脑	行政部	06	直接购入	2017-05-01	3 300.00	1 617.00
47	电脑	行政部	06	直接购入	2017-05-01	2 991.45	1 465.81
48	电脑	行政部	06	直接购入	2017-05-01	2 991.45	1 465.81
49	电脑	人力资源部	06	直接购入	2017-05-01	2 393.16	1 172.65
50	电脑	行政部	06	直接购入	2016-07-01	2 649.57	1 731.05
51	投影机	行政部	06	直接购入	2016-07-01	4 700.85	3 071.22
52	笔记本电脑	行政部	06	直接购入	2016-07-01	4 371.79	2 856.24
53	电脑	行政部	06	直接购入	2016-07-01	7 179.49	4 690.60
54	电脑	行政部	06	直接购入	2018-01-01	17 069.72	6 133.72
55	台式电脑(开票机)	行政部	06	直接购入	2018-03-01	2 555.56	834.82
56	电脑	行政部	06	直接购入	2017-05-01	4 316.24	2 114.96
57	复印机	行政部	06	直接购入	2014-11-01	7 000.00	6 860.00
58	打印机	行政部	06	直接购入	2018-03-01	2 750.00	898.33
59	笔记本电脑	行政部	06	直接购入	2018-02-01	7 500.00	2 572.50

续表

序号	资产名称	使用部门	分类编码	增加方式	开始使用日期	原值	累计折旧
60	液晶电脑	行政部	06	直接购入	2015-05-01	2 478.63	2 186.15
61	笔记本电脑	行政部	06	直接购入	2015-08-01	4 102.56	3 417.43
62	笔记本电脑	行政部	06	直接购入	2015-02-01	41 025.60	38 194.83
63	办公桌椅	营销一科	07	直接购入	2014-11-01	26 600.00	25 536.00
64	货架	营销一科	07	直接购入	2014-11-01	23 800.00	22 848.00
65	推车	营销一科	07	直接购入	2015-09-01	3 600.00	2 880.00
66	电脑桌	营销一科	07	直接购入	2015-09-01	6 400.00	5 120.00
67	保险箱	营销一科	07	直接购入	2015-09-01	2 980.00	2 384.00
68	沙发	营销一科	07	直接购入	2015-05-01	16 620.00	14 359.67

注：表中资产均为在用。

（二）操作要领

1) 设置固定资产系统参数

双击"财务会计|固定资产"进入新建固定资产账套程序，对照固定资产系统参数表，逐项设置系统参数。

（1）在"编码方式"页签设置资产类别编码方式为2，固定资产编码方式为自动编码，编码格式为"类别编码＋序号"，序号长度设为3，如图7－26。

（2）在"折旧信息"页签设置折旧汇总分配周期为1个月，勾选"当(月初已计提月份＝可使用月份－1)时将剩余折旧全部提足(工作量法除外)"，如图7－27。

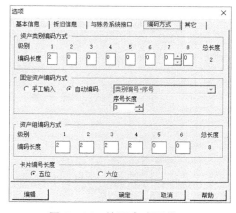

图7-26　编码方式页签

图7-27　折旧信息页签

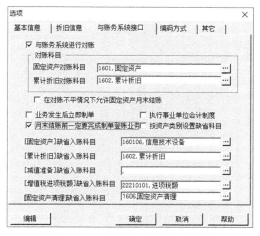

图7-28　与财务系统接口页签

（3）在"与账务系统接口"页签勾选"与账务系统进行对账"；设置固定资产对账科目为"1601,固定资产"，累计折旧对账科目为"1602,累计折旧"；弃选"在对账不平情况下允许固定资产月末结账"和"业务发生后立即制单"等，勾选"月末结账前一定要完成制单登账业务"；选择固定资产缺省入账科目为"160106 信息技术设备"，累计折旧缺省入账科目为"1602 累计折旧"，进项税额缺省入账科目为"22210101 进项税额"，固定资产清理缺省入账科目为"1606 固定资产清理"，如图 7‐28 所示。

（4）在"其他"页签弃选"自动填补卡片断号"等，勾选"卡片金额型数据显示千分位格式"等，如图 7‐29 所示。

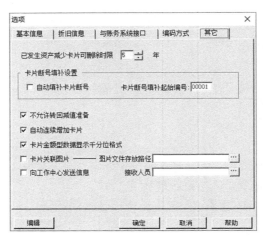

图 7‐29　其他页签

2）设置固定资产基础信息

（1）设置折旧计提方法

① 使用"固定资产|设置|折旧方法"功能打开"折旧方法"窗口。

② 点击"增加"按钮，在"折旧方法定义"窗口输入折旧方法"平均年限法"，编辑月折旧率计算公式"（1－[月初净残值率]）/[使用年限（月）]"，月折旧额计算公式"（[月初原值]－[月初净残值]）×[月折旧率]"，单击"确定"保存，如图 7‐30。

图 7‐30　折旧方法定义对话框

③ 修改固定资产选项,将"折旧信息"页的主要折旧方法改为"平均年限法",如图7-31。

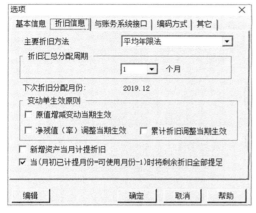

图7-31　修改折旧信息页签　　　如图7-32　固定资产增减方式窗口

(2) 设置部门对应折旧科目

用"固定资产|设置|部门对应折旧科目"功能,打开"部门对应折旧科目"窗口,设置各个部门折旧记账科目。

(3) 设置固定资产增减方式对应入账科目

用"固定资产|设置|部门对应折旧科目"功能打开"增减方式"窗口,设置增加方式和减少方式对应的默认入账科目,如图7-32。

(4) 设置固定资产类别

用"固定资产|设置|固定资产类别"功能打开"增减方式"窗口,在"单张视图"页签单击"增加"按钮,输入各个类别信息,如图7-33。

类别编码	类别名称	使用年限(月)	净残值率(%)	计量单位	计提属性	折旧方法	卡片样式
	固定资产分类编码:						
01	房屋及建筑物	360	4.00	幢	总提折旧	平均年限法	通用样式
02	机器设备	120	4.00	台	正常计提	平均年限法	含税卡片样
03	机械动力设备	120	4.00	台	正常计提	平均年限法	含税卡片样
04	运输设备	96	4.00	辆	正常计提	平均年限法	含税卡片样
05	仪器仪表	96	4.00	件	正常计提	平均年限法	含税卡片样
06	信息技术设备	60	2.00	台	正常计提	平均年限法	含税卡片样
07	工具及器具	60	4.00	套	正常计提	平均年限法	含税卡片样

图7-33　固定资产类别窗口

3) 录入固定资产原始卡片

根据固定资产卡片记录,使用"固定资产|卡片|录入原始卡片"功能,在"固定资产卡片"窗口中逐一录入固定资产原始卡片。原始卡片录入完毕后,使用"处理|对账"功能将固定资产系统的原值和累计折旧总数与总账系统"1601 固定资产"和"1602 累计折旧"两个账户的期初余额进行核对,对账结果如图7-34 所示。

图 7-34 对账结果对话框

（三）注意事项

（1）创建固定资产账套时要正确选择应用方案为"计提折旧"和账套启用月份为"2019年12月"，因为账套信息保存后这两个参数不可重设。

（2）月折旧率和月折旧额计算公式中的变量可以用鼠标从"折旧项目"列表中选择，也可以用键盘打字输入，从键盘输入时要注意格式，符号"["和"]"一般不能缺省。

（3）固定资产卡片编号由系统自动产生，不可修改；固定资产编号中的类别编号由用户根据情况选择而定，序号由系统按类别自动产生，不可修改，类别编号在保存前可以修改；开始使用日期的格式应为"YYYY.MM.DD"或"YYYY-MM-DD"，系统不接受其他日期格式；固定资产名称默认为类别名称，可以修改；除了固定资产原值和累计折旧外，使用部门、增加方式、使用状态、开始使用日期等也是必输卡片项目，其他项目数据根据设置的基础信息自动带入，或计算产生。业务处理前要将固定资产系统与总账系统进行对账检查，需要注意的是对账平衡并不能表示原始卡片录入完全正确。

三 应收款管理系统初始化

（一）初始化内容

1）系统参数

单据审核日期为单据日期，坏账处理方式为账龄分析法，自动计算现金折扣，登记支票，应收票据直接生成收款单，受控科目制单方式为明细到客户，方向相反时分录合并，销售科目依据为存货，单据审核后不要立即制单，其他参数采用系统默认值。

2）科目设置

（1）基本科目设置

表 7-36 基本科目设置

序号	基础科目种类	科目	币种
1	应收科目	1122 应收账款	人民币
2	预收科目	2203 预收账款	人民币

续表

序号	基础科目种类	科目	币种
3	销售收入科目	6001 主营业务收入	人民币
4	税金科目	22210103 应交税费——应交增值税——销项税额	人民币
5	销售退回科目	6001 主营业务收入	人民币
6	代垫费用科目	100202 银行存款——工行存款	人民币
7	商业承兑科目	1121 应收票据	人民币
8	银行承兑科目	1121 应收票据	人民币
9	坏账入账科目	1231 坏账准备	人民币
10	现金折扣科目	660304 财务费用——现金折扣	人民币

(2) 产品科目设置

各项存货销售收入科目均设为"6051 其他业务收入",应交增值税科目均设为"22210103 销项税额",销售退回科目均设为"6051 其他业务收入"。

(3) 结算方式科目

现金结算对应科目为"1001 库存现金",其他各种结算方式对应科目均为"100202 工行存款"。

3) 坏账准备设置

坏账准备期初余额为贷方 191 754.00 元,坏账准备科目为"1231 坏账准备",对方科目为"6701 资产减值损失",分析日期为单据日期,各账龄区间计提比例如表 7 - 37。

表 7 - 37 坏账准备计提比例

序号	起止天数/天	总天数/天	计提比例/%	序号	起止天数/天	总天数/天	计提比例/%
1	0~360	360	5	4	1081~1440	1440	50
2	361~720	720	10	5	1441~1800	1800	80
3	721~1080	1080	30	6	1800 以上		100

4) 期初数据

期初数据见总账系统期初余额中的"1121 应收票据""1122 应收账款"和"2203 预收账款"辅助账余额。

(二) 操作要领

1) 设置系统参数

在业务导航视图使用"基础设置|业务参数|财务会计|应收款管理"功能,打开"账套参数设置"对话框。

(1) "常规"页签

选择单据审核日期为"单据日期",坏账处理方式为"账龄分析法",勾选"自动计算现金折扣""登记支票"和"应收票据直接生成收款单",其他参数采用系统默认值,如图 7 - 35 所示,单击"确定"保存并退出。

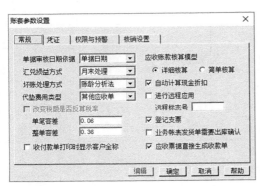

图 7-35 常规页签

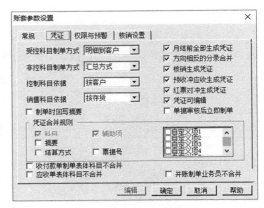

图 7-36 凭证页签

(2)"凭证"页签

选择受控科目制单方式为"明细到客户",销售科目依据为"按存货",勾选"方向相反的分录合并"等,弃选"单据审核后不要立即制单",其他参数采用系统默认值,如图 7-36 所示,单击"确定"保存并退出。

2) 设置核算科目

使用"应收账款|设置|初始设置"功能打开"初始设置"窗口,进行"基本科目""产品科目"和"结算方式科目"的设置。基本科目设置如图 7-37 所示。

图 7-37 基本科目设置页签

3) 设置坏账准备

单击"初始设置"窗口使用"坏账准备设置"功能,在坏账准备期初余额文本框中输入与总账系统"1231 坏账准备"科目期初余额一致的金额"191 754.00",设置坏账准备科目为"1231 坏账准备",对方科目为"6701 资产减值损失",选择分析日期为"单据日期",设置账龄区间计提比例,如图 7-38 所示。单击"确定"保存设置。

图 7-38 坏账准备设置页签

4) 录入期初数据

① 使用"应收款管理|设置|期初余额"功能打开"期初余额"窗口,单击"增加"按钮,从"单据类型"列表中选择"应收票据",输入每张应收票据数据;单击"增加"按钮,从"单据类型"列表中选择"应收单/其他应收单",逐笔输入应收账款数据;单击"增加"按钮,从"单据类型"列表中选择"预收款",输入预收账款数据,如图 7-39 所示。

单据类型	单据编号	单据日期	客户	业务员	科目	方向	本币余额
银行承兑汇票	3575	2019-11-08	山东飞龙贸易有限公司	陈春	1121	借	35,000.00
其他应收单	5215	2019-11-30	南京金陵汽车修理厂	王立	1122	借	351,000.00
其他应收单	5731	2019-11-30	宁波汽车制造厂	王海	1122	借	1,585,000.00
其他应收单	5873	2019-11-30	南京顺福汽车修理厂	王立	1122	借	320,000.00
其他应收单	5923	2019-11-30	江苏桦阳汽车修理有限责	王立	1122	借	1,108,379.14
收款单	8768	2019-11-30	重庆大华汽车修理厂	张海	2203	贷	58,000.00

本币合计:借 3,341,379.14

图 7-39 期初余额明细表

② 所有应收票据、应收账款和预收账款期初数据输入完毕后,应单击"期初余额"窗口工具栏中的"期初对账"按钮将应收款管理系统期初余额与总账系统"1121 应收票据""1122 应收账款"和"2203 预收账款"科目的期初余额进行对账,如图 7-40 所示,差额为 0 表明核对相符。

科目 编号	科目 名称	应收期初 原币	应收期初 本币	总账期初 原币	总账期初 本币	差额 原币	差额 本币
1121	应收票据	35,000.00	35,000.00	35,000.00	35,000.00	0.00	0.00
1122	应收账款	3,364,379.14	3,364,379.14	3,364,379.14	3,364,379.14	0.00	0.00
2203	预收账款	-58,000.00	-58,000.00	-58,000.00	-58,000.00	0.00	0.00
	合计		3,341,379.14		3,341,379.14		0.00

图 7-40 期初对账窗口

(三) 注意事项

(1) 录入应收票据、应收账款和预收账款期初余额时,注意在表头或表体中录入科目代码,否则会导致应收款管理系统与总账系统对账不符。

(2) 应收账款资料中产品销售信息齐全时也可以从"单据类型"列表中选择"销售发票/销售专用发票"输入应收账款期初数据。

(3) "初始设置|科目设置"中的"控制科目设置"用于"1122 应收账款""2203 预收账款"科目是按客户往来设置明细核算时设置的客户控制科目。

四 应付款管理系统初始化

(一) 初始化内容

1) 系统参数

单据审核日期依据为单据日期,自动计算现金折扣,登记支票,应付票据直接生成付款单,受控科目制单方式为明细到供应商,方向相反时分录合并,采购科目依据为存货,单据审核后不要立即制单,其他参数采用系统默认值。

2) 科目设置

(1) 基本科目设置

表 7-38 基本科目设置

基础科目种类	科目	币种
应付科目	220201 应付账款/应付供应商	人民币
税金科目	22210101 应交税费/应交增值税/进项税额	人民币
采购科目	1401 材料采购	人民币
预付科目	1123 预付账款	人民币
商业承兑科目	2201 应付票据	人民币
银行承兑科目	2201 应付票据	人民币
现金折扣科目	660304 财务费用/现金折扣	人民币
固定资产采购科目	160105 固定资产/仪器仪表	人民币

(2) 结算方式科目

现金结算对应科目为"1001 库存现金",其他各种结算方式对应科目均为"100202 工行存款"。

3) 期初数据

期初余额见总账系统期初余额中的"2201 应付票据""2202 应付账款"和"1123 预付账款"辅助账余额。

(二) 操作要领

1) 设置系统参数

在业务导航视图双击"基础设置|业务参数|财务会计|应付款管理"功能,打开"账套参数设置"对话框,在"常规"和"凭证"两个页签中设置参数,如图 7-41。

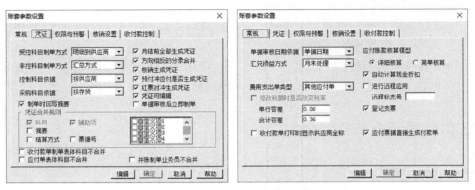

图 7-41 应付款管理参数设置页签

2) 设置科目

在应付款管理系统的"初始设置"窗口分别用"基本科目设置"和"结算方式科目设置"功能设置基本科目和结算方式科目,基本科目设置如图 7-42 所示。

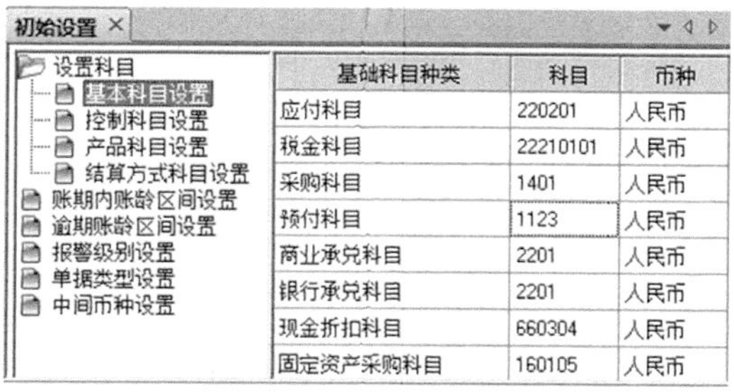

图 7-42 应付款管理基本科目设置页签

3) 录入期初数据

使用"应付款管理|设置|期初余额"功能打开"期初余额"窗口,单击"增加"按钮,从"单据类型"列表中选择"应付票据",输入每张应付票据数据;单击"增加"按钮,从"单据类型"列表中选择"应付单/其他应付单",逐笔输入应付账款数据;单击"增加"按钮,从"单据类型"列表中选择"预付款",输入预付账款数据。所有应付票据、应付账款和预付账款期初数据输入完毕后,单击"期初余额"窗口工具栏中的"期初对账"按钮将应付款管理系统期初余额与总账系统进行对账,如图 7-43 所示。

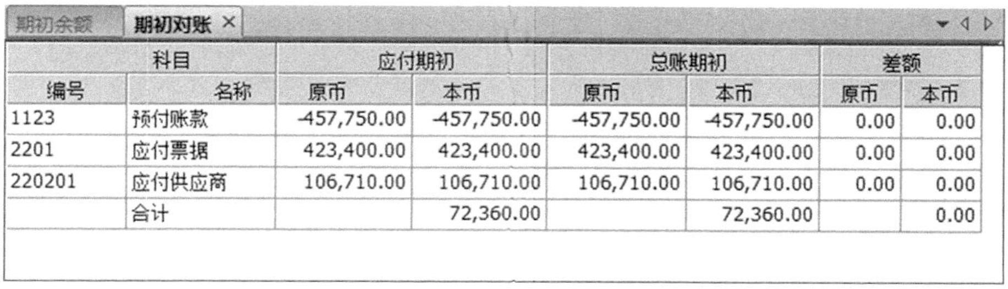

图 7-43 应付款期初对账窗口

五 薪资管理系统初始化

由账套主管 001 严亮登录企业应用平台,创建薪资账套,由人力资源部 002 张文完成基础信息设置。

(一) 初始化内容

1) 系统参数

选择单工资类别应用方案,工资核算本位币为人民币,不核算计件工资,自动代扣个人所得税,不进行扣零设置,人员编码与公共平台的人员编码一致。

2) 基础信息

(1) 人员档案

公司按人员名册及工资标准计算员工工资,并按协议由中国工商银行代发,员工个人账号为"3201081595265045"+人员编号。人员名册详见表2-8。

(2)工资项目及计算标准(见表7-39)

表7-39 工资项目及计算标准

序号	工资项目名称	类型	长度	小数	增减	备注
1	基本工资	数字	8	2	增项	
2	奖金	数字	8	2	增项	
3	补贴	数字	8	2	增项	
4	病假扣款	数字	8	2	增项	日工资率:(基本工资+资金)/21.75,以负数录入
5	事假扣款	数字	8	2	增项	
6	养老保险	数字	7	2	减项	个人缴纳8%
7	医疗保险	数字	7	2	减项	个人缴纳2%
8	失业保险	数字	6	2	减项	个人缴纳5‰
9	公积金	数字	7	2	减项	个人缴纳10%
10	养老保险1	数字	7	2	其他	公司缴纳16%
11	医疗保险1	数字	7	2	其他	公司缴纳9%
12	失业保险1	数字	6	2	其他	公司缴纳5‰
13	公积金1	数字	7	2	其他	公司缴纳10%
14	生育保险	数字	6	2	其他	公司缴纳8‰
15	工伤保险	数字	8	2	其他	公司缴纳4‰
16	缴费基数	数字	8	2	其他	
17	大病保险	数字	5	2	其他	
18	实发工资	数字	8	2	其他	实发合计扣除大病保险
19	病假天数	数字	3	0	其他	
20	事假天数	数字	3	0	其他	

(3)个人所得税计算

个人所得税(综合所得)税率表详见表2-7。

(4)工资费用入账科目(见表7-40)

表7-40 工资费用入账科目

部门	人员	会计科目(成本项目/费用项目)	备注
董事会	机关管理人员	6602管理费用(工资)	
行政部	机关管理人员	6602管理费用(工资)	
人力资源部	机关管理人员	6602管理费用(工资)	

续表

部门	人员	会计科目(成本项目/费用项目)	备注
财务部	机关管理人员	6602 管理费用(工资)	
供应部	采购人员	6602 管理费用(工资)	
研发部	研发人员	6602 管理费用(工资)	
第一生产车间	车间管理人员	510101 制造费用/第一生产车间(工资)	
	生产人员	50010101 生产成本/基本生产成本/ABS I-B(直接人工) 50010102 生产成本/基本生产成本/ABS II-B(直接人工)	按工时比例分配
第二生产车间	车间管理人员	510102 制造费用/第二生产车间(工资)	
	生产人员	50010103 生产成本/基本生产成本/ABS I(直接人工) 50010104 生产成本/基本生产成本/ABS II(直接人工)	按工时比例分配
机加工生产车间	车间管理人员 生产人员	50010201 生产成本/辅助生产成本/机加工生产车间(工资)	
水电气供应车间	车间管理人员 生产人员	50010202 生产成本/辅助生产成本/水电气供应车间(工资)	
营销一科	营销人员	6601 销售费用(工资)	
营销二科	营销人员	6601 销售费用(工资)	
原料库	仓管人员	6602 管理费用(工资)	
半成品库	仓管人员	6602 管理费用(工资)	
成品库	仓管人员	6602 管理费用(工资)	

另有计提各项社会保险和住房公积金,代扣代缴养老保险、医疗保险、失业保险、住房公积金和大病保险等业务的入账科目设置。

(5)工资基础数据(见表 7-41)

表 7-41 工资基础数据

单位:元

序号	部门	姓名	基本工资	奖金	缴费基数
1	董事会	李晓进	6 000.00	6 000.00	8 000.00
2	董事会	陈建刚	6 000.00	7 000.00	8 000.00
3	董事会	严亮	5 500.00	5 000.00	7 500.00
4	行政部	王浩	5 000.00	4 000.00	7 000.00
5	行政部	李明	4 000.00	2 500.00	6 000.00
6	行政部	张愈	3 000.00	2 500.00	4 000.00
7	行政部	高亮	3 000.00	2 000.00	3 500.00
8	行政部	沈国	2 700.00	1 500.00	3 500.00
9	行政部	邱辰	2 500.00	1 500.00	3 368.00

续表

序号	部门	姓名	基本工资	奖金	缴费基数
10	人力资源部	张文	4 500.00	4 000.00	6 500.00
11	人力资源部	吴军	2 500.00	1 500.00	3 368.00
12	财务部	柳军	6 000.00	4 000.00	8 000.00
13	财务部	王刚	4 000.00	2 000.00	5 000.00
14	财务部	赵丽丽	3 000.00	1 500.00	3 368.00
15	财务部	吴言	3 000.00	1 500.00	3 368.00
16	财务部	莫非	4 000.00	2 000.00	4 000.00
17	供应部	张海	5 000.00	4 000.00	5 000.00
18	供应部	刘力	3 500.00	2 000.00	4 000.00
19	研发部	洪军	6 000.00	4 000.00	8 000.00
20	研发部	汪同	4 000.00	2 500.00	5 000.00
21	研发部	高军	4 000.00	2 000.00	5 000.00
22	研发部	王玫	3 000.00	1 500.00	4 000.00
23	研发部	刘笑	3 500.00	1 500.00	4 000.00
24	第一生产车间	常昊	5 000.00	4 500.00	6 000.00
25	第一生产车间	李军	3 700.00	4 000.00	4 000.00
26	第一生产车间	王良	3 000.00	2 700.00	4 000.00
27	第一生产车间	刘竟	3 000.00	2 200.00	3 368.00
28	第一生产车间	刘苗	3 000.00	2 200.00	3 368.00
29	第一生产车间	古田	2 700.00	1 700.00	3 500.00
30	第一生产车间	张民	2 700.00	1 700.00	3 368.00
31	第二生产车间	肖天	5 500.00	4 500.00	6 500.00
32	第二生产车间	李满	4 500.00	4 000.00	5 000.00
33	第二生产车间	伍良	4 000.00	2 700.00	4 000.00
34	第二生产车间	冯峡	3 200.00	2 200.00	3 500.00
35	第二生产车间	王苗	3 000.00	2 200.00	3 368.00
36	第二生产车间	王一	2 700.00	2 200.00	3 500.00
37	第二生产车间	张三	2 700.00	1 700.00	3 500.00
38	第二生产车间	何苗	3 000.00	1 700.00	3 368.00
39	机加工生产车间	何迪	5 000.00	4 500.00	6 000.00
40	机加工生产车间	刘昆	3 200.00	2 500.00	3 368.00

续表

序号	部门	姓名	基本工资	奖金	缴费基数
41	机加工生产车间	冯静	2 700.00	2 200.00	3 500.00
42	机加工生产车间	卢红	3 000.00	2 200.00	3 368.00
43	机加工生产车间	王二	2 700.00	1 700.00	3 368.00
44	水电气供应车间	李易	5 000.00	4 500.00	5 000.00
45	水电气供应车间	汪良	3 200.00	2 200.00	3 368.00
46	水电气供应车间	洪山	3 000.00	2 200.00	3 368.00
47	水电气供应车间	王桥	2 700.00	1 700.00	3 368.00
48	水电气供应车间	王菊	2 700.00	1 700.00	3 368.00
49	营销一科	李铁	4 000.00	4 500.00	6 000.00
50	营销一科	王立	4 000.00	3 500.00	4 000.00
51	营销一科	蒋军	3 500.00	3 500.00	3 500.00
52	营销一科	李焦	2 700.00	3 000.00	3 500.00
53	营销一科	魏凉	3 000.00	3 000.00	3 368.00
54	营销二科	陈春	4 500.00	4 500.00	6 500.00
55	营销二科	汪彪	3 700.00	3 500.00	4 200.00
56	营销二科	陈山	3 500.00	3 000.00	4 000.00
57	营销二科	王海	2 700.00	3 000.00	3 500.00
58	营销二科	王佳	3 000.00	3 000.00	3 368.00
59	营销二科	王兵	3 000.00	3 000.00	3 368.00
60	原料库	于远	3 500.00	2 200.00	4 000.00
61	半成品库	王开	2 700.00	1 700.00	3 368.00
62	成品库	李金	3 000.00	1 700.00	3 500.00

注:每人交纳人民币10元的大病保险,从实发合计中扣除。

(二)操作要领

1)创建薪资账套并设置系统参数

第一次双击薪资管理系统,系统提示创建薪资账套。在创建薪资账套过程中,选择工资类别个数为"单个",本位币为"人民币",勾选"不核算计件工资"和"从工资中代扣个人所得税",不进行扣零设置,人员编码与公共平台的人员编码一致。

2)设置基础信息

(1)设置人员档案

双击"薪资管理|设置|人员档案"功能打开"人员档案"窗口,单击"人员档案"窗口工具

按钮栏的"批增"按钮打开"人员批量增加"窗口,在"人员批量增加"窗口选择部门或默认所有部门,单击"查询"按钮,如图7-44。单击"确定",生成发放工资人员档案,补录代发工资的银行及账号,如图7-45所示。

图 7-44 人员批量增加窗口

人员档案

薪资部门名称	工号	编号	姓名	人员类别	账号	中方	计税	停发	计件	现金发放
董事会	101		李晓进	机关管理人员	3201081595265045101	是	是	否	否	否
董事会	102		陈建刚	机关管理人员	3201081595265045102	是	是	否	否	否
董事会	103		严亮	机关管理人员	3201081595265045103	是	是	否	否	否
行政部	201		王浩	机关管理人员	3201081595265045201	是	是	否	否	否
行政部	202		李明	机关管理人员	3201081595265045202	是	是	否	否	否
行政部	203		张奋	机关管理人员	3201081595265045203	是	是	否	否	否
行政部	204		高亮	机关管理人员	3201081595265045204	是	是	否	否	否
行政部	205		沈国	机关管理人员	3201081595265045205	是	是	否	否	否
行政部	206		邱辰	机关管理人员	3201081595265045206	是	是	否	否	否

图 7-45 人员档案窗口

(2) 设置工资项目及计算公式

双击"薪资管理|设置|工资项目设置"打开"工资项目设置"窗口,在"工资项目设置"页签增加工资项目,在"公式设置"页签按表7-42所示的工资项目及计算公式设置工资计算公式。工资项目设置、公式设置如图7-46所示。

表 7-42 工资项目及计算公式

次序	工资项目	工资公式
1	病假扣款	－(基本工资＋奖金)/21.75×病假天数
2	事假扣款	－(基本工资＋奖金)/21.75×事假天数
3	应发合计	基本工资＋奖金＋补贴＋病假扣款＋事假扣款
4	养老保险	缴费基数×0.08
5	医疗保险	缴费基数×0.02
6	失业保险	缴费基数×0.005
7	公积金	缴费基数×0.1

续表

次序	工资项目	工资公式
8	扣款合计	养老保险＋医疗保险＋失业保险＋公积金＋代扣税
9	实发合计	应发合计－扣款合计
10	实发工资	应发合计－扣款合计－大病保险
11	养老保险1	缴费基数×0.16
12	医疗保险1	缴费基数×0.09
13	失业保险1	缴费基数×0.005
14	公积金1	缴费基数×0.1
15	工伤保险	缴费基数×0.004
16	生育保险	缴费基数×0.008

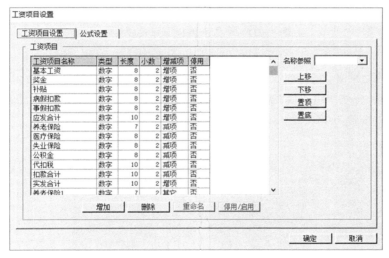

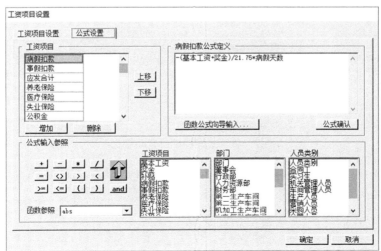

图 7－46　工资项目设置窗口

(3) 扣税设置

双击"薪资管理|设置|选项",单击"编辑",在"扣税设置"页签单击"税率设置",在"个人所得税申报表——税率表"中输入基数"5000",并设置应纳税所得额上下限、税率和速算扣除数,如图 7-47 所示。

图 7-47 个人所得税申报设置窗口

(4) 工资分摊设置

双击"薪资管理|业务处理|工资分摊",在"工资分摊"窗口单击"分摊构成设置"按钮,输入计提类型名称"分配工资费用",分摊计提比例默认为100%,对照"工资费用入账科目"进行工资分摊构成设置,如图 7-48。

部门名称	人员类别	工资项目	借方科目	借方项目大类	借方项目	贷方科目
董事会,行政部,人力资源部,财务部	机关管理人员	应发合计	6602	成本费用项目	工资	221101
供应部	采购人员	应发合计	6602	成本费用项目	工资	221101
研发部	研发人员	应发合计	6602	成本费用项目	工资	221101
第一生产车间	车间管理人员	应发合计	510101	成本费用项目	工资	221101
第一生产车间	生产人员	应发合计	50010101	成本费用项目	直接人工	221101
第二生产车间	车间管理人员	应发合计	510102	成本费用项目	工资	221101
第二生产车间	生产人员	应发合计	50010103	成本费用项目	直接人工	221101
机加工生产车间	车间管理人员	应发合计	50010201	成本费用项目	工资	221101
机加工生产车间	生产人员	应发合计	50010201	成本费用项目	工资	221101
水电气供应车间	车间管理人员	应发合计	50010202	成本费用项目	工资	221101
水电气供应车间	生产人员	应发合计	50010202	成本费用项目	工资	221101
营销一科,营销二科	营销人员	应发合计	6601	成本费用项目	工资	221101
原材料库,半成品库,成品库	仓管人员	应发合计	6602	成本费用项目	工资	221101

图 7-48 分摊构成设置对话框

通过类似操作,可以设置计提各项社会保险和住房公积金,代扣代缴养老保险、医疗保险、失业保险、住房公积金和大病保险等业务的分摊构成,此处从略。

(5) 录入工资基础数据

双击"薪资管理|业务处理|工资变动",打开"工资变动"窗口,输入员工的基本工资、奖金和缴费基数,并用替换功能将每人的大病保险功能赋值"10",图 7-49 为部分人员基础

数据。

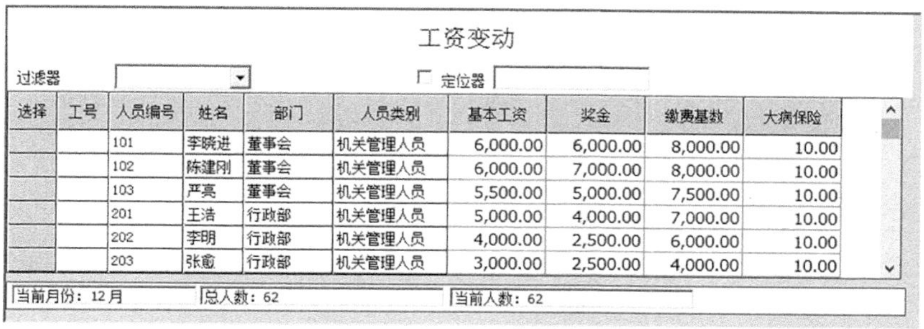

工资变动

过滤器　　定位器

选择	工号	人员编号	姓名	部门	人员类别	基本工资	奖金	缴费基数	大病保险
		101	李晓进	董事会	机关管理人员	6,000.00	6,000.00	8,000.00	10.00
		102	陈建刚	董事会	机关管理人员	6,000.00	7,000.00	8,000.00	10.00
		103	严亮	董事会	机关管理人员	5,500.00	5,000.00	7,500.00	10.00
		201	王浩	行政部	机关管理人员	5,000.00	4,000.00	7,000.00	10.00
		202	李明	行政部	机关管理人员	4,000.00	2,500.00	6,000.00	10.00
		203	张愈	行政部	机关管理人员	3,000.00	2,500.00	4,000.00	10.00

当前月份：12月　总人数：62　当前人数：62

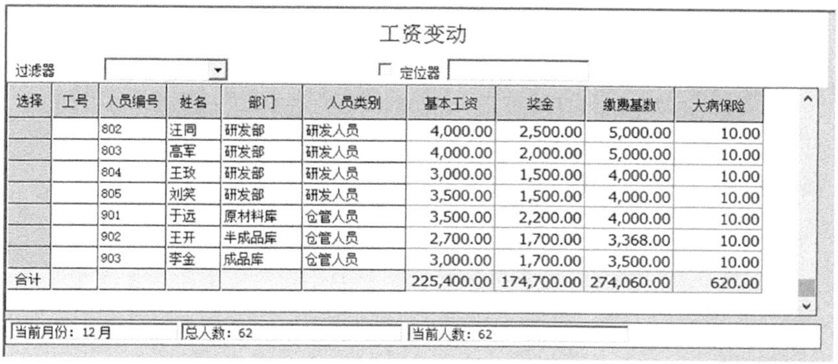

工资变动

过滤器　　定位器

选择	工号	人员编号	姓名	部门	人员类别	基本工资	奖金	缴费基数	大病保险
		802	汪同	研发部	研发人员	4,000.00	2,500.00	5,000.00	10.00
		803	高军	研发部	研发人员	4,000.00	2,000.00	5,000.00	10.00
		804	王玫	研发部	研发人员	3,000.00	1,500.00	4,000.00	10.00
		805	刘笑	研发部	研发人员	3,500.00	1,500.00	4,000.00	10.00
		901	于远	原材料库	仓管人员	3,500.00	2,200.00	4,000.00	10.00
		902	王开	半成品库	仓管人员	2,700.00	1,700.00	3,368.00	10.00
		903	李金	成品库	仓管人员	3,000.00	1,700.00	3,500.00	10.00
合计						225,400.00	174,700.00	274,060.00	620.00

当前月份：12月　总人数：62　当前人数：62

图 7－49　工资变动窗口

（三）注意事项

（1）工资项目设置中已经使用过的项目不能被删除。“已经使用过”是指在工资变动中录入数据，或在扣税设置中被设为收入额合计项目，或在工资分摊中使用过。

（2）用友 U8 系统中个人所得税按月计算。

（3）带有数据的人员记录不能从人员档案中删除。

（4）工资项目的增减项属性取“增项”“减项”和“其他”三个值之一。属性为“增项”者，其数值将增加应发工资额，可称之为增加工资项目，如基本工资等工资项目；属性为“减项”者，其数值将减少应发工资额，可称之为扣除工资项目，如养老保险等工资项目；属性为“其他”者，其数值不影响，或不直接增加、减少应发工资额，可称之为过渡工资项目，如病假天数等工资项目。

（5）如果扣除工资项目中含有不能抵扣个人所得税的工资项目，实发合计不可默认为计算个人所得税的收入额合计项目，必须另设过渡工资项目作为收入额合计项目，否则个人所得税计算结果不正确。

（6）设置工资计算公式的前提是有需要计发工资的人员，因此，创建薪资系统人员档案后才能设置工资计算公式。公式中的运算符号、英文字符都必须是半角字符，变量只能是预设的工资项目名称。

（7）公式设置中的工资项目按计算的先后呈上下排列，需要先计算的工资项目一定要置于后计算的工资项目的上方，否则将会影响计算结果的正确性。

（8）第一生产车间和第二生产车间生产人员的工资费用在生成分摊工资转账凭证时按

加工工时比例分配列入 ABS Ⅱ-B 和 ABS Ⅱ两种产品的直接人工成本。

六 报表系统初始化

按账务分工，财务部柳军负责设置报表系统，承担编制会计报表的任务。

(一) 初始资料

1）报表格式及编制方法

见手工会计中编制的各种会计报表。

2）前期会计报表

在系统中准备 2019 年 11 月份各种会计报表。

(二) 操作要领

以资产负债表的初始化为例。

1）设置报表格式

① 双击“财务会计|UFO 报表”打开“UFO 报表”窗口，单击“文件|新建”，在空白表面表格的“格式”状态下单击“格式|报表模版”功能项，选择行业“2019 年企业会计准则科目”，财务报表选择“资产负债表”，单击“确定”，将报表另存为“2019 年资产负债表. rep”。

② 在“格式”状态下按 2019 年 11 月份资产负债表格式设置“2019 年资产负债表. rep”的栏目及项目。

③ 用“数据|关键字|设置”功能选“单位名称”“年”“月”和“日”四个关键字。

④ 用“数据|关键字|偏移”功能调整关键字的位置，如图 7－50 所示。

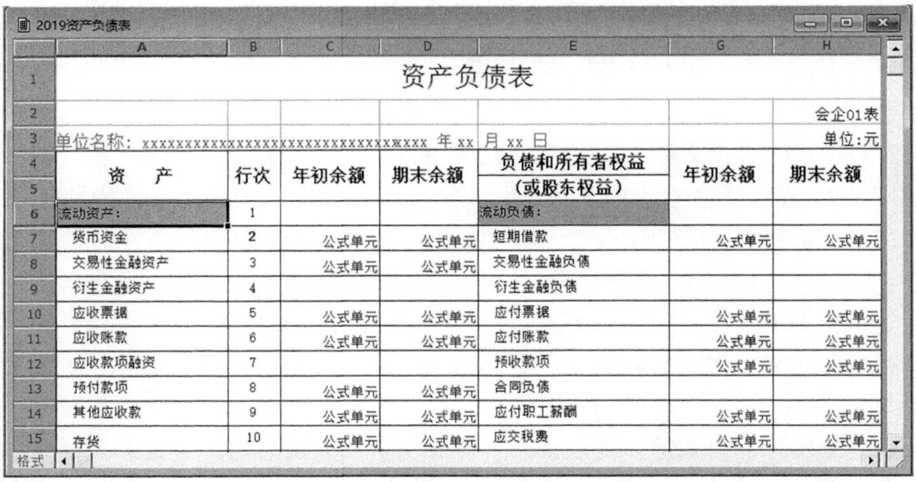
2019资产负债表

	A	B	C	D	E	G	H
1	资产负债表						
2							会企01表
3	单位名称：xxxxxxxxxxxxxxxxxxxxxxxxxxxxxxxxxxxx 年 xx 月 xx 日						单位:元
4	资　产	行次	年初余额	期末余额	负债和所有者权益	年初余额	期末余额
5					（或股东权益）		
6	流动资产：	1			流动负债：		
7	货币资金	2	公式单元	公式单元	短期借款	公式单元	公式单元
8	交易性金融资产	3	公式单元	公式单元	交易性金融负债		
9	衍生金融资产	4			衍生金融负债		
10	应收票据	5	公式单元	公式单元	应付票据	公式单元	公式单元
11	应收账款	6	公式单元	公式单元	应付账款	公式单元	公式单元
12	应收款项融资	7			预收款项	公式单元	公式单元
13	预付款项	8	公式单元	公式单元	合同负债		
14	其他应收款	9	公式单元	公式单元	应付职工薪酬	公式单元	公式单元
15	存货	10	公式单元	公式单元	应交税费	公式单元	公式单元

格式

图 7－50　资产负债表窗口——格式状态

2）设置单元公式

按表 7－43 所示设置资产负债表单元公式。

表 7-43 资产负债表单元公式

序号	项目	年初余额公式	期末余额公式
1	货币资金	QC(1001,全年)＋QC(1002,全年)＋QC(1012,全年)	QM(1001,月)＋QM(1002,月)＋QM(1012,月)
2	交易性金融资产	QC(1101,全年)	QM(1101,月)
3	应收票据	QC(1121,全年)	QM(1121,月)
4	应收账款	QC(1122,全年)－QC(1231,全年)	QM(1122,月)－QM(1231,月)
5	预付账款	QC(1123,全年)	QM(1123,月)
6	其他应收款	QC(1221,全年)	QM(1221,月)
7	存货	QC(1401,全年)＋QC(1403,全年)＋QC(1404,全年)＋QC(1405,全年)＋QC(1408,全年)＋QC(1409,全年)＋QC(1411,全年)＋QC(5001,全年)	QM(1401,月)＋QM(1403,月)＋QM(1404,月)＋QM(1405,月)＋QM(1408,月)＋QM(1409,月)＋QM(1411,月)＋QM(5001,月)
8	流动资产合计	(C7:C19)	(D7:D19)
9	长期股权投资	QC(1511,全年)－QC(1512,全年)	QM(1511,月)－QM(1512,月)
10	固定资产	QC(1601,全年)－QC(1602,全年)	QM(1601,月)－QM(1602,月)
11	在建工程	QC(1604,全年)	QM(1604,月)
12	无形资产	QC(1701,全年)－QC(1702,全年)	QM(1701,月)－QM(1702,月)
13	长期待摊费用	QC(1801,全年)	QM(1801,月)
14	递延所得税资产	QC(1811,全年)	QM(1811,月)
15	非流动资产合计	PTOTAL（C22:C42）	PTOTAL（D22:D42）
16	资产总计	C20＋C43	D20＋D43
17	短期借款	QC(2001,全年)	QM(2001,月)
18	应付票据	QC(2201,全年)	QM(2201,月)
19	应付账款	QC(2202,全年)	QM(2202,月)
20	预收账款	QC(2203,全年)	QM(2203,月)
21	应付职工薪酬	QC(2211,全年)	QM(2211,月)
22	应交税费	QC(2221,全年)	QM(2221,月)
23	其他应付款	QC(2241,全年)	QM(2231,月)＋QM(2241,月)
24	流动负债合计	PTOTAL(G7:G19)	PTOTAL(H7:H19)
25	长期借款	QC(2501,全年)	QM(2501,月)
26	非流动负债合计	PTOTAL(G22:G31)	PTOTAL(H22:H31)
27	负债合计	G20＋G32	H20＋H32
28	股本	QC(4001,全年)	QM(4001,月)
29	资本公积	QC(4002,全年)	QM(4002,月)
30	盈余公积	QC(4101,全年)	QM(4101,月)

续表

序号	项目	年初余额公式	期末余额公式
31	未分配利润	QC(4103,全年)+QC(4104,全年)	QM(4103,月)+QC(4104,月)
32	股东权益合计	G35+G39+G43+G44	H35+H39+H43+H44
33	负债和所有者权益	G33+G45	H33+H45

3）准备前期报表

在“数据”状态下输入报表关键字值，单位名称为“南京铁宁机械股份有限公司”，时间为“2019－11－30”。使用“数据|表页重算”功能生成2019年11月30日的资产负债表数据，如图7－51。

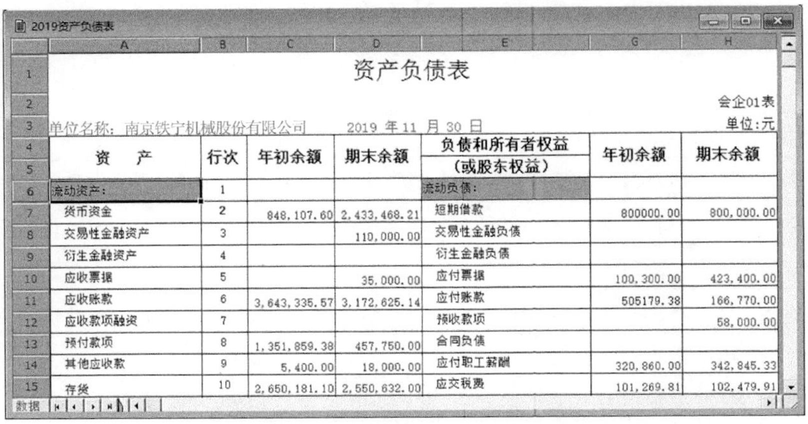

资产负债表

会企01表

单位名称：南京铁宁机械股份有限公司　　2019 年 11 月 30 日　　单位:元

资　产	行次	年初余额	期末余额	负债和所有者权益（或股东权益）	年初余额	期末余额
流动资产：	1			流动负债：		
货币资金	2	848,107.60	2,433,468.21	短期借款	800000.00	800,000.00
交易性金融资产	3		110,000.00	交易性金融负债		
衍生金融资产	4			衍生金融负债		
应收票据	5		35,000.00	应付票据	100,300.00	423,400.00
应收账款	6	3,643,335.57	3,172,625.14	应付账款	505179.38	166,770.00
应收款项融资	7			预收款项		58,000.00
预付款项	8	1,351,859.38	457,750.00	合同负债		
其他应收款	9	5,400.00	18,000.00	应付职工薪酬	320,860.00	342,845.33
存货	10	2,650,181.10	2,550,632.00	应交税费	101,269.81	102,479.91

图7－51　资产负债表窗口——数据状态

图7－52所示为利润表的格式，表7－44所示为利润表单元公式。

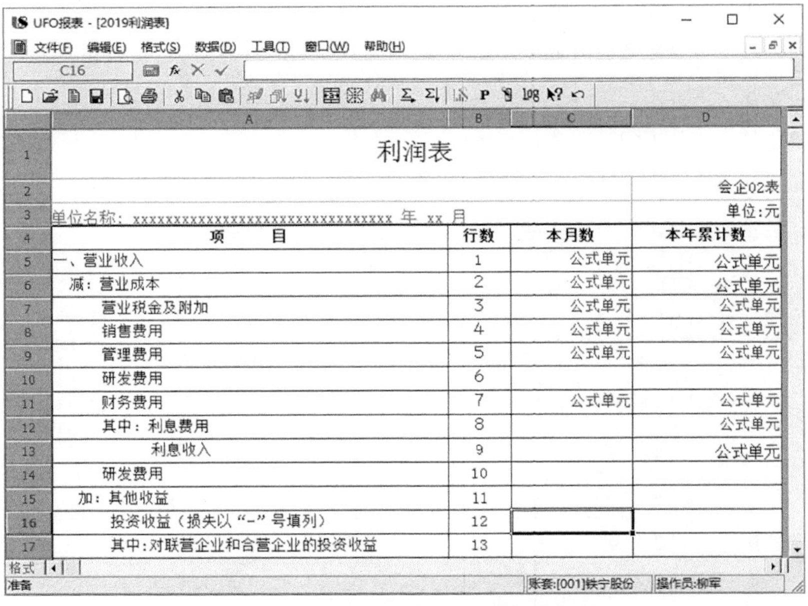

利润表

会企02表

单位名称：xxxxxxxxxxxxxxxxxxxxxxxxxxxxxxxxx 年 xx 月　　单位:元

项　　目	行数	本月数	本年累计数
一、营业收入	1	公式单元	公式单元
减：营业成本	2	公式单元	公式单元
营业税金及附加	3	公式单元	公式单元
销售费用	4	公式单元	公式单元
管理费用	5	公式单元	公式单元
研发费用	6		
财务费用	7	公式单元	公式单元
其中：利息费用	8		公式单元
利息收入	9		公式单元
研发费用	10		
加：其他收益	11		
投资收益（损失以“－”号填列）	12		
其中:对联营企业和合营企业的投资收益	13		

图7－52　利润表窗口——格式状态

表 7-44 利润表单元公式

序号	项目	本年数	本年累计数
1	一、营业收入	FS(6001,月,贷)+FS(6051,月,贷)	LFS(6001,月,借)+LFS(6051,月,借)
2	减:营业成本	FS(6401,月,借)+FS(6402,月,借)	LFS(6401,月,借)+LFS(6402,月,借)
3	营业税金及附加	FS(6403,月,借)	LFS(6403,月,借)
4	销售费用	FS(6601,月,借)	LFS(6601,月,借)
5	管理费用	FS(6602,月,借)	LFS(6602,月,借)
6	财务费用	FS(6603,月,借)	LFS(6603,月,借)
7	其中:利息支出	FS(660302,月,借)	LFS(660302,月,借)
8	利息收入	FS(660301,月,借)	LFS(660301,月,借)
9	二、营业利润(亏损以"—"号填列)	C5－C6－C7－C8－C9－C11－C13＋C15＋C16	D5－D6－D7－D8－D9－D11＋D15＋D16
10	加:营业外收入	FS(6301,月,贷)	LFS(6301,月,贷)
11	减:营业外支出	FS(6711,月,借)	LFS(6711,月,借)
12	三、利润总额(亏损总额以"—"号填列)	C24＋C25－C26	D24＋D25－D26
13	减:所得税费用	FS(6801,月,借)	LFS(6801,月,借)
14	四、净利润(净亏损以"—"号填列)	C27－C28	D27－D28

(三)注意事项

(1) 报表公式中取数据函数名既可以用英文,也可以用中文,如取期初数据函数,函数名称可以用"QC",也可以用"期初","QC(1001,全年)"与"期初(1001,全年)"是等效的。

(2) 余额函数至少要有科目编码和会计期间两个参数,发生额函数至少要有科目编码、会计期间和借贷方向三个参数。

(3) 取某科目年初余额时,QC(或期初)函数的第二个参数会计期间需要使用"全年",如"QC(1001,全年)"表示取"1001 库存现金"科目的年初余额,而"QC(1001,月)"表示取"1001 库存现金"科目的月初余额。

(4) "数据"状态下只能修改或删除非单元公式生成的报表数据;只有将单元格属性设置为"字符类型",该单元格在"数据"状态下才能输入字符、汉字等数据;"格式"状态下输入的文字、数字、符号等数据即表样数据,属于报表格式范畴。

(5) 在资产负债表模版的"格式"状态下使用"编辑|交换|列"功能可以将"年初余额"与"期末余额"左右位置互换,使得资产负债表模版格式与 2019 年 11 月份资产负债表格式一致。

第二节 日常经济业务处理

(本节题号对应第四章中的题号)

第1题：财务部005王刚在总账系统中录入转账凭证，附单据数为1，借记"1403原材料(电磁阀)"－60 060.00，单价为210元，贷记"220202暂估应付款"－60 060.00。

第2题：财务部007吴言进入应收款管理系统，完成如下操作：

① 用"收款单据处理|收款单据录入"功能增加一张收款单据，保存并审核。

② 使用"核销处理|手工核销"功能将客户南京顺福汽车修理厂的应收单与收款单进行核销处理，核销金额为320 000.00元。

③ 用"制单处理"功能，选择"收付款单制单"，补录单据张数为1，结算方式"转账支票"，票号3121，应收单编码001，单击"保存"。

第3题：财务部005王刚在总账系统中录入付款凭证，附单据数为2，借记"6602管理费用(办公费)"47.17，借记"22210101进项税额"2.83，贷记"100202工行存款"50.00，结算方式"其他"，票号0892。

第4题：财务部005王刚在总账系统中录入付款凭证，附单据数为2，借记"1001库存现金"5 000.00，贷记"100202工行存款"5 000.00，结算方式"其他"，票号6527。要进行支票登记，领用部门"财务部"，姓名"赵丽丽"，收款人"本单位"，限额5 000.00元，用途"备用金"。

第5题：财务部005王刚在总账系统中录入付款凭证，附单据数为2，借记"50010202水电气供应车间(直接人工)"150.00，贷记"1001库存现金"150.00。

第6题：财务部007吴言进入应付款管理系统，完成如下操作：

① 使用"票据管理"功能打开收款人为"北京利丰贸易有限责任公司"、金额为423 400.00元的商业汇票。

② 使用"结算"功能输入结算科目"100202工行存款"。

③ 用"制单"功能生成付款凭证，补录单据张数为1，应付票据票号2113，结算方式"委托收款"，票号001，单击"保存"。

第7题：财务部005王刚在总账系统中录入付款凭证，附单据数为4，借记"510101第一生产车间(交通费)"350.00，贷记"1001库存现金"350.00。

第8题：财务部005王刚在总账系统中录入付款凭证，附单据数为2，借记"6602管理费用(业务招待费)"1 850.00，贷记"1001库存现金"1 850.00。

第9题：① 财务部007吴言进入应付款管理系统，做如下操作：

a. 使用"应付单据处理|应付单据录入"功能输入采购南京雨花汽车材料商行数量为200套、合计金额为70 060.00元的轮速传感器增值税专用发票，并审核。

b. 使用"制单处理"功能输入附单据数1，借记"1401材料采购(轮速传感器)"62 000.00，借记"22210101进项税额"8 060.00，贷记"112301预付原料供应商(南京雨花汽车材料商行)"70 060.00。

c. 使用"核销处理"功能从付款金额中核销70060.00元。

② 财务部 005 王刚在总账系统中录入转账凭证,附单据数为 1,借记"1403 原材料(轮速传感器)"60000,借记"1404 材料成本差异(轮速传感器)"2 000.00,贷记"1401 材料采购(轮速传感器)"62 000.00。

第 10 题:① 财务部 007 吴言进入应付款管理系统,做如下操作:

a. 使用"票据管理"功能输入承付芜湖市兴芜化工材料公司金额为 59 302.40 元的银行承兑汇票。

b. 使用"付款单据处理|付款单据审核"功能对芜湖市兴芜化工材料公司 59 302.40 元的付款单据进行审核处理。

c. 使用"应付单据处理|应付单据录入"功能输入采购芜湖市兴芜化工材料公司数量为 256 件、合计金额为 59 302.40 元的电磁阀增值税专用发票,并审核。

d. 使用"核销处理"功能将芜湖市兴芜化工材料公司 59 302.40 元的采购专用发票和付款单据进行核销。

e. 使用"制单处理"功能同时选择"发票制单"和"收付款单制单"将芜湖市兴芜化工材料公司 59 302.40 元的两张单据合并制单,借记"1401 材料采购(电磁阀)"52 480.00,借记"22210101 进项税额"6 822.40,贷记"2201 应付票据"59 302.40。

② 财务部 005 王刚在总账系统中录入转账凭证,附单据数为 1,借记"1403 原材料(电磁阀)" 53 760.00,贷记"1404 材料成本差异(电磁阀)" 1 280.00,贷记"1401 材料采购(电磁阀)" 52 480.00。

第 11 题:① 财务部 007 吴言进入应付款管理系统,做如下操作:

a. 使用"应付单据处理|应付单据录入"功能输入芜湖市兴芜化工材料公司数量为 130 千克、合计金额为 2 938.00 元的液压油增值税专用发票,并审核。

b. 使用"付款单据处理|付款单据录入"功能输入芜湖市兴芜化工材料公司 2 938.00 元的付款单据,并进行审核处理。

c. 使用"核销处理"功能将芜湖市兴芜化工材料公司 2 938.00 元的采购专用发票和付款单据进行核销。

d. 使用"制单处理"功能将芜湖市兴芜化工材料公司 2 938.00 元的采购专用发票和付款单据进行制单处理,附单据数为 3。

② 财务部 005 王刚在总账系统中录入转账凭证,附单据数为 1,借记"1403 原材料(液压油)"2 560.00,借记"1404 材料成本差异(液压油)"40.00,贷记"1401 材料采购(液压油)"2 600.00。

第 12 题:财务部 005 王刚在总账系统中录入付款凭证,附单据数为 1,借记"100202 工行存款"3 000.00,贷记"1001 库存现金" 3 000.00。

第 13 题:① 财务部 005 王刚在总账系统中录入付款凭证,附单据数为 1,借记"101203 银行汇票"120 000.00,贷记"100202 工行存款"120 000.00。

财务部 007 吴言进入应付款管理系统,做如下操作:

a. 使用"应付单据处理|应付单据录入"功能输入江苏扬子化工集团有限公司数量为 100 件、合计金额为 113 000.00 元的控制器增值税专用发票,并审核。

b. 使用"付款单据处理|付款单据录入"功能输入江苏扬子化工集团有限公司113 000.00元的付款单据,结算科目为"101203 银行汇票",并进行审核处理。

c. 使用"核销处理"功能将江苏扬子化工集团有限公司113 000.00元的采购专用发票和付款单据进行核销。

d. 使用"制单处理"功能将江苏扬子化工集团有限公司113 000.00元的采购专用发票和付款单据进行制单处理,附单据数为3。

② 财务部005王刚在总账系统中录入转账凭证,附单据数为1,借记"1403 原材料(控制器)"100 000.00,贷记"1401 材料采购(控制器)"100 000.00。

第14题:001严亮增加供应商中铁运输公司。007吴言进入应付款管理系统,使用"应付单据处理|应付单据录入"功能录入并审核南京雨花汽车材料商行和中铁运输公司出具的采购发票,前者存货名称为"车速传感器",税率为13%,后者存货名称为"采购费用",税率为9%;使用"付款单据处理|付款单据录入"功能录入车速传感器和采购费用两张付款单据,前者金额为84 750.00元,结算方式为转账支票,后者金额为600.00元,结算方式为现金,保存并审核;分别将南京雨花汽车材料商行和中铁运输公司的采购发票与付款单进行核销;用"制单处理"功能将采购发票与付款单合并制单,附单据张数为4。

第15题:财务部005王刚在总账系统中录入转账凭证,附单据数为1,借记"50010201 机加工生产车间(劳保用品)"1 033.50,贷记"141102 劳保手套",数量为50副,单价为20.67元,金额1 033.50元。

第16题:财务部007吴言进入应收款管理系统,使用"收款单据处理|收款单据录入"功能录入并审核预收昆明汽车修理厂310 000.00元的收款单据,款项类型为预收款;使用"制单处理"功能生成收款凭证。

第17题:财务部005王刚在总账系统中录入收款凭证,附单据数为1,借记"1001 库存现金"6 000.00,贷记"100202 工行存款"6 000.00。录入付款凭证,附单据数为1,借记"1221 其他应收款(柳军)"6 000.00,贷记"1001 库存现金"6 000.00。

第18题:① 财务部005王刚在基础档案中增设"1012 其他货币资金"明细科目"101204 外埠存款",在总账系统中录入付款凭证,附单据数为1,借记"101204 外埠存款"25 000.00,贷记"100202 工行存款"25 000.00。

② 财务部007吴言进入应付款管理系统,使用"应付单据处理|应付单据录入"功能录入并审核购入150套继电器的采购发票;使用"付款单据处理|付款单据录入"功能录入并审核支付成都锦江电器有限公司23 730.00元的付款单据,结算科目为"101204 外埠存款";使用"核销处理"功能将成都锦江电器有限公司的采购发票与付款单据进行核销;用"制单处理"功能将采购发票与付款单据合并制单。

第19题:① 财务部007吴言进入应收款管理系统,使用"收款单据处理|收款单据录入"功能录入收到的宁波汽车制造厂货款1 580 000.00元的收款单据,款项类型为应收款;使用"坏账处理|坏账收回"功能生成坏账收回业务记录;使用"制单处理"功能选择"坏账处理制单"生成一张带有坏账转回业务的收款凭证。

② 财务部005王刚进入总账系统,输入转账凭证,附单据数空白;摘要中可以输入表示

记账原因的文字,如"坏账收回,参见 12 月 3 日收字 0004 号凭证"等;借记"1231 坏账准备"4 000.00,贷记"6701 资产减值损失"4 000.00。

第 20 题:财务部 005 王刚在总账系统中录入一张付款凭证,附单据数为 1,借记"1221 其他应收款(刘笑)"2 000.00,贷记"1001 库存现金"2 000.00。

第 21 题:财务部 005 王刚在总账系统中录入转账凭证,附单据数为 1,借记"1403 原材料(车速传感器)"72 000.00,借记"1404 材料成本差异(车速传感器)"3 550.46,贷记"1401 材料采购(车速传感器)"75 550.46。

第 22 题:财务部 005 王刚在总账系统中录入收款凭证,附单据数为 5,借记"1001 库存现金"254.00,借记"510101 第一生产车间(差旅费)"1 689.40,借记"22210101 进项税额"56.60,贷记"1221 其他应收款(常昊)"2 000.00。

第 23 题:财务部 007 吴言进入应收款管理系统,使用"应收单据处理|应收单据录入"功能录入并审核 2 套 ABS Ⅱ产品 50 000.00 元的销售专用发票;使用"核销处理"功能将重庆大华汽车修理厂的预收款与销售发票进行核销处理,核销金额为 56 500.00 元;使用"制单处理"功能生成转账凭证,借方科目改为"预收账款"科目。

第 24 题:财务部 005 王刚在总账系统中录入付款凭证,附单据数为 1,借记"671101 罚款支出(交通罚款)"800.00,贷记"1001 库存现金"800.00。

第 25 题:财务部 005 王刚进入总账系统录入两张转账凭证。凭证一:附单据数为 1,借记"1401 材料采购(控制器)"2 234 513.27,借记"22210101 进项税额"290 486.73,贷记"400106 南京长宁股份有限公司"2 500 000.00,贷记"400201 股本溢价"25 000.00;凭证二:借记"1403 原材料(控制器)"2 220 000.00,贷记"1401 材料采购(控制器)"2 234 513.27,贷记"1404 材料成本差异(控制器)"14 513.27。

第 26 题:财务部 008 莫非进入固定资产系统,将固定资产缺省入账科目改为"160105 仪器仪表";使用"卡片|资产增加"功能录入"仪器仪表"类资产卡片一张,使用部门为仓储部,增加方式"直接购入",使用状况"在用",原值 250 000 元,增值税为 32 500 元;用"复制"功能按钮复制生成另两张资产卡片,把其中任意一张资产卡片使用部门改为"行政部";使用"业务|批量制单"功能生成采购空调的付款凭证,附单据数为 6。注意资产使用部门必须是末级部门。

第 27 题:财务部 005 王刚进入总账系统录入一张付款凭证,附单据张数为 4,借记"510101 第一生产车间(劳保用品)"2 260.00,贷记"100202 工行存款"2 260.00。

第 28 题:财务部 007 吴言进入应收款管理系统,使用"收款单据处理|收款单据录入"功能录入收到的山东飞龙贸易有限公司货款 15 000.00 元的收款单据,款项类型为应收款;使用"坏账处理|坏账收回"功能生成坏账收回业务记录;使用"制单处理"功能选择"坏账处理制单"生成一张带有坏账转回业务的收款凭证。

第 29 题:财务部 007 吴言进入应收款管理系统,使用"应收单据处理|应收单据录入"功能录入并审核 40 套 ABS Ⅰ产品 542 400.00 元的销售专用发票;使用"票据管理"功能输入三张银行承兑汇票,到期日为 2020 - 02 - 02,其中的第二张、第三张银行承兑汇票可以用"复制"功能按钮复制并修改生成;使用"收款单据处理|收款单据审核"功能对南京旺美汽车修

理厂的三张收款单据进行审核处理;使用"核销处理"功能对南京旺美汽车修理厂的收款单与销售发票进行核销处理,核销金额为 542 400.00 元;使用"制单处理"功能将应收单据与收款单据合并制单,借方改为"1121 应收票据"科目。

第 30 题:财务部 005 王刚在总账系统中录入付款凭证,附单据数为 3,借记"6602 管理费用(工会)"2 265.49,借记"22210101 进项税额"294.51,贷记"100202 工行存款"2 560.00。

第 31 题:财务部 005 王刚在总账系统中录入付款凭证,附单据数为 3,借记"6602 管理费用(交通费)"220.00,贷记"1001 库存现金"220.00。

第 32 题:财务部 005 王刚在总账系统中录入付款凭证,附单据数为 2,借记"6602 管理费用(办公费)"575.22,借记"22210101 进项税额"74.78,贷记"1001 库存现金"650.00。

第 33 题:财务部 005 王刚在总账系统中录入收款凭证,附单据数为 1,借记"100202 工行存款"7 000.00,贷记"101203 银行汇票"7 000.00。

第 34 题:财务部 007 吴言进入应收款管理系统,使用"应收单据处理|应收单据录入"功能录入并审核 40 套 ABS Ⅱ 产品货税款 904 000.00 元的销售专用发票;使用"收款单据处理|收款单据录入"功能录入并审核收到的南京金陵汽车修理厂 904 000.00 元的收款单据;使用"核销处理"功能对南京金陵汽车修理厂的收款单与销售发票进行核销处理,核销金额为 904 000.00 元;使用"制单处理"功能将应收单据与收款单据合并制单。

第 35 题:财务部 005 王刚在总账系统中录入转账凭证,附单据数为 1,借记"1403 原材料(电磁阀)"27 300.00,贷记"1401 材料采购(电磁阀)"26 000.00,贷记"1404 材料成本差异(电磁阀)"1 300.00。

第 36 题:① 财务部 007 吴言进入应付款管理系统,使用"应付单据处理|应付单据录入"功能录入并审核购入的 286 件电磁阀货税款 66 251.90 元的采购发票;使用"制单处理"功能生成转账凭证。

② 财务部 005 王刚在总账系统中录入转账凭证,附单据数为 1,借记"1403 原材料(电磁阀)"60 060.00,贷记"1401 材料采购(电磁阀)"58 630.00,贷记"1404 材料成本差异(电磁阀)"1 430.00。

第 37 题:财务部 005 王刚在总账系统中录入转账凭证,附单据数为 1,借记"1403 原材料(继电器)",数量为 150 套,金额为 21 000.00 元,贷记"1401 材料采购(继电器)"21 000.00。

第 38 题:财务部 007 吴言进入应收款管理系统,使用"收款单据处理|收款单据录入"功能录入并审核收到的南京金陵汽车修理厂 351 000.00 元的收款单据;使用"核销处理"功能对南京金陵汽车修理厂的收款单与销售发票进行核销处理,核销金额为 351 000.00 元;使用"制单处理"功能将收款单据制单。

第 39 题:财务部 005 王刚在总账系统中录入转账凭证,附单据数为 6,借记"510101 第一生产车间(劳保用品)"144.7,借记"510102 第二生产车间(劳保用品)"165.37,借记"50010201 机加工生产车间(劳保用品)"103.36,借记"50010202 水电气供应车间(劳保用品)"103.36,借记"6602 管理费用(劳保用品)"103.36,贷记"141102 劳保手套",数量为 30 副,金额为 620.15 元。

第 40 题:财务部 005 王刚在"基础档案|财务|会计科目"的"1123 预付账款"科目下增设

"112302 报刊费"科目,不设置供应商往来辅助核算;输入合计金额为 5 729.00 元的付款凭证,附单据数为 3,借记"112302 报刊费"5 069.91,借记"22210101 进项税额"659.09,贷记"100202 工行存款"5 729.00。

第 41 题:财务部 005 王刚进入总账系统,完成如下操作:

① 录入付款凭证,附单据数为 1,借记"1001 库存现金"5 000.00,贷记"100202 工行存款"5 000.00。

② 录入付款凭证,附单据数为 2,借记"6602 管理费用(办公费)"1915.93,借记"22210101 进项税额"249.07,贷记"1221 其他应收款(刘笑)"2 000.00,贷记"1001 库存现金"165.00。

第 42 题:财务部 005 王刚进入总账系统,录入付款凭证,附单据数为 3,借记"6601 销售费用(广告费)"11 320.74,借记"22210101 进项税额"679.26,贷记"100202 工行存款"12 000.00。

第 43 题:财务部 005 王刚进入总账系统,录入付款凭证,附单据数为 1,借记"101201 银行本票"25 425.00,贷记"100202 工行存款"25 425.00。

第 44 题:财务部 007 吴言进入应付款管理系统,使用"应付单据处理|应付单据录入"功能输入南京虹润实业有限公司数量为 150 件、合计金额为 25 425.00 元的继电器增值税专用发票,并审核;使用"付款单据处理|付款单据录入"功能输入 25 425.00 元的付款单据进行审核处理;使用"核销处理"功能将南京虹润实业有限公司 25 425.00 元的增值税专用发票和付款单据核销;使用"制单处理"功能同时选择"发票制单"和"收付款单制单"将增值税专用发票和付款单据合并制单,借记"1401 材料采购(继电器)"22 500.00、借记"22210101 进项税额"2 925.00,贷记"101201 银行本票"25 425.00。

第 45 题:财务部 005 王刚进入总账系统,录入付款凭证,附单据数为 1,借记"221103 福利费"1 000.00,贷记"1001 库存现金"1 000.00。

第 46 题:财务部 005 王刚进入总账系统,录入转账凭证,附单据数为 1,借记"50010101 ABS Ⅰ-B(直接材料)"143 800.00,贷记"1403 原材料(车速传感器)"36 000.00,贷记"1403 原材料(轮速传感器)"60 000.00,贷记"1403 原材料(电磁阀)"46 200.00,贷记"1403 原材料(液压油)"1 600.00。

第 47 题:001 严亮根据新的财务分工,登录系统管理模块进行功能权限设置,登录企业应用平台进行数据权限分配。

第 48 题:财务部 005 王刚进入总账系统,录入转账凭证,附单据数为 1,借记"50010103 ABS Ⅰ(直接材料)"57 800.00,贷记"1403 原材料(车速传感器)"12 000.00,贷记"1403 原材料(轮速传感器)"24 000.00,贷记"1403 原材料(电磁阀)"21 000.00,贷记"1403 原材料(液压油)"800.00。

第 49 题:财务部 005 王刚进入总账系统,录入转账凭证,附单据数为 1,借记"50010103 ABS Ⅰ(直接材料)",借记"50010104 ABS Ⅱ(直接材料)",贷记"140901 ABS Ⅰ-B",贷记"140902 ABS Ⅱ-B"。

第 50 题:财务部 007 吴言进入应收款管理系统,使用"应收单据处理|应收单据录入"功能

录入并审核40件控制器货税款54 240.00元的销售专用发票;使用"收款单据处理|收款单据录入"功能录入并审核收到南京金陵汽车修理厂54 240.00元的收款单据;使用"核销处理"功能对南京金陵汽车修理厂的收款单与销售发票进行核销处理,核销金额为54 240.00元;使用"制单处理"功能将应收单据与收款单据合并制单。

第51题:财务部008莫非使用"固定资产|卡片|资产增加"功能录入原值2 000 000.00元、增值税260 000.00元的ABS生产线设备卡片,所属类别为"机器设备",使用状态为"在用",增加方式为"直接购入",使用部门为"第一生产车间";使用"批量制单"功能,在记账凭证窗口输入附单据数4,将固定资产入账科目改为"160102 机器设备",录入银行辅助信息并保存。

第52题:财务部005王刚进入总账系统,录入转账凭证,附单据数为1,借记"50010101 ABS Ⅰ-B(直接材料)"3 060.80,借记"50010102 ABS Ⅱ-B(直接材料)"1 530.40,借记"50010201 机加工生产车间(直接材料)"4 591.20,贷记"141103 生产专用工具"9 182.40。

第53题:财务部005王刚在"基础档案|财务|会计科目"的"1221 其他应收款"科目下增设"122102 南京精诚装运公司"科目,不设个人往来核算;输入付款凭证,附单据数为6,借记"122102 南京精诚装运公司"10 000.00,借记"50010104 ABS Ⅱ(制造费用)"60 000.00,贷记"100202 银行存款"70 000.00。

第54题:财务部005王刚在总账系统中录入付款凭证,附单据数3,借记"22210102 已交税金"88 000.00,借记"222103 应交城建税"6 160.00,借记"222104 应交个人所得税"3 919.91,借记"222105 应交教育费附加"4 400.00,贷记"100202 工行存款"102 479.91。

第55题:财务部005王刚在总账系统中录入转账凭证,附单据数为1,借记"1403 原材料(继电器)"21000,借记"1404 材料成本差异(继电器)"1 500.00,贷记"1401 材料采购(继电器)"22 500.00。

第56题:财务部007吴言在应收款管理系统中用"票据管理"功能打开收到的南京旺美汽车修理厂金额50 000.00元的银行承兑汇票,单击工具栏中的"背书"按钮,选择被背书人"南京虹润实业有限公司",转账金额为50 000.00元,保存并制单。

第57题:①财务部007吴言进入应付款管理系统使用"应付单据处理|应付单据录入"功能输入采购南京雨花汽车材料商行数量为50套、合计金额为8 475.00元的生产专用工具增值税专用发票,并审核。

② 使用"核销处理"功能从付款金额中核销8 475.00。

③ 使用"制单处理"功能输入附单据数2,借记"141103 生产专用工具",数量为50套,单价150元,金额为7 500.00元,借记"22210101 进项税额"975.00,贷记"112301 预付原料供应商(南京雨花汽车材料商行)"8 475.00。

第58题:① 财务部005王刚使用"基础档案|财务|会计科目"功能在"1411 周转材料"科目下增设"141104 办公桌椅"科目;使用"基础档案|存货|存货档案"功能在"04 周转材料"分类中增加"0404 办公桌椅",计量单位"套",税率为13%,勾选存货属性"外购"和"生产耗用"。

② 财务部007吴言进入应付款管理系统使用"应付单据处理|应付单据录入"功能输入

采购南京现代办公设备公司数量为50套、合计金额为11 300.00元的办公椅增值税专用发票,并审核;使用"制单处理"功能输入附单据数2,借记"141104 办公桌椅",数量为50套,单价为200元,金额为10 000.00元,借记"22210101 进项税额"1 300.00,贷记"220201 应付供应商(南京现代办公设备公司)"11 300.00。

第59题:① 财务部005王刚使用"基础档案|存货|存货档案"功能在原材料分类中增加"0108 钢材",计量单位为"千克",税率为13%,勾选存货属性"外购"和"生产领用"。

② 财务部007吴言进入应付款管理系统,使用"设置|初始设置"功能将基本科目设置中的应付科目暂改为"112301 预付原料供应商",采购科目暂改为"140801 上海钢材公司";使用"应付单据处理|应付单据录入"功能输入采购上海樱花钢铁贸易有限公司数量为5 000千克、合计金额为16 950.00元的加工钢材增值税专用发票和两张金额分别为2 350.00元和480.00元的其他应付单;审核三张应付单据;使用"制单处理"功能输入附单据数3,借记"140801 上海钢材公司"17 608.79,借记"22210101 进项税额"2 171.21,贷记"112301 预付原料供应商(上海樱花钢铁贸易有限公司)"19 780.00。

③ 将基本科目设置中的应付科目改回"220201 应付供应商",采购科目改回"1401 材料采购"。

第60题:财务部008莫非用"卡片|资产增加"功能输入新增仪器仪表类固定"产品检测仪器"卡片,原值50 200.00元,累计折旧10 000.00元,增值税6 500.00元,使用部门为"第二生产车间",增加方式为"接受捐赠",使用状况为"在用";使用"处理|批量制单"功能生成付款凭证,追加一行,会计科目为"1001 库存现金",贷方金额为200.00元,营业外收入调整为46 500.00元,附单据数为4。

第61题:财务部005王刚在总账系统中录入付款凭证,附单据数为5,借记"6602 管理费用(差旅费)"2 180.75,借记"6602 管理费用(职工教育经费)"4 339.62,借记"22210101 进项税额"339.63,贷记"122101 应收员工欠款(柳军)"6 000.00,贷记"1001 库存现金"860.00。

第62题:财务部005王刚在总账系统中录入付款凭证,附单据数为3,借记"140801 上海钢材公司"4 320.00,借记"22210101 进项税额"561.60,贷记"100202 工行存款"4 881.60。

第63题:财务部005王刚在总账系统中录入收款凭证,附单据数为1,借记"100202 工行存款"120 000.00,贷记"101203 银行汇票"120 000.00。

第64题:财务部008莫言使用"固定资产|卡片|资产增加"功能录入原值8 000.00元的摄像机卡片,所属类别为"信息技术设备",使用状态为"在用",增加方式为"直接购入",使用部门为"研发部";使用"批量制单"功能,在记账凭证窗口输入附单据数4,将固定资产入账科目改为"160106 信息技术设备",录入银行辅助信息并保存。

第65题:财务部005王刚在总账系统中录入付款凭证,附单据数为2,借记"660303 手续费"283.02,借记"22210101 进项税额"16.98,贷记"100202 工行存款"300.00。

第66题:财务部005王刚在总账系统中录入付款凭证,附单据数为2,借记"6602 管理费用(交通费)"1 175.00,贷记"1001 库存现金"1 175.00。

第67题:财务部005王刚在"2241 其他应付款"下增设"224105 南京东风贸易有限公司"科目;在总账系统中录入转款凭证,附单据数为2,借记"1605 工程物资"科目730 088.50,借记

"22210101 进项税额"94 911.50,贷记"224105 南京东风贸易有限公司"825 000.00。

第 68 题:财务部 005 王刚在总账系统中录入转款凭证,附单据数为 5,借记"510101 第一生产车间"3 000.00,借记"510102 第二生产车间"2 000.00,借记"6602 管理费用(低值易耗品)"3 800.00,贷记"141104 办公桌椅",数量为 44 套,单价为 200 元,金额为 8 800.00 元。

第 69 题:财务部 005 王刚在总账系统中录入转款凭证,附单据数为 5,借记"50010104 ABS Ⅱ(直接材料)"354 700.00,贷记"原材料(特种钢)"22 500.00,贷记"1403 原材料(控制器)"300 000.00,贷记"1403 原材料(继电器)"32 200.00。

第 70 题:注意:月末完成借记"半成品"科目,贷记"生产成本"科目。

第 71 题:财务部 005 王刚在总账系统中录入转款凭证,附单据数为 5,借记"50010101 ABS Ⅰ-B(直接材料)"203 400.00,贷记"1403 原材料(车速传感器)"48 000.00,贷记"1403 原材料(轮速传感器)"90 000.00,贷记"1403 原材料(电磁阀)"63 000.00,贷记"1403 原材料(液压油)"2 400.00。

第 72 题:财务部 005 王刚在总账系统中录入转款凭证,附单据数为 1,借记"1403 原材料(特种钢)"67 500.00,贷记"1404 材料成本差异(特种钢)"15 850.00,贷记"140801 上海钢材公司"83 350.00。

第 73 题:财务部 005 王刚在总账系统中录入付款凭证,附单据数为 4,借记"510101 第一生产车间(水电费)"1 482.50,借记"510102 第二生产车间(水电费)"1 455.48,借记"50010201 机加工生产车间(水电费)"246.52,借记"50010202 水电气供应车间(水电费)"219.50,借记"6601 销售费用(水电费)"226.26,借记"6602 管理费用(水电费)"894.91,借记"22210101 进项税额"588.27,贷记"100202 工行存款"5 113.44。

第 74 题:① 财务部 008 莫非使用"固定资产|处理|计提本月折旧"功能完成计提折旧处理;使用"卡片|资产减少"功能对行政部的复印机完成减少处理,减少方式为"报废";用"处理|批量制单"功能生成减少业务的转账凭证,固定资产入账科目为"160106 信息技术设备"。

② 财务部 005 王刚在总账系统中输入结转报废复印机净损失的转账凭证,借记"671103 非常损失"140.00,贷记"1606 固定资产清理"140.00。

第 75 题:财务部 005 王刚在总账系统中录入付款凭证,附单据数为 2,借记"220201 应付供应商(南京虹润实业有限公司)"56 710.00,贷记"100202 工行存款"50 000.00,贷记"6301 营业外收入"6 710.00。

第 76 题:财务部 005 王刚在总账系统中录入付款凭证,附单据数为 3,借记"6602 管理费用(修理费)"5 150.00,贷记"100202 工行存款"5 150.00。

第 77 题:财务部 008 莫非进入固定资产系统使用"卡片|资产减少"功能对第一生产车间的数控机床完成减少处理,减少方式为"出售",清理收入为 74 880.00 元,增值税为 8 614.51 元;用"处理|批量制单"功能生成减少业务的转账凭证,固定资产入账科目改为"160102 机器设备",选择销售价税款入账科目"100202 工行存款",增值税入账科目"22210103 销项税额";在总账系统中输入结转出售数控机床净收益的转账凭证,借记"1606 固定资产清理"7 375.00,贷记"6301 营业外收入"7 375.00。

第78题：财务部005王刚在总账系统中录入付款凭证，附单据数为4，借记"50010201机加工生产车间（直接材料）"2 212.40，借记"22210101 进项税额"287.60，贷记"100202 工行存款"2 500.00。

第79题：财务部007吴言进入应收款管理系统，使用"应收单据处理|应收单据录入"功能录入并审核1250件控制器货税款1 836 250.00元的销售专用发票；使用"制单处理"功能将应收单据与收款单据合并制单。

第80题：财务部005王刚在总账系统中录入付款凭证，附单据数为4，借记"100202 工行存款"450 000.00，借记"170201 专利权"30 000.00，贷记"170101 专利权"180 000.00，贷记"22210103 销项税额"25 471.70，贷记"6301 营业外收入"274 528.30。

第81题：财务部005王刚在总账系统中录入付款凭证，附单据数为2，借记"50010202 水电气供应车间（福利费）"674.00，贷记"1001 库存现金"674.00。

第82题：财务部005王刚在"6711 营业外支出"下增设"671102 债务重组损失"科目；财务部007吴言进入应收款管理系统，使用"收款单据处理|收款单据录入"功能录入并审核江苏桦阳汽车修理有限责任公司1 108 379.14元的收款单据；使用"核销处理"功能将江苏桦阳汽车修理有限责任公司的应收单据与收款单据进行核销处理；使用"制单处理"功能生成借记"100202 工行存款"1 000 000.00，借记"671102 债务重组损失"108 379.14，贷记"1122 应收账款（江苏桦阳汽车修理有限责任公司）"1 108 379.14。

第83题：财务部005王刚在"2501 长期借款"下增设"205103 中行南京下关支行"科目，在总账系统中输入一张金额为1 500 000.00元的收款凭证。

第84题：财务部005王刚在总账系统中输入一张合计金额为11 351.34元的付款凭证。

第85题：财务部005王刚在"基础档案|财务|会计科目"的"2241 其他应付款"下增设"224106 未领工资"科目，并设置个人往来辅助核算；在总账系统中输入一张提现196 800.00元的付款凭证；输入一张发放工资196 730.90元的付款凭证；输入一张未领取工资7 541.25交回财务部的收款凭证。

第86题：财务部005王刚在总账系统中输入一张还本付息800 000.00元的付款凭证，借记"200101 工行下关支行"800 000.00，贷记"100202 工行存款"800 000.00。

第87题：财务部005王刚在总账系统中输入一张还款825 000.00元的付款凭证，借记"220204 南京东风贸易有限公司"825 000.00，贷记"100202 工行存款"825 000.00。

第88题：财务部007吴言进入应收款管理系统，使用"应收单据处理|应收单据录入"功能录入并审核一张销售10套ABS Ⅰ-B，20套ABS Ⅱ-B，货税款246 340.00元的销售专用发票；使用"收款单据处理|收款单据录入"功能录入并审核收到的南京长安汽车制造公司246 340.00元的收款单据；使用"核销处理"功能将南京长安汽车制造公司的收款单与销售专用发票进行核销处理，核销金额为246 340.00元；使用"制单处理"功能将应收单据与收款单据合并制单。

第89题：财务部005王刚在总账系统中录入收款凭证，附单据数为1，借记"100202 工行存款"2 000 000.00，贷记"151101 金陵汽车修理厂"1450 000.00，贷记"6111 投资收益"550 000.00。

第90题：财务部005王刚在总账系统中输入一张1 225.00元的付款凭证，借记"6602管理费用(福利费)"1 225.00，贷记"1001库存现金"1 225.00。

第91题：财务部005王刚在总账系统中输入一张100.00元的付款凭证，借记"190102待处理流动资产损溢"100.00，贷记"1001库存现金"100.00。

第92题：财务部005王刚在总账系统中输入一张转账凭证，借记"190102待处理流动资产损溢"600.00，贷记"1403原材料(轮速传感器)"，数量为2套，计划单价为300.00元，金额为600.00元。

第93题：财务部008莫非进入人力资源的薪资管理系统，使用"业务处理|工资变动"功能计算并汇总本月应计提的各项社保和公积金；使用"业务处理|工资分摊"功能生成计提社保和公积金的转账凭证。

第94题：财务部007吴言进入应收款管理系统，使用"应收单据处理|应收单据录入"功能录入并审核销售5套ABSⅡ、货税款141 250.00元的销售专用发票；使用"收款单据处理|收款单据录入"功能录入并审核收到的南京雨花汽车材料商行141 250.00元的收款单据；使用"核销处理"功能对南京雨花汽车材料商行的收款单与销售发票进行核销处理，核销金额为141 250.00元；使用"制单处理"功能将应收单据与收款单据合并制单。

第95题：财务部005王刚进入总账系统，使用"凭证|填制凭证"功能，录入借记"160402扩建厂房"3 000 000.00，贷记"100202工行存款"3 000 000.00的付款凭证。

第96题：①财务部007吴言进入应收款管理系统，使用"应收单据处理|应收单据录入"功能，录入并审核2套ABSⅠ、货税款31 640.00元的"负向"销售专用发票；在"收付款单录入"窗口单击"切换"功能按钮，录入并审核南京雨花汽车材料商行31 640.00元的红字收款单据；使用"制单处理"功能将红字增值税专用发票与红字收款单据合并制单。

②财务部005王刚在总账系统中输入一张冲减销售成本的转账凭证，借记"140501 ABSⅠ"，数量为2套，单位成本为6 500.00元，金额为13 000.00元，贷记"6401主营业务成本"13 000.00。

第97题：财务部005王刚在总账系统中输入一张付款凭证，借记"6602管理费用(聘请中介机构费)"18 867.92，借记"22210101进项税额"1 132.08，贷记"100202工行存款"20 000.00。

第98题：财务部005王刚在总账系统中输入一张转账凭证，借记"50010103 ABSⅠ(直接材料)"117 413.80，借记"50010104 ABSⅡ(直接材料)"119 586.20，贷记"1403原材料(特种钢)"9 000.00，贷记"1403原材料(控制器)"200 000.00，贷记"1403原材料(继电器)"28 000.00。

第100题：财务部005王刚在总账系统中输入一张付款凭证，借记"1001库存现金"100.00，借记"190102待处理流动资产损溢"100.00。

第103题：财务部005王刚在总账系统中输入一张收款凭证，借记"1001库存现金"1000.00，贷记"50010103 ABSⅠ(直接材料)"500.00，贷记"50010104 ABSⅡ(直接材料)"500.00；输入一张转账凭证，借记"50010103 ABSⅠ(直接材料)"1 000.00，借记"50010104 ABSⅠ(直接材料)"1 000.00，贷记"1403原材料(控制器)"，数量为2件，金额为2 000.00元。

第 104 题: 财务部 005 王刚在总账系统中输入一张付款凭证,借记"224106 未领工资(李军)"3 917.75,借记"224106 未领工资(高军)"3 623.50,贷记"1001 库存现金"7 541.25。

第 105 题: 财务部 007 吴言进入应收款管理系统,使用"收款单据处理|收款单据录入"功能录入、审核收到的昆明汽车修理厂 28 万元的收款单,并完成制单处理。

第 106 题: 财务部 007 吴言进入应收款管理系统,使用"票据管理"功能打开票据管理窗口,选择 242 400.00 元的银行承兑汇票,单击"贴现"按钮,输入贴现率 6.25%,系统自动计算贴现利息为 2 104.17 元,继续输入结算科目"100202 工行存款"并立即制单,补录利息支出科目"660302 利息支出"和结算方式信息。

第 107 题: ① 001 严亮根据供应商北京汽车配件材料厂开具的发票信息在基础档案中增加供应商;在存货档案的原材料类别中增加存货"0109 汽车内饰",勾选属性"外购"和"生产耗用"。

② 财务部 007 吴言进入应付款管理系统,使用"应付单据处理|应付单据录入"功能录入并审核汽车内饰 200 套 1300 元/套的采购专用发票,使用"制单处理"功能对该采购发票进行制单处理,将"借记'1401 材料采购'260000"改为"借记'50010103 ABS Ⅰ(直接材料)'130 000.00"和"借记 ABS Ⅱ'50010104(直接材料)'130 000.00";进入应收款管理系统,使用"票据管理"功能打开票据管理窗口,选择 250 000.00 元的银行承兑汇票进行"背书"处理,被背书人为北京汽车配件材料厂,转出金额为 250 000.00 元,立即制单,或使用"制单处理"功能,选择"票据处理制单"进行制单处理。

第 108 题: 财务部 007 吴言进入应收款管理系统,在"票据管理"窗口选择出票人为"山东飞龙贸易有限公司"、金额为 35 000.00 元的商业承兑汇票,使用"转出"功能,输入应收单科目"1122 应收账款",应收单类型为"其他应收单",执行立即制单,或在"制单处理"中选择"票据处理制单",生成一张转账凭证。

第 110 题: 财务部 005 王刚在总账系统中输入一张付款凭证,借记"6602 管理费用(修理费)"7 000.00,贷记"100202 工行存款"7 000.00。

第 111 题: ① 财务部 005 王刚进入总账系统输入一张提现 2 000.00 元的付款凭证。

② 财务部 008 莫非进入固定资产系统使用"卡片|资产减少"功能对第二生产车间原价为 158 800.00 元的机床做减少处理,减少方式为"出售",清理收入为 68 000.00 元,增值税为 7 823.01 元,清理费用为 1 000.00 元;用"处理|批量制单"功能生成减少业务的转账凭证,固定资产入账科目改为"160102 机器设备",选择销售价税款入账科目"100202 工行存款",现金支出科目"1001 库存现金";在总账系统中输入结转出售机床净损失的转账凭证。

第 112 题: ① 001 严亮根据供应商北京汽车配件材料厂开具的发票信息在基础档案中增加供应商;在存货档案的原材料类别中增加存货"0110 维修用品",勾选属性"外购"和"生产耗用"。

② 财务部 007 吴言进入应付款管理系统,使用"应付单据处理|应付单据录入"功能录入并审核维修用品一批,使用"制单处理"功能对价款为 2600 元的采购普通发票进行制单处理。

第 114 题: 财务部 005 王刚在总账系统中输入一张转账凭证,借记"160401 ABS 生产线"700 000.00,贷记"1605 工程物资"700 000.00。

第 115 题:① 财务部 008 莫非进入固定资产系统使用"卡片|资产减少"功能对人力资源部原价为 2 393.16 元的电脑做减少处理,减少方式为"报废",清理收入为 500.00;用"处理|批量制单"功能生成减少业务的转账凭证,固定资产入账科目改为"160106 信息技术设备",选择责任人赔偿入账科目"122101 应收员工欠款(吴军)"。

② 财务部 005 王刚在总账系统中输入结转报废电脑净损失的转账凭证,借记"671103 非常损失",贷记"1606 固定资产清理"。

第 116 题:① 财务部 005 王刚在"基础档案|财务|会计科目"中增加会计科目"1521 投资性房地产""1522 投资性房地产累计折旧"(余额方向为"贷方")和"220302 租金"(不设置客户往来辅助核算)。

② 财务部 008 莫非修改 4 号仓库的固定资产卡片,将折旧对应科目改为"6402 其他业务成本",并重新计算折旧;增加减少方式"对外出租",对应入账科目为"1521 投资性房地产";对 4 号仓库做资产减少处理,选择减少方式为"对外出租";使用"批量制单"功能,将固定资产入账科目改为"160101 房屋及建筑物",在"填制凭证"窗口增加贷记"1522 投资性房地产累计折旧"13 948.64,并将"1521 投资性房地产"科目的记账金额改为"4 号仓库原值"。

③ 财务部 005 王刚在总账系统中输入一张收款凭证,借记"100202 工行存款",贷记"22210103 销项税额",贷记"220302 租金",贷记"224101 押金";输入一张转账凭证,借记"220302 租金",贷记"6051 其他业务收入"。

第 117 题:财务部 007 吴言进入应收款管理系统,录入并审核销售 25 套 ABS Ⅱ、货税款 621 500.00 元的销售专用发票;将昆明汽车修理厂的收款单与销售发票进行核销处理,核销金额为 590 000.00 元;在单据查询中选择"发票制单"和"核销制单"并选择客户昆明汽车修理厂,完成制单处理,保存前将预收账款发生额调到借方。

第 118 题:财务部 005 王刚在总账系统中输入一张收款凭证,借记"1001 库存现金"500.00,贷记"1606 固定资产清理"500.00。

第 119 题:财务部 005 王刚在总账系统中输入一张收款凭证,借记"100202 工行存款"118 000.00,贷记"110101 债券投资" 110 000.00,贷记"6111 投资收益"8 000.00。

第 120 题:财务部 005 王刚在总账系统中输入一张转账凭证,借记"50010103 ABS Ⅰ(直接材料)"6637.50,借记"50010104 ABS Ⅱ(直接材料)"7 375.00,贷记"1403 原材料(包装箱)",数量为 95 只,单价为 147.5 元,金额为 14 012.50 元。

第 121 题:财务部 005 王刚在总账系统中输入一张付款凭证,借记"应付职工薪酬——职工教育经费"6 300.00,贷记"1001 库存现金"6 300.00。

第 122 题:财务部 005 王刚在总账系统中输入一张付款凭证,借记"1511 长期股权投资"600 000.00,贷记"100202 工行存款"600 000.00。

第 123 题:① 财务部 005 王刚用总账系统的"期末|转账定义|自定义转账"功能设置如图 7-53 所示计提银行贷款利息转账凭证模板。

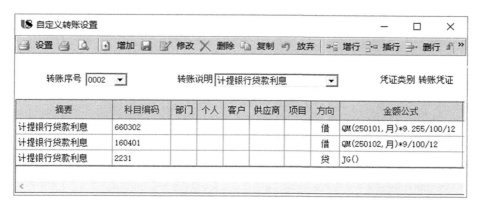

图 7‑53

② 使用"期末|转账生成"功能生成计提银行贷款利息的转账凭证,如图 7‑54。

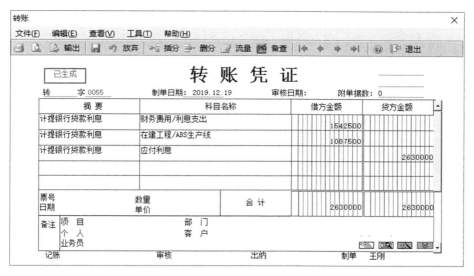

如图 7‑54

③ 输入一张支付本季度银行贷款利息 78 900.00 元的付款凭证。

第 124 题: ① 财务部 008 莫非进入固定资产系统使用"卡片|资产减少"功能对行政部原价为 3 300.00 元的电脑做减少处理,减少方式为"盘亏",个人赔偿 500.00 元;用"处理|批量制单"功能生成减少业务的转账凭证,固定资产入账科目改为"160106 信息技术设备",选择责任人赔偿入账科目"122101 应收员工欠款(邱辰)"。

② 财务部 005 王刚在总账系统中输入结转报废电脑净损失的转账凭证,借记"671104 盘亏损失"1 129.21,贷记"190101 待处理固定资产损溢"1 129.21。

第 125 题: 财务部 007 吴言进入应收款管理系统,使用"应收单据处理|应收单据录入"功能录入并审核销售 3 套 ABS Ⅰ、货税款为 47 460.00 元的销售专用发票,付款条件为 3/10,1/20,n/30;完成制单处理。

第 126 题: ① 财务部 007 吴言在应收款管理系统中录入销售 20 套 ABS Ⅱ、货税款为

497 200.00元的销售专用发票,审核后完成制单处理。

②财务部005王刚在总账系统中录入一张用工行存款支付销售费用777.00元的付款凭证。

第127题:对南京长安汽车制造公司的付款单据进行审核;对南京长安汽车制造公司的付款单据与销售发票进行核销;将付款单据与发票进行合并制单。

第130题:财务部008莫非在固定资产系统中使用"卡片|资产增加"功能输入盘盈仪表设备的卡片,使用"批量制单"功能生成一张转账凭证。

第131题:财务部005王刚在总账系统中录入一张收到银行存款利息4 100.00元的收款凭证。

第132题:财务部005王刚在总账系统中录入一张支付福利品18 900.00元的付款凭证。

第133题:财务部005王刚在总账系统中录入一张支付技术书籍资料费用275.00元的付款凭证。

第134题:财务部005王刚在总账系统中录入一张支付ABS生产线扩建施工费85.5万元的付款凭证。

第135题:财务部007吴言在应付款管理系统录入并审核100套轮速传感器、价税合计为35 030.00元的采购专用发票,核销预收款35 030.00元,选择发票制单和核销制单合并生成一张转账凭证。

第136题:财务部005王刚在总账系统中录入一张收到300元盘亏赔偿款的付款凭证。

第137题:财务部007吴言在应收款管理系统录入并审核收到的宁波汽车制造厂1 836 250.00元的收款,核销应收款1 836 250.00元,选择收付款单据制单生成一张收款凭证。

第138题:财务部005王刚在总账系统中录入一张100套轮速传感器验收入库的转账凭证。

第139题:①财务部007吴言在应付款管理系统中录入并审核2套轮速传感器、价税合计为620.00元的红字采购专用发票,核销预收款35 030.00元,选择发票制单和核销制单合并生成一张转账凭证。

②财务部005王刚在总账系统中录入一张冲销2套轮速传感器验收入库的转账凭证。

第140题:财务部005王刚在总账系统中录入一张捐款20 000.00元的付款凭证。

第141题:①财务部008莫非在固定资产系统中对第二生产车间原值为50 000.00元的压力机做减少处理,减少方式为"出售",增值税为4 628.00元;用"处理|批量制单"功能生成减少业务的转账凭证,固定资产入账科目改为"160102 机器设备",增值税入账科目为"22210103 销项税额"。

②财务部005王刚在总账系统中输入转账凭证结转赞助固定资产净损失40 228.00元。

第142题:财务部007吴言在应收款管理系统中录入并审核收到的宁波汽车制造厂497 200.00元的收款,核销应收款1 836 250.00元,选择收付款单据制单生成一张收款凭证。

第143题:财务部007吴言在应收款管理系统中录入并审核金额合计为16 950.00元的

红字增值税专用发票,并进行制单处理。

第144题:财务部007吴言在应收款管理系统中录入并审核开具给昆明汽车修理厂678 000.00元的销售发票,录入并审核310 000.00元的收款单,核销应收款310 000.00元,选择发票制单、收付款单据制单将两张单据合并生成一张收款凭证。

第145题:财务部007吴言在应收款管理系统中录入并审核开具给南京雨花汽车材料商行372 900.00元的销售发票,录入并审核111 870.00元的收款单,核销应收款111 870.00元,选择发票制单、收付款单据制单将两张单据合并生成一张收款凭证。

第146题:财务部007吴言在应收款管理系统中录入并审核开具给南京雨花汽车材料商行73 450.00元的销售发票,完成制单处理。

第147题:财务部007吴言在应收款管理系统中录入并审核重庆大华汽车修理厂44 536.20的收款单据;将重庆大华汽车修理厂的全部应收单据与收款单据进行核销处理,核销金额为102 536.20元;完成制单处理。

第148题:财务部008莫非使用"固定资产|卡片|资产增加"功能录入原值为1 818 125.00元的ABS生产线卡片,所属类别为"机器设备",使用状态为"在用",增加方式为"在建工程转入",使用部门为"第二生产车间";使用"批量制单"功能,在记账凭证窗口输入附单据数1,将固定资产入账科目改为"160102 机器设备"。

第149题:财务部007吴言在应收款管理系统中录入并审核开具给山东飞龙贸易有限公司14 1250.00元的销售发票,完成制单处理。

第150题:财务部007吴言在应收款管理系统中录入并审核开具给南京雨花汽车材料商行205 660.00元的销售发票,完成制单处理。

第151题:财务部005王刚在总账系统中录入一张收回押金10 000.00元的收款凭证。

第152题:财务部007吴言在"收款单据录入"窗口使用"切换"功能录入16 950.00元的红字收款单,使用制单处理生成一张付款凭证。

第154题:① 财务部005王刚在存货档案的"07 劳务"类别下增设"0702 代销费用",并勾选属性"外购",在成本费用项目"02 费用项目"下增设"代销手续费"项目。

② 财务部007吴言在应收款管理系统中输入并审核价税款226 000.00元的销售发票;在应付款管理系统中输入并审核价税款为11 300.00元的普通采购发票,生成借记"6601 销售费用(代销手续费)"11 300.00、贷记"220201 应付供应商(南京雨花汽车材料商行)"11300.00的转账凭证,使用"转账|应付冲应收"功能将南京雨花汽车材料商行226 000.00元的应收账款冲销11 300.00元,并生成转账凭证;在应收款管理系统中输入并审核214 700.00元的收款单据,使用"核销处理"功能核销214 700.00元,再使用制单处理功能将应收单据和收款单据合并生成一张收款凭证。

第155题:财务部005王刚在总账系统中录入一张支付业务招待费3 200.00元的付款凭证。

第156题:财务部008莫非在薪资管理系统"工资分摊"窗口的"计提费用类型"列表中选择"计提住房公积金"生成单位承担的住房公积金,按工时比例"ABS Ⅰ-B∶ABS Ⅱ-B=1∶2""ABS Ⅰ∶ABS Ⅱ=2∶3"计算ABS Ⅱ-B和ABS Ⅱ应摊部分,使用"插分"功能录入;

选择"转出代扣代缴住房公积金"结转个人承担的住房公积金;选择"计提各项社会保险"生成单位承担的住房公积金,按工时比例"ABS Ⅰ-B：ABS Ⅱ-B＝1：2""ABS Ⅰ：ABS Ⅱ＝2：3"计算 ABS Ⅱ-B 和 ABS Ⅱ 应摊部分,使用"插分"功能录入;选择"转出代扣代缴社保"结转个人承担的各项社会保险。

第 157 题:① 人力资源部 003 吴军进入薪资管理系统使用"工资变动"功能输入考勤记录,计算并汇总各个工资项目。

② 财务部 008 莫非在薪资管理系统"工资分摊"窗口的"计提费用类型"列表中选择"分摊工资费用"生成分配 2019 年 12 月份工资的转账凭证,按工时比例"ABS Ⅰ-B：ABS Ⅱ-B＝1：2""ABS Ⅰ：ABS Ⅱ＝2：3"计算并转列应由 ABS Ⅱ-B 和 ABS Ⅱ 承担的人工费用。

第 158 题:财务部 007 吴言对南京雨花汽车材料商行的每笔业务都做了核销处理。

第 159 题:财务部 005 王刚在总账系统输入一张收到的欠款员工还款的收款凭证。

第 160 题:财务部 007 吴言使用应收款管理系统"坏账处理|计提坏账准备"功能计提坏账准备并生成转账凭证。

第 161 题:财务部 005 王刚在项目目录的成本费用项目下增加"研发支出"项目;在总账系统输入一张结转研发支出的转账凭证,借记"6602 管理费用(研发支出)"科目,贷记"5301 研发支出"科目。

第 162 题:财务部 005 王刚在项目目录的成本费用项目下增加"无形资产摊销"项目,在总账系统"期末|转账定义"中增加自定义转账"摊销无形资产",使用"转账生成"功能自动生成摊销无形资产的转账凭证。

第 163 题:财务部 005 王刚在项目目录的成本费用项目下增加"长期待摊费用"项目,在总账系统"期末|转账定义"中增加自定义转账"摊销长期待摊费用",使用"转账生成"功能自动生成摊销长期待摊费用的转账凭证。

第 164 题:财务部 008 莫非在固定资产系统中使用"批量制单"功能对计提折旧业务记录进行制单处理,将记入水电气供应车间的折旧费增加 6 826.67 元。

第 165 题:财务部 005 王刚在总账系统中输入一张调增长期股权投资 3 万元的转账凭证。

第 166 题:财务部 005 王刚在总账系统中使用"期末|转账定义|自定义转账"功能设置转账凭证模板以分摊产品生产耗用原材料的材料成本差异。原材料的出售、盘亏等出库业务并不是经常发生的业务,偶尔发生时在总账系统直接输入转账凭证,可不用自动转账功能生成转账凭证。

第 167 题:财务部 005 王刚根据手工编制的分配辅助生产费用计算表输入分配辅助生产费用的转账凭证。

第 168 题:财务部 005 王刚根据手工编制的制造费用分配表输入分配制造费用的转账凭证。

第 169 题:财务部 005 王刚根据手工编制的 ABS Ⅰ-B 和 ABS Ⅱ-B 半成品成本计算单输入结转完工半成品生产成本的转账凭证。

第 170 题:过程类似于结转 ABS Ⅰ-B、ABS Ⅱ-B 半成品成本。

第 171 题:① 财务部 005 王刚在总账系统中输入转账凭证结转 110 件 ABS Ⅰ、125 件 ABS Ⅱ 的销售成本。

② 财务部 004 柳军对该转账凭证进行审核签字、主管签字。

③ 财务部 005 王刚对该转账凭证进行记账处理。

④ 财务部 005 王刚使用"期末|转账定义|期间损益"功能设置结转本期收入、收益和销售成本费用的转账凭证模板。

附表1

材料暂估入库清单

单位名称：南京铁宁机械股份有限公司　　　　2019年11月　　　　货币单位：人民币元

序号	材料名称	计量单位	数量	实际成本					计划成本	
				单价	金额	运杂费	其他	合计	单价	金额
1	电磁阀	件	286						210.00	60 060.00
	合计		286						210.00	60 060.00

附表2

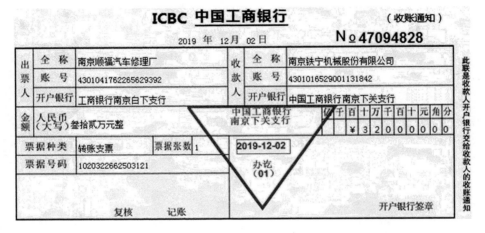

附表3-1

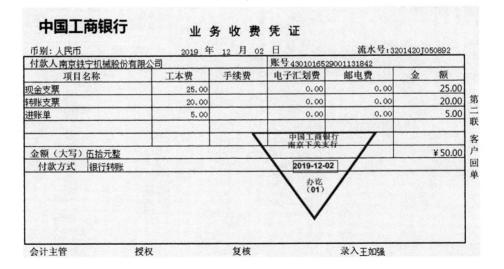

附表 3-2

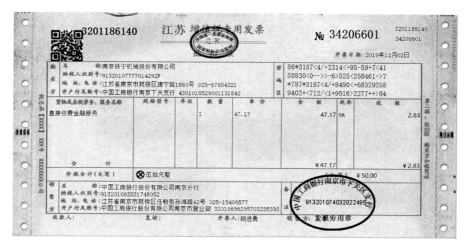

附表 3-3

附表 4

附表 5-1

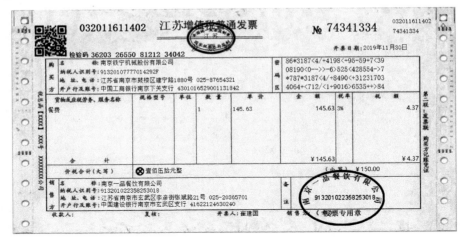

附表 5-2

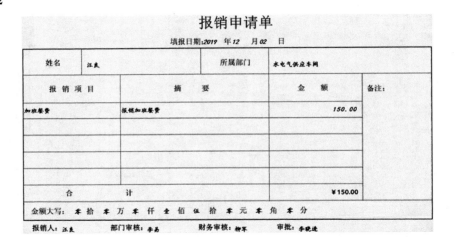

附表 6

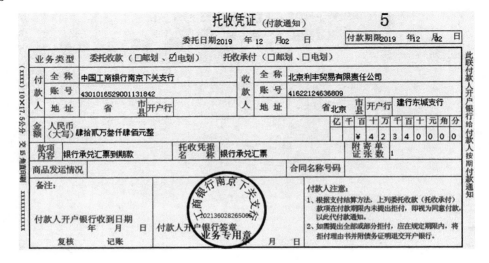

附表 7-1

附表 7-2

附表 8-1

附表 8-2

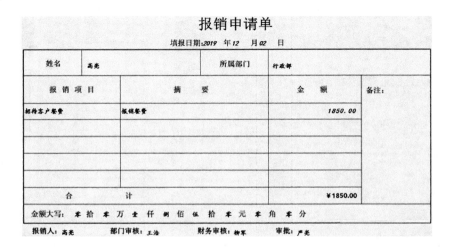

附表9-1

附表9-2

附表9-3

南京铁宁机械股份有限公司
存货验收单   NO:5640
2019年12月2日

存货编码	存货名称	规格	单位	数量			单价/元	计划价格/元	质量		差异原因
				发票数	入库数	差异			合格数量	不合格数量	
	轮速传感器		套	200	200		310	300	200		
	合计			200	200		310	300	200		

采购员:刘力   保管员:于远   质检员:李军   审核:吴言
联次:一式三联,一联采购留存、二联仓库记账、三联财务记账

附表 10-1

附表 10-2

附表 10-3

南京铁宁机械股份有限公司
存货验收单

NO:5641

2019 年 12 月 2 日

存货编码	存货名称	规格	单位	数量			单价/元	计划价格/元	质量		差异原因
				发票数	入库数	差异			合格数量	不合格数量	
	电磁阀		件	256	256		205	210	256		
	合计			256	256		205	210	256		

采购员：刘力　　　　　　保管员：于远　　　　　　质检员：李军　　　　　　审核：吴言

联次：一式三联，一联采购留存、二联仓库记账、三联财务记账

附表 10-4

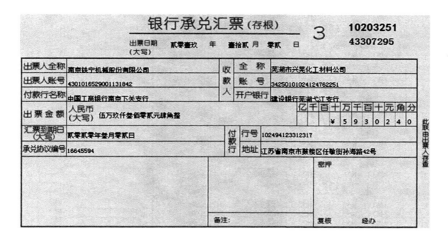

附表 10-5

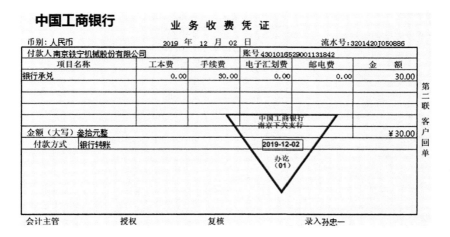

附表 11-1

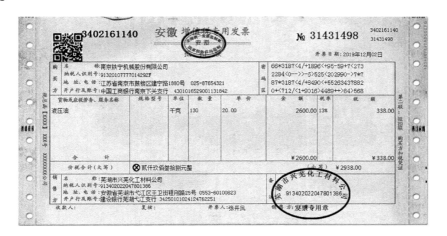

附表 11-2

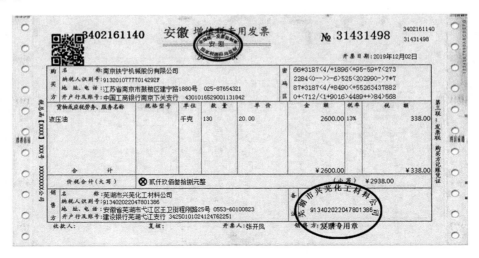

附表 11-3

南京铁宁机械股份有限公司
存货验收单
NO:5642

2019 年 12 月 2 日

存货编码	存货名称	规格	单位	数量			单价/元	计划价格/元	质量		差异原因
				发票数	入库数	差异			合格数量	不合格数量	
	液压油		千克	130	128	2	20	20	128		合理损耗
	合计			130	128	2	20	20	128		

采购员:刘力　　　　保管员:于远　　　　质检员:李军　　　　审核:吴言

联次:一式三联,一联采购留存、二联仓库记账、三联财务记账

附表 11-4

付款申请书
2019 年 12 月 02 日

用途及情况	金额										收款单位(人):芜湖市兴芜化工材料公司
货款	亿	千	百	十	万	千	百	十	元	角	分	账　号:34250101024124762251
					¥	2	9	3	8	0	0	开户行:建设银行芜湖弋江支行

金额(大写)合计: 人民币贰仟玖佰叁拾捌元整　　　　结算方式:网银

审批人		财务部门	经理		业务部门	经理	
			会计			经办人	

附表 11-5

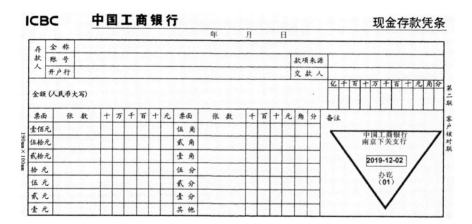

附表 12

附表 13-1

附表13－2

附表13－3

南京铁宁机械股份有限公司
存货验收单
NO:5643

2019年12月3日

存货编码	存货名称	规格	单位	数量			单价/元	计划价格/元	质量		差异原因
				发票数	入库数	差异			合格数量	不合格数量	
	控制器		件	100	100		1 000	1 000	100		
	合计			100	100		1 000	1 000	100		

采购员:刘力　　　　　　保管员:于远　　　　　　　质检员:李军　　　　　　　　　　　　　审核:吴言

联次:一式三联,一联采购留存、二联仓库记账、三联财务记账

附表13－4

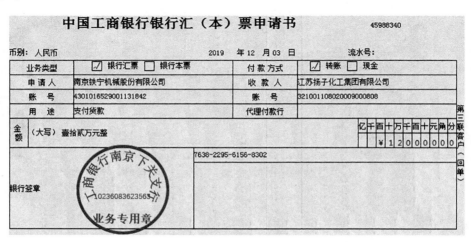

附表 13 - 5

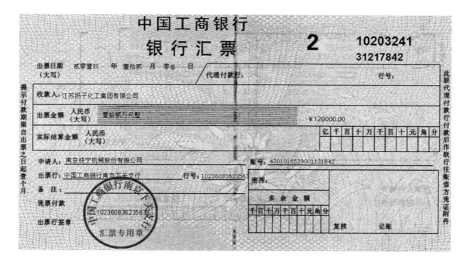

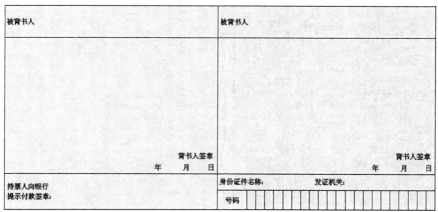

附表 13 - 6

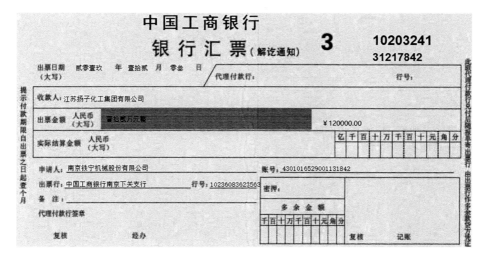

附表 13-7

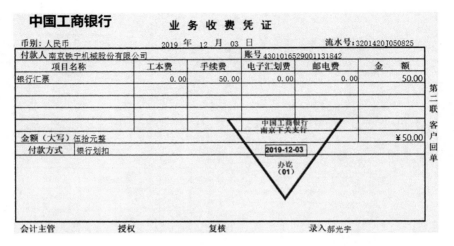

附表 13-8

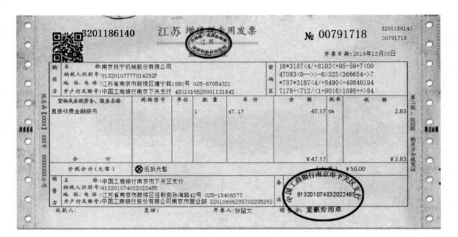

附表 13-9

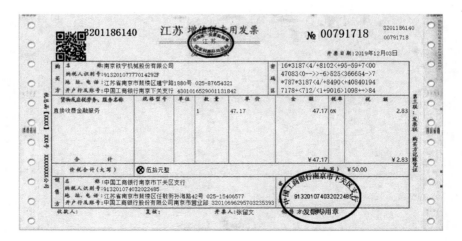

附表 14-1

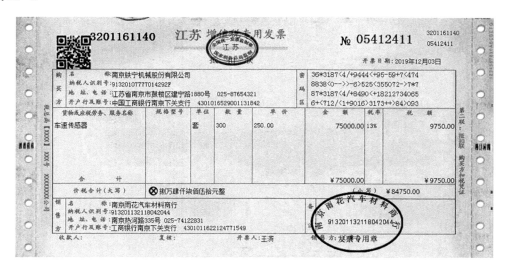

附表 14-2

附表 14-3

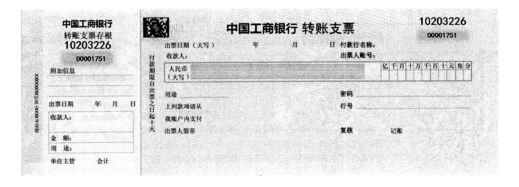

附表 14-4

附表 14-5

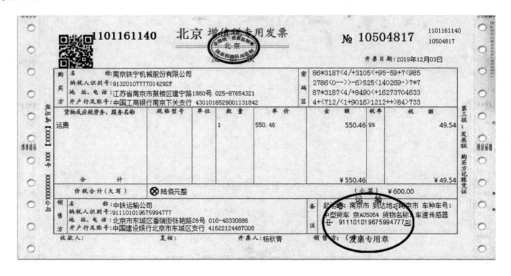

附表 14-6

报销申请单

填报日期：2019 年 12 月 03 日

姓名	刘力		所属部门	供应部
报销项目	摘要		金额	备注
运费	报销运费		600.00	
合　　计			¥600.00	
金额大写	零拾 零万 零仟 陆佰 零拾 零元 零角 零分			

报销人：刘力　　部门审核：张海　　财务审核：柳军　　审批：严光

附表 14-7

付款申请书
2019 年 12 月 03 日

用途及情况	金额	收款单位(人)：南京两花汽车材料商行
货款	亿 千 百 十 万 千 百 十 元 角 分 　　　　　¥ 8 4 7 5 0 0	账号：4301011622124771549 开户行：工商银行南京下关支行
金额(大写)合计：	人民币捌万肆仟柒佰伍拾元整	结算方式：转账支票
审批人：	财务部门 经理 　　　　 会计	业务部门 经理 　　　　　经办人

附表 15

南京铁宁机械股份有限公司
领料单
2019 年 12 月 3 日

领料部门：机加工生产车间　　　　　　　　　　　　　　凭证编号：8420
领料用途：劳动安全用　　　　　　　　　　　　　　　　材料仓库：原料库

材料编号	材料名称	材料类别	材料规格	计量单位	数量		材料成本/元	
					请领	实发	单位成本	金额
	劳保手套			套	50	50		

领料人：王二　　　　发料人：于远　　　　业务主管：何迪　　　　财务审核：莫非
联次：一式三联，一联留存、二联财务记账、三联仓库记账

附表 16

中国工商银行客户专用回单

币别：人民币　　　　2019 年 12 月 03 日　　流水号 320120027J0500810035

付款人	全称	昆明汽车修理厂	收款人	全称	南京铁宁机械股份有限公司
	账号	53050141622124811604		账号	4301016529001131842
	开户行	建设银行昆明五华支行		开户行	中国工商银行南京下关支行
金额	（大写）人民币 叁拾壹万元整			（小写）¥310000.00	
凭证种类	电汇		凭证号码		
结算方式	电子汇划		用途	预付货款	

2019-12-03　　　汇划款项编号：71718853
报文顺序号：32461573　汇出行行号：105005411299　打印柜员：320125584257
汇出行行名：建设银行昆明五华支行　　打印机构：中国工商银行南京下关支行
业务类型：0060　原凭证金额：310000.00　打印卡号：4301016529001131842
原凭证种类：0703　原凭证号码：
附言：
打印时间：2019-12-03　交易柜员：320125584268　交易机构：320177723

（盖章：中国工商银行 电子回单 专用章）

附表 17-1

借款单

2019 年 12 月 03 日　　　　NO 68350

借款人：柳军	所属部门：财务部
借款用途：财务培训出差	
借款金额：人民币(大写) 陆仟元整	¥6000.00
部门负责人审批：柳军 2019-12-03	借款人(签章)：柳军 2019-12-03
财务部门审核：吴言 2019-12-03	
单位负责人批示：同意	签字：严尧 2019-12-03
核销记录：	

附表 17-2

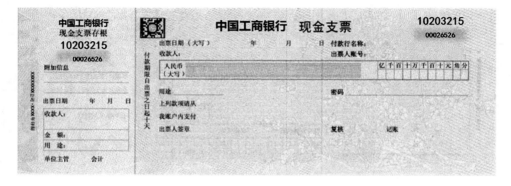

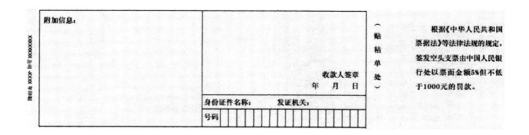

附表 18－1

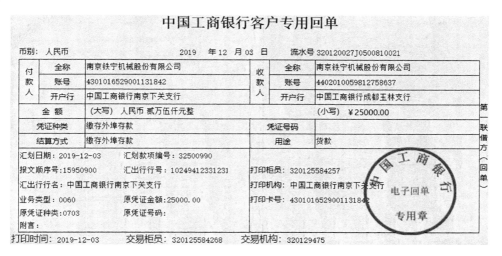

附表 18－2

附表 18-3

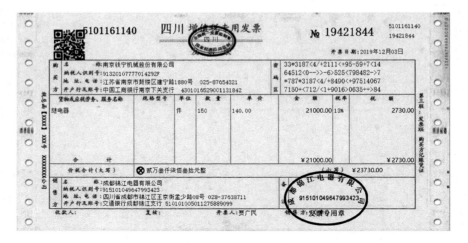

附表 18-4

附表 19

附表 20

借款单

2019 年 12 月 03 日 NO 68351

借款人：刘笑	所属部门：研发部
借款用途：购买办公用品	
借款金额：人民币(大写) 贰仟元整	￥2000.00
部门负责人审批：洪军 2019-12-03	借款人(签章)：刘笑 2019-12-03
财务部门审核：柳军 2019-12-03	
单位负责人批示：同意	签字：严尧 2019-12-03
核销记录：	

第一联 付款联（付款人记账）

附表 21

南京铁宁机械股份有限公司
存货验收单 NO:5644
2019 年 12 月 3 日

存货编码	存货名称	规格	单位	数量			单价/元	计划价格/元	质量		差异原因
				发票数	入库数	差异			合格数量	不合格数量	
	车速传感器		套	300	300		250	240	300		
	合计			300	300		250	240	300		

采购员：刘力　　　　保管员：于远　　　　质检员：李军　　　　审核：吴言
联次：一式三联，一联采购留存、二联仓库记账、三联财务记账

附表 22-1

差旅费报销单

2019 年 12 月 03 日　　附原始单据 3 张

姓名	富灵			工作部门	第一车间			出差事由	洽谈商务		
日期		地点		车船费			深夜补贴	途中补贴	住勤费			旅馆费	公交费	金额合计
起	迄	起	迄	车次或船名	时间	金额			地区	天数	补贴			
11月16日	11月26日	南京市	上海市			196.00			上海市	11	550.00	1000.00		1746.00

报销金额（大写）人民币 壹仟柒佰肆拾陆元整　　　　　　　合计（小写）￥1746.00
补付金额：　　　　　　　　退回金额：￥254.00
领导批准　　会计主管　　部门负责人　　审核　　报销人

附表22-2

附表22-3

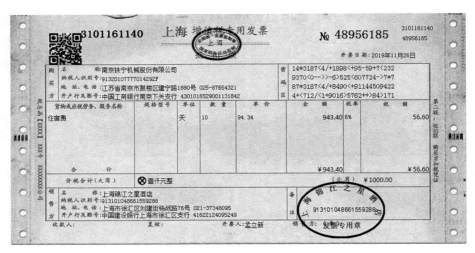

附表22-4

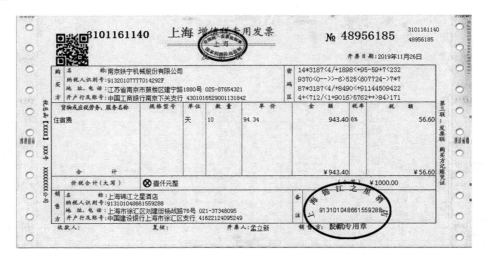

附表 22－5

借款单
2019 年 11 月 15 日　　　　NO 68340

借款人：常昊		所属部门：第一生产车间	
借款用途：出差借款			
借款金额：人民币(大写) 贰仟元整		￥2000.00	
部门负责人审批：常昊2019-11-15		借款人(签章)：常昊2019-11-15	
财务部门审核：柳军2019-11-15			
单位负责人批示：同意		签字：严尧 2019-11-15	
核销记录：退回254.00			

附表 22－6

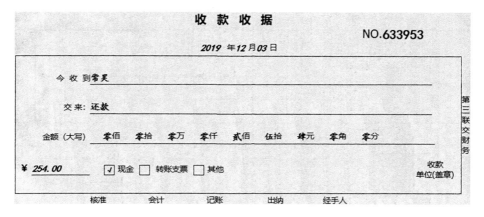

附表 23－1

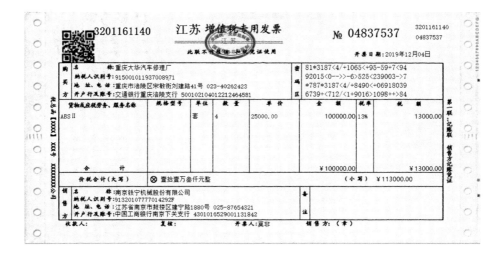

附表23-2

销售单

购货单位：重庆大华汽车修理厂	地址和电话：重庆市涪陵区宋敏街刘建路41号023-40262423	单据编号：XS014
纳税识别号：915001011937008971	开户行及账号：交通银行重庆涪陵支行500102104012212464581	制单日期：2019-12-04

编码	产品名称	规格	单位	单价	数量	金额	备注
	ABS Ⅱ		套	28250.00	4	113000.00	含税价
合计	人民币（大写）：壹拾壹万叁仟元整				—	¥113000.00	

销售经理：陈春　经手人：汪越　会计：　签收人：马明军

会计联

附表23-3

南京铁宁机械股份有限公司
成品出库单

NO:8561

出库部门：营销二科　　自备料产成品　□样品　□其他　　2019年12月4日

存货编码	存货名称	规格	单位	数量	备注
	ABS Ⅱ		套	4	

保管员：李金　　送货人：　　业务主管：陈春　　财务审核：吴言

联次：一式三联，一联留存、二联财务记账、三联仓库记账

附表24-1

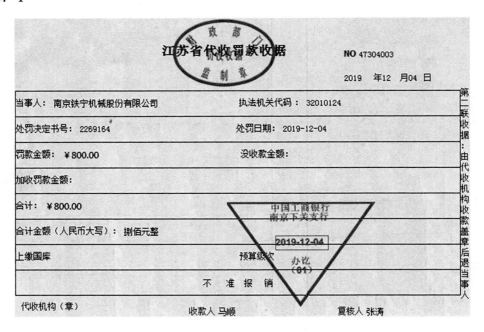

附表 24－2

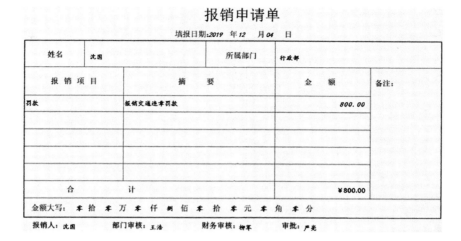

附表 25－1

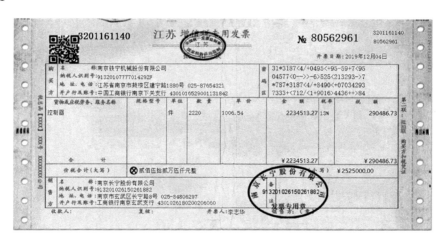

附表 25－2

附表25-3

南京铁宁机械股份有限公司
存货验收单

NO:5645

2019年12月4日

存货编码	存货名称	规格	单位	数量			单价/元	计划价格/元	质量		差异原因
				发票数	入库数	差异			合格数量	不合格数量	
	控制器		件	2220	2220		1 006.54	1 000	2220		
	合计			2220	2220		1 006.54	1 000	2220		

采购员： 保管员：于远 质检员：李军 审核：吴言

联次：一式三联，一联采购留存、二联仓库记账、三联财务记账

附表25-4

投资协议

甲方：南京长宁股份有限公司

乙方：南京铁宁机械股份有限公司

  经甲乙双方协商决定，甲方以控制器2 220件对乙方进行投资，该批材料评估价255.3万元，确认以252.5万元作为投资价格。南京铁宁机械股份有限公司增资后股本1 250万元，南京长宁股份有限公司持股36%。

甲方：南京长宁股份有限公司   乙方：南京铁宁机械股份有限公司

法定代表人：王虎   法定代表人：陈建刚

签约时间：   签约地点：

附表26-1

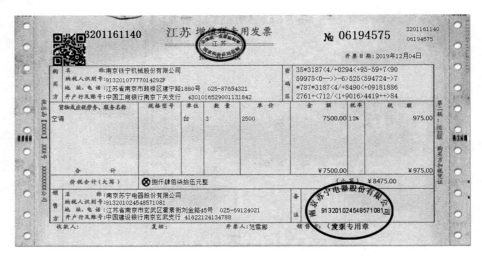

附表 26 - 2

附表 26 - 3

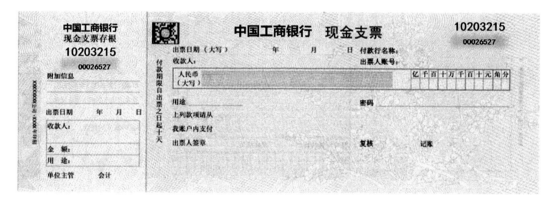

附表 26－4

报销申请单

填报日期：2019 年 12 月 04 日

姓名	刘力	所属部门	供应部

报销项目	摘要	金额	备注
采购设备	报销设备款	8475.00	
合计		￥8475.00	

金额大写：零拾零万捌仟肆佰柒拾伍元零角零分

报销人：刘力　部门审核：张海　财务审核：柳军　审批：严光

附表 26－5

南京铁宁机械股份有限公司
固定资产验收单

NO：0234

固定资产名称	科龙空调		计量单位	台
规格型号	1.5P	固定资产编号　102101	数　量	1
技术特征				
建造单位				
移交单位	供应部	接受单位	仓储部	
固定资产原价	2500.00 元	其中：安装费	0	
其中：固定资产附件组成	名称	规格	型号	数量	原价
预计使用年限	8 年	预计净残值率	4％	
技术证书号		图纸号		
建造年月	2019 年 8 月	使用年月	2019 年 12 月	
使用部门	原料库	保管人（签章）	于远	
附属技术资料				
验收意见	合格			
验收人员签章	于远	验收日期：2019 年 12 月 04 日		

移交人：刘力　　接受人：于远　　接受部门主管：李金　　财务审核：莫非

南京铁宁机械股份有限公司
固定资产验收单

NO:0235

固定资产名称		科龙空调		计量单位	台
规格型号	1.5P	固定资产编号	102102	数　量	1
技术特征					
建造单位					
移交单位		供应部	接受单位		仓储部
固定资产原价		2 500.00 元	其中:安装费		0
其中:固定资产附件组成	名称	规格	型号	数量	原价
预计使用年限		8 年	预计净残值率		4%
技术证书号			图纸号		
建造年月		2019 年 8 月	使用年月		2019 年 12 月
使用部门		半成品库	保管人(签章)		王开
附属技术资料					
验收意见		合格			
验收人员签章		王开	验收日期:2019 年 12 月 04 日		

移交人:刘力　　　接受人:王开　　　接受部门主管:李金　　　财务审核:莫非

南京铁宁机械股份有限公司
固定资产验收单

NO:0236

固定资产名称		科龙空调		计量单位	台
规格型号	1.5P	固定资产编号	102103	数　量	1
技术特征					
建造单位					
移交单位		供应部	接受单位		行政部
固定资产原价		2 500.00 元	其中:安装费		0
其中:固定资产附件组成	名称	规格	型号	数量	原价
预计使用年限		8 年	预计净残值率		4%
技术证书号			图纸号		
建造年月		2019 年 8 月	使用年月		2019 年 12 月
使用部门		行政部	保管人(签章)		沈国
附属技术资料					
验收意见		合格			
验收人员签章		沈国	验收日期:2019 年 12 月 04 日		

移交人:刘力　　　接受人:沈国　　　接受单位主管:王浩　　　财务审核:莫非

附表27-1

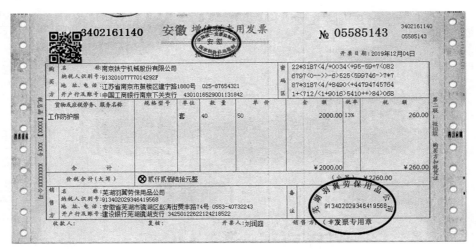

附表27-2

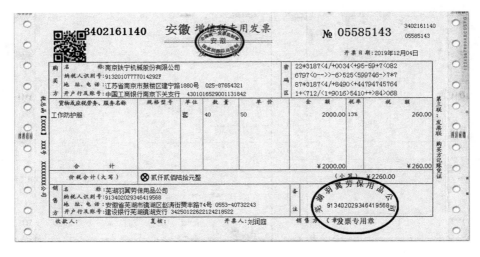

附表27-3

南京铁宁机械股份有限公司
直接领料单 NO:9402

2019年12月4日

领料部门:第一生产车间　　　　　　　　领料用途:劳动安全用

材料编号	材料名称	材料类别	材料规格	计量单位	数量		材料成本/元	
					请领	实发	单位成本	金额
	工作防护服			套	40	40		

领料人:张民　　　发料人:于远　　　业务主管:常昊　　　财务审核:莫非

联次:一式三联,一联留存、二联财务记账、三联仓库记账

附表 27-4

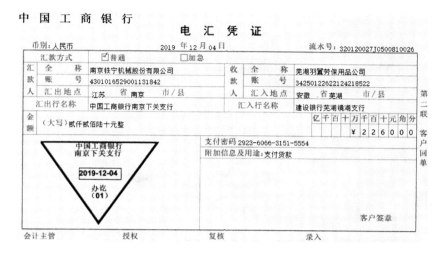

附表 27-5

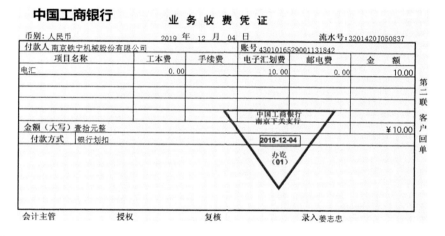

附表 27-6

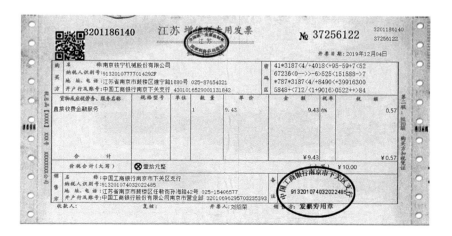

附表 27-7

附表 27-8

附表 28

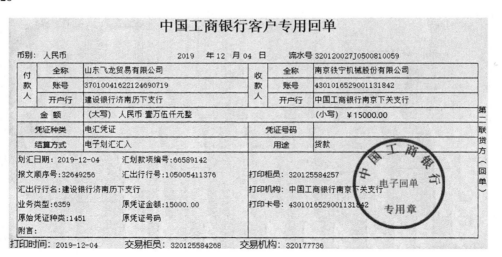

附表 29－1

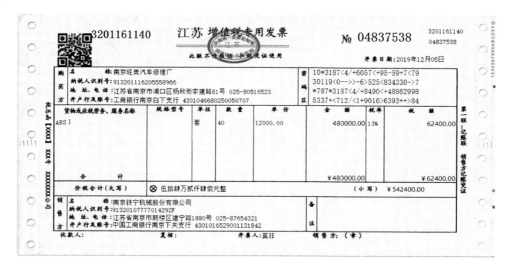

附表 29－2

附表 29－3

南京铁宁机械股份有限公司
成品出库单   NO:8562

出库部门:营销一科　　自备料产成品　□样品　□其他　　　　2019 年 12 月 5 日

存货编码	存货名称	规格	单位	数量	备注
	ABS Ⅰ		套	40	

保管员:李金　　　　送货人:　　　　业务主管:李铁　　　　财务审核:吴言

联次:一式三联,一联留存、二联财务记账、三联仓库记账

附表 29－4

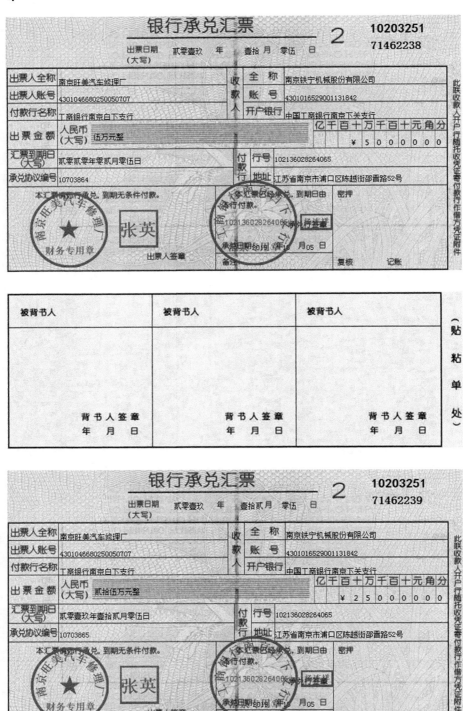

被背书人	被背书人	被背书人
背书人签章 年　月　日	背书人签章 年　月　日	背书人签章 年　月　日

（贴粘单处）

银行承兑汇票　2　10203251　71462240

出票日期（大写）：贰零壹玖 年 壹拾 月 零伍 日

出票人全称	南京旺美汽车修理厂	收款人	全称	南京铁宁机械股份有限公司
出票人账号	43010466802500050707		账号	43010165290011131842
付款行名称	工商银行南京白下支行		开户银行	中国工商银行南京下关支行

出票金额 人民币（大写）：贰拾肆万贰仟肆佰元整　￥ 2 4 2 4 0 0 0 0

汇票到期日（大写）	贰零贰零年零贰月零伍日	付款行	行号	102136028264065
承兑协议编号	10703866		地址	江苏省南京市浦口区陈越街邵晋路52号

本汇票我行承兑，到期无条件付款。

出票人签章：南京旺美汽车修理厂 财务专用章　张英

承兑日期 10 月 05 日

此联收款人开户行凭托收凭证付款，作借方凭证附件

被背书人	被背书人	被背书人
背书人签章 年　月　日	背书人签章 年　月　日	背书人签章 年　月　日

（贴粘单处）

附表 30－1

附表 30－2

附表 30－3

附表 31-1

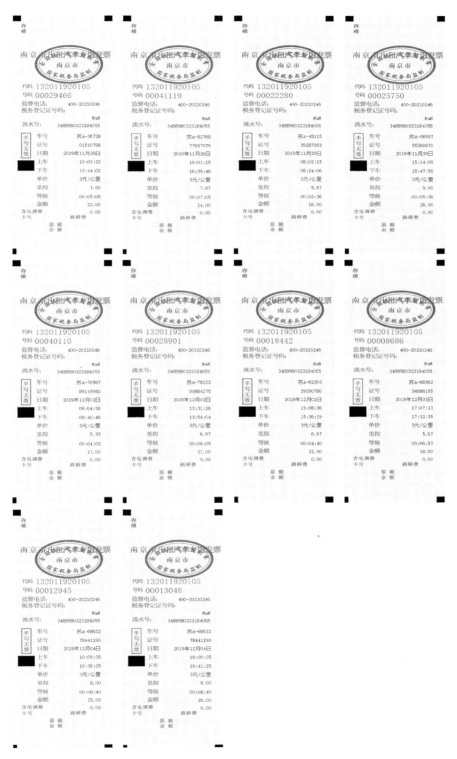

附表31-2

报销申请单

填报日期：2019 年 12 月 05 日

姓名	刘力		所属部门	供应部	
报销项目		摘要		金额	备注
市内交通费		报销市内交通费		220.00	
合		计		¥220.00	

金额大写：零拾零万零仟贰佰贰拾零元零角零分

报销人：刘力 部门审核：张海 财务审核：柳军 审批：严光

附表32-1

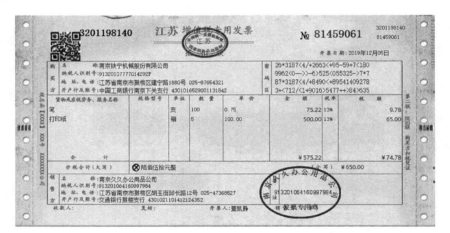

附表32-2

附表 32－3

报销申请单

填报日期：2019 年 12 月 05 日

姓名	李明		所属部门	行政部
报销项目	摘　要		金　额	备注：
办公费	报销办公用品费		650.00	
合　　计			￥650.00	

金额大写：零拾 零万 零仟 陆佰 伍拾 零元 零角 零分

报销人：李明　　部门审核：王浩　　财务审核：柳军　　审批：严尧

附表 32－4

南京铁宁机械股份有限公司
直接领料单　　　　　　　　　　　　　　　　　　　NO：9403
2019 年 12 月 5 日

领料部门：行政部　　　　　　　　　　　　领料用途：办公用品

材料编号	材料名称	材料类别	材料规格	计量单位	数　量		材料成本/元	
					请领	实发	单位成本	金额
	打印纸			箱	5	5		
	笔			支	100	100		

领料人：李明　　　　发料人：于远　　　　业务主管：王浩　　　　财务审核：莫非
联次：一式三联，一联留存、二联财务记账、三联仓库记账

附表 33

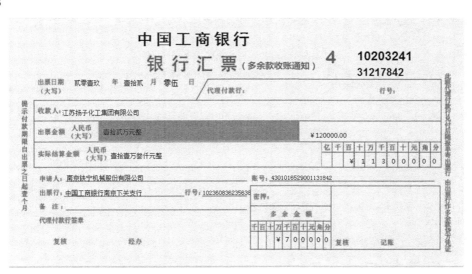

附表 34－1

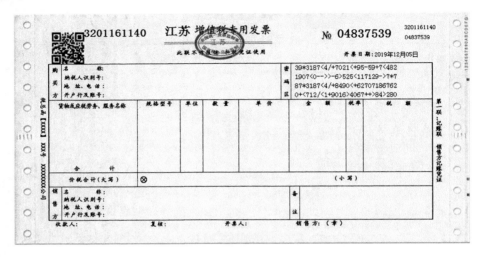

附表 34－2

销 售 单							
购货单位：南京金陵汽车修理厂		地址和电话：江苏省南京市玄武区尹岛街李京路41号025-38307268				单据编号：XS016	
纳税识别号：91320102704482018		开户行及账号：建设银行南京玄武支行32050181622124053131				制单日期：2019-12-05	
编码	产品名称	规格	单位	单价	数量	金额	备注
	ABS Ⅱ		套	22600.00	40	904000.00	含税价
合计	人民币（大写） 玖拾万肆仟元整				—	￥904000.00	
		销售经理：李铁	经手人：王立	会计：		签收人：丹凤琴	

附表 34－3

南京铁宁机械股份有限公司

成品出库单

NO:8563

出库部门：营销一科　　自备料产成品　　□样品　　□其他　　　　2019 年 12 月 5 日

存货编码	存货名称	规格	单位	数量	备注
	ABS Ⅱ		套	40	

保管员：李金　　　　送货人：　　　　业务主管：李铁　　　　财务审核：吴言

联次：一式三联，一联留存、二联财务记账、三联仓库记账

附表 34－4

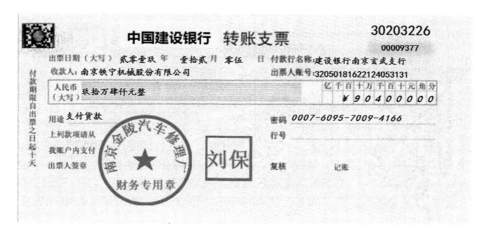

附表 35

南京铁宁机械股份有限公司
存货验收单

NO：5646

2019 年 12 月 5 日

存货编码	存货名称	规格	单位	数量			单价/元	计划价格/元	质量		差异原因
				发票数	入库数	差异			合格数量	不合格数量	
	电磁阀		件	130	130		200	210	130		
	合计			130	130		200	210	130		

采购员：刘力　　　　　　保管员：于远　　　　　　质检员：李军　　　　　　审核：吴言

联次：一式三联，一联采购留存、二联仓库记账、三联财务记账

附表36－1

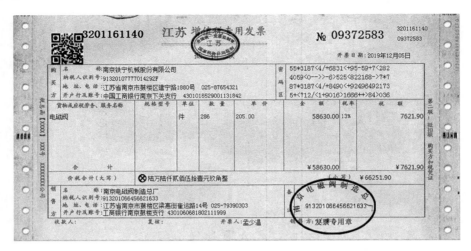

附表36－2

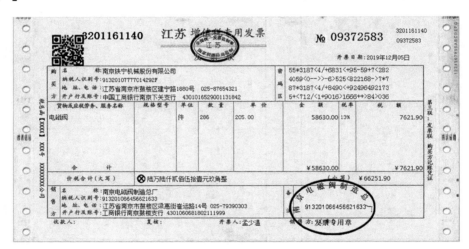

附表36－3

南京铁宁机械股份有限公司
存货验收单   NO：5647

2019 年 12 月 5 日

存货编码	存货名称	规格	单位	数量			单价/元	计划价格/元	质量		差异原因
				发票数	入库数	差异			合格数量	不合格数量	
	电磁阀		件	286	286		205	210	286		
	合计			286	286		205	210	286		

采购员：刘力　　　　保管员：于远　　　　质检员：李军　　　　审核：吴言

联次：一式三联，一联采购留存、二联仓库记账、三联财务记账

附表37

南京铁宁机械股份有限公司
存货验收单   NO:5648
2019 年 12 月 5 日

存货编码	存货名称	规格	单位	数量			单价/元	计划价格/元	质量		差异原因
				发票数	入库数	差异			合格数量	不合格数量	
	继电器		件	150	150		140	140	150		
	合计			150	150		140	140	150		

采购员:刘力　　　　　保管员:于远　　　　　　　质检员:李军　　　　　审核:吴言
联次:一式三联,一联采购留存、二联仓库记账、三联财务记账

附表38

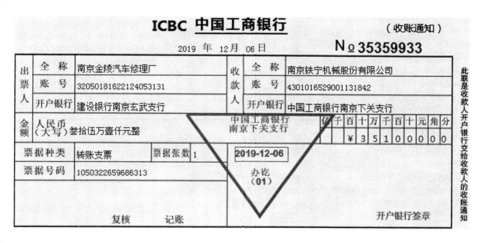

附表39-1

南京铁宁机械股份有限公司
领料单
2019 年 12 月 6 日

领料部门:第一生产车间　　　　　　　　　　　　　　　凭证编号:8421
领料用途:生产安全　　　　　　　　　　　　　　　　　材料仓库:原料库

材料编码	材料名称	材料类别	材料规格	计量单位	数量		材料成本/元	
					请领	实发	单位成本	金额
	劳保手套			副	7	7		

领料人:张民　　　　发料人:于远　　　　业务主管:常昊　　　　财务审核:莫非
联次:一式三联,一联留存、二联财务记账、三联仓库记账

附表39-2

南京铁宁机械股份有限公司
领料单
2019年12月6日

领料部门:第二生产车间　　　　　　　　　　　　　　　　凭证编号:8422
领料用途:生产安全　　　　　　　　　　　　　　　　　　材料仓库:原料库

材料编号	材料名称	材料类别	材料规格	计量单位	数量		材料成本/元	
					请领	实发	单位成本	金额
	劳保手套			副	8	8		

领料人:何苗　　　　　发料人:于远　　　　　业务主管:肖天　　　　　财务审核:莫非
联次:一式三联,一联留存、二联财务记账、三联仓库记账

附表39-3

南京铁宁机械股份有限公司
领料单
2019年12月6日

领料部门:机加工生产车间　　　　　　　　　　　　　　　凭证编号:8423
领料用途:生产安全　　　　　　　　　　　　　　　　　　材料仓库:原料库

材料编号	材料名称	材料类别	材料规格	计量单位	数量		材料成本/元	
					请领	实发	单位成本	金额
	劳保手套			副	5	5		

领料人:王二　　　　　发料人:于远　　　　　业务主管:何迪　　　　　财务审核:莫非
联次:一式三联,一联留存、二联财务记账、三联仓库记账

附表39-4

南京铁宁机械股份有限公司
领料单
2019年12月6日

领料部门:水电气供应车间　　　　　　　　　　　　　　　凭证编号:8424
领料用途:生产安全　　　　　　　　　　　　　　　　　　材料仓库:原料库

材料编号	材料名称	材料类别	材料规格	计量单位	数量		材料成本/元	
					请领	实发	单位成本	金额
	劳保手套			副	5	5		

领料人:王菊　　　　　发料人:于远　　　　　业务主管:李易　　　　　财务审核:莫非
联次:一式三联,一联留存、二联财务记账、三联仓库记账

附表39-5

南京铁宁机械股份有限公司
领料单
2019 年 12 月 6 日

领料部门:供应部　　　　　　　　　　　　　　　　　　　　　　凭证编号:8425
领料用途:生产安全　　　　　　　　　　　　　　　　　　　　　　材料仓库:原料库

材料编号	材料名称	材料类别	材料规格	计量单位	数量		材料成本/元	
					请领	实发	单位成本	金额
	劳保手套			副	2	2		

领料人:刘力　　　　　发料人:于远　　　　　业务主管:张海　　　　　财务审核:莫非
联次:一式三联,一联留存、二联财务记账、三联仓库记账

附表39-6

南京铁宁机械股份有限公司
领料单
2019 年 12 月 6 日

领料部门:仓储部　　　　　　　　　　　　　　　　　　　　　　凭证编号:8426
领料用途:生产安全　　　　　　　　　　　　　　　　　　　　　　材料仓库:原料库

材料编号	材料名称	材料类别	材料规格	计量单位	数量		材料成本/元	
					请领	实发	单位成本	金额
	劳保手套			副	3	3		

领料人:王开　　　　　发料人:于远　　　　　业务主管:李金　　　　　财务审核:莫非
联次:一式三联,一联留存、二联财务记账、三联仓库记账

附表40-1

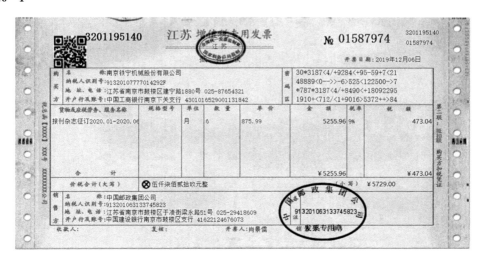

附表40－2

附表40－3

附表40－4

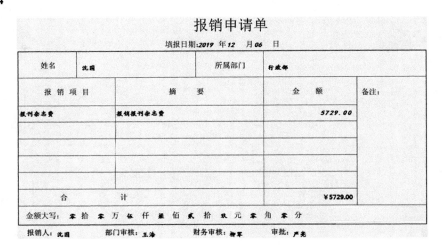

附表 41－1

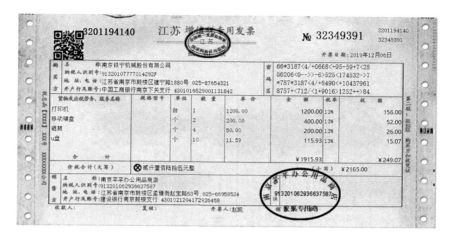

附表 41－2

附表 41－3

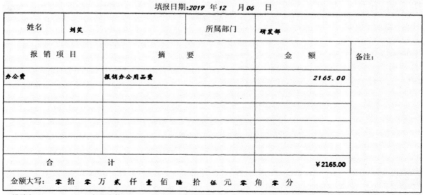

附表 42－1

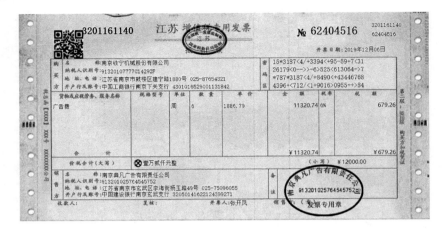

附表 42－2

附表 42－3

附表 42-4

报销申请单

填报日期：2019 年 12 月 06 日

姓名	王立		所属部门	营销一科	
报销项目		摘要		金额	备注：
广告费		报销广告费		12000.00	
合计				￥12000.00	

金额大写：零拾壹万贰仟零佰零拾零元零角零分

报销人：王立　　部门审核：李铁　　财务审核：柳军　　审批：严光

附表 43-1

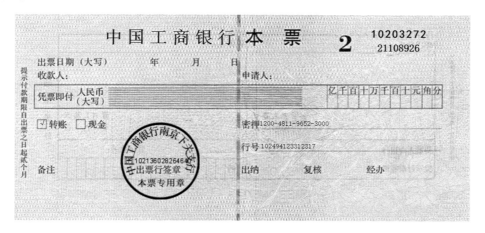

附表 43-2

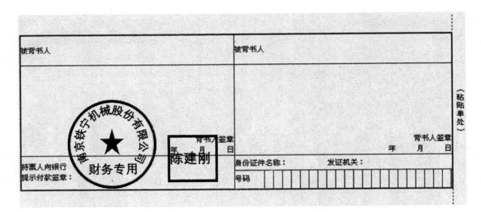

附表 44－1

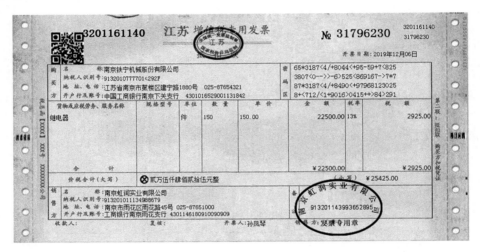

附表 44－2

附表 44-3

付款申请书

2019 年 12 月 06 日

用途及情况	金额	收款单位(人):南京虹润实业有限公司
支付货款	亿 千 百 十 万 千 百 十 元 角 分 　　　　　¥ 2 5 4 2 5 0 0	账　号:4301146180910090909
金额(大写)合计:	人民币贰伍仟肆佰贰拾伍元整	开户行:工商银行南京雨花支行 结算方式:银行本票
审批人	严亮	财务部门	经理	柳军	业务部门	经理	张海
			会计	吴官		经办人	刘力

附表 45

职工困难补助申请支付表（代现金收据）

2019-12-06

单位：元

申请人姓名	张民	所在部门	第一生产车间
申请金额	¥1000.00（人民币壹仟元整）		
申请理由	爱人常年生病，无收入来源，家庭收入无法维持生计。		

审批：　　　　　　　　财务审核：　　　　　　　　部门审核：

附表 46

南京铁宁机械股份有限公司
领料单
2019 年 12 月 6 日

领料部门：第一生产车间　　　　　　　　　　　　　　　　凭证编号：8427
领料用途：生产 ABS Ⅰ-B　　　　　　　　　　　　　　　材料仓库：原料库

材料编号	材料名称	材料类别	材料规格	计量单位	数量		材料成本/元	
					请领	实发	单位成本	金额
101	车速传感器			套	150	150		
102	轮速传感器			套	200	200		
103	电磁阀			件	220	220		
105	液压油			千克	80	80		

领料人：张民　　　　发料人：于远　　　　业务主管：常昊　　　　财务审核：莫非
联次：一式三联，一联留存、二联财务记账、三联仓库记账

附表 47

会计资料移交清册

单位名称：南京铁宁机械股份有限公司

1	现金	币种	数量	金额	备注
2	银行存款	开户银行	账号	金额	备注
3	有价证券	号码	期限	金额	备注
4	银行贷款	开户银行	期限	金额	备注
5	应收票据	号码	期限	金额	备注
6	应付票据	号码	期限	金额	备注
7	会计凭证	年份	月份	数量	备注
8	会计账簿	类别	年份	数量	备注

续表

9	会计报表	类别	年份	数量	备注

10	纳税申报表	类别	年份	数量	备注

11	未使用票据	类别	号码	数量	备注

12	已使用票据的存根或留存件	类别	号码	数量	备注

13	印章	类别	内容	数量	备注

14	其他会计资料	类别	内容	数量	备注

15	未了事项	类别	内容	说明	备注

16	其他需说明的事项	类别	内容	说明	备注

注：移交清册一式三份，交接双方各执一份，存档一份。
移交人：　　　　　　　　　　　　接收人：
监交人：　　　　　　　　　　　　交接日期：

附表48

南京铁宁机械股份有限公司
领料单
2019年12月9日

领料部门:第一生产车间　　　　　　　　　　　　　　　　　　凭证编号:8428
领料用途:生产 ABS Ⅱ-B　　　　　　　　　　　　　　　　　　材料仓库:原料库

材料编号	材料名称	材料类别	材料规格	计量单位	数量		材料成本/元	
					请领	实发	单位成本	金额
101	车速传感器			套	50	50		
102	轮速传感器			套	80	80		
103	电磁阀			件	100	100		
105	液压油			千克	40	40		

领料人:刘竟　　　　发料人:于远　　　　业务主管:常昊　　　　财务审核:莫非
联次:一式三联,一联留存、二联财务记账、三联仓库记账

附表49

南京铁宁机械股份有限公司
半成品出库单
2019年12月9日

领料部门:第二生产车间　　　　　　　　　　　　　　　　　　凭证编号:85624
领料用途:生产 ABS Ⅰ、ABS Ⅱ　　　　　　　　　　　　　　　材料仓库:半成品库

材料编号	材料名称	材料类别	材料规格	计量单位	数量		材料成本/元	
					请领	实发	单位成本	金额
	ABS Ⅰ-B			套	60	60		
	ABS Ⅱ-B			套	110	110		

领料人:何苗　　　　发料人:王开　　　　业务主管:肖天　　　　财务审核:莫非
联次:一式三联,一联留存、二联财务记账、三联仓库记账

附表50-1

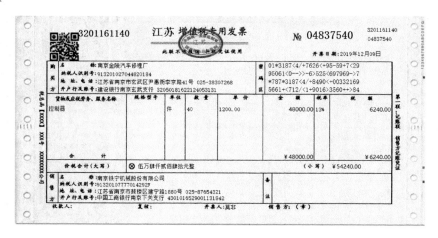

附表 50－2

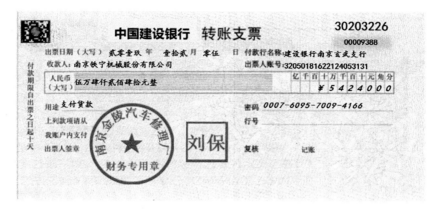

附表 50－3

南京铁宁机械股份有限公司
领料单
2019 年 12 月 9 日

领料部门：营销一科　　　　　　　　　　　　　　　　　　　凭证编号：8429
领料用途：销售　　　　　　　　　　　　　　　　　　　　　材料仓库：原料库

材料编号	材料名称	材料类别	材料规格	计量单位	数量		材料成本/元	
					请领	实发	单位成本	金额
	控制器			件	40	40		

领料人：魏凉　　　　发料人：于远　　　　业务主管：李铁　　　　财务审核：莫非
联次：一式三联，一联留存、二联财务记账、三联仓库记账

附表 50－4

销售单

购货单位：南京金陵汽车修理厂　　地址和电话：江苏省南京市玄武区尹忠街李京路41号 025-38307268　　单据编号：XS017
纳税识别号：91320127044820184　　开户行及账号：建设银行南京玄武支行3205018162212405313　　制单日期：2019-12-09

编码	产品名称	规格	单位	单价	数量	金额	备注
	控制器		件	1356.00	40	54240.00	含税价
合计	人民币（大写）：伍万肆仟贰佰肆拾元整				—	¥54240.00	

销售经理：李铁　　经手人：王立　　会计：　　签收人：董俊明

351

附表 51-1

附表 51-2

附表 51-3

附表 51－4

付款申请书
2019 年 12 月 09 日

用途及情况	金 额										收款单位(人)：南京长宁股份有限公司
支付设备款	亿	千	百	十	万	千	百	十	元	角	分	账 号：4301026180200206060
		¥	2	2	6	0	0	0	0	0	0	开户行：工商银行南京玄武支行
金额(大写) 合计：	人民币贰佰贰拾陆万元整											结算方式：转账支票
审批人 李晓进	财务部门	经理	柳军				业务部门	经理	常昊			
		会计	莫非					经办人	古田			

附表 51－5

南京铁宁机械股份有限公司
固定资产验收单   NO:0237

固定资产名称	ABS 生产线			计量单位	台
规格型号	DS2521X	固定资产编号	102134	数　量	1
技术特征					
建造单位					
移交单位	供应部		接受单位	第一生产车间	
固定资产原价	2 000 000.00		其中:安装费	0	
其中:固定资产附件组成	名称	规格	型号	数量	原价
预计使用年限	10 年	预计净残值率	4%		
技术证书号		图纸号			
建造年月	2019 年 8 月	使用年月	2019 年 12 月		
使用部门	第一生产车间	保管人(签章)	古田		
附属技术资料					
验收意见	合格				
验收人员签章	古田	验收日期:2019 年 12 月 09 日			

移交人:刘力　　　　接受人:古田　　　　接受单位主管:常昊　　　　财务审核:莫非

附表 52-1

南京铁宁机械股份有限公司
领料单
2019 年 12 月 9 日

领料部门:第一生产车间　　　　　　　　　　　　　　　　　　凭证编号:8430
领料用途:生产 ABS Ⅰ-B　　　　　　　　　　　　　　　　　　材料仓库:原料库

材料编号	材料名称	材料类别	材料规格	计量单位	数量 请领	数量 实发	材料成本/元 单位成本	材料成本/元 金额
	生产专用工具			套	20	20		

领料人:张民　　　　发料人:于远　　　　业务主管:常昊　　　　财务审核:莫非
联次:一式三联,一联留存、二联财务记账、三联仓库记账

附表 52-2

南京铁宁机械股份有限公司
领料单
2019 年 12 月 9 日

领料部门:第一生产车间　　　　　　　　　　　　　　　　　　凭证编号:8431
领料用途:生产 ABS Ⅱ-B　　　　　　　　　　　　　　　　　　材料仓库:原料库

材料编号	材料名称	材料类别	材料规格	计量单位	数量 请领	数量 实发	材料成本/元 单位成本	材料成本/元 金额
	生产专用工具			套	10	10		

领料人:张民　　　　发料人:于远　　　　业务主管:常昊　　　　财务审核:莫非
联次:一式三联,一联留存、二联财务记账、三联仓库记账

附表 52-3

南京铁宁机械股份有限公司
领料单
2019 年 12 月 9 日

领料部门:机加工生产车间　　　　　　　　　　　　　　　　　凭证编号:8432
领料用途:生产用　　　　　　　　　　　　　　　　　　　　　材料仓库:原料库

材料编号	材料名称	材料类别	材料规格	计量单位	数量 请领	数量 实发	材料成本/元 单位成本	材料成本/元 金额
	生产专用工具			套	30	30		

领料人:王二　　　　发料人:于远　　　　业务主管:何迪　　　　财务审核:莫非
联次:一式三联,一联留存、二联财务记账、三联仓库记账

附表 53－1

附表 53－2

附表 53－3

附表 53－4

付款申请书

2019 年 12 月 09 日

用途及情况	金额										收款单位(人)：南京精诚装运公司	
包装箱租金60000元，押金10000元	亿	千	百	十	万	千	百	十	元	角	分	账　号：4301060143406959341
				￥	7	0	0	0	0	0	0	开户行：工商银行南京鼓楼支行
金额（大写）合计：	人民币柒万元整										结算方式：网银	
审批人 陈建刚	财务部门	经理	柳军	业务部门	经理	肖天
		会计	莫非		经办人	王一

附表 53－5

附表 53－6

南京铁宁机械股份有限公司
材料交库单
NO：7632

2019 年 12 月 9 日

类别	材料名称	规格	计量单位	数量			单价/元	计划价格/元	质量		差异原因
				交库数	实收数	差异			合格数量	不合格数量	
	包装箱		套	1 000	1 000				1 000		
	合计			1 000	1 000				1 000		

经手人：　　　保管员：于远　　　质检员：李满　　　审核：吴言
联次：一式三联，一联留存、二联仓库记账、三联财务记账

附表 53－7

南京铁宁机械股份有限公司
领料单
2019 年 12 月 9 日

领料部门：第二生产车间　　　　　　　　　　　　　　　　　　　　凭证编号：8433
领料用途：生产 ABS Ⅱ　　　　　　　　　　　　　　　　　　　　　材料仓库：原料库

材料编号	材料名称	材料类别	材料规格	计量单位	数量		材料成本/元	
					请领	实发	单位成本	金额
	包装箱			套	1 000	1 000		

领料人：何苗　　　　　发料人：于远　　　　　业务主管：肖天　　　　　财务审核：莫非
联次：一式三联，一联留存、二联财务记账、三联仓库记账

附表 54－1

中国工商银行客户专用回单

转账日期：2019 年 12 月 09 日
凭证字号：20191209350 23086

纳税人全称及纳税人识别号：南京铁宁机械股份有限公司91320107777014292F
付款人全称：南京铁宁机械股份有限公司
付款人账号：4301016529001131842
付款人开户银行：中国工商银行南京下关支行
小写（合计）金额 ￥88000.00
大写（合计）金额 人民币 捌万捌仟元整
税（费）种名称　　　所属时期
增值税　　　　　　　20191101－20191130

征收机关名称：国家税务总局南京市鼓楼区税务局
收缴国库（银行）名称：国家金库南京市鼓楼区支库
缴款书交易流水号：201912097809927
税票号码：042019123259983637
实缴金额
￥88000.00

附表 54－2

中国工商银行客户专用回单

转账日期：2019 年 12 月 09 日
凭证字号：20191209350 23034

纳税人全称及纳税人识别号：南京铁宁机械股份有限公司91320107777014292F
付款人全称：南京铁宁机械股份有限公司
付款人账号：4301016529001131842
付款人开户银行：中国工商银行南京下关支行
小写（合计）金额 ￥10560.00
大写（合计）金额 人民币 壹万零伍佰陆拾元整
税（费）种名称　　　所属时期
城市维护建设税　　　20191101－20191130
教育费附加　　　　　20191101－20191130
地方教育附加　　　　20191101－20191130

征收机关名称：国家税务总局南京市鼓楼区税务局
收缴国库（银行）名称：国家金库南京市鼓楼区支库
缴款书交易流水号：201912092588793
税票号码：042019087581257126
实缴金额
￥6160.00
￥2640.00
￥1760.00

附表 54-3

中国工商银行客户专用回单

转账日期：2019 年 12 月 09 日
凭证字号：2019120935023083

| 纳税人全称及纳税人识别号：南京铁宁机械股份有限公司91320107777014292F |
| 付款人全称：南京铁宁机械股份有限公司 |

付款人账号：4301016529001131842　　　　征收机关名称：国家税务总局南京市鼓楼区税务局
付款人开户银行：中国工商银行南京下关支行　　收缴国库（银行）名称：国家金库南京市鼓楼区支库
小写（合计）金额 ￥3919.91　　　　　　　　缴款书交易流水号：201912097809140
大写（合计）金额　人民币　叁仟玖佰壹拾玖元玖角壹分　　税票交易号：042019563941741962

| 税（费）种名称 | 所属时期 | 实缴金额 |
| 个人所得税 | 20191101—20191130 | ￥3919.91 |

（中国工商银行 电子回单 专用章）

附表 55

南京铁宁机械股份有限公司
存货验收单　　　　　　　　　　　　　NO:5649
2019 年 12 月 9 日

存货编码	存货名称	规格	单位	数量			单价/元	计划价格/元	质量		差异原因
				发票数	入库数	差异			合格数量	不合格数量	
	继电器		件	150	150		150	140	150		
合计				150	150		150	140	150		

采购员：刘力　　　　保管员：于远　　　　质检员：李军　　　　审核：吴言
联次：一式三联，一联采购留存、二联仓库记账、三联财务记账

附表 56-1

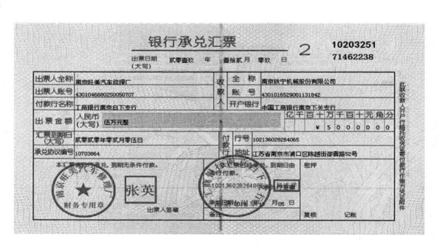

附表 56－2

付款申请书

2019 年 12 月 09 日

用途及情况	金额										收款单位(人)：南京虹润实业有限公司
支付货款	亿	千	百	十	万	千	百	十	元	角	分	账号：4301146180910090909
	¥			5	0	0	0	0	0	0	0	开户行：工商银行南京雨花支行
金额（大写）合计	人民币伍万元整											结算方式：银行承兑汇票背书
审批人 陈建刚	财务部门	经理 柳军								业务部门	经理 张海
		会计 吴言									经办人 刘力

附表 57－1

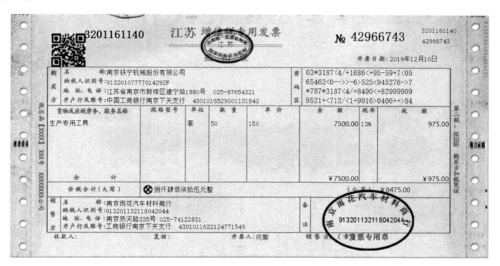

附表 57－2

附表 57－3

南京铁宁机械股份有限公司
存货验收单

NO:5650

2019 年 12 月 10 日

存货编码	存货名称	规格	单位	数量			单价/元	计划价格/元	质量		差异原因
				发票数	入库数	差异			合格数量	不合格数量	
	IDS型工具		套	50	50		150		50		
	合计			50	50		150		50		

采购员:刘力　　　　　　保管员:于远　　　　　　质检员:李军　　　　　　审核:吴言

联次:一式三联,一联采购留存、二联仓库记账、三联财务记账

附表 58－1

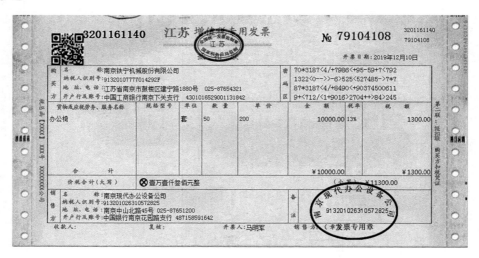

附表 58－2

附表 58－3

南京铁宁机械股份有限公司
存货验收单
NO:5651

2019 年 12 月 10 日

存货编码	存货名称	规格	单位	数量			单价/元	计划价格/元	质量		差异原因
				发票数	入库数	差异			合格数量	不合格数量	
	办公椅		套	50	50		200		50		
	合计			50	50		200		50		

采购员：刘力　　　　　　保管员：于远　　　　　　质检员：王浩　　　　　　审核：吴言

联次：一式三联，一联采购留存、二联仓库记账、三联财务记账

附表 59－1

附表 59-2

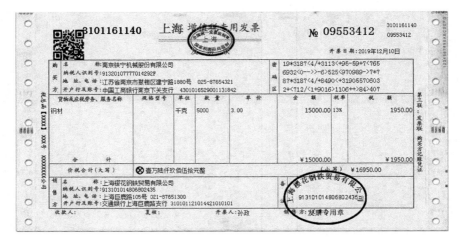

附表 59-3

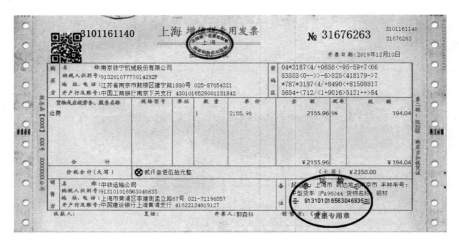

附表 59-4

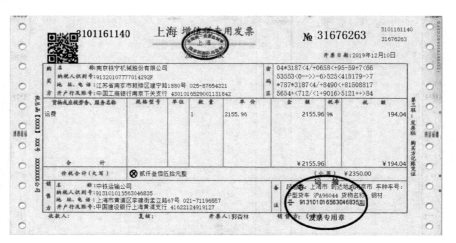

附表 59－5

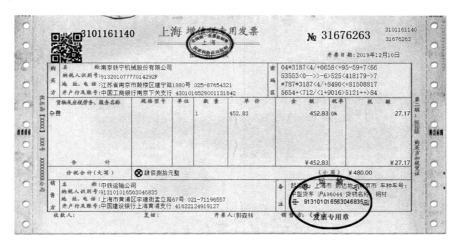

附表 59－6

附表 60－1

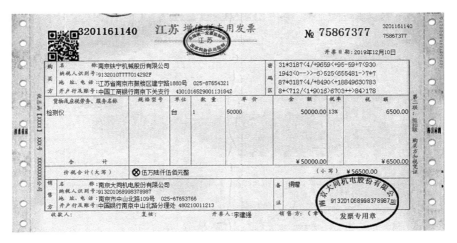

附表 60－2

附表 60－3

南京铁宁机械股份有限公司
固定资产验收单

NO:0238

固定资产名称	检测仪		计量单位	台
规格型号	HG25X	固定资产编号	102135	数　量	1
技术特征				
建造单位				
移交单位		接受单位	第二车间	
固定资产原价	50 183.49	其中:安装费	0	
其中:固定资产附件组成	名称	规格	型号	数量	原价
预计使用年限	8 年	预计净残值率	4‰	
技术证书号		图纸号		
建造年月	2018 年 8 月	使用年月	2019 年 12 月	
使用部门	第二生产车间	保管人(签章)	何苗	
附属技术资料				
验收意见		合格		
验收人员签章	何苗	验收日期:2019 年 12 月 10 日		

移交人：　　　　　接受人:何苗　　　　接受单位主管:肖天　　　　财务审核:莫非

附表 60－4

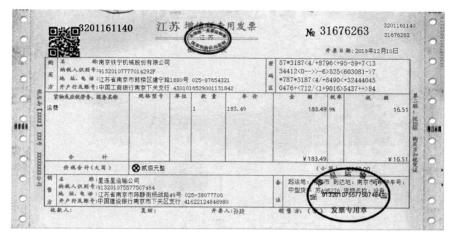

附表 60－5

附表 60－6

报销申请单

填报日期：2019 年 12 月 10 日

姓名	何苗	所属部门	第二生产车间	备注：
报销项目	摘要		金额	
运费	报销运费		200.00	
合　计			￥200.00	

金额大写：零拾零万零仟贰佰零拾零元零角零分

报销人：何苗　　部门审核：肖天　　财务审核：柳军　　审批：严光

附表 60-7

捐赠协议书

甲方：南京大同机电股份有限公司

乙方：南京铁宁机械股份有限公司

　　经双方协商，为增进双方友谊加强合作，现决定将南京大同机电股份有限公司一台8成新检测仪无偿捐赠给南京铁宁机械股份有限公司。

甲方： 　　　　　　　　乙方：

授权代表：方泽　　　　　　　　　授权代表★陈建刚

2019年12月7日　　　　　　　　　2019年12月7日

附表 61-1

附表 61-2

附表 61-3

附表 61-4

附表 61-5

附表61－6

附表61－7

借款单			
2019 年 12 月 03 日			NO 68350
借款人：柳军		所属部门：财务部	
借款用途：财务培训出差			
借款金额：人民币(大写) 陆仟元整		￥6000.00	
部门负责人审批：柳军2019-12-03		借款人(签章)：柳军2019-12-03	
财务部门审核：吴言 2019-12-03			
单位负责人批示：同意		签字：严尧 2019-12-03	
核销记录：补付860.00			

附表62－1

附表 62-2

附表 62-3

附表 62-4

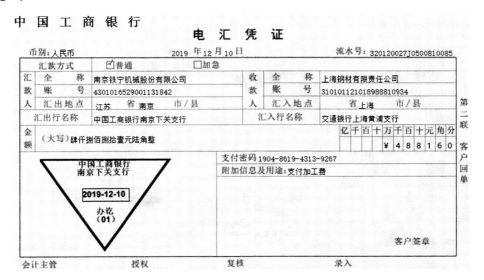

附表62-5

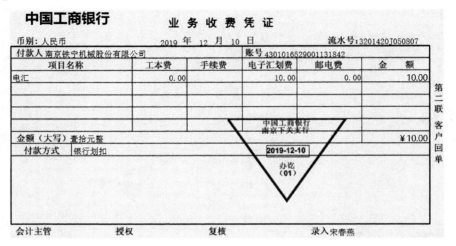

附表62-6

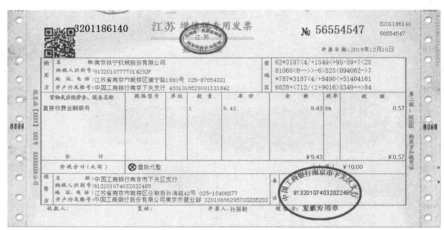

附表62-7

附表63

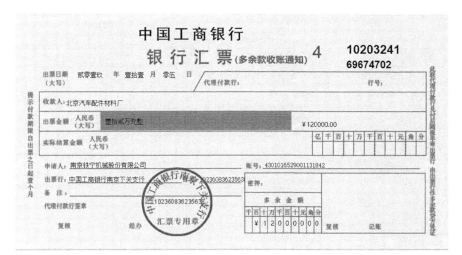

附表64-1

附表64-2

附表 64-3

南京铁宁机械股份有限公司
固定资产验收单
NO:0239

固定资产名称		摄像机		计量单位	台
规格型号	SX002	固定资产编号	103422	数　量	1
技术特征					
建造单位					
移交单位			接受单位	研发部	
固定资产原价	7 079.65 元		其中:安装费	0	
其中:固定资产附件组成	名称	规格	型号	数量	原价
预计使用年限	8 年		预计净残值率	4%	
技术证书号			图纸号		
建造年月	2019 年 10 月		使用年月	2019 年 12 月	
使用部门	研发部		保管人(签章)	高军	
附属技术资料					
验收意见		合格			
验收人员签章		刘力		验收日期:2019 年 12 月 10 日	

移交人:刘力　　　　接受人:高军　　　　接受单位主管:洪军　　　　财务审核:莫非

附表 64-4

附表 64-5

附表 65-1

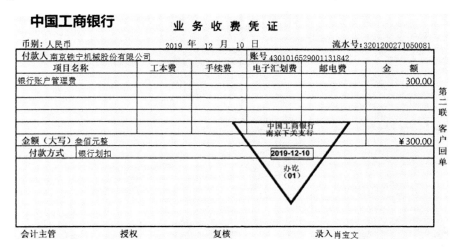

附表 65-2

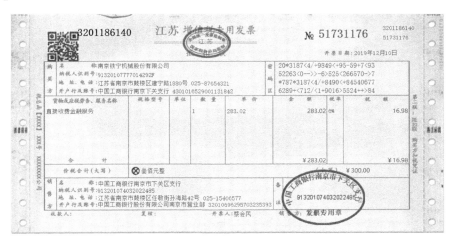

附表 65-3

附表 66 - 1

附表66－2

报销申请单

填报日期：2019 年 12 月 10 日

姓名	沈圆		所属部门	行政部	
报销项目		摘要		金额	备注：
汽车加油费		报销汽车加油费		1175.00	
	合　　计			¥1175.00	

金额大写： 零 拾 零 万 壹 仟 壹 佰 柒 拾 伍 元 零 角 零 分

报销人：沈圆　　部门审核：王浩　　财务审核：杨军　　审批：严光

附表67－1

附表67－2

附表67-3

南京铁宁机械股份有限公司
工程物资验收单   NO:6004

2019年12月11日

存货编码	存货名称	规格	单位	数量			单价/元	计划价格/元	质量		差异原因
				发票数	入库数	差异			合格数量	不合格数量	
	工程物资		批	1	1		730 088.50	730 088.50	1		
	合计			1	1		730 088.50	730 088.50	1		

采购员:刘力　　　　　保管员:于远　　　　　质检员:李军　　　　　审核:莫非
联次:一式三联,一联采购留存、二联仓库记账、三联财务记账

附表68-1

南京铁宁机械股份有限公司
领料单

2019年12月11日

领料部门:财务部　　　　　　　　　　　　　　　　　　　凭证编号:8434
领料用途:办公用　　　　　　　　　　　　　　　　　　　材料仓库:原料库

材料编号	材料名称	材料类别	材料规格	计量单位	数量		材料成本/元	
					请领	实发	单位成本	金额
	办公椅			套	5	5		

领料人:吴言　　　　　发料人:于远　　　　　业务主管:柳军　　　　　财务审核:莫非
联次:一式三联,一联留存、二联财务记账、三联仓库记账

附表68-2

南京铁宁机械股份有限公司
领料单

2019年12月11日

领料部门:行政部　　　　　　　　　　　　　　　　　　　凭证编号:8435
领料用途:办公用　　　　　　　　　　　　　　　　　　　材料仓库:原料库

材料编号	材料名称	材料类别	材料规格	计量单位	数量		材料成本	
					请领	实发	单位成本	金额
	办公椅			套	8	8		

领料人:邱辰　　　　　发料人:于远　　　　　业务主管:王浩　　　　　财务审核:莫非
联次:一式三联,一联留存、二联财务记账、三联仓库记账

附表 68－3

南京铁宁机械股份有限公司
领料单
2019 年 12 月 11 日

领料部门:第一生产车间　　　　　　　　　　　　　　　　　凭证编号:8436
领料用途:办公用　　　　　　　　　　　　　　　　　　　　　材料仓库:原料库

材料编号	材料名称	材料类别	材料规格	计量单位	数量		材料成本/元	
					请领	实发	单位成本	金额
	办公椅			套	15	15		

领料人:张民　　　　发料人:于远　　　　业务主管:常昊　　　　财务审核:莫非
联次:一式三联,一联留存、二联财务记账、三联仓库记账

附表 68－4

南京铁宁机械股份有限公司
领料单
2019 年 12 月 11 日

领料部门:第二生产车间　　　　　　　　　　　　　　　　　凭证编号:8437
领料用途:办公用　　　　　　　　　　　　　　　　　　　　　材料仓库:原料库

材料编号	材料名称	材料类别	材料规格	计量单位	数量		材料成本/元	
					请领	实发	单位成本	金额
	办公椅			套	10	10		

领料人:何苗　　　　发料人:于远　　　　业务主管:肖天　　　　财务审核:莫非
联次:一式三联,一联留存、二联财务记账、三联仓库记账

附表 68－5

南京铁宁机械股份有限公司
领料单
2019 年 12 月 11 日

领料部门:研发部　　　　　　　　　　　　　　　　　　　　凭证编号:8438
领料用途:办公用　　　　　　　　　　　　　　　　　　　　材料仓库:原料库

材料编号	材料名称	材料类别	材料规格	计量单位	数量		材料成本/元	
					请领	实发	单位成本	金额
	办公椅			套	6	6		

领料人:刘笑　　　　发料人:于远　　　　业务主管:洪军　　　　财务审核:莫非
联次:一式三联,一联留存、二联财务记账、三联仓库记账

附表69

南京铁宁机械股份有限公司
领料单
2019 年 12 月 11 日

领料部门:第二生产车间　　　　　　　　　　　　　　　凭证编号:8439
领料用途:生产 ABS Ⅱ　　　　　　　　　　　　　　　　材料仓库:原料库

材料编号	材料名称	材料类别	材料规格	计量单位	数 量		材料成本/元	
					请领	实发	单位成本	金额
	特种钢			千克	5 000	5 000		
	控制器			件	300	300		
	继电器			件	230	230		

领料人:何苗　　　　发料人:于远　　　　业务主管:肖天　　　　财务审核:莫非
联次:一式三联,一联留存、二联财务记账、三联仓库记账

附表70

南京铁宁机械股份有限公司
半成品入库单　　　　　　　　　　　　　　　　　　　　　NO:6565
2019 年 12 月 11 日

半成品编码	半成品名称	规格	单位	数量		备注
				合格品	次品	
	ABS Ⅰ-B		套	45		
	ABS Ⅱ-B		套	60		

成本核算员:莫非　　　　保管员:王开　　　　第一生产车间:李军
联次:一式三联,一联存根(车间统计)、二联财务记账、三联仓库记账

附表71-1

南京铁宁机械股份有限公司
领料单
2019 年 12 月 11 日

领料部门:第一生产车间　　　　　　　　　　　　　　　凭证编号:8440
领料用途:生产 ABS Ⅰ-B　　　　　　　　　　　　　　　材料仓库:原料库

材料编号	材料名称	材料类别	材料规格	计量单位	数 量		材料成本/元	
					请领	实发	单位成本	金额
101	车速传感器			套	200	200		
102	轮速传感器			套	300	300		
103	电磁阀			件	300	300		
105	液压油			千克	120	120		

领料人:张民　　　　发料人:于远　　　　业务主管:常昊　　　　财务审核:莫非
联次:一式三联,一联留存、二联财务记账、三联仓库记账

附表 71－2

南京铁宁机械股份有限公司
领料单
2019 年 12 月 11 日

领料部门：第一生产车间　　　　　　　　　　　　　　　凭证编号：8441
领料用途：生产 ABS Ⅱ-B　　　　　　　　　　　　　　材料仓库：原料库

材料编号	材料名称	材料类别	材料规格	计量单位	数量		材料成本/元	
					请领	实发	单位成本	金额
101	车速传感器			套	100	100		
102	轮速传感器			套	160	160		
103	电磁阀			件	200	200		
105	液压油			千克	80	80		

领料人：刘竟　　　　发料人：于远　　　　业务主管：常昊　　　　财务审核：莫非
联次：一式三联，一联留存、二联财务记账、三联仓库记账

附表 72

南京铁宁机械股份有限公司
存货验收单　　　　　　　　　　　　　　　　NO:5652
2019 年 12 月 11 日

存货编码	存货名称	规格	单位	数量			单价/元	计划价格/元	质量		差异原因
				发票数	入库数	差异			合格数量	不合格数量	
	特种钢材		千克	15000	15000			4.5	15000		
	合计			15000	15000			4.5	15000		

采购员：刘力　　　　保管员：于远　　　　质检员：王良　　　　审核：吴言
联次：一式三联，一联采购留存、二联仓库记账、三联财务记账

附表 73－1

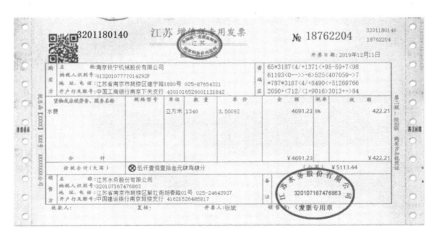

附表 73-2

附表 73-3

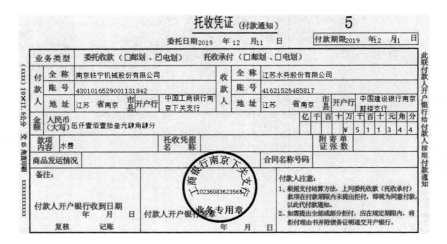

附表 73-4

水费分配汇总表

2019 年 12 月 11 日

部门	耗用量/立方米	单价/元	金额/元	备注
第一生产车间	439			
第二生产车间	431			
水电气供应车间	65			
机加工生产车间	73			
营销部	67			
管理部门	265			
合计	1340			

制单： 复核：

附表 74

固定资产处置申请单

2019 年 12 月 11 日

固定资产名称	复印机	单位	台	型号	佳能	数量	1
资产编号		停用时间	2019-12-11	投入使用时间	2014-11-01	使用部门	行政部
已提折旧月数	60	原值	7000.00	累计折旧			6860.00
有效使用年限	5	月折旧额	114.33	净值			140.00
处置原因：陈旧，不能满足工作需求							
财务部门意见： 同意报废 莫非 2019 年 12 月 11 日				公司领导意见： 同意报废 严光 2019 年 12 月 11 日			

编制人：沈因　　　　　使用部门负责人：王浩

附表 75 - 1

付款申请书

2019 年 12 月 11 日

用途及情况	金额											收款单位(人)：南京虹润实业有限公司
支付前欠款	亿	千	百	十	万	千	百	十	元	角	分	账号：4301146180910090909
					¥	5	0	0	0	0	0	开户行：工商银行南京雨花支行
金额（大写）合计：人民币伍万元整												结算方式：转账支票
审批人 陈建明	财务部门					经理 柳军 会计 吴言					业务部门	经理 张海 经办人 刘力

附表 75 - 2

附表 75－3

债务重组协议

甲方：南京虹润实业有限公司
乙方：南京铁宁机械股份有限公司

  截止本协议签署之日，甲方对乙方共有56 710.00元债权待收回。经双方协商同意并确认，甲方与乙方达成债务重组，甲方免除乙方6 710.00元债务，乙方一次性付清所欠货款50 000.00元。

  与本协议有关的任何争议，均应通过友好协商解决，协商不成的，任何一方均有权向有管辖权的人民法院起诉。

  本协议自双方授权代表签字并加盖公章之日起生效。本协议一式两份，双方各执一份，具有同等法律效力。

甲方：
授权代表：王强
2019年12月11日

乙方：
授权代表：陈建刚
2019年12月11日

附表 76－1

附表76-2

报销申请单

填报日期：2019 年 12 月 12 日

姓名	刘苗	所属部门	第一生产车间	
报销项目	摘要		金额	备注
专业养护费	报销专业养护费		5150.00	
合 计			¥5150.00	

金额大写：零 拾 零 万 伍 仟 壹 佰 伍 拾 零 元 零 角 零 分

报销人：刘苗　　部门审核：常吴　　财务审核：柳军　　审批：严尧

附表76-3

中国工商银行
转账支票存根
10203226
00001758

附加信息 付款行账号：
43010165290011131842

出票日期 2019 年 12 月 12 日

收款人：南京冶华服务公司
金　额：¥5150.00
用　途：支付专业养护费

单位主管　　会计

附表 77-1

设备转让协议书

受让方（甲方）：南京长安汽车制造公司

转让方（乙方）：南京铁宁机械股份有限公司

　　为实现生产经营需要，甲方拟收购乙方拥有机械设备，经甲、乙双方协商一致，特签订本协议：

第一条　设备名称、规格、数量、价格

　　乙方转让给甲方的设备 数控机床，该设备型号 MACK-2，数量 1 台，经双方约定价格为 74 880.00 元（含税价格）。

第二条　付款方式

　　在本协议生效后7个工作日内一次性支付货款 74 880.00 元。

第三条　设备交付时间

　　在收到甲方支付的货款后7个工作日，乙方将机器设备交付给甲方。

第四条　交接验收

　　甲方对乙方转让的设备做了充分了解，并同意在该状况下受让。甲、乙双方应组织有关人员办理转让设备的交接手续。

第五条　费用负担

　　转让设备的拆卸、运输及安装等费用由甲方承担。

第六条　违约责任

　　1. 本协议签订后，甲、乙双方应认真履行，因一方过错给另一方造成损失的，应当承担由此而产生的违约责任。

　　2. 好乙方收取甲方转让款7个工作日后，如未及时交付设备，甲方有权要求乙方按照协议每天支付转让款 1% 的违约金，并有权要求乙方继续履行合同。乙方在收取甲方转让款15个工作日后不交付设备，视为乙方中途毁约，甲方有权解除合同；甲方在合同签订后15个工作日未支付设备款的，视为甲方中途毁约，乙方有权解除合同。

第七条　合同生效、其他事项

　　1. 本协议经甲、乙双方授权代表签字并加盖公章后生效；

　　2. 本协议一式 贰 份，甲、乙双方各执 壹 份；

　　3. 本协议未尽事宜，由甲、乙双方订立补充协议，补充协议与本协议具有同等法律效力。

第八条　争议解决

　　因履行本协议发生争议，由争议双方友好协商解决，协商不成，可以到乙方所在地人民法院进行诉讼。

甲　方（盖章）：　　　　　　　　　　　乙　方（盖章）：
授权代表（签字）：赵明　　　　　　　　授权代表（签字）：王清
日　期：2019年12月12日　　　　　　　日　期：2019年12月12日

附表 77－2

固定资产处置申请单

2019 年 12 月 12 日

固定资产名称	数控机床	单位	台	型号	MACK-2	数量	1
资产编号		停用时间	2019-12-12	投入使用时间	2014-03-01	使用部门	第一车间
已提折旧月数	68	原值	131452.00	累计折旧	71509.89		
有效使用年限	10	月折旧额	1051.62	净值	59942.11		
处置原因：因不满足生产需要而出售							
财务部门意见： 同意出售 莫非　2019 年 12 月 12 日				公司领导意见： 同意出售固定资产 陈建刚　2019 年 12 月 12 日			

编制人：李军　　　　使用部门负责人：常昊

附表 77－3

附表 77－4

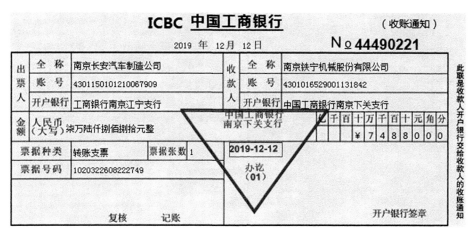

附表 77-5

固定资产处置结果表
2019 年 12 月 12 日

固定资产名称	数控机床	原价	131452.00	已提折旧	71509.89
净值	59942.11	出售价格（不含税）	66265.49	清理费用	
出售净损益	6323.38				

财务部门意见：	公司领导意见：
净损益按《企业会计准则》处理。	同意
莫非 2019 年 12 月 12 日	陈建刚 2019 年 12 月 12 日

附表 78-1

附表 78-2

附表 78－3

南京铁宁机械股份有限公司
直接领料单　　　　　　　　　　NO:9404
2019 年 12 月 12 日

领料部门:机加工生产车间　　　　　　领料用途:机器运转用

材料编号	材料名称	材料类别	材料规格	计量单位	数　量		材料成本/元	
					请领	实发	单位成本	金额
	润滑油			千克	40	40		

领料人:王二　　　　发料人:于远　　　　业务主管:何迪　　　　财务审核:莫非

联次:一式三联,一联留存、二联财务记账、三联仓库记账

附表 78－4

付款申请书
2019 年 12 月 12 日

用途及情况	金　额										收款单位(人):南京维润油脂有限公司	
支付货款	亿	千	百	十	万	千	百	十	元	角	分	账　号:32010600101013444575
					¥	2	5	0	0	0	0	开户行:交通银行南京湖北路支行
金额(大写)合计:	人民币贰仟伍佰元整											结算方式:转账支票
审批人	严光		财务部门		经理	柳军		业务部门		经理	张海	
					会计	吴言				经办人	刘力	

附表 78－5

附表 79－1

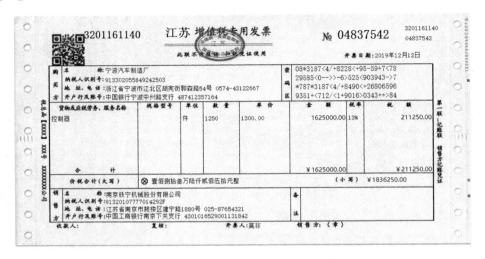

附表 79－2

南京铁宁机械股份有限公司
领料单
2019 年 12 月 13 日

领料部门：营销二科　　　　　　　　　　　　　　　　　　　　　凭证编号：8442
领料用途：销售　　　　　　　　　　　　　　　　　　　　　　　　材料仓库：原料库

材料编号	材料名称	材料类别	材料规格	计量单位	数量		材料成本/元	
					请领	实发	单位成本	金额
	控制器			件	1250	1250		

领料人：汪彪　　　　　　发料人：于远　　　　　　业务主管：陈春　　　　　　财务审核：莫非

联次：一式三联，一联留存，二联财务记账，三联仓库记账

附表 79－3

销售单

购货单位：宁波汽车制造厂　　地址和电话：浙江省宁波市江北区胡宪街郭森路54号0574-43122667　　单据编号：XS018
纳税识别号：913302055849242503　　开户行及账号：中国银行宁波中州路支行487412357164　　制单日期：2019-12-12

编码	产品名称	规格	单位	单价	数量	金额	备注
	控制器		件	1469.00	1250	1836250.00	含税价
合计	人民币（大写）壹佰捌拾叁万陆仟贰佰伍拾元整				—	¥1836250.00	

销售经理：陈春　　　　经手人：汪彪　　　　会计：　　　　签收人：何书美

附表 80－1

无形资产处置申请单

2019 年 12 月 12 日

无形资产名称	原价	累计摊销额	净值	处置原因
专利权	180000.00	30000.00	150000.00	对外转让

无形资产管理部门意见：

同意

洪军　2019 年 12 月 12 日

财务部门意见：

同意

莫非

2019 年 12 月 12 日

单位领导意见：

同意

陈建明　2019 年 12 月 12 日

附表 80－2

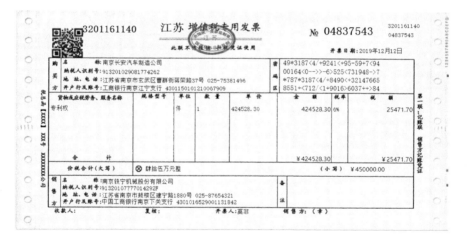

附表 80－3

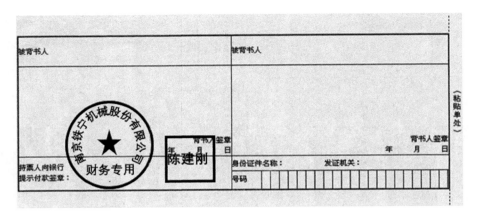

附表 80-4

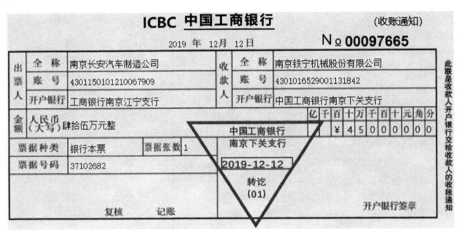

附表 81-1

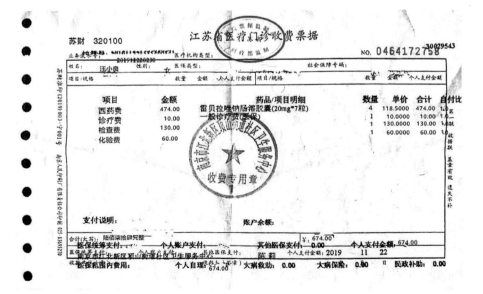

附表 81－2

报销申请单

填报日期：2019 年 12 月 12 日

姓名	汪良	所属部门	水电气供应车间	
报销项目	摘要		金额	备注
医疗费用	报销家属医疗费用		674.00	
合　　计			¥674.00	

金额大写： 零 拾 零 万 零 仟 陆 佰 柒 拾 肆 元 零 角 零 分

报销人：汪良　　部门审核：李易　　财务审核：柳军　　审批：严光

附表 82－1

中国建设银行 转账支票　10503226　00001702

出票日期（大写）：贰零壹玖 年 壹拾贰 月 壹拾贰 日　付款行名称：建设银行南京六合支行

收款人：南京铁宁机械股份有限公司　出票人账号：32050181622124926351

人民币（大写）：壹佰万元整　￥100000000

用途：支付前欠款

密码：3169-3351-5692-1608

付款期限自出票之日起十天

出票人签章：江苏鹏翔汽车修理有限责任公司 财务专用章　李红

附加信息：	被背书人	被背书人
	背书人签章 年　月　日	背书人签章 年　月　日

附表82-2

ICBC 中国工商银行 (回单)

No 00091459

附表82-3

债务重组协议

甲方：南京铁宁机械股份有限公司
乙方：江苏桦阳汽车修理有限责任公司

截至本协议签署之日，甲方对乙方共有1 108 379.14元债权待收回。经双方协商同意并确认，甲方与乙方达成债务重组，甲方免除乙方108 379.14元债务，乙方一次性付清所欠货款1 000 000.00元。

与本协议有关的任何争议，均应通过友好协商解决，协商不成的，任何一方均有权向有管辖权的人民法院起诉。

本协议自双方授权代表签字并加盖公章之日起生效。本协议一式两份，双方各执一份，具有同等法律效力。

甲方：
授权代表：陈建刚
2019年12月12日

乙方：
授权代表：李红
2019年12月11日

附表 83

附表 84－1

附表 84－2

附表 84－3

托收凭证（付款通知） 5

委托日期 2019 年 12 月 13 日　付款期限 2019 年 12 月 13 日

业务类型	委托收款（□邮划、☑电划）　托收承付（□邮划、□电划）

付款人：
- 全称：南京铁宁机械股份有限公司
- 账号：4301016529001131842
- 地址：江苏省南京市　开户行：中国工商银行下关支行

收款人：
- 全称：江苏电力股份有限公司
- 账号：41247650539651
- 地址：江苏省南京市　开户行：中国建设银行南京鼓楼支行

金额（人民币大写）：壹万壹仟叁佰伍拾壹元叁角肆分　¥11 351.34

款项内容：电费

附表 84－4

电费分配汇总表

2019 年 12 月 13 日

部门	耗用量/度	单价/元	金额/元	备注
第一生产车间	3000			
第二生产车间	3800			
水电气供应车间	2000			
机加工生产车间	1450			
营销部	350			
管理部门	400			
合计	11 000			

制单：　　　　　　　　　　　　复核：

附表85-1

2019年11月工资汇总表

单位:元

序号	部门	应付工资	养老金	失业保险	公积金	医疗保险	个人所得税	实发工资
1	董事会	18 477.40	1 880.00	117.50	2 350.00	500.00	935.25	12 694.65
2	行政部	24 103.35	2 189.44	136.84	2 736.80	607.36	84.45	18 348.46
3	人力资源部	8 480.17	789.44	49.34	986.80	217.36	64.73	6 372.50
4	财务部	21 060.98	1 898.88	118.68	2 373.60	524.72	130.10	16 015.00
5	供应部	8 124.15	720.00	45.00	900.00	200.00	88.95	6 170.20
6	研发部	21 682.45	2 080.00	130.00	2 600.00	570.00	138.95	16 163.50
7	第一生产车间	27 420.24	2 208.32	138.02	2 760.40	622.08	202.33	21 489.09
8	第二生产车间	33 254.88	2 618.88	163.68	3 273.60	734.72	255.80	26 208.20
9	机加工生产车间	19 221.02	1 568.32	98.02	1 960.40	442.08	116.00	15 036.20
10	水电气供应车间	19 262.26	1 477.76	92.36	1 847.20	419.44	136.50	15 289.00
11	营销一科	20 179.50	1 629.44	101.84	2 036.80	457.36	165.06	15 789.00
12	营销二科	24 329.81	1 994.88	124.68	2 493.60	558.92	148.68	19 009.25
13	原料库	3 579.00	320	20	400	90	0	2 749.00
14	半成品库	3 348.29	269.44	16.84	336.8	77.36	0	2 647.85
15	成品库	3 476.50	280	17.5	350	80	0	2 749.00
	合计	256 000.00	21 924.80	1 370.30	27 406.00	6 101.20	2 466.80	196 730.90

附表85-2

未领缴回工资明细表

单位:元

姓名	部门	应付工资	养老金	失业保险	公积金	医疗保险	个人所得税	实发工资
李军	第一生产车间	4 747.75	320.00	20.00	400.00	90.00	0.00	3 917.75
高军	研发部	4 658.50	400.00	25.00	500.00	110.00	0.00	3 623.50

附表86-1

附表 86-2

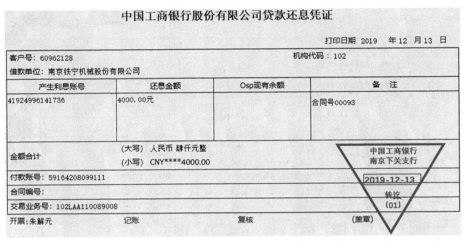

附表 87-1

附表 87-2

附表88－1

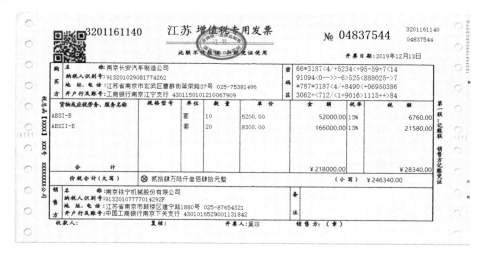

附表88－2

南京铁宁机械股份有限公司
半成品出库单
2019年12月13日

领料部门：营销一科　　　　　　　　　　　　　　　　凭证编号：85625
领料用途：销售　　　　　　　　　　　　　　　　　　材料仓库：半成品库

材料编号	材料名称	材料类别	材料规格	计量单位	数量		材料成本/元	
					请领	实发	单位成本	金额
	ABSⅠ-B			套	10	10		
	ABSⅡ-B			套	20	20		

领料人：魏凉　　　　发料人：王开　　　　业务主管：李铁　　　　财务审核：莫非
联次：一式三联，一联留存、二联财务记账、三联仓库记账

附表88－3

销售单

购货单位：南京长安汽车制造公司　　地址和电话：江苏省南京市玄武区曹群蒋荣路37号025-75381496　　单据编号：XS019
纳税识别号：913201029081774262　　开户行及账号：工商银行南京江宁支行4301150101210067909　　制单日期：2019-12-13

编码	产品名称	规格	单位	单价	数量	金额	备注
	ABSⅠ-B		套	5876.00	10	58760.00	含税价
	ABSⅡ-B		套	9379.00	20	187580.00	含税价
合计	人民币（大写）：贰拾肆万陆仟叁佰肆拾元整				—	¥246340.00	

销售经理：李铁　　经手人：王立　　会计：　　签收人：刘海洪

附表 88-4

中国工商银行客户专用回单

币别：人民币　　2019 年 12 月 13 日　　流水号 320120027J0500810080

付款人	全称	南京长安汽车制造公司	收款人	全称	南京铁宁机械股份有限公司
	账号	4301150101210067909		账号	4301016529001131842
	开户行	工商银行南京江宁支行		开户行	中国工商银行南京下关支行
金额	（大写）人民币 贰拾肆万陆仟叁佰肆拾元整			（小写）￥246340.00	
凭证种类	网银		凭证号码		
结算方式	转账		用途	货款	

打印柜员：320125584257
打印机构：中国工商银行南京下关支行
打印卡号：4301016529001131842

打印时间：2019-12-13　　交易柜员：320125584268　　交易机构：320174771

（第二联 贷方 回单）

附表 89-1

董事会关于同意转让投资的决议

会议时间：2019 年 12 月 10 日
会议地点：公司办公楼会议室
参会人员：李晓进、陈建刚、严亮，全体董事均已到会。
会议议题：转让所持有的南京金陵汽车修理厂全部股权

　　本次会议由董事长李晓进召集和主持。根据公司章程及有关规定，经董事会全体董事讨论，一致通过如下决议：
　　将公司所持有的南京金陵汽车修理厂全部股权转让给南京长安汽车制造公司，转让金额 200 万元。

全体董事同意并签字：李晓进　陈建刚　严亮

二〇一九年十二月十日

附表89-2

股权转让协议书

本协议由甲方与乙方就南京金陵汽车修理厂股权转让事宜于2019年12月10日在南京市签定。

转让方（甲方）：南京铁宁机械股份有限公司
统一社会信用代码：91320107777014292F
住所：江苏省南京市鼓楼区建宁路1880号

受让方（乙方）：南京长安汽车制造公司
统一社会信用代码：913201029081774262
住所：江苏省南京市玄武区曹群街蒋荣路37号

鉴于转让方是本协议第一条所述"转让股权"的持有人，并同意以本协议规定的条件将"转让股权"转让予受让方；受让方同意按本协议规定的条件受让"转让股权"。为此，转让方与受让方达成协议如下：

第一条 转让股权
本协议所称"转让股权"系指：转让方在南京金陵汽车修理厂所持有的145万元股权中的全部股权，该"转让股权"占南京金陵汽车修理厂注册资本的14.5%。

第二条 转让
转让方在此同意按本协议的条件及价款完全地将本协议第一条所列的"转让股权"的所有权利及义务转让给受让方，以使受让方享有及承担转让方对"转让股权"所享有的全部权利和承担的全部义务。

第三条 转让方的承诺与保证
1. 本协议签署时转让方是"转让股权"的合法持有者，其具有完全的权利签署本协议并将"转让股权"转让给受让方。
2. 转让方并没有明知或故意向受让方隐瞒任何可能使受让方合法持有"转让股权"遭受障碍的事实和情况。
转让方保证，如果因为其违反上述承诺与保证而导致受让方遭受损失，转让方将就受让方上述直接损失给予受让方全额补偿。

第四条 转让方的承诺与保证
1. 受让方保证其将按本协议第五条规定的转让价款、支付方式如数支付转让价款。
2. 受让方保证，如果因为其违反上述承诺与保证而导致转让方遭受损失，受让方将就转让方上述直接损失给予转让方全部补偿。

第五条 转让价款
1. 本协议所指"转让股权"的总价款为人民币200万元。
2. 受让方自本协议生效之日起3个工作日内用货币形式一次性向转让方支付"转让出资"的价款。

第六条 协议的生效
本协议经转让方和受让方签字盖章后生效。

第七条 争议的生效
1. 本协议或本协议执行过程中发生任何争议，应当通过友好协商解决。
2. 若协商不成，任何一方可向南京市鼓楼区人民法院提起诉讼。

第八条 其他
本协议一式三份，转让方持有一份，受让方持有一份，登记机关备存一份。

转让方（盖章）：　　　　　　　　受让方（盖章）：

授权代表（签字）：陈建刚　　　　授权代表（签字）：赵明

附表 89－3

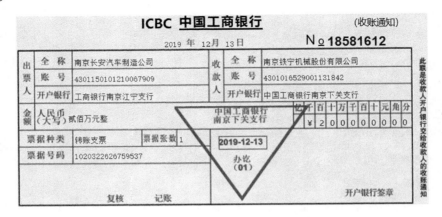

附表 90－1

附表 90－2

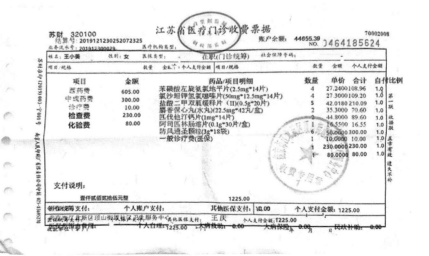

附表 91

现金盘点表

盘点日期：2019 年 12 月 13 日

检查核对记录			实有现金盘点记录		
项目	项次	金额	面额	张（枚）	金额
上一日账面库存余额	1		100元		
盘点日未记账传票收入金额	2		50元		
盘点日未记账传票付出金额	3		20元		
盘点日账面应有余额	4＝1＋2－3		10元		
盘点日实有现金数额	5		5元		
盘点日应有与实际金额差异	6＝4－5		2元		
差异原因分析	白条抵库		1元		
			0.5元		
			0.2元		
			0.1元		
			0.05元		
			0.02元		
			0.01元		
			合计		

盘点人：　　　　　　　　　　　　　监盘人：

附表 92

原材料盘点表

盘点日期：2019 年 12 月 13 日

序号	品名规格型号	计量单位	实存数量	账面结存		差异		差异原因
				数量	金额/元	数量	金额/元	
	轮速传感器	套	38	40		－2		原因待查

盘点人：李军　　　　　　　保管人：于远　　　　　　　财务：莫非

附表 93－1

中国工商银行客户专用回单

转账日期：2019 年 12 月 16 日

凭证字号：2019121572593950

纳税人全称及纳税人识别号：南京铁宁机械股份有限公司91320107777014292F

付款人全称：南京铁宁机械股份有限公司

付款人账号：4301016529001131842　　征收机关名称：国家税务总局南京市鼓楼区税务局

付款人开户银行：中国工商银行南京下关支行　　收缴国库（银行）名称：国家金库南京市鼓楼区支库

小写（合计）金额 ¥102570.32　　缴款书交易流水号：201912161731714

大写（合计）金额 人民币 壹拾万贰仟伍佰柒拾元叁角贰分　　税票号码：0420191216802850742332

税（费）种名称	所属时期	实缴金额
医疗保险	2019-12-01至2019-12-31	¥30146.60
养老保险	2019-12-01至2019-12-31	¥65774.40
失业保险	2019-12-01至2019-12-31	¥2740.60
生育保险	2019-12-01至2019-12-31	¥2192.48
工伤保险	2019-12-01至2019-12-31	¥1096.24
大病保险	2019-12-01至2019-12-31	¥620.00

附表 93-2 　　　　　　　　12月份社保费计提计算表　　　　　　　　　　　　单位：元

序号	部门	姓名	缴费基数	单位					个人				合计
				养老保险	失业保险	医疗保险	生育保险	工伤保险	养老保险	失业保险	医疗保险	大病保险	
1	董事会	李晓进	8 000.00										
2	董事会	陈建刚	8 000.00										
3	董事会	严 亮	7 500.00										
4	行政部	王 浩	7 000.00										
5	行政部	李 明	6 000.00										
6	行政部	张 愈	4 000.00										
7	行政部	高 亮	3 500.00										
8	行政部	沈 国	3 500.00										
9	行政部	邱 辰	3 368.00										
10	人力资源部	张 文	6 500.00										
11	人力资源部	吴 军	3 368.00										
12	财务部	柳 军	8 000.00										
13	财务部	王 刚	5 000.00										
14	财务部	赵丽丽	3 368.00										
15	财务部	吴 言	3 368.00										
16	财务部	莫 非	4 000.00										
17	供应部	张 海	5 000.00										
18	供应部	刘 力	3 368.00										
19	研发部	洪 军	8 000.00										
20	研发部	汪 同	5 000.00										
21	研发部	高 军	5 000.00										
22	研发部	王 玫	4 000.00										
23	研发部	刘 笑	4 000.00										
24	第一生产车间	常 昊	6 000.00										
25	第一生产车间	李 军	4 000.00										
26	第一生产车间	王 良	4 000.00										
27	第一生产车间	刘 竟	3 368.00										
28	第一生产车间	刘 苗	3 368.00										
29	第一生产车间	古 田	3 500.00										
30	第一生产车间	张 民	3 368.00										
31	第二生产车间	肖 天	6 500.00										
32	第二生产车间	李 满	5 000.00										
33	第二生产车间	伍 良	4 000.00										
34	第二生产车间	冯 峡	3 500.00										
35	第二生产车间	王 苗	3 368.00										
36	第二生产车间	王 一	3 500.00										
37	第二生产车间	张 三	3 500.00										
38	第二生产车间	何 苗	3 368.00										
39	机加工生产车间	何 迪	6 000.00										
40	机加工生产车间	刘 昆	3 368.00										
41	机加工生产车间	冯 静	3 500.00										
42	机加工生产车间	卢 红	3 368.00										
43	机加工生产车间	王 二	3 368.00										
44	水电气供应车间	李 易	5 000.00										
45	水电气供应车间	汪 良	3 368.00										
46	水电气供应车间	洪 山	3 368.00										
47	水电气供应车间	王 桥	3 368.00										
48	水电气供应车间	王 菊	3 368.00										
49	营销一科	李 铁	6 000.00										
50	营销一科	王 立	4 000.00										
51	营销一科	蒋 军	3 500.00										
52	营销一科	李 焦	3 500.00										
53	营销一科	魏 凉	3 368.00										
54	营销二科	陈 春	6 500.00										
55	营销二科	汪 彪	4 200.00										
56	营销二科	陈 山	4 000.00										
57	营销二科	王 海	3 500.00										
58	营销二科	王 佳	3 368.00										
59	营销二科	王 兵	3 368.00										
60	原料库	于 远	4 000.00										
61	半成品库	王 开	3 368.00										
62	成品库	李 金	3 500.00										
	合计		274 060.00										

附表94-1

南京铁宁机械股份有限公司
成品出库单　　　　　　　NO:8564

出库部门:营销一科　　自备料产成品　□样品　□其他　　2019年12月16日

存货编码	存货名称	规格	单位	数量	备注
	ABS Ⅱ		套	5	

保管员:李金　　　送货人:　　　业务主管:李铁　　　财务审核:吴言
联次:一式三联，一联留存、二联财务记账、三联仓库记账

附表94-2

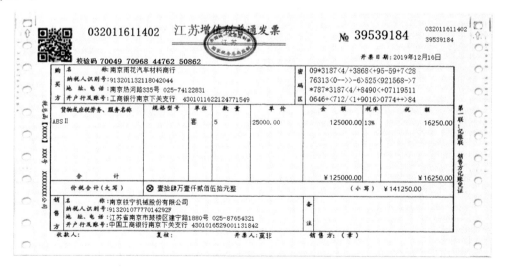

附表94-3

附表94-4

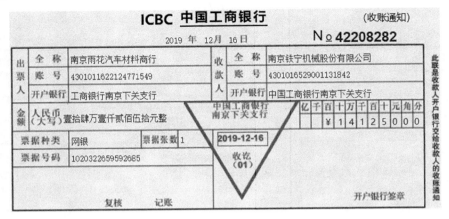

附表95-1

付款申请书
2019年12月16日

用途及情况	金额	收款单位(人):南京市财政局
土地出让金	¥ 3 0 0 0 0 0 0 0 0	账号:4301016528936807400
		开户行:中国工商银行南京下关支行
金额(大写)合计: 人民币叁佰万元整		结算方式:网银
审批人 李晓进	财务部门 经理 柳军 / 会计 莫非	业务部门 经理 王浩 / 经办人 李明

附表95-2

附表 95-3

中国工商银行客户专用回单

币别：人民币　　　　　2019 年 12 月 16 日　　　流水号 320120027J0500810037

付款人	全称	南京铁宁机械股份有限公司	收款人	全称	南京市财政局
	账号	4301016529001131842		账号	4301016528936807400
	开户行	中国工商银行南京下关支行		开户行	中国工商银行南京下关支行
金额	（大写）人民币 叁佰万元整			（小写）¥3000000.00	
凭证种类	网银		凭证号码		
结算方式	网银		用途	土地出让价款	

打印柜员：320125584257
打印机构：中国工商银行南京下关支行
打印卡号：102290325825

打印时间：2019-12-16　　交易柜员：320125584268　　交易机构：320110249412331231797

第一联 借方（回单）

附表 96-1

南京铁宁机械股份有限公司
产成品入库单

NO:3216

部门：第二生产车间　　　　　2019 年 12 月 16 日

产成品编码	产成品名称	规格	单位	数量		备注
				合格品	次品	
	ABS I		套		2	因质量问题退回

成本核算员：伍良　　　　保管员：李金　　　　第二生产车间：肖天

联次：一式三联，一联存根（车间统计）、二联财务记账、三联仓库记账

附表 96-2

附表96－3

开具红字增值税专用发票通知单

填开日期：2019年12月13日　　　　　　　　NO.320121331216

销售方	名称	南京铁宁机械股份有限公司	购买方	名称	南京雨花汽车材料商行
	税务登记代码	91320107777014292F		税务登记代码	91320113211804204U

开具红字发票内容	货物（劳务）名称	单价	数量	金额	税额
	ABS I	14000.00	2	28000.00	3640.00
	合计			28000.00	3640.00

说明	需要作进项税额转出☑ 不需要作进项税额转出☐ 　　　　纳税人识别号认证不符☐ 　　　　专用发票代码、号码认证不符☐ 　　　　对应蓝字专用发票密码区内打印的代码：_____ 　　　　　　　　　　　　　　　　　　号码：_____ 开具红字专用发票理由：退货

经办人：王明　负责人：刘芳　主管税务机关名称（印章）：___(11)___

注：1. 本通知单一式三联：第一联，购买方主管税务机关留存；第二联，购买方送交销售方留存；第三联，购买方留存。
　　2. 通知单应与申请单一一对应。
　　3. 销售方应在开具红字专用发票后到主管税务机关进行核销。

附表96－4

付款申请书

2019年12月16日

用途及情况	金额										收款单位(人)：南京雨花汽车材料商行
支付退款	亿	千	百	十	万	千	百	十	元	角	分	账号：4301011622124771549
				¥	3	1	6	4	0	0	0	开户行：工商银行南京下关支行
金额（大写）合计	人民币叁万壹仟陆佰肆拾元整											结算方式：同econ

审批人	陈建刚	财务部门	经理	柳军	业务部门	经理	张海
			会计	吴言		经办人	刘力

附表96-5

中国工商银行客户专用回单

币别：人民币　　2019年12月16日　　流水号：320120027J0500810052

付款人	全称	南京铁宁机械股份有限公司	收款人	全称	南京雨花汽车材料商行
	账号	4301016529001131842		账号	4301011622124771549
	开户行	中国工商银行南京下关支行		开户行	工商银行南京下关支行

金额：（大写）人民币 叁万壹仟陆佰肆拾元整　　（小写）￥31640.00

凭证种类：网银　　凭证号码：

结算方式：转账　　用途：退款

打印柜员：320125584258
打印机构：中国工商银行南京下关支行
打印卡号：4301016529001131842

打印时间：2019-12-16　　交易柜员：320125584268　　交易机构：320159383

附表97-1

委托合同

甲方：南京铁宁机械股份有限公司
乙方：南京鑫勤律师事务所

甲方因与南京鲜美贸易有限公司确认合同无效纠纷一案，拟委托乙方律师代理其在相关人民法院的诉讼活动，经双方协商，达成协议如下：

一、乙方接受甲方之委托，指派律师<u>王大可</u>为甲方与南京鲜美贸易有限公司确认合同无效纠纷一案的代理人，参与甲方在相关人民法院的诉讼活动。

二、乙方依法维护甲方的合法权益，依约认真负责地履行代理人职责，不得泄露在代理过程中获悉的甲方所有信息。

三、甲方必须如实地向律师陈述案情，全面提供与本案有关的证据。乙方接受代理后，若发现甲方隐瞒事实、弄虚作假，乙方有权终止代理，所收费用不予退回。

四、乙方接受委托后，如无故终止合同，代理费全部退还甲方；如甲方无故终止合同，代理费不予退还。

五、甲方委托乙方代理权限：代为提供法律咨询，代为与对方谈判，代为调查、取证或申请法院调取证据、采取保全措施，代为应诉，代为进行调解、和解，代为上诉，代为签署、送达、接受法律文书等与本项目有关的全部代理事项。

六、收费办法：
按照《江苏省物价局、江苏省司法厅关于调整律师服务收费标准的通知》等规定，经双方协商，甲方支付律师费<u>20 000</u>元（大写<u>贰万元</u>），该费用自合同签订之日起3个工作日内支付。无论案件结果如何，上述律师费均不予退还。

乙方账户：开户行：中国建设银行南京下关支行；账号：41622124875543。

七、本合同自甲方支付代理费之日起生效，至本合同代理事项结束之日终止。

甲方：（盖章）
2019年12月13日

乙方：（盖章）
2019年12月13日

附表97-2

附表97-3

附表97-4

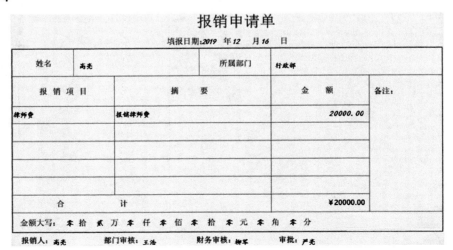

附表97-5

中国工商银行客户专用回单

币别：人民币　　2019年12月16日　　流水号 320120027J0500810044

付款人	全称	南京铁宁机械股份有限公司	收款人	全称	南京鑫勤律师事务所
	账号	4301016529001131842		账号	41622124875543
	开户行	中国工商银行南京下关支行		开户行	中国建设银行南京下关支行

金额	（大写）人民币 贰万元整	（小写）￥20000.00
凭证种类	网银	凭证号码
结算方式	网银	用途：支付律师费

汇划日期：2019-12-16　　汇划款项编号：00409151
报文顺序号：56763247　　汇出行行号：10249412331231　　打印柜员：320125584257
汇出行行名：中国工商银行南京下关支行　　打印机构：中国工商银行南京下关支行电子回单
业务类型：0092　　原凭证金额：20000.00　　打印卡号：4301016529001131842
原凭证种类：0703　　原凭证号码：
附言：
打印时间：2019-12-16　　交易柜员：320125584268　　交易机构：320110260

（中国工商银行 专用章）

第一联 借方（回单）

附表98

南京铁宁机械股份有限公司
领料单
2019 年 12 月 16 日

领料部门：第二生产车间　　　　　　　　　　　　　　　凭证编号：8443
领料用途：生产 ABS Ⅰ、ABS Ⅱ　　　　　　　　　　　　材料仓库：原料库

材料编号	材料名称	材料类别	材料规格	计量单位	数量		材料成本/元	
					请领	实发	单位成本	金额
	特种钢			千克	2 000	2 000		
	控制器			件	200	200		
	继电器			件	200	200		

领料人：何苗　　　发料人：于远　　　业务主管：肖天　　　财务审核：莫非
联次：一式三联，一联留存、二联财务记账、三联仓库记账

附表99

南京铁宁机械股份有限公司
半成品入库单　　　　　　　　　　　　　　　　　　　NO：6566
2019 年 12 月 16 日

半成品编码	半成品名称	规格	单位	数量		备注
				合格品	次品	
	ABS Ⅰ-B		套	20		
	ABS Ⅱ-B		套	15		

成本核算员：刘竟　　　保管员：王开　　　第一生产车间：常昊
联次：一式三联，一联存根(车间统计)、二联财务记账、三联仓库记账

附表 100

收 款 收 据

NO.633954

2019 年 12 月 16 日

今 收 到 赵丽丽

交 来：支付赔偿款

金额（大写） 零佰 零拾 零万 零仟 壹佰 零拾 零元 零角 零分

¥ 100.00 ☑现金 □转账支票 □其他

收款单位(盖章)

核准　　会计　　记账　　出纳　　经手人 赵丽丽

第三联 交财务

附表 101－1

南京住房公积金汇（补）缴受理回执

2019年12月17日　　　　　档案号：

单位名称	南京铁宁机械股份有限公司	缴存年月	起	2019-11
单号账位	0207-211374641		止	2019-11
经办人	赵丽丽	补缴类型		
身份证号	320104198404102822	补缴人数		62
缴存金额	54 812.00			
上月汇缴		本月增加汇缴		本月减少汇缴		本月汇缴	
人数	金额	人数	金额	人数	金额	人数	金额
62	54 812.00					62	54 812.00

客户确认：赵丽丽　　　　　操作员：汪峰

第一联 客户留存

附表 101－2

11 月份住房公积金汇缴汇总表

单位:元

序号	部门	缴费基数	单位公积金	个人公积金	合计
1	董事会	23 500.00	2 350.00	2 350.00	4 700.00
2	行政部	27 368.00	2 736.80	2 736.80	5 473.60
3	人力资源部	9 868.00	986.80	986.80	1 973.60
4	财务部	23 736.00	2 373.60	2 373.60	4 747.20
5	供应部	9 000.00	900.00	900.00	1 800.00
6	研发部	26 000.00	2 600.00	2 600.00	5 200.00
7	第一生产车间	27 604.00	2 760.40	2 760.40	5 520.80
8	第二生产车间	32 736.00	3 273.60	3 273.60	6 547.20
9	机加工生产车间	19 604.00	1 960.40	1 960.40	3 920.80
10	水电气供应车间	18 472.00	1 847.20	1 847.20	3 694.40
11	营销一科	20 368.00	2 036.80	2 036.80	4 073.60
12	营销二科	24 936.00	2 493.60	2 493.60	4 987.20
13	原料库	4 000.00	400.00	400.00	800.00
14	半成品库	3 368.00	336.80	336.80	673.60
15	成品库	3 500.00	350.00	350.00	700.00
	合计	274 060.00	27 406.00	27 406.00	54 812.00

附表 102

南京铁宁机械股份有限公司
半成品出库单
2019 年 12 月 17 日

领料部门:第二生产车间　　　　　　　　　　　　　　　　　　　凭证编号:85626
领料用途:生产 ABS Ⅰ、ABS Ⅱ　　　　　　　　　　　　　　　　材料仓库:半成品库

材料编号	材料名称	材料类别	材料规格	计量单位	数 量		材料成本/元	
					请领	实发	单位成本	金额
	ABS Ⅰ-B			套	50	50		
	ABS Ⅱ-B			套	25	25		

领料人:何苗　　　　　　发料人:王开　　　　　　业务主管:肖天　　　　　　财务审核:莫非
联次:一式三联,一联留存、二联财务记账、三联仓库记账

附表 103-1

南京铁宁机械股份有限公司
材料报废审批单
2019 年 12 月 17 日

部门:第二生产车间　　　　　　　　　　　　　　　　　　　　　凭证编号:86651

材料编号	材料名称	材料类别	材料规格	计量单位	数量	报废原因
	控制器			件	2	工人违规操作
处理意见	第二生产车间张三操作不当,应承担赔偿 1 000 元整					

制表人:何苗　　　　　　部门负责人:肖天　　　　　　　　　　　审批:严亮
联次:一式三联,一联留存、二联财务记账、三联仓库记账

附表 103-2

收 款 收 据
NO.633955
2019 年 12 月 17 日

今 收 到 张三

交来:赔偿金

金额(大写) 零佰 零拾 零万 壹仟 零佰 零拾 零元 零角 零分

¥ 1000.00　　☑现金　□转账支票　□其他

收款单位(盖章)

第三联交财务

核准　　会计　　记账　　出纳　　经手人

附表103-3

南京铁宁机械股份有限公司
领料单
2019年12月17日

领料部门:第二生产车间　　　　　　　　　　　　　　凭证编号:8444
领料用途:生产ABSⅠ、ABSⅡ　　　　　　　　　　　材料仓库:原料库

材料编号	材料名称	材料类别	材料规格	计量单位	数量		材料成本/元	
					请领	实发	单位成本	金额
	控制器			件	2	2		

领料人:张三　　　　发料人:于远　　　　业务主管:肖天　　　　财务审核:莫非
联次:一式三联,一联留存、二联财务记账、三联仓库记账

附表104

李军、高军工资表

单位:元

姓名	部门	应付工资	养老金	失业保险	公积金	医疗保险	个人所得税	实发工资	签名
李军	第一生产车间	4 747.75	320.00	20.00	400.00	90.00	0.00	3 917.75	
高军	研发部	4 658.50	400.00	25.00	500.00	110.00	0.00	3 623.50	

附表105

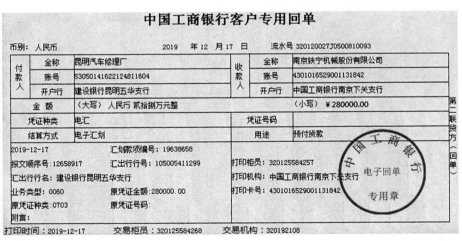

附表 106

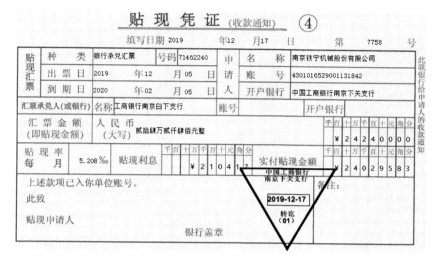

附表 107－1

附表 107－2

附表 107-3

用途及情况	金额											收款单位(人)	北京汽车配件材料厂
支付货款	亿	千	百	十	万	千	百	十	元	角	分	账 号	11010190201124410928
			￥	2	5	0	0	0	0	0	0	开户行	交通银行北京东城支行
金额(大写)合计:	人民币贰拾伍万元整											结算方式:	银行承兑汇票背书转让
审批人 陈建刚	财务部门		经 理	柳军			业务部门		经 理	张海			
			会 计	吴言					经办人	刘力			

附表 107-4

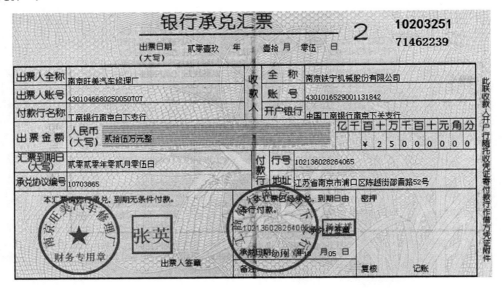

附表 107-5

南京铁宁机械股份有限公司
直接领料单

NO：9405

2019 年 12 月 17 日

领料部门：第二生产车间　　　　　　　　　　领料用途：生产 ABSⅠ、ABSⅡ

材料编号	材料名称	材料类别	材料规格	计量单位	数量		材料成本/元	
					请领	实发	单位成本	金额
	汽车内饰			套	200	200		

领料人：何苗　　　　发料人：于远　　　　业务主管：肖天　　　　财务审核：莫非

联次：一式三联，一联留存、二联财务记账、三联仓库记账

附表 108-1

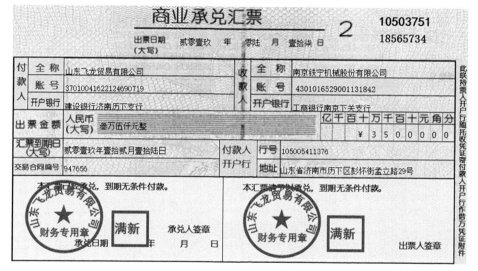

附表 108-2

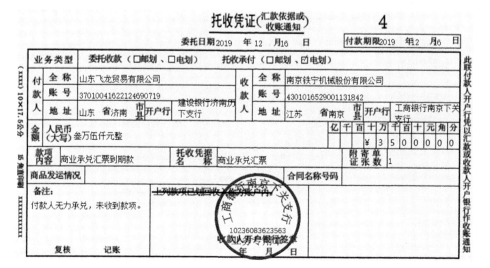

附表109

南京铁宁机械股份有限公司
产成品入库单
NO:3217

部门:第二生产车间　　　　2019年12月19日

产成品编码	产成品名称	规格	单位	数量		备注
				合格品	次品	
	ABS Ⅰ		套	45		
	ABS Ⅱ		套	50		

成本核算员:伍良　　　　保管员:李金　　　　第二生产车间:肖天

联次:一式三联,一联存根(车间统计)、二联财务记账、三联仓库记账

附表110-1

附表110-2

附表 110-3

附表 111-1

固定资产处置申请单

2019 年 12 月 18 日

固定资产名称	机床	单位	台	型号	MACK-5	数量	1
资产编号		停用时间	2019-12-18	投入使用时间	2014-03-01	使用部门	第二车间
已提折旧月数	68	原值	158800.00	累计折旧		86387.20	
有效使用年限	10	月折旧额	1270.40	净值		72412.80	
处置原因	因不满足生产需要而出售						

财务部门意见:

　　同意出售

　　　　莫非　2019年 12月 18日

公司领导意见:

　　同意出售固定资产

　　　　陈建刚　2019年 12月 18日

编制人: 王苗　　　　使用部门负责人: 肖天

附表 111－2

设备转让协议书

受让方（甲方）：南京长安汽车制造公司

转让方（乙方）：南京铁宁机械股份有限公司

　　为实现生产经营需要，甲方拟收购乙方拥有机械设备，经甲、乙双方协商一致，特签订本协议：

第一条 设备名称、规格、数量、价格

　　乙方转让给甲方的设备 机床，该设备型号 MACK-5，数量 1 台，经双方约定价格为 68 000.00 元（含税价格）；

第二条 付款方式

　　在本协议生效后7个工作日日内一次性支付货款 68 000.00 元。

第三条 设备交付时间

　　在收到甲方支付的货款后7个工作日，乙方将机器设备交付给甲方。

第四条 交接验收

　　甲方对乙方转让的设备做了充分了解，并同意在该状况下受让。甲、乙双方应组织有关人员办理转让设备的交接手续。

第五条 费用负担

　　转让设备的拆卸费由乙方承担，运输及安装等费用由甲方承担。

第六条 违约责任

　　1. 本协议签订后，甲、乙双方应认真履行，因一方过错给另一方造成损失的，应当承担由此而产生的违约责任。

　　2. 乙方收取甲方转让款7个工作日后，如未及时交付设备，甲方有权要求乙方按照协议每天支付转让款1%的违约金，并有权要求乙方继续履行合同。乙方在收取甲方转让款15个工作日后不交付设备，视为乙方中途毁约，甲方有权解除合同；甲方在合同签订后 15 个工作日未支付设备款的，视为甲方中途毁约，乙方有权解除合同。

第七条 合同生效、其他事项

　　1. 本协议经甲、乙双方授权代表签字并加盖公章后生效；

　　2. 本协议一式 贰 份，甲、乙双方各执 壹 份；

　　3. 本协议未尽事宜，由甲、乙双方订立补充协议，补充协议与本协议具有同等法律效力。

第八条 争议解决

　　因履行本协议发生争议，由争议双方友好协商解决，协商不成，可以到乙方所在地人民法院进行诉讼。

甲　方（盖章）：　　　　　　　乙　方（盖章）：

授权代表（签字）：赵明 王浩　　授权代表（签字）：肖天

日　期：2019年12月18日　　　日　期：2019年12月18日

附表 111-3

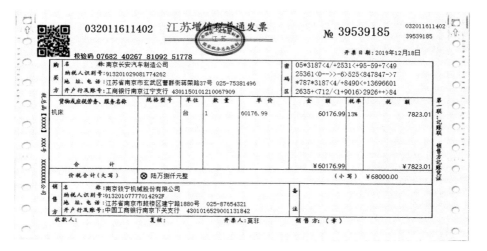

附表 111-4

附表 111-5

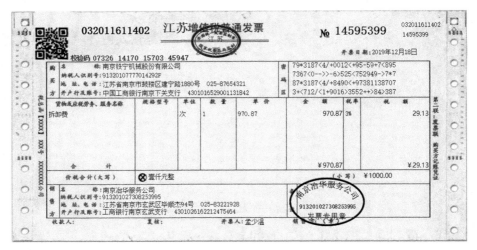

附表 111-6

固定资产处置结果表

2019 年 12 月 18 日

固定资产名称	机床	原价	158800.00	已提折旧	87657.60
净值	71142.40	出售价格（不含税）	60176.99	拆卸费	1000.00
出售净损益	-11965.41				

财务部门意见：

净损益按《企业会计准则》处理。

莫非   2019 年 12 月 18 日

公司领导意见：

同意

陈建刚   2019 年 12 月 18 日

附表 111-7

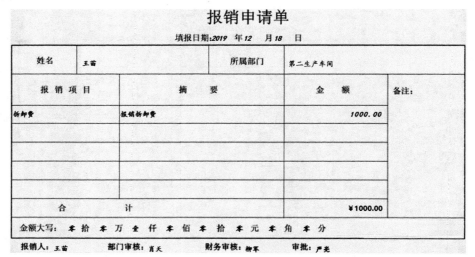

附表 112－1

附表 112－2

附表 112－3

南京铁宁机械股份有限公司
直接领料单   NO:9406
2019 年 12 月 18 日

领料部门:水电气供应车间　　　　　　　　领料用途:日常维修

材料编号	材料名称	材料类别	材料规格	计量单位	数量		材料成本/元	
					请领	实发	单位成本	金额
	维修用品			批	1	1		

领料人:洪山　　　发料人:于远　　　业务主管:李易　　　财务审核:莫非
联次:一式三联,一联留存、二联财务记账、三联仓库记账

附表 113

南京铁宁机械股份有限公司
半成品入库单

NO:6567

2019 年 12 月 18 日

半成品编码	半成品名称	规格	单位	数量		备注
				合格品	次品	
	ABS Ⅰ-B		套	40		
	ABS Ⅱ-B		套	35		

成本核算员:刘竟　　　　　保管员:王开　　　　　第一生产车间:常昊

联次:一式三联,一联存根(车间统计)、二联财务记账、三联仓库记账

附表 114

南京铁宁机械股份有限公司
领料单

2019 年 12 月 18 日

领料部门:行政部　　　　　　　　　　　　　　　凭证编号:8445
领料用途:扩建 ABS 生产线　　　　　　　　　　材料仓库:原料库

材料编号	材料名称	材料类别	材料规格	计量单位	数量		材料成本/元	
					请领	实发	单位成本	金额
	工程物资			批	1	1		700 000.00

领料人:高亮　　　发料人:于远　　　业务主管:王浩　　　财务审核:莫非

联次:一式三联,一联留存、二联财务记账、三联仓库记账

附表 115

固定资产处置申请单

2019 年 12 月 18 日

固定资产名称	电脑	单位	台	型号		数量	1
资产编号		停用时间	2019-12-18	投入使用时间	2017-05-01	使用部门	人力资源部
已提折旧月数	30	原值	2393.16	累计折旧	1172.65		
有效使用年限	5	月折旧额	39.09	净值	1220.51		
处置原因:人为原因造成无法继续使用							
财务部门意见: 同意报废,吴军赔偿500元 莫非　2019 年 12 月 18 日				公司领导意见: 同意 严尧　2019 年 12 月 18 日			

编制人:吴军　　　　　　　　　　　　使用部门负责人:张文

附表 116－1

附表 116－2

附表 116－3

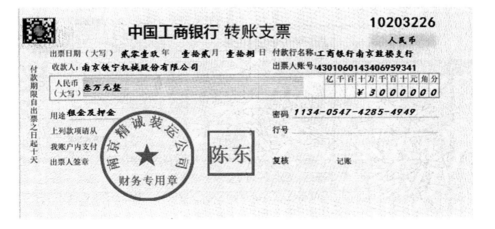

附加信息：	被背书人	被背书人
	背书人签章 年　月　日	背书人签章 年　月　日

附表 116－4

仓库租赁协议

出租方（甲方）：南京铁宁机械股份有限公司　　统一社会信用代码：91320107777014292F
承租方（乙方）：南京精诚装运公司　　统一社会信用代码：91320106841914 8577

　　甲方和乙方经协商一致，就甲方自愿将合法拥有处分权的仓库出租给乙方使用达成如下协议：

　　一、出租仓库坐落于 鼓楼 区 建宁路1880号内 ，房屋所有权证号 下转字第296533号 ，建筑面积 150 平方米。

　　二、租赁期限自 2019 年 12 月 19 日至 2022 年 12 月 18 日止。租期届满后，乙方若要求续租，应当于租期满前 30 日通知甲方。在同等条件下，乙方有权优先承租。

　　三、甲方将房屋出租给乙方作 仓库 用途使用。乙方不得改变租赁房屋使用用途。

　　四、该房屋租金为（大写） 伍万元 /年。房屋租金支付方式如下： 乙方半年预付，首期租金与租赁押金在本协议签订时支付，以后每期租金乙方应于到期前15天预付 。

　　五、甲方于签约时收取乙方人民币（大写） 伍仟 元作为租赁押金。租赁期届满后，如乙方的使用没有造成房屋或设施的损坏，且不欠有关费用，则甲方应全额退还租赁押金（不计利息），否则甲方有权扣除相应费用后将余额退还给乙方。

　　六、租赁期间出租仓库的使用费用由乙方支付。

　　七、租赁期限内，若一方要求提前解约，必须提前1个月通知对方，并征得对方书面同意。未经对方书面同意，擅自单方终止合同的，应向对方支付1个月租金作为违约金。

　　八、租赁期限内，若乙方未按协议规定交纳租金，每逾期 1 天按月租金 5 %承担违约责任。租赁期限内，若乙方未按本约定第六条的约定交纳有关费用，导致逾期交纳而增加费用的，由乙方承担经济责任。

　　九、本合同一式 贰 份，甲、乙双方各执 壹 份，具有同等法律效力。

甲方（盖章）：　　　　　　　　乙方（盖章）：
授权代表（签字）：王浩　　　　授权代表（签字）：陈东
签约日期：2019年12月17日　　签约日期：2019年12月17日

附表 117－1

南京铁宁机械股份有限公司
成品出库单

NO:8565

出库部门:营销二科　　自备料产成品　　□样品　　□其他　　2019 年 12 月 18 日

存货编码	存货名称	规格	单位	数量	备注
	ABS Ⅱ		套	25	

保管员:李金　　　　送货人:　　　　业务主管:陈春　　　　财务审核:吴言

联次:一式三联,一联留存、二联财务记账、三联仓库记账

附表 117－2

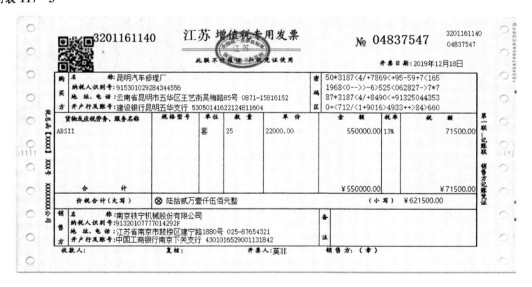

附表 117－3

附表 118

收 款 收 据
NO.633957

2019 年 12 月 18 日

今 收 到 吴军

交 来：支付赔偿款

金额（大写） 零佰 零拾 零万 零仟 伍佰 零拾 零元 零角 零分

¥ 500.00 ☑现金 □转账支票 □其他

收款单位(盖章)

核准　　会计　　记账　　出纳　　经手人 吴军

第三联交财务

附表 119

中国工商银行客户专用回单

币别：人民币		2019 年 12 月 18 日	流水号 320120027J0500810081	
付款人	全称	南京铁宁机械股份有限公司	收款人 全称	南京铁宁机械股份有限公司
	账号	4301016529001131842201	账号	4301016529001131842
	开户行	中国工商银行南京下关支行	开户行	中国工商银行南京下关支行
金额	（大写）人民币 壹拾壹万捌仟元整		（小写） ¥118000.00	
凭证种类			凭证号码	
结算方式	银行划转		用途	出售债券

划汇日期:2019-12-18　　汇划款项编号:79394842
报文顺序号:33178317　　汇出行行号:103003605206　　打印柜员:320125584257
汇出行名:中国工商银行南京下关支行　　打印机构:中国工商银行南京下关支行
业务类型:0060　　原凭证金额:118000.00　　打印卡号:4301016529001131842
原始凭证种类:0705　　原凭证号码:
附言:
打印时间:2019-12-18　　交易柜员:320125584268　　交易机构:320111024941233l231797

（中国工商银行回单专用章）

第二联贷方(回单)

附表 120

南京铁宁机械股份有限公司
领料单
2019 年 12 月 19 日

领料部门：第二生产车间　　　　　　　　　　　　　　　　凭证编号：8446
领料用途：包装 ABS Ⅰ、ABS Ⅱ产品　　　　　　　　　　　 材料仓库：原料库

材料编号	材料名称	材料类别	材料规格	计量单位	数　量		材料成本/元	
					请领	实发	单位成本	金额
	包装箱			只	95	95		

领料人：何苗　　　发料人：于远　　　业务主管：肖天　　　财务审核：莫非
联次：一式三联，一联留存、二联财务记账、三联仓库记账

附表 121－1

附表 121－2

附表 121－3

附表 122-1

董事会关于同意购买南京雨花汽车材料商行股权的决议

会议时间:2019年12月18日

会议地点:公司办公楼会议室

参会人员:李晓进、陈建刚、严亮,全体董事均已到会。

会议议题:购买南京雨花汽车材料商行30％股权

　　本次会议由董事长李晓进召集和主持。根据公司章程及有关规定,经董事会全体董事讨论,一致通过如下决议:

　　以60万元购买南京雨花汽车材料商行30％的股权。

全体董事同意并签字:李晓进　　陈建刚　　严亮

二〇一九年十二月十八日

附表 122-2

南京雨花汽车材料商行关于同意股权转让的股东会决议

　　会议时间:2019年12月18日

　　会议地点:南京雨花汽车材料商行会议室

　　参会人员:张超、汪洋、陈建刚,全体股东均已到会。

　　会议议题:股权转让

　　　　本次会议由董事长张超召集和主持。根据公司章程及有关规定,经全体股东讨论一致通过如下决议:

　　　　1.同意汪洋将所持有的本商行30％的股权以60万元转让给南京铁宁机械股份有限公司。

　　　　2.同意章程修正案。

　　原股东同意并签字:张超　汪洋

　　新股东同意并盖章:陈建刚

南京雨花汽车材料商行（盖章）
二〇一九年十二月十八日

附表122-3

南京雨花汽车材料商行章程修正案

根据章程及有关规定，经股东会全体股东讨论一致通过，本商行章程修正如下：

原商行章程第五条修改为：

股东名称或姓名	证照类型	证照号码	出资时间	出资方式	认缴出资额/万元	出资比例/%
张超	身份证	320102198805156739	2016-1-31	货币	120	60
汪洋	身份证	320106198307027235	2016-1-31	货币	20	10
南京铁宁机械股份有限公司	营业执照	91320107777014292F	2016-1-31	货币	60	30

法定代表人签字：张超

南京雨花汽车材料商行（盖章）

二〇一九年十二月十八日

附表122-4

附表 122－5

股权转让协议书

本协议由甲方与乙方就南京雨花汽车材料商行股权转让事宜于2019年12月18日在南京市签定。

转让方（甲方）：汪洋　　　　　　受让方（乙方）：南京铁宁机械股份有限公司
身份证号：320106198307027235　　统一社会信用代码：91320107777014292F
住所：江苏省南京市鼓楼区佳美花园4-106　住所：江苏省南京市鼓楼区建宁路1880号

转让方是本协议第一条所述"转让股权"的持有人，并同意以本协议规定的条件将"转让股权"转让予受让方；受让方同意按本协议规定的条件受让"转让股权"。为此，转让方与受让方达成协议如下：

第一条　转让股权
本协议所称"转让股权"系指转让方在南京雨花汽车材料商行所持有80万元股权中的60万元股权，该"转让股权"占南京雨花汽车材料商行注册资本的30%。

第二条　转让
转让方在此同意按本协议的条件及价款完全地将本协议第一条所列的"转让股权"的所有权利及义务转让给受让方，以使受让方享有及承担转让方对"转让股权"所享有的全部权利和承担的全部义务。

第三条　转让方的承诺与保证
1. 本协议签署时转让方是"转让股权"的合法持有者，其具有完全的权利签署本协议并将"转让股权"转让给受让方。
2. 转让方并没有明知或故意向受让方隐瞒任何可能使受让方合法持有"转让股权"遭受障碍的事实和情况。
3. 转让方保证，如果因为其违反上述承诺与保证而导致受让方遭受损失，转让方将就受让方上述直接损失给予受让方全额补偿。

第四条　受让方的承诺与保证
1. 受让方保证其将按本协议第五条规定的转让价款、支付方式如数支付转让价款。
2. 受让方保证，如果因为其违反上述承诺与保证而导致转让方遭受损失，受让方将就转让方上述直接损失给予转让方全部补偿。

第五条　转让价款
1. 本协议所指"转让股权"的总价款为人民币60万元。
2. 受让方自本协议生效之日起3个工作日内用货币形式一次性向转让方支付"转让股权"的价款。

第六条　协议的生效
本协议经转让方和受让方签字盖章后生效。

第七条　争议的解决
1. 本协议或本协议执行过程中发生任何争议，应当通过友好协商解决。
2. 若协商不成，任何一方可向南京市鼓楼区人民法院提起诉讼。

第八条　其他
本协议一式三份，转让方持有一份，受让方持有一份，登记机关备存一份。

转让方（签字）：汪洋　　　　　　受让方（盖章）

　　　　　　　　　　　　　　　　授权代表（签字）：陈建刚

附表123－1

贷款利息计算表

贷款银行	账号	贷款期限	贷款本金/元	贷款利率/%	本月计提利息/元		
					财务费用	资本化	合计
建行新街口支行			2 000 000.00	9.2550			
工行江苏省分行营业部			1 450 000.00	9.0000			
中国银行南京下关支行			1 500 000.00	6.1500			
	合计		4 950 000.00				

附表123－2

附表123－3

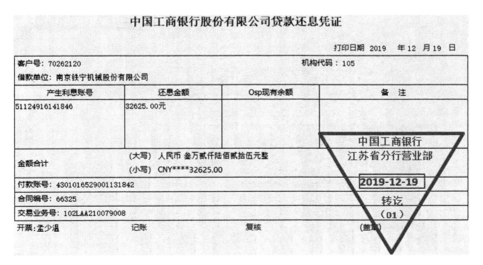

附表123-4

中国银行股份有限公司贷款还息凭证

打印日期 2019 年 12 月 19 日

客户号：710521776		机构代码：107	
借款单位：南京铁宁机械股份有限公司			
产生利息账号	还息金额	Osp现有余额	备 注
72024027252746	2306.25元		
金额合计	(大写) 人民币 贰仟叁佰零陆元贰角伍分		中国银行 南京下关支行 2019.12.19 转讫 (01)
	(小写) CNY****2306.25		
付款账号：4301016529001131842			
合同编号：57695			
交易业务号：242LA1110186008			
开票：周星星　　　　记账：　　　　复核：			(盖章)

附表124

固定资产盘亏核销报告表

2019 年 *12* 月 *19* 日

固定资产名称	单位	盘亏			盘亏原因
		数量	原值	已提折旧	
笔记本电脑	台	1	3300.00	1617.00	管理不善
财务部门意见： 同意，管理员邱辰赔偿500.00元 莫非　2019年 12月 19日		保管部门意见： 同意 王浩　2019年 12月 19日			公司领导意见： 同意 严光　2019年 12月 19日

附表125-1

南京铁宁机械股份有限公司
成品出库单

NO:8566

出库部门：营销二科　　自备料产成品　☐样品　☐其他　　　2019年 12月 19日

存货编码	存货名称	规格	单位	数量	备注
	ABS Ⅰ		套	3	

保管员：李金　　　　送货人：　　　　业务主管：陈春　　　　财务审核：吴言

联次：一式三联，一联留存、二联财务记账、三联仓库记账

附表125－2

附表125－3

附表126－1

南京铁宁机械股份有限公司
成品出库单　　　　　　　　　　　　　　　　　　　　　　　NO:8567

出库部门：营销二科　　自备料产成品　□样品　□其他　　　2019年12月20日

存货编码	存货名称	规格	单位	数量	备注
	ABS Ⅱ		套	20	

保管员：李金　　送货人：　　业务主管：陈春　　财务审核：吴言

联次：一式三联，一联留存、二联财务记账、三联仓库记账

附表 126-2

购货单位: 宁波汽车制造厂		地址和电话: 浙江省宁波市江北区胡宪郭森路54号 0574-43122667				单据编号: XS023	
纳税识别号: 913302055849242503		开户行及账号: 中国银行宁波中州路支行487412357164				制单日期: 2019-12-20	
编码	产品名称	规格	单位	单价	数量	金额	备注
	ABS II		套	24860.00	20	497200.00	含税价
合计	人民币（大写）：肆拾玖万柒仟贰佰元整					¥497200.00	
	销售经理: 陈春		经手人: 江起		会计:	签收人: 刘德兴	

附表 126-3

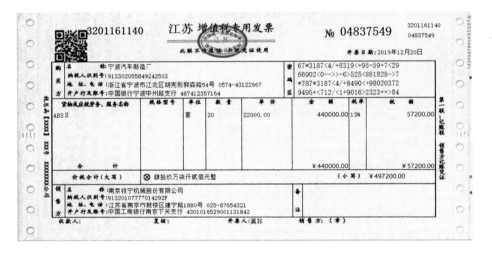

附表 126-4

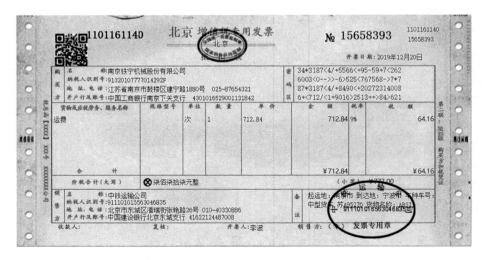

附表 126－5

附表 126－6

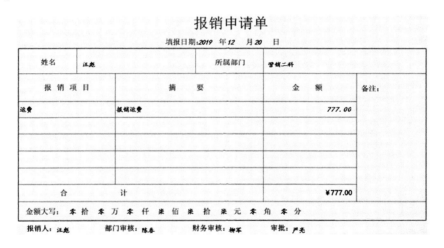

附表 126－7

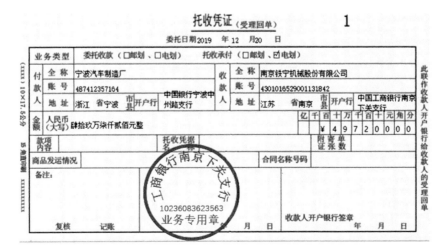

附表 126-8

购销合同

合同编号：201912060092

甲方：宁波汽车制造厂
乙方：南京铁宁机械股份有限公司

甲、乙双方经协商一致，达成如下货物购销合同：

一、货物及其数量、金额等：

采购货物名称	规格型号	数量	单价	总价	免费质保期	交货时间	备注

合同总金额：人民币（大写）_____元整。¥_____元

甲方	联系人：	电话：
乙方	联系人：	电话：

二、交货地点：

三、验收：甲方按采购文件相关要求进行。

四、付款：由甲方按下列程序付款。每次付款在3个工作日内完成。

1. 预付款：签订合同后，支付合同总价的____%，付款方式为_____。

2. 所购货物到货，通过正式验收，支付合同金额的____%，即人民币_____元。付款方式为_____。

五、合同纠纷处理：本合同执行过程中发生纠纷，由甲、乙双方协商处理。协商不成可向乙方所在地人民法院提起诉讼。

六、合同生效：本合同由甲、乙双方签字盖章后生效。

七、本合同一式肆份，甲、乙双方各持贰份，具有同等法律效力。

甲方：（盖章）　　　　　　　　乙方：（盖章）
地址：_____　　　　　　　　地址：_____
授权代表：_____　　　　　　授权代表：_____
签约时间：_____　　　　　　签约时间：_____

附表 126－9

中国工商银行客户专用回单

币别：人民币　　　　2019 年 12 月 20 日　　　流水号 32012002710500810086

付款人	全称	南京铁宁机械股份有限公司	收款人	全称	中铁运输公司
	账号	4301016529001131842		账号	41622124487008
	开户行	中国工商银行南京下关支行		开户行	中国建设银行北京东城支行

金额	（大写）人民币 柒佰柒拾柒元整	（小写）¥777.00
凭证种类	网银	凭证号码
结算方式	转账	用途 运费

汇划日期：2019-12-20　　汇划款项编号：30866171
报文顺序号：58667997　　汇出行行号：10249412331231
汇出行行名：中国工商银行南京下关支行　　打印柜员：320125584257
业务类型：0060　　原凭证金额：777.00　　打印机构：中国工商银行南京下关支行
原凭证种类：0703　　原凭证号码：　　　打印卡号：4301016529001131842
附言：

打印时间：2019-12-20　　交易柜员：320125584268　　交易机构：320110249412331231770

（中国工商银行 电子回单 专用章）

附表 127－1

南京铁宁机械股份有限公司
成品出库单
NO：8568

出库部门：营销一科　　自备料产成品　☐样品　☐其他　　　2019 年 12 月 20 日

存货编码	存货名称	规格	单位	数量	备注
	ABS Ⅱ		套	3	

保管员：李金　　送货人：　　业务主管：李铁　　财务审核：吴言

联次：一式三联，一联留存、二联财务记账、三联仓库记账

附表 127－2

销售单

购货单位：南京长安汽车制造公司	地址和电话：江苏省南京市玄武区曹群街蓉路37号 025-75381496	单据编号：XS024
纳税识别号：913201029081774262	开户行及账号：工商银行南京江宁支行4301150101210067909	制单日期：2019-12-20

编码	产品名称	规格	单位	单价	数量	金额	备注
	ABS Ⅱ		套	28250.00	3	84750.00	含税价

合计	人民币（大写）捌万肆仟柒佰伍拾元整	—	¥84750.00

销售经理：李铁　　经手人：王立　　会计：　　签收人：刘景阳

附表127－3

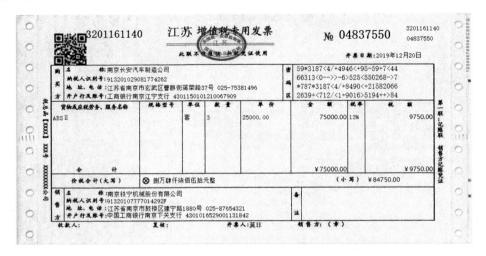

附表127－4

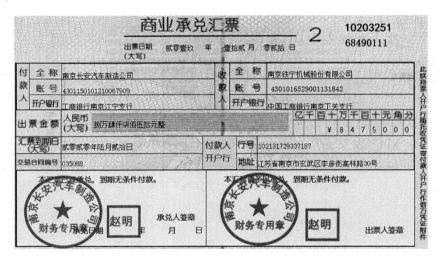

附表 128

南京铁宁机械股份有限公司
产成品入库单   NO:3218

部门:第二生产车间   2019 年 12 月 20 日

产成品编码	产成品名称	规格	单位	数量		备注
				合格品	次品	
	ABS Ⅰ		套	60		
	ABS Ⅱ		套	70		

成本核算员:伍良　　　　　保管员:李金　　　　　　　　第二生产车间:肖天
联次:一式三联,一联存根(车间统计)、二联财务记账、三联仓库记账

附表 129－1

南京铁宁机械股份有限公司
成品出库单   NO:8569

出库部门:营销一科　　自备料产成品　□样品　□其他　　2019 年 12 月 20 日

存货编码	存货名称	规格	单位	数量	备注
	ABS Ⅱ		套	8	

保管员:李金　　　送货人:　　　　业务主管:李铁　　　财务审核:吴言
联次:一式三联,一联留存、二联财务记账、三联仓库记账

附表 129－2

委托代销协议

协议编号：201912200022

甲方（委托方）：南京铁宁机械股份有限公司
乙方（受托方）：南京雨花汽车材料商行

甲、乙双方经协商一致，达成如下货物委托代销协议：

一、代销货物及其数量、金额等：

货物名称	规格型号	数量	单价	总价	交货时间	备注

二、协议期限：自____年___月__日起至____年___月__日止。

三、手续费的计算：

1. 乙方完成代销事项后，按照销售额的____收取手续费，乙方在办理代销事项过程中产生的所有税费均由甲方承担。

2. 乙方应在每月底报送已销商品清单，载明售出商品的名称、数量、销售单价和销售金额，应扣的代交税金和代销手续费等，并在3个工作日内将货款净额汇交甲方。

四、纠纷处理：本协议执行过程中发生纠纷，由甲、乙双方协商处理。协商不成可向甲方所在地人民法院提起诉讼。

五、协议生效：本协议由甲、乙双方签字盖章后生效。

六、本合同一式肆份，甲、乙双方各持贰份，具有同等法律效力。

甲方:（盖章）
地址：_____
授权代表：_____
签约时间：_____

乙方:（盖章）
地址：_____
授权代表：_____
签约时间：_____

附表 130

固定资产盘盈盘亏报告表

2019 年 12 月 20 日　　　　单位：元

类别	名称规格	单位	存放地点	账面数量	实物数量	盘盈						原因
						数量	重置成本	数量	原值	已提折旧	月折旧额	
仪表设备		台		3	4	1	50000.00					原因不明
合计							￥50000.00					

使用部门：　　　　　会计：　　　　　主管：

附表 131

附表 132－1

附表 132－2

附表133-1

附表133-2

附表133-3

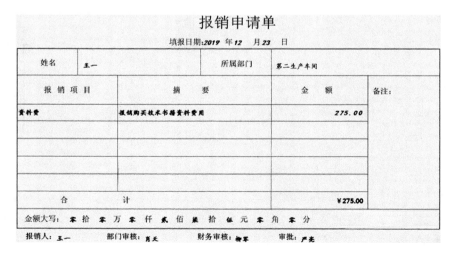

附表 134 - 1

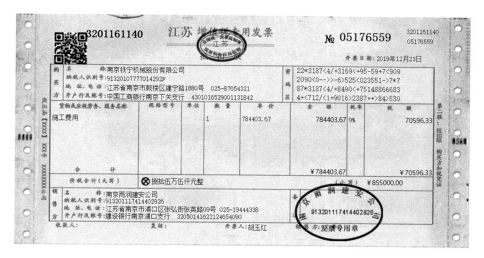

附表 134 - 2

附表 134 - 3

用途及情况	金　额										收款单位(人)：南京雨润建安公司
	亿	千	百	十	万	千	百	十	元	角	分
支付施工费用			¥	8	5	5	0	0	0	0	0	账号：32050141622124654090
												开户行：建设银行南京浦口支行
金额（大写）合计：	人民币捌拾伍万伍仟元整											结算方式：网银
审批人	李晓进	财务部门		经理	柳军		业务部门		经理	王浩
				会计	龚菲				经办人	高尧

付款申请书
2019 年 12 月 23 日

附表 134－4

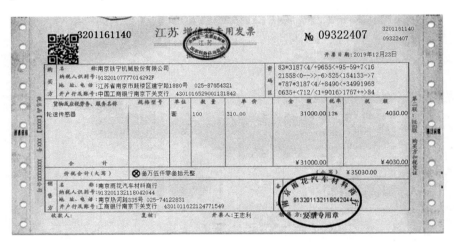

附表 135－1

附表 135－2

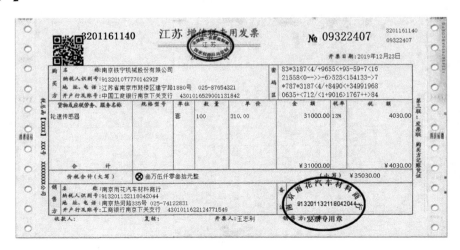

附表 136

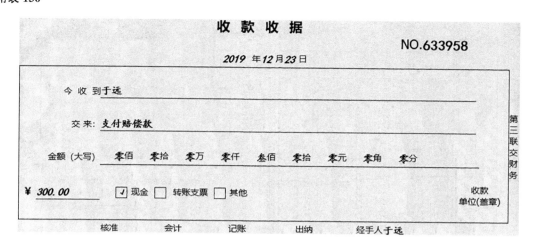

附表 137

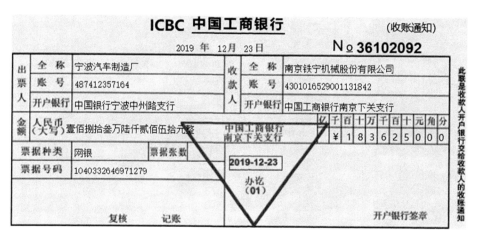

附表 138

南京铁宁机械股份有限公司
存货验收单   NO:5653
2019 年 12 月 23 日

存货编码	存货名称	规格	单位	数量			单价/元	计划价格/元	质量		差异原因
				发票数	入库数	差异			合格数量	不合格数量	
	轮速传感器		套	100	100			300	98	2	
	合计			100	100			300	98	2	

采购员:刘力   保管员:于远   质检员:王良   审核:吴言
联次:一式三联,一联采购留存、二联仓库记账、三联财务记账

附表 139－1

开具红字增值税专用发票申请单

NO.

<table>
<tr><td rowspan="2">销售方</td><td>名　称</td><td></td><td rowspan="2">购买方</td><td>名　称</td><td></td><td></td></tr>
<tr><td>税务登记代码</td><td></td><td>税务登记代码</td><td></td><td></td></tr>
<tr><td rowspan="7">开具红字专用发票内容</td><td>货物（劳务）名称</td><td>单价</td><td>数量</td><td>金额</td><td colspan="2">税额</td></tr>
<tr><td></td><td></td><td></td><td></td><td colspan="2"></td></tr>
<tr><td></td><td></td><td></td><td></td><td colspan="2"></td></tr>
<tr><td></td><td></td><td></td><td></td><td colspan="2"></td></tr>
<tr><td></td><td></td><td></td><td></td><td colspan="2"></td></tr>
<tr><td></td><td></td><td></td><td></td><td colspan="2"></td></tr>
<tr><td>合计</td><td></td><td></td><td></td><td colspan="2"></td></tr>
<tr><td>说明</td><td colspan="6">对应蓝字专用发票抵扣增值税销项税额情况：
已抵扣□　未抵扣□　纳税人识别号认证不符□
专用发票代码、号码认证不符□
对应蓝字专用发票密码区内打印的代码：_____
　号码：_____
开具红字专用发票理由：</td></tr>
</table>

申明：我单位提供的《申请单》内容真实，否则将承担相关法律责任。
购买方经办人：　　　　购买方名称（印章）：
　　　　　　　　　　　　　　　　年　月　日

注：本申请单一式两联：第一联，购买方留存；第二联，购买方主管税务机关留存。

附表 139－2

开具红字增值税专用发票通知单

填开日期：　年　月　日　　　　　　　NO.

销售方	名　称		购买方	名　称	
	税务登记代码			税务登记代码	

开具红字发票内容	货物（劳务）名称	单价	数量	金额	税额
	合计				

说明	需要作进项税额转出□ 不需要作进项税额转出□ 　　　　　　纳税人识别号认证不符□ 　　　　　　专用发票代码、号码认证不符□ 　　　　　　对应蓝字专用发票密码区内打印的代码：_____ 　　　　　　　　　　　　　　　　　　　号码：_____ 开具红字专用发票理由：

经办人：　　　负责人：　　　主管税务机关名称（印章）：

注：1. 本通知单一式三联：第一联，购买方主管税务机关留存；第二联，购买方送交销售方留存；第三联，购买方留存。
　　2. 通知单应与申请单一一对应。
　　3. 销售方应在开具红字专用发票后到主管税务机关进行核销。

附表 139－3

南京铁宁机械股份有限公司
存货出库单　　　　　　　　　　　　　　　NO:7749

出库部门：供应部　　自备料产成品　□样品　□其他　　　　2019 年 12 月 23 日

存货编码	存货名称	规格	单位	数量	备注
	轮速传感器		套	2	质量不合格退货

保管员：于远　　　送货人：　　　业务主管：张海　　　财务审核：吴言
联次：一式三联，一联留存、二联财务记账、三联仓库记账

附表140-1

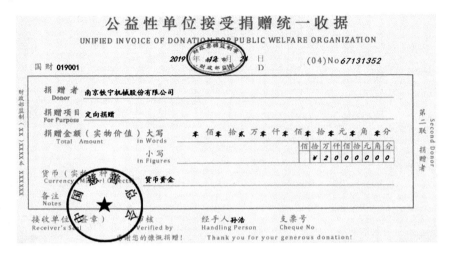

附表140-2

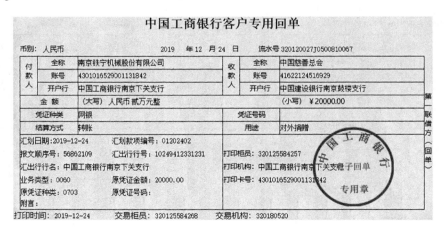

附表140-3

附表 141-1

设备赞助协议书

甲方：南京铁宁机械股份有限公司
乙方：南京跃进职业技术学院

经双方协商，现决定甲方无偿赞助乙方一台压力机（原值50 000.00元、已提折旧14 000.00元）给学生实训时使用。

甲方：
授权代表：陈建刚
2019年12月24日

乙方：
授权代表：黄龙
2019年12月24日

附表 141-2

固定资产处置申请单
2019 年 12 月 24 日

固定资产名称	压力机	单位	台	型号		数量	1
资产编号		停用时间	2019-12-24	投入使用时间	2016-12-01	使用部门	第二生产车间
已提折旧月数	35	原值	50000.00	累计折旧		14000.00	
有效使用年限	10	月折旧额	400.00	净值		36000.00	
处置原因：对外赞助							
财务部门意见： 同意对外赞助 莫非 2019 年 12 月 24 日				公司领导意见： 同意对外赞助 李晓进 2019 年 12 月 24 日			
编制人：王苗				使用部门负责人：肖天			

附表 141-3

固定资产处置结果表
2019 年 12 月 24 日

固定资产名称	压力机	原价	50000.00	已提折旧	14000.00
净值	36000.00	出售价格（不含税）	0	清理费用	0
出售净损益	-36000.00				
财务部门意见： 净损益按《企业会计准则》处理。 莫非 2019 年 12 月 24 日			公司领导意见： 同意 李晓进 2019 年 12 月 24 日		

附表 142

| 托收凭证 (汇款依据或收账通知) | 4 |

委托日期 2019 年 12 月 20 日　　付款期限 2019 年 2 月 4 日

业务类型　委托收款（□邮划、□电划）　托收承付（□邮划、☑电划）

付款人：
- 全称：宁波汽车制造厂
- 账号：487412357164
- 地址：浙江省宁波市
- 开户行：中国银行宁波中州路支行

收款人：
- 全称：南京铁宁机械股份有限公司
- 账号：4301016529001131842
- 地址：江苏省南京市
- 开户行：中国工商银行南京下关支行

金额人民币（大写）：肆拾玖万柒仟贰佰元整　￥497200.00

备注：上列款项已收入你方账户请查收
1023608362 3563

附表 143 - 1

南京金陵汽车修理厂要求折让函

南京铁宁机械股份有限公司：

　　上月我厂从贵司采购一批ABS Ⅱ产品，含税价33.90万元。其中部分产品存在质量问题，请贵司在原来的价格上折让5%，即退款16 950.00元给我厂，其他责任不再追究。

南京金陵汽车修理厂
2019年12月20日

销售部门意见：
　　情况属实，建议折让5%。　　李铁 2019年12月23日

公司领导意见：
　　同意。　　严亮 2019年12月23日

附表 143－2

开具红字增值税专用发票通知单

填开日期：2019 年 12 月 24 日　　　　　NO.320122421559

销售方	名　称	南京铁宁机械股份有限公司	购买方	名　称	南京金陵汽车修理厂
	税务登记代码	91320107777014292F		税务登记代码	913201027044820184

开具红字发票内容	货物（劳务）名称	单价	数量	金额	税额
	ABSⅡ	1250.00	12	15000.00	1950.00
	合计	——		15000.00	1950.00

说明	需要作进项税额转出 ☑ 不需要作进项税额转出 □ 　　　　纳税人识别号认证不符 □ 　　　　专用发票代码、号码认证不符 □ 　　　　对应蓝字专用发票密码区内打印的代码：_____ 　　　　　　　　　　　　　　　　　　　号码：_____ 开具红字专用发票理由：销售折让。

经办人：方芳　　负责人：陆路　　主管税务机关名称（印章）：

注：1. 本通知单一式三联：第一联，购买方主管税务机关留存；第二联，购买方送交销售方留存；第三联，购买方留存。
　　2. 通知单应与申请单一一对应。
　　3. 销售方应在开具红字专用发票后到主管税务机关进行核销。

附表 143－3

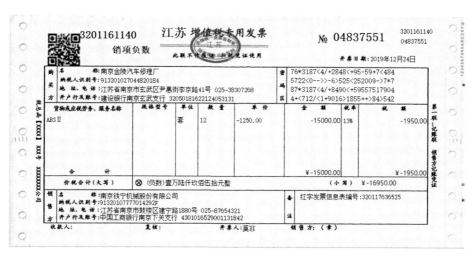

附表144－1

南京铁宁机械股份有限公司
成品出库单

NO：8570

出库部门：营销二科　　自备料产成品　　□样品　　□其他　　2019年12月25日

存货编码	存货名称	规格	单位	数量	备注
	ABS Ⅰ		套	50	

保管员：李金　　　　送货人：　　　　业务主管：陈春　　　　财务审核：吴言

联次：一式三联，一联留存、二联财务记账、三联仓库记账

附表144－2

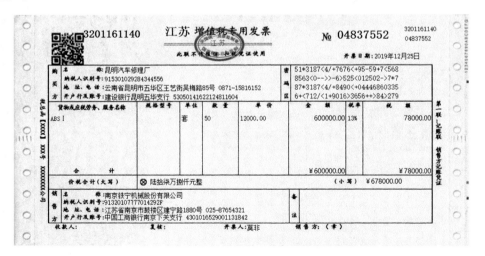

附表144－3

附表 144－4

中国工商银行客户专用回单

币别：人民币　　　2019 年 12 月 24 日　　　流水号 320120027J0500810016

付款人	全称	昆明汽车修理厂	收款人	全称	南京铁宁机械股份有限公司
	账号	53050141622124811604		账号	4301016529001131842
	开户行	建设银行昆明五华支行		开户行	中国工商银行南京下关支行
金额		（大写）人民币 叁拾陆万捌仟元整		（小写）￥368000.00	
凭证种类		电汇	凭证号码		
结算方式		电子汇划	用途		货款

划汇日期：2019-12-24　　汇划款项编号：33522423
报文顺序号：29825376　　汇出行行号：105005411299
汇出行行名：建设银行昆明五华支行
业务类型：9733　　　　原凭证金额：368000.00
原始凭证种类：4553　　原凭证号码：
附言：

打印柜员：320125584257
打印机构：中国工商银行南京下关支行回单
打印卡号：4301016529001131842

（中国工商银行专用章）

第二联 贷方（回单）

打印时间：2019-12-24　　交易柜员：320125584268　　交易机构：320184328

附表 145－1

南京铁宁机械股份有限公司
成品出库单　　　　　　　　　　　　　　　NO:8571

出库部门：营销一科　　自备料产成品　　□样品　　□其他　　　2019 年 12 月 25 日

存货编码	存货名称	规格	单位	数量	备注
	ABS Ⅱ		套	15	

保管员：李金　　　送货人：　　　业务主管：李铁　　　财务审核：吴言
联次：一式三联，一联留存、二联财务记账、三联仓库记账

附表 145－2

附表 145 - 3

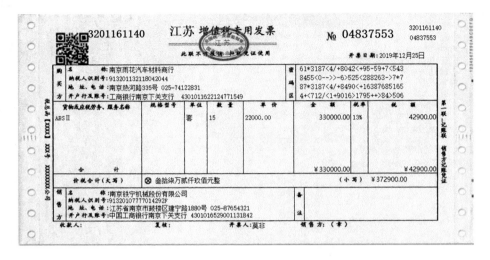

附表 145 - 4

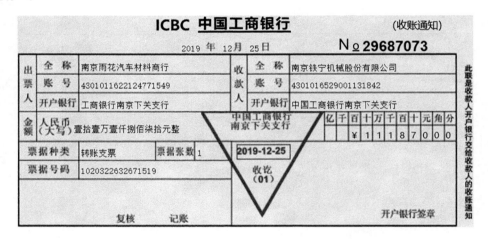

附表 145－5

购销合同

合同编号：201912250103

甲方：南京雨花汽车材料商行
乙方：南京铁宁机械股份有限公司

甲、乙双方经协商一致，达成如下货物购销合同：

一、货物及其数量、金额等：

采购货物名称	规格型号	数量	单价/元	总价/元	免费质保期	交货时间	备注
ABSⅡ		15	22 000.00	372 900.00	1年		其中增值税42 900元

合同总金额：人民币（大写）叁拾柒万贰仟玖佰元整。￥372 900.00 元

甲方	联系人：汪洋	电话：13913913913
乙方	联系人：王立	电话：13813813813

二、交货地点：乙方仓库。

三、验收：甲方按采购文件相关要求进行。

四、付款：由甲方按下列程序付款。每次付款在3个工作日内完成。

1. 收到所购全部产品及增值税专用发票后，支付全部货款的30%，即111 870.00元。

2. 剩余货款261 030.00元在6个月内付清。

五、合同纠纷处理：本合同执行过程中发生纠纷，由甲、乙双方协商处理。协商不成可向乙方所在地人民法院提起诉讼。

六、合同生效：本合同由甲、乙双方签字盖章后生效。

七、本合同一式肆份，甲、乙双方各持贰份，具有同等法律效力。

甲方：（盖章）
地址：江苏省南京市鼓楼区热河路335号
授权代表：汪洋
签约时间：2019年12月24日

乙方：（盖章）
地址：江苏省南京市鼓楼区建宁路1880号
授权代表：李铁
签约时间：2019年12月24日

附表146－1

南京铁宁机械股份有限公司
成品出库单

NO:8572

出库部门：营销一科　　自备料产成品　☐样品　☐其他　　2019年12月25日

存货编码	存货名称	规格	单位	数量	备注
	ABS Ⅰ		套	5	

保管员：李金　　送货人：　　业务主管：李铁　　财务审核：吴言

联次：一式三联，一联留存、二联财务记账、三联仓库记账

附表146－2

委托代销协议

协议编号：201912250029

甲方（委托方）：南京铁宁机械股份有限公司

乙方（受托方）：南京雨花汽车材料商行

甲、乙双方经协商一致，达成如下货物委托代销协议：

一、代销货物及其数量、金额等：

货物名称	规格型号	数量	单价	总价	交货时间	备注
						视同买断

二、协议期限：自＿＿＿年＿＿月＿＿日起至＿＿＿年＿＿月＿＿日止。

三、付款：

1.乙方收到委托代销货物及增值税专用发票后，3个工作日内支付全部货款。

2.乙方销售代销货物情况及所得与甲方无关。

四、纠纷处理：本协议执行过程中发生纠纷，由甲、乙双方协商处理。协商不成可向甲方所在地人民法院提起诉讼。

五、协议生效：本协议由甲、乙双方签字盖章后生效。

六、本合同一式肆份，甲、乙双方各持贰份，具有同等法律效力。

甲方：（盖章）　　　　　　　　　　　乙方：（盖章）
地址：＿＿＿＿＿＿＿＿　　　　　　　地址：＿＿＿＿＿＿＿＿
授权代表：＿＿＿＿＿　　　　　　　　授权代表：＿＿＿＿＿
签约时间：＿＿＿＿＿　　　　　　　　签约时间：＿＿＿＿＿

附表 146－3

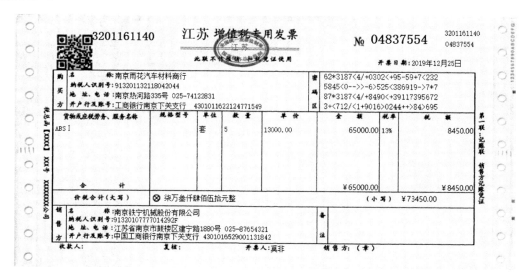

附表 146－4

附表 147

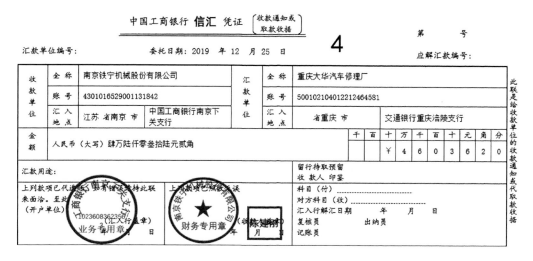

附表 148－1

南京铁宁机械股份有限公司
固定资产验收单

NO:0240

固定资产名称		ABS生产线		计量单位	
规格型号		固定资产编号		数 量	
技术特征					
建造单位		南京雨润建安公司			
移交单位			接受单位		
固定资产原价			其中:安装费		
其中:固定资产附件组成	名称	规格	型号	数量	原价
预计使用年限	10年		预计净残值率	4‰	
技术证书号			图纸号		
建造年月	2019年12月		使用年月	2019年12月	
使用部门			保管人(签章)		
附属技术资料					
验收意见					
验收人员签章			验收日期:2019年12月25日		

移交人：　　　　接受人：　　　　接受单位主管：　　　　财务审核:莫非

附表 148－2

交付使用固定资产明细表

单位：

序号	单项工程名称	固定资产									流动资产		无形资产	
		建筑工程				设备 工具 器具 家具								
		结构	面积	金额	其中:分摊待摊投资	名称	规格型号	数量	金额	其中:设备安装费	其中:分摊待摊投资	名称	金额	名称	金额

交付单位：　　　　负责人　　　　　　接受单位：　　　　负责人
盖章：　　　　　　　年　月　日　　　盖章：　　　　　　　年　月　日

附表 149－1

南京铁宁机械股份有限公司
成品出库单

NO：8573

出库部门：营销二科　　自备料产成品　　□样品　　□其他　　2019 年 12 月 26 日

存货编码	存货名称	规格	单位	数量	备注
	ABS Ⅱ		套	5	

保管员：李金　　　　送货人：　　　　业务主管：陈春　　　　财务审核：吴言

联次：一式三联，一联留存、二联财务记账、三联仓库记账

附表 149－2

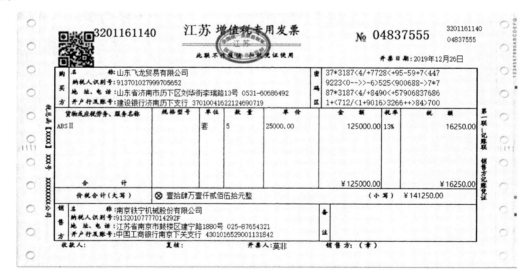

附表 149－3

附表149－4

托收凭证（受理回单） 1

委托日期 2019 年 12 月 26 日

| 业务类型 | 委托收款（□邮划、☑电划） | 托收承付（□邮划、□电划） |

付款人：
- 全称：山东飞龙贸易有限公司
- 账号：37010041622124690719
- 地址：山东省济南市　开户行：建设银行济南历下支行

收款人：
- 全称：南京铁宁机械股份有限公司
- 账号：4301016529001131842
- 地址：江苏省南京市　开户行：中国工商银行南京下关支行

金额：人民币（大写）壹拾肆万壹仟贰佰伍拾元整　￥14125000

款项内容：
托收凭据名称：
附寄单证张数：
商品发运情况：
合同名称号码：
备注：

（工商银行南京下关支行 业务专用章 1023608362358）

复核　　记账　　　　　　　　　　　收款人开户银行签章

附表150－1

南京铁宁机械股份有限公司
成品出库单
NO:8574

出库部门：营销一科　　自备料产成品　　□样品　　□其他　　　2019 年 12 月 26 日

存货编码	存货名称	规格	单位	数量	备注
	ABS Ⅰ		套	14	

保管员：李金　　送货人：　　业务主管：李铁　　财务审核：吴言

联次：一式三联，一联留存、二联财务记账、三联仓库记账

附表150－2

销售单

购货单位：南京雨花汽车材料商行　　地址和电话：南京热河路335号025-74122831　　单据编号：XS029

纳税识别号：913201132118042044　　开户行及账号：工商银行南京下关支行 4301011622124771549　　制单日期：2019-12-26

编码	产品名称	规格	单位	单价	数量	金额	备注
	ABS Ⅰ		套	14690.00	14	205660.00	含税价
合计	人民币（大写）贰拾万伍仟陆佰陆拾元整				—	￥205660.00	

销售经理：李铁　　经手人：王立　　会计：　　签收人：周景卫

附表 150－3

附表 151－1

南京精诚装运公司收料单

NO：13763

2019 年 12 月 26 日

类别	材料名称	规格	计量单位	数量			单价	计划价格	质量		差异原因
				交库数	实收数	差异			合格数量	不合格数量	
	包装箱		套	1 000	1 000				1 000		
	合计			1 000	1 000				1 000		

经手人：李满　　　　　保管员：陈西　　　　　质检员：陈楠　　　　　审核：陈蓓

附表 151－2

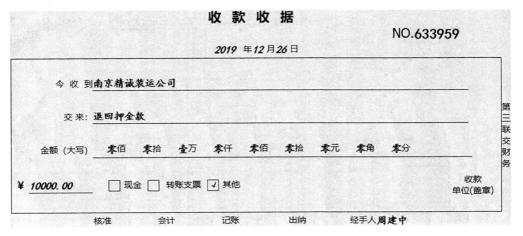

附表 151-3

中国工商银行客户专用回单

币别：人民币　　2019 年 12 月 26 日　　流水号 320120027J0500810033

付款人	全称	南京精诚装运公司	收款人	全称	南京铁宁机械股份有限公司
	账号	4301060143406959341		账号	4301016529001131842
	开户行	工商银行南京鼓楼支行		开户行	中国工商银行南京下关支行
金额	（大写）	人民币壹万元整	（小写）	￥10000.00	
凭证种类	网银		凭证号码		
结算方式	转账		用途	退回押金	

打印柜员：320125584257
打印机构：中国工商银行南京下关支行
打印卡号：4301016529001131842

打印时间：2019-12-26　　交易柜员：320125584268　　交易机构：320142877

第二联贷方（回单）

附表 152-1

付款申请书
2019 年 12 月 26 日

用途及情况	金额	收款单位(人)：南京金陵汽车修理厂
支付销售折让款	亿 千 百 十 万 千 百 十 元 角 分 　　　　　￥1 6 9 5 0 0 0	账号：32050181622124053131 开户行：建设银行南京玄武支行
金额（大写）合计：人民币壹万陆仟玖佰伍拾元整		结算方式：网银
审批人 严尧	财务部门	经理 柳军 会计 吴言	业务部门	经理 李铁 经办人 王立

附表 152-2

中国工商银行客户专用回单

币别：人民币　　2019 年 12 月 26 日　　流水号 320120027J0500810053

付款人	全称	南京铁宁机械股份有限公司	收款人	全称	南京金陵汽车修理厂
	账号	4301016529001131842		账号	32050181622124053131
	开户行	中国工商银行南京下关支行		开户行	建设银行南京玄武支行
金额	（大写）	人民币 壹万陆仟玖佰伍拾元整	（小写）	￥16950.00	
凭证种类	网银		凭证号码		
结算方式	转账		用途	退款	

划汇日期：2019-12-26　　汇划款项编号：20231340
报文顺序号：31905237　　汇出行行号：10249412331231
汇出行行名：中国工商银行南京下关支行
业务类型：8966　　原凭证金额：16950.00
原始凭证种类：5963　　原凭证号码
附言：

打印柜员：320125584257
打印机构：中国工商银行南京下关支行
打印卡号：4301016529001131842

打印时间：2019-12-26　　交易柜员：320125584268　　交易机构：320189583

第一联借方（回单）

附表153－1

附表153－2

附表153－3

报销申请单

填报日期：2019 年 12 月 26 日

姓名	吴言	所属部门	财务部	
报销项目	摘要		金额	备注：
技术维护费	报销增值税税控系统技术维护费		330.00	
合　　计			￥330.00	
金额大写： 零拾 零万 零仟 叁佰 叁拾 零元 零角 零分				

报销人：吴言　　部门审核：柳军　　财务审核：莫非　　审批：严光

附表153-4

中国工商银行客户专用回单

币别：人民币		2019 年 12 月 26 日		流水号 320120027J0500810063	
付款人	全称	南京铁宁机械股份有限公司	收款人	全称	南京信宇恒基科技有限公司
	账号	4301016529001131842		账号	41729264249074
	开户行	中国工商银行南京下关支行		开户行	工商银行南京玄武支行
金额	（大写）人民币 叁佰叁拾元整			（小写）¥330.00	
凭证种类	网银		凭证号码		
结算方式	转账		用途	支付增值税税控系统技术维护费	
汇划日期：2019-12-26		汇划款项编号：00401748		打印柜员：320125584257	
报文顺序号：56763256		汇出行行号：10249412331231		打印机构：中国工商银行南京下关支行电子回单	
汇出行名：中国工商银行南京下关支行				打印卡号：4301016529001131842	
业务类型：0041		原凭证金额：330.00			
原凭证种类：0707		原凭证号码：			
附言：					
打印时间：2019-12-26		交易柜员：320125584268		交易机构：320110258	

附表154-1

代销清单

南京铁宁机械股份有限公司：

截至 2019 年 12 月 27 日，委托代销商品（协议编号 201912200022）销售清单如下：

货物名称	规格型号	数量	单价	总价	增值税	手续费	余额
ABSⅡ		8	25 000.00	200 000.00	26 000.00	10 000.00	216 000.00
合计				200 000.00	26 000.00	10 000.00	216 000.00

南京雨花汽车材料商行
2019 年 12 月 27 日

附表154-2

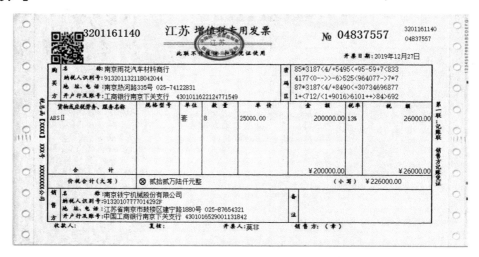

附表 154－3

附表 154－4

附表 154－5

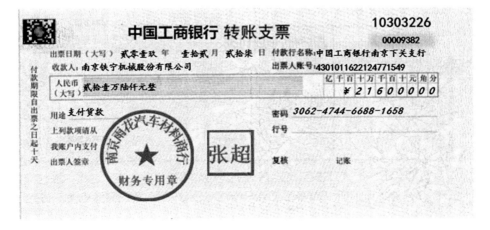

附表 155－1

附表 155－2

报销申请单

填报日期：2019 年 12 月 27 日

姓名	高尧		所属部门	行政部	
报销项目	摘要		金额		备注
礼品	报销礼品款		3200.00		
合计			￥3200.00		

金额大写：零拾零万叁仟贰佰零拾零元零角零分

报销人：高尧　　部门审核：王浩　　财务审核：柳军　　审批：严尧

附表156

12月份住房公积金计算表

单位:元

序号	部门	姓名	缴费基数	单位公积金	个人公积金	合计
1	董事会	李晓进	8 000.00			
2	董事会	陈建刚	8 000.00			
3	董事会	严 亮	7 500.00			
4	行政部	王 浩	7 000.00			
5	行政部	李 明	6 000.00			
6	行政部	张 愈	4 000.00			
7	行政部	高 亮	3 500.00			
8	行政部	沈 国	3 500.00			
9	行政部	邱 辰	3 368.00			
10	人力资源部	张 文	6 500.00			
11	人力资源部	吴 军	3 368.00			
12	财务部	柳 军	8 000.00			
13	财务部	王 刚	5 000.00			
14	财务部	赵丽丽	3 368.00			
15	财务部	吴 言	3 368.00			
16	财务部	莫 非	4 000.00			
17	供应部	张 海	5 000.00			
18	供应部	刘 力	4 000.00			
19	研发部	洪 军	8 000.00			
20	研发部	汪 同	5 000.00			
21	研发部	高 军	5 000.00			
22	研发部	王 玫	4 000.00			
23	研发部	刘 笑	4 000.00			
24	第一生产车间	常 昊	6 000.00			
25	第一生产车间	李 军	4 000.00			
26	第一生产车间	王 良	4 000.00			
27	第一生产车间	刘 竟	3 368.00			
28	第一生产车间	刘 苗	3 368.00			
29	第一生产车间	古 田	3 500.00			
30	第一生产车间	张 民	3 368.00			
31	第二生产车间	肖 天	6 500.00			
32	第二生产车间	李 满	5 000.00			
33	第二生产车间	伍 良	4 000.00			
34	第二生产车间	冯 峡	3 500.00			
35	第二生产车间	王 苗	3 368.00			
36	第二生产车间	王 一	3 500.00			
37	第二生产车间	张 三	3 500.00			
38	第二生产车间	何 苗	3 368.00			
39	机加工生产车间	何 迪	6 000.00			
40	机加工生产车间	刘 昆	3 368.00			
41	机加工生产车间	冯 静	3 500.00			
42	机加工生产车间	卢 红	3 368.00			
43	机加工生产车间	王 二	3 368.00			
44	水电气供应车间	李 易	5 000.00			
45	水电气供应车间	汪 良	3 368.00			
46	水电气供应车间	洪 山	3 368.00			
47	水电气供应车间	王 桥	3 368.00			
48	水电气供应车间	王 菊	3 368.00			
49	营销一科	李 铁	6 000.00			
50	营销一科	王 立	4 000.00			
51	营销一科	蒋 军	3 500.00			
52	营销一科	李 焦	3 500.00			
53	营销一科	魏 凉	3 368.00			
54	营销二科	陈 春	6 500.00			
55	营销二科	汪 彪	4 200.00			
56	营销二科	陈 山	4 000.00			
57	营销二科	王 海	3 500.00			
58	营销二科	王 佳	3 368.00			
59	营销二科	王 兵	3 368.00			
60	原料库	于 远	4 000.00			
61	半成品库	王 开	3 368.00			
62	成品库	李 金	3 500.00			
	合计		274 060.00			

附表 157－1

12 月份考勤——病假、事假、加班情况简表

单位:天

序号	部门	姓名	病假	事假	加班
1	行政部	高亮	3		
2	供应部	刘力		2	
3	第一生产车间	张民	2		5
4	第一生产车间	刘苗			3
5	第一生产车间	李军			2
4	第二生产车间	张三		2	
5	机加工生产车间	王二	5		
6	营销二科	王兵		5	
7	半成品库	王开	1		
	合计		11	9	10

附表 157－2

12 月份工资分配表

单位:元

部门	工资合计	工资分配				
		基本生产成本	辅助生产成本	制造费用	销售费用	管理费用
董事会						
行政部						
人力资源部						
财务部						
供应部						
研发部						
第一生产车间						
第二生产车间						
机加工生产车间						
水电气供应车间						
营销一科						
营销二科						
原料库						
半成品库						
成品库						
合计						

附表 157-3　　　　　　　　　　　　　12月份工资计算表

单位：元

序号	部门	姓名	基本工资	奖金	加班补贴	应扣工资		应付工资	代扣工资					实发工资
						病假工资	事假工资		养老保险	失业保险	公积金	医疗保险	个人所得税	
1	董事会	李晓进	6 000.00	6 000.00										
2	董事会	陈建刚	6 000.00	7 000.00										
3	董事会	严　亮	5 500.00	5 000.00										
4	行政部	王　浩	5 000.00	4 000.00										
5	行政部	李　明	4 000.00	2 500.00										
6	行政部	张　愈	3 000.00	2 500.00										
7	行政部	高　亮	3 000.00	2 000.00										
8	行政部	沈　国	2 700.00	1 500.00										
9	行政部	邱　辰	2 500.00	1 500.00										
10	人力资源部	张　文	4 500.00	4 000.00										
11	人力资源部	吴　军	2 500.00	1 500.00										
12	财务部	柳　军	6 000.00	4 000.00										
13	财务部	王　刚	4 000.00	2 000.00										
14	财务部	赵丽丽	3 000.00	1 500.00										
15	财务部	吴　言	3 000.00	1 500.00										
16	财务部	莫　非	4 000.00	2 000.00										
17	供应部	张　海	5 000.00	4 000.00										
18	供应部	刘　力	3 500.00	2 000.00										
19	研发部	洪　军	6 000.00	4 000.00										
20	研发部	汪　同	4 000.00	2 500.00										
21	研发部	高　军	4 000.00	2 000.00										
22	研发部	王　玫	3 000.00	1 500.00										
23	研发部	刘　笑	3 500.00	1 500.00										
24	第一生产车间	常　昊	5 000.00	4 500.00										
25	第一生产车间	李　军	3 700.00	4 000.00										
26	第一生产车间	王　良	3 000.00	4 000.00										
27	第一生产车间	刘　竟	3 000.00	2 200.00										
28	第一生产车间	刘　苗	3 000.00	2 200.00										
29	第一生产车间	古　田	2 700.00	1 700.00										
30	第一生产车间	张　民	2 700.00	1 700.00										
31	第二生产车间	肖　天	5 500.00	4 500.00										
32	第二生产车间	李　满	4 500.00	4 000.00										
33	第二生产车间	伍　良	4 000.00	2 700.00										
34	第二生产车间	冯　峡	3 200.00	2 200.00										
35	第二生产车间	王　苗	3 000.00	2 200.00										
36	第二生产车间	王　一	2 700.00	2 200.00										
37	第二生产车间	张　三	2 700.00	1 700.00										
38	第二生产车间	何　苗	3 000.00	1 700.00										
39	机加工生产车间	何　迪	5 000.00	4 500.00										
40	机加工生产车间	刘　昆	3 200.00	2 500.00										
41	机加工生产车间	冯　静	2 700.00	2 200.00										
42	机加工生产车间	卢　红	3 000.00	2 200.00										
43	机加工生产车间	王　二	2 700.00	1 700.00										
44	水电气供应车间	李　易	5 000.00	4 500.00										
45	水电气供应车间	汪　良	3 200.00	2 200.00										
46	水电气供应车间	洪　山	3 000.00	2 200.00										
47	水电气供应车间	王　桥	2 700.00	1 700.00										
48	水电气供应车间	王　菊	2 700.00	1 700.00										
49	营销一科	李　铁	4 000.00	4 500.00										
50	营销一科	王　立	4 000.00	3 500.00										
51	营销一科	蒋　军	3 500.00	3 500.00										
52	营销一科	李　焦	2 700.00	3 000.00										
53	营销一科	魏　凉	3 000.00	3 000.00										
54	营销二科	陈　春	4 500.00	4 500.00										
55	营销二科	汪　彪	3 700.00	3 500.00										
56	营销二科	陈　山	3 500.00	3 000.00										
57	营销二科	王　海	2 700.00	3 000.00										
58	营销二科	王　佳	3 000.00	3 000.00										
59	营销二科	王　兵	3 000.00	3 000.00										
60	原料库	于　远	3 500.00	2 200.00										
61	半成品库	王　开	2 700.00	1 700.00										
62	成品库	李　金	3 000.00	1 700.00										
	合计		225 400.00	176 000.00										

附表 158

债权债务对账单

截止日期：

公司名称	南京铁宁机械股份有限公司			公司名称	南京雨花汽车材料商行		
债权债务类别		应收		债权债务类别		应付	
账面余额				账面余额			
调整项目				调整项目			
凭证字号	调整摘要	调增	调减	凭证字号	调整摘要	调增	调减
调整合计				调整合计			
调整后应收余额				调整后应付余额			
公司盖章 经手人确认签字 日期				公司盖章 经手人确认签字 日期			

附表 159－1

债权债务对账单

截止日期：

债权人	南京铁宁机械股份有限公司			债务人	高军		
债权债务类别		应收		债权债务类别		应付	
账面余额				账面余额			
调整项目				调整项目			
凭证字号	调整摘要	调增	调减	凭证字号	调整摘要	调增	调减
调整合计				调整合计			
调整后应收余额				调整后应付余额			
公司盖章 经手人确认签字 日期				经手人确认签字 日期			

债权债务对账单

截止日期：

债权人	南京铁宁机械股份有限公司		债务人	洪军	
债权债务类别		应收	债权债务类别		应付
账面余额			账面余额		
调整项目			调整项目		
凭证字号	调整摘要	调增	调减	凭证字号	调整摘要	调增	调减
调整合计				调整合计			
调整后应收余额				调整后应付余额			
公司盖章 经手人确认签字 日期				经手人确认签字 日期			

债权债务对账单

截止日期：

债权人	南京铁宁机械股份有限公司		债务人	张海	
债权债务类别		应收	债权债务类别		应付
账面余额			账面余额		
调整项目			调整项目		
凭证字号	调整摘要	调增	调减	凭证字号	调整摘要	调增	调减
调整合计				调整合计			
调整后应收余额				调整后应付余额			
公司盖章 经手人确认签字 日期				经手人确认签字 日期			

债权债务对账单

截止日期：

债权人	南京铁宁机械股份有限公司		债务人		蒋军	
债权债务类别		应收	债权债务类别		应付	
账面余额			账面余额			
调整项目			调整项目			
凭证字号	调整摘要	调增	调减	凭证字号	调整摘要	调增	调减
调整合计			调整合计			
调整后应收余额			调整后应付余额			
公司盖章 经手人确认签字 日期				经手人确认签字 日期			

债权债务对账单

截止日期：

债权人	南京铁宁机械股份有限公司		债务人		王海	
债权债务类别		应收	债权债务类别		应付	
账面余额			账面余额			
调整项目			调整项目			
凭证字号	调整摘要	调增	调减	凭证字号	调整摘要	调增	调减
调整合计			调整合计			
调整后应收余额			调整后应付余额			
公司盖章 经手人确认签字 日期				经手人确认签字 日期			

债权债务对账单

截止日期：

债权人	南京铁宁机械股份有限公司		债务人	王立		
债权债务类别		应收	债权债务类别	应付		
账面余额			账面余额			
调整项目			调整项目			
凭证字号	调整摘要	调增	调减	凭证字号	调整摘要	调增	调减
调整合计				调整合计			
调整后应收余额				调整后应付余额			
公司盖章 经手人确认签字 日期				经手人确认签字 日期			

附表 159-2

收 款 收 据
NO.633960

2019 年 12 月 27 日

今 收 到：高军
交 来：还款
金额（大写） 零佰 零拾 零万 壹仟 零佰 零拾 零元 零角 零分
¥ 1000.00 ☑现金 □转账支票 □其他

核准　　会计　　记账　　出纳　　经手人

第三联 交财务

收款单位（盖章）

收 款 收 据
NO.633961

2019 年 12 月 27 日

今 收 到：洪军
交 来：还款
金额（大写） 零佰 零拾 零万 壹仟 零佰 零拾 零元 零角 零分
¥ 1000.00 ☑现金 □转账支票 □其他

核准　　会计　　记账　　出纳　　经手人

第三联 交财务

收款单位（盖章）

收 款 收 据
NO.633962

2019 年 12 月 27 日

今 收 到：张海
交 来：还款
金额（大写） 零佰 零拾 零万 叁仟 零佰 零拾 零元 零角 零分
¥ 3000.00 ☑现金 □转账支票 □其他

核准　　会计　　记账　　出纳　　经手人

第三联 交财务

收款单位（盖章）

收 款 收 据

NO.633963

2019 年 12 月 27 日

今 收 到 蒋军

交来：还款

金额（大写）　零佰　零拾　零万　陆仟　零佰　零拾　零元　零角　零分

¥ 6000.00　　☑ 现金　☐ 转账支票　☐ 其他

核准　　会计　　记账　　出纳　　经手人

收款单位(盖章)

第三联交财务

收 款 收 据

NO.633964

2019 年 12 月 27 日

今 收 到 王海

交来：还款

金额（大写）　零佰　零拾　零万　贰仟　零佰　零拾　零元　零角　零分

¥ 2000.00　　☑ 现金　☐ 转账支票　☐ 其他

核准　　会计　　记账　　出纳　　经手人

收款单位(盖章)

第三联交财务

收 款 收 据

NO.633965

2019 年 12 月 27 日

今 收 到 王立

交来：还款

金额（大写）　零佰　零拾　零万　叁仟　零佰　零拾　零元　零角　零分

¥ 3000.00　　☑ 现金　☐ 转账支票　☐ 其他

核准　　会计　　记账　　出纳　　经手人

收款单位(盖章)

第三联交财务

附表 160-1

应收账款坏账准备计算表

单位：元

账龄	应收账款期末借方余额	个别认定坏账损失的原值	应按比例计提余额	坏账比例/%	按账龄期末应计提坏账金额
1年以内				5	
＞1～2年				10	
＞2～3年				30	
＞3～4年				50	
＞4～5年				80	
5年以上				100	
合计					
项目				金额	
个别认定的坏账准备					
期末应收账款应计提坏账准备					
企业期末已计提坏账准备					
应收账款应补提/冲回的坏账准备					

附表 160-2

其他应收款坏账准备计算表

单位：元

账龄	其他应收款期末借方余额	个别认定坏账损失的原值	应按比例计提余额	坏账比例/%	按账龄期末应计提坏账金额
1年以内				5	
＞1～2年				10	
＞2～3年				30	
＞3～4年				50	
＞4～5年				80	
5年以上				100	
合计					
项目				金额	
个别认定的坏账准备					
期末其他应收款应计提坏账准备					
企业期末已计提坏账准备					
其他应收款应补提/冲回的坏账准备					

附表 161

研发费用汇总表

单位:元

项目		金额	无形资产	管理费用
人员人工	工资薪金			
	社会保险费			
	住房公积金			
	劳务费			
直接投入	材料			
	燃料、动力费用			
	模具			
	工艺装备开发及制造费用			
	样品、样机购置费			
	试制产品检验费			
	设备运行维护等费用			
	固定资产租赁费			
折旧摊销	折旧			
	长期待摊			
设计费用				
装备调试费用与试验费用				
委托外部研究开发费用				
其他费用	技术图书资料费			
	资料翻译费			
	专家咨询费			
	成果的检索、认证、评审、鉴定、验收等费用			
	知识产权的申请费、注册费、代理费			
	会议费、差旅费、通信费等			
合计				

附表162

无形资产摊销计算表

单位:元

项目	原始入账金额	入账时间	摊销年限/年	期初累计摊销额	本期摊销额	期末累计摊销额
专利权						
商标权	200 000.00	2019.9	5	10 000.00		
合计						

附表163

长期待摊费用摊销计算表

单位:元

待摊项目	原始入账金额	入账时间	摊销月数/个	期初累计摊销额	本期摊销额	期末累计摊销额
保险费	74 400.00	2018.2	24	68 200.00		
租赁费	120 000.00	2018.1	24	115 000.00		
合计	194 400.00			183 200.00		

附表164

固定资产折旧计算表

单位:元

序号	固定资产类别	折旧额						
		第一生产车间	第二生产车间	水电气供应车间	机加工生产车间	销售部门	管理部门	合计
1	房屋及建筑物							
2	机器设备							
3	机械动力设备							
4	运输设备							
5	仪器仪表							
6	信息技术设备							
7	工具及器具							
	合计							

附表165

长期投资计算表

单位:元

被投资单位	股权比例/%	核算方法	成本	其他权益变动	长期投资余额
南京雨花汽车材料商行	30	权益法	600 000.00		
合计					

附表 166-1

材料发料凭证汇总表

领料部门	材料名称	用途	单位	数量	单价/元	金额/元
第一生产车间	车速传感器		套			
	轮速传感器		套			
	电磁阀		件			
	液压油		千克			
第二生产车间	特种钢		千克			
	继电器		件			
	控制器		件			
水电气供应车间						
机加工生产车间						
销售部门						
管理部门						
对外出售						
合计						

附表 166－2

材料成本差异计算表

单位：元

材料名称	月初数			本月购入				合计			
	数量	计划成本	成本差异	数量	实际成本	计划成本	成本差异	数量	计划成本	成本差异	成本差异率/%
车速传感器	415 套	99 600.00	2 200.00								
轮速传感器	580 套	174 000.00	4 550.00								
电磁阀	668 件	140 280.00	4 570.00								
液压油	270 千克	5 400.00	−300.00								
特种钢	6 000 千克	27 000.00	−800.00								
继电器	482 件	67 480.00	1 880.00								
控制器	89 件	89 000.00	1 900.00								
合计		602 760.00	14 000.00								

附表 166－3

发出材料成本差异分摊表

材料名称	数量	单位	计划成本/元	成本差异率/%	分摊材差/元	实际成本/元
车速传感器		套				
轮速传感器		套				
电磁阀		件				
液压油		千克				
特种钢		千克				
继电器		件				
控制器		件				
合计						

附表 167

辅助生产成本分配表

辅助生产车间			机加生产工车间	水电气供应车间	金额合计/元
待分配成本/元					
对外提供劳务数量/工时			7 350	1 150	
成本分配率/%					
第一生产车间一般耗用	借"制造费用——第一生产车间"科目	数量/工时	2 000	250	
		金额/元			
第二生产车间一般耗用	借"制造费用——第二生产车间"科目	数量/工时	4 200	400	
		金额/元			
销售部门	借"销售费用"科目	数量/工时	920	200	
		金额/元			
管理部门	借"管理费用"科目	数量/工时	230	300	
		金额/元			
分配金额合计/元					

附表 168

制造费用分配表

应借科目	明细科目	生产工时	分配率/%	分配金额/元
基本生产成本	ABSⅠ-B		33.33	
	ABSⅡ-B		66.67	
	第一生产车间小计	5 000	100.00	
	ABSⅠ		40.00	
	ABSⅡ		60.00	
	第二生产车间小计	4 000	100.00	
合计		9 000		

附表 169-1

产品产量汇总表

单位:套

项目	ASBⅠ-B	ABSⅡ-B
月初在产品	41	21
本月投产(或上月转入)	95	105
本月已入库	105	110
月末在产品	31	16
在产品完工程度/%	50	50

附表 169-2

完工产品与月末在产品成本分配表

生产车间:第一生产车间
产品名称:ABS Ⅰ-B
单位:元

成本项目	月初在产品成本	本月发生成本	成本合计	完工产品产量/套	月末在产品约当产量/套	单位成本	完工产品成本	月末在产品成本
直接材料	112 200.00							
直接人工	6 000.00							
燃料及动力								
制造费用	1 800.00							
合计	120 000.00							

附表 169-3

完工产品与月末在产品成本分配表

生产车间:第一生产车间
产品名称:ABS Ⅱ-B
单位:元

成本项目	月初在产品成本	本月发生成本	成本合计	完工产品产量/套	月末在产品约当产量/套	单位成本	完工产品成本	月末在产品成本
直接材料	76 700.00							
直接人工	4 100.00							
燃料及动力								
制造费用	1 200.00							
合计	82 000.00							

附表 170-1

产品产量汇总表

单位:套

项目	ABS Ⅰ	ABS Ⅱ
月初在产品	10	9
本月投产(或上月转入)	110	120
本月已入库	105	120
月末在产品	15	9
在产品完工程度/%	50	50

附表 170－2

完工产品与月末在产品成本分配表

生产车间：第二生产车间
产品名称：ABS Ⅰ

单位：元

成本项目	月初在产品成本	本月发生成本	成本合计	完工产品产量/套	月末在产品约当产量/套	单位成本	完工产品成本	月末在产品成本
直接材料	56 100.00							
直接人工	3 000.00							
燃料及动力								
制造费用	900.00							
合计	60 000.00					3 478.14	365 204.69	105 130.54

附表 170－3

完工产品与月末在产品成本分配表

生产车间：第二生产车间
产品名称：ABS Ⅱ

单位：元

成本项目	月初在产品成本	本月发生成本	成本合计	完工产品产量/套	月末在产品约当产量/套	单位成本	完工产品成本	月末在产品成本
直接材料	67 800.00							
直接人工	3 600.00							
燃料及动力								
制造费用	1 000.00							
合计	72 400.00							

附表 171

产品销售成本计算表

产品名称	计量单位	销售数量	单位成本/元	总成本/元
ABS Ⅰ				
ABS Ⅱ				
ABS Ⅰ-B				
ABS Ⅱ-B				
合计				

参考文献

[1] 中华人民共和国财政部. 企业会计准则2019年版[M]. 上海：立信会计出版社，2019.

[2] 中华人民共和国财政部. 企业会计准则应用指南（2018年版）[M]. 上海：立信会计出版社，2018.

[3] 企业会计准则编审委员会. 企业会计准则案例讲解（2019年版）[M]. 上海：立信会计出版社，2019.

[4] 王德敏. 企业内控精细化管理全案[M]. 北京：人民邮电出版社，2009.

[5] 中国注册会计师协会. 财务成本管理[M]. 北京：中国财政经济出版社，2017.

[6] 王钧. 会计综合模拟实训[M]. 北京：高等教育出版社，2008.

[7] 任延冬，王龙. 新编会计综合实训[M]. 5版. 大连：大连理工大学出版社，2011.

[8] 刘忠敏，尹玲燕. 财务会计综合实训[M]. 西安：西北工业大学出版社，2013.